2017年度教育部哲学社会科学研究后期资助项目
"日语语言游戏研究"(项目编号:17JHQ049)的阶段性成果
湖南科技大学外国语言文学学科"双一流"建设学术成果

日语语言游戏实例精华

王程辉　著

苏州大学出版社

图书在版编目(CIP)数据

日语语言游戏实例精华 / 王程辉著. —苏州：苏州大学出版社, 2019.4（2019.10 重印）
ISBN 978-7-5672-2664-7

Ⅰ.①日… Ⅱ.①王… Ⅲ.①日语－自学参考资料 Ⅳ.①H36

中国版本图书馆 CIP 数据核字（2018）第 274478 号

书　　　名：	日语语言游戏实例精华
著　　　者：	王程辉
策划编辑：	汤定军
责任编辑：	汤定军
助理编辑：	杨　婷
装帧设计：	刘　俊
出版发行：	苏州大学出版社（Soochow University Press）
社　　　址：	苏州市十梓街 1 号　邮编：215006
网　　　址：	www.sudapress.com
E - mail：	550434105@qq.com
印　　　装：	虎彩印艺股份有限公司
邮购热线：	0512-67480030　销售热线：0512-67481020
网店地址：	https://szdxcbs.tmall.com/（天猫旗舰店）

开　本：	700mm×1000mm　1/16　印张：18.75　字数：337 千
版　次：	2019 年 4 月第 1 版
印　次：	2019 年 10 月第 2 次印刷
书　号：	ISBN 978-7-5672-2664-7
定　价：	68.00 元

凡购本社图书发现印装错误，请与本社联系调换。服务热线：0512-67481020

目　录

第一章　谜语 ··· 1
あ ··· 1
い ··· 9
う ··· 18
え ··· 24
お ··· 26
か ··· 36
き ··· 56
く ··· 69
け ··· 78
こ ··· 83
さ ··· 96
し ··· 104
す ··· 122
せ ··· 128
そ ··· 134
た ··· 139
ち ··· 150
つ ··· 155
て ··· 159
と ··· 163
な ··· 175
に ··· 181
ぬ ··· 187
ね ··· 187
の ··· 189
は ··· 190
ひ ··· 207
ふ ··· 213

へ	223
ほ	225
ま	232
み	237
む	242
め	244
も	246
や	250
ゆ	252
よ	254
ら	257
り	259
る	260
れ	261
ろ	262
わ	263
ん	267

第二章　其他 ... 269
　　戏仿 ... 269
　　古词新意 ... 273
　　歇后语 ... 274
　　论文 ... 275
　　《日汉大辞典》 ... 280
　　数字 ... 285
　　历史年份 ... 287
　　月份 ... 292

参考文献 ... 294

鸣谢 ... 296

第一章 谜 语

あ

1. 【あ】アメリカやアフガニスタンにはあるけど、パキスタンには無いものなーんだ？【答案】「ア」の字。【翻译】某种东西美国和阿富汗有，巴基斯坦却没有，这种东西是什么？【答案】假名「ア」。

2. 【あい】①それがすべてだとか一番大事だとかいう人もいるけど、所詮9番目なものってなーんだ？【答案】愛。【翻译】虽然有人说它是全部、它最重要，但它位居第九位，它是什么？【答案】爱。【解析】英语字母 I 位居字母表第九位。②赤い蚊と青い蚊。愛に囲まれているのはどっちの蚊？【答案】赤い蚊。【翻译】红色蚊子和蓝色蚊子，被爱包围是什么颜色的蚊子？【答案】红色蚊子。【解析】「あかい」中的「あい」与「愛」发音相似，中间有蚊子「か」。③火がなくても燃え上がるものなーんだ？【答案】愛。【翻译】没有火却能熊熊燃烧的是什么？【答案】爱。

3. 【あいす】恋みたいで冷たいものなにっすか？【答案】アイス(ice)。【翻译】如同恋爱一样冷的东西是什么？【答案】冰。

4. 【あいたい】自動ドアの開閉ボタンにぶつかった人がいった言葉ってなーんだ？【答案】あいたい。【翻译】撞上自动门按钮的人会说什么？【答案】想见面。【解析】第二个意思是：门开了；另一个意思是：啊，好痛！「あ、いたい！」

5. 【あいち】突然一を思い出す県はどこ？【答案】愛知県。【翻译】突然让你想起"一"的县是哪个县？【答案】爱知县。【解析】县名「愛知」与表达感叹的「あ」和「一」读音相同。

6. 【アイロン】①餡に色を入れたら何になる？【答案】アイロン(iron)。【翻译】将颜色包在馅里，变成什么？【答案】熨斗。【解析】餡：包在饼、包子里的东西。②真ん中に色がついてる電気製品ってなーんだ？【答案】アイロン。【翻译】正中间有颜色的家用电器是什么？【答案】熨斗。③热

を出したのに働かされるものってなーんだ?【答案】アイロン、ドライヤー(dryer)。【翻译】发烧还能工作的东西是什么?【答案】熨斗、吹风机。

7. 【アウトドア】キャンプで使うドアってどんなドア?【答案】アウトドア(outdoor)。【翻译】野营时使用的门是什么门?【答案】室外。【解析】外面的门。室外。

8. 【あうんのこきゅう】「相変わらず『あ』と言えば『うん』と答える故旧だなあ……」って感無量の二人はどんな仲ですか。【答案】「あうんの呼吸」の仲です。【翻译】感慨万千地说"我们仍是志同道合的故交呀"的两个人是什么关系?【答案】「非常要好」的关系。【解析】「あうんの呼吸」惯用句:意气相投,心领神会(此语源自哼哈二将一个张口一个闭口发出的"啊""哞"的声音)。

9. 【あおい】青ければ青いほどいいものってなーんだ?【答案】天気。【翻译】越蓝越好的是什么?【答案】湛蓝的天空。【解析】"青"表示"湛蓝色"。形容词双关。

10. 【あおもり】①「ご飯どうする?」って聞かれて、「あ、大盛りで!」っていつも答える人はどこから来た人ですか。【答案】青森県。【翻译】被问及"饭要多少?",总是"啊,要一大碗"回答的人来自什么地方?【答案】青森县。【解析】「青森」(青森)与「あ、大盛り」(啊,盛得多点)发音相似。②あおきさんが住んでる都道府県ってどーこだ?【答案】青森県。【翻译】青木先生住在什么县?【答案】青森。③下におもりのついた都道府県ってどーこだ?【答案】青森県。【翻译】下面有铅坠的县是什么县?【答案】青森县。

11. 【あか】①赤鬼と青鬼、昨日お風呂に入らなかったのはどっち?【答案】赤鬼。【翻译】红鬼和蓝鬼,昨天没洗澡的是谁?【答案】红鬼。「赤」和「垢」发音相似。【解析】红鬼身上有污垢。②赤ちゃんを、お風呂に入れたらどうなった?【答案】あかが取れてちゃんとした。【翻译】婴儿进了澡堂,然后发生了什么?【答案】身上污垢洗掉了。③蓋の開かない絵の具は何色?【答案】赤。【翻译】打不开盖子的颜料是什么颜色?【答案】红色。【解析】「開かない」(打不开)与「赤ない」读音相同,所以打不开盖子的颜料就是红色。④損をしている字は? 得をしている字は?【答案】赤と黒。【翻译】亏损用什么字? 盈利用什么字?【答案】赤字和黑字。【解析】「赤字」指亏损,「黒字」指盈利。⑤赤じゃない色は?【答案】金色。【翻译】不是红的颜色是什么颜色?【答案】金色。【解析】五十音图中,

「あ」到「か」以外为「き」到「ん」，因此「あか」以外是「きん」。⑥アメリカの橋って何色？【答案】赤。【翻译】美国的桥是什么颜色？【答案】红色。【解析】美国「アメリカ」中有红色「赤」。⑦まったく知らない人の色ってどんな色？【答案】赤。【翻译】素不相识的人是什么颜色？【答案】红色。【解析】日语中「赤の他人」表示"毫不认识的人"。

12. 〖あがる〗①平らなところにあっても、上ったり下ったりするものってなーんだ？【答案】電車。【翻译】即使在平的地方也会上上下下的东西是什么？【答案】电车。【解析】乘客上车下车。②あがるときは衣をまとっていて、食べられちゃうものってなーんだ？【答案】てんぷら（葡萄牙语tempero）。【翻译】油炸的时候穿上衣服,然后被吃掉的东西是什么？【答案】天妇罗。【解析】油炸天妇罗时,把鱼虾等裹上一层用冷水调匀的鸡蛋面粉糊,称为"衣"。代指镀金的东西,徒具其表的东西。③試合になるとあがっているボクサーの階級ってなーんだ？【答案】フライ級（flyweight）。【翻译】遇到比赛就上升的拳击手是什么级别？【答案】特轻量级。【解析】拳击特轻量级是按体重分级别比赛的等级之一,范围为体重48千克到51千克。"飞翔"与"上升"有相关性。

13. 〖あかるい〗日と月があるとどうなる？【答案】明るくなる。【翻译】既有太阳,又有月亮,是什么？【答案】明亮。【解析】日月合在一起,成为"明"字。

14. 〖あき〗火事になりやすいのはどの季節？【答案】秋。【翻译】容易发生火灾的季节是什么季节？【答案】秋天。【解析】秋天有一个"火"字。

15. 〖あきた〗①その駅で降りたら、誰だって「あ、来たぞ」って喜んでもらえるところはどこですか。【答案】秋田です。【翻译】走出车站,每个人都会高兴地说"啊,我来了！"的地方是哪里？【答案】秋田。【解析】「秋田」与「あ、来た」(啊,来了)读音相同。②投げやりな人の多い県は？【答案】秋田。【翻译】哪个县不认真的人多？【答案】秋田。【解析】「投げやり」意为"不认真,马虎了事",可能是因为厌烦。「秋田」与「厌倦」「飽きた」读音相同。③すぐに興味がなくなる犬ってなーんだ？【答案】秋田犬。【翻译】马上就失去兴趣的狗是什么狗？【答案】秋田犬。【解析】日语中,表示"县"与"狗"的日语发音相同。

16. 〖あきはばら〗秋葉原に似合う花は？【答案】バラ。【翻译】与秋叶原相配的花是什么花？【答案】玫瑰。【解析】秋叶原的读音「秋葉原」与「秋はバラ」(秋天就是玫瑰的天下)读音相同。秋叶原位于日本东京都千代区

东北部,以密集的大型电器商店商业街闻名。

17. 〖あきれる〗口に木が生えたらどうなる?【答案】呆れる。【翻译】如果嘴里长出了树会怎么样?【答案】目瞪口呆。【解析】"呆"由"口"和"木"组成。

18. 〖あく〗①煮物をする時にでてくることがある悪者ってだーれだ?【答案】あく。【翻译】有时在煮东西时出现的坏人是谁?【答案】不好的东西。【解析】煮物:用调味汤汁煮或熬、炖的菜肴,可使食物更酥软,鲜味更突出。「悪」为"恶"。此处,「あく」指涩味以及蔬菜等食物中含有的苦味。②あの心はどんな心?【答案】悪。【翻译】那个心是什么心?【答案】恶。【解析】「亜の心」合成之后成为"恶"。

19. 〖あくま〗びっくりしたら悪魔に見える動物ってなーんだ?【答案】くま「あ、くま」。【翻译】受到惊吓时,把哪种动物看成恶魔?【答案】熊。

20. 〖アゲハチョウ〗①落ちないちょうちょってなーんだ?【答案】アゲハチョウ。【翻译】不会落下的蝴蝶是什么?【答案】凤蝶。【解析】アゲ:抬高。②葉っぱのてんぷらが非常き(好)な蝶はどんな蝶?【答案】アゲハ蝶。【翻译】什么蝴蝶非常喜欢天妇罗树叶?【答案】凤蝶。

21. 〖あさ〗①朝、昼、夜のなかで、必ず月が見えるのはいつ?【答案】朝。【翻译】朝、昼、夜中,必定能看到月亮的是哪一个?【答案】朝。【解析】晚上可能多云,但"朝"字里必定有"月"字。②月が右にあるのはいつ?【答案】朝。【翻译】何时月亮在右边?【答案】朝。【解析】朝字右边是月字旁。

22. 〖あさがお〗朝に吠える花ってなーんだ?【答案】朝顔。【翻译】早晨狂吠的花是什么?【答案】牵牛花。【解析】おお:汪汪,模仿狗吠。牵牛花字面意思为"早上发出嗷嗷的声音"。

23. 〖あざらし〗打ち身の跡がたくさん残っている動物ってなーんだ?【答案】海豹。【翻译】身上满是伤痕的动物是什么?【答案】海豹。【解析】「海豹」(海豹)与「痣らしい」(好像有瘀伤)相似。

24. 〖あし〗①使いすぎると足が出るものってなーんだ?【答案】お金。【翻译】用得过多而会长脚的东西是什么?【答案】钱。【解析】日语惯用语「足が出る」表示"出现赤字,呈现超过了预算的支出"。②スリが犯罪をやめたときに洗ったところってどーこだ?【答案】足。【翻译】小偷决定重新做人的时候,他要洗什么?【答案】脚。【解析】「足を洗う」表示"洗手不干,改邪归正"。

25. 〖あじ〗目でみないで口でみるものなーんだ?【答案】味。【翻译】不是用眼睛看而是用嘴看的东西是什么?【答案】味道。【解析】「味をみる」表示"尝味,试试看"。

26. 〖あしか〗しかせんべいを食べているときに出てくる海の動物はなーんだ?【答案】海驢。【翻译】吃煎饼的时候出现的动物是什么?【答案】海驴。【解析】阿伊努语海驴又可以解释为"啊,梅花鹿!"。

27. 〖アジサイ〗①上は魚で下が動物ってなーんだ?【答案】紫陽花。【翻译】什么东西上面是鱼,下面是动物?【答案】八仙花,绣球花。【解析】「鯵」竹荚鱼,鲹科鱼;「犀」犀牛。②愛の中に時差があるものってなーんだ?【答案】アジサイ。【翻译】爱的中间有时差,是什么?【答案】八仙花,绣球花。【解析】時差:时差。

28. 〖アジト〗アジが10匹隠れてるのはどーこだ?【答案】アジト(agitating point)。【翻译】什么地方藏有10条竹荚鱼?【答案】宣传鼓动指挥部。

29. 〖あそ〗納得してるんだかしてないんだかよくわからない山は?【答案】阿蘇。【翻译】某座山理解不理解,不太清楚。是什么山?【答案】阿苏山。【解析】阿苏山「阿蘇」位于日本九州中央,活火山,海拔1592米。日语山名与「あっそ」(好像明白了)发音相似。

30. 〖あたま〗①豆のページはどこにある?【答案】頭。【翻译】豆子的页码在哪里?【答案】头上。【解析】汉字拆字所得。②北枕をしたら怒られるのはなーんでだ?【答案】あたまにきたから。【翻译】为什么头枕着北边的枕头就生气?【答案】气得发昏。【解析】「頭に来る」(气得发昏,头昏脑涨)的过去式「頭に来た」与"头在北边"日语发音近似。「来た」和「北」发音相似。

31. 〖あたる〗①あたったら痛いのは鉄砲。では、あたったらうれしいものなーんだ?【答案】宝くじ。【翻译】中弹了很痛苦;那么,中了什么很快乐?【答案】中彩。【解析】「あたる」既表示"被炮弹击中",又表示"中彩"。②当たっても刺さても痛くないもってなんだ?【答案】日光。【翻译】无论被撞击,还是被刺戳,都不痛的东西是什么?【答案】日光。【解析】日光照耀。

32. 〖あつい〗①あつくなればうすくなるものなーんだ?【答案】洋服。【翻译】天热了就会变薄的东西是什么?【答案】西装。【解析】谜面的另一个意思是:厚了就会薄的东西是什么? ②うすくなればあつくなるものなーんだ?【答案】なべつかみ。【翻译】很薄的时候,就很烫,是什么?【答

案】抓锅垫布。【解析】用手拿热锅的抓手时用的垫布用质地厚的布制品不烫手,垫布薄,会烫手。另一意义:很薄就很厚,是什么?

33. 〖あと〗畑に大根20本。3本抜いたらあと何本?【答案】3本。【翻译】地里有20个萝卜,拔出了3个,剩下几个?【答案】3个。【解析】「あと」既可以表示剩下的17个萝卜,又可以表示拔出3个萝卜后留下的3个坑「跡」。因此答案是3个。

34. 〖あとのまつり〗行ったら後悔した祭りってなーんだ?【答案】後の祭り。【翻译】去了之后就后悔的节日或仪式是什么?【答案】马后炮。【解析】「あとのまつり」表示"雨后送伞,无益的举动"。

35. 〖あな〗①穴の下にかくれている数字はなーんだ?【答案】八。【翻译】洞下面藏着数字是多少?【答案】八。②削れば削るほど大きくなるものってなーんだ?【答案】穴。【翻译】越削越大的是什么?【答案】洞。

36. 〖あなご〗5つも穴がある魚ってなーんだ?【答案】アナゴ。【翻译】身上有五个孔的鱼是什么鱼?【答案】海鳗,星鳗。【解析】「アナゴ」(海鳗)可以分解为「穴」和「五」。

37. 〖あなあき〗あきといっても人が欲しがらないあきはどんなあき?【答案】あなあき(anarchy)。【翻译】虽说是秋天,却是人们不想要的秋天,是什么?【答案】无政府主义。

38. 〖あに〗①口に足が生えたら何になる?【答案】兄。【翻译】嘴下面生出脚,变成了什么?【答案】兄。②草の右にいる人っておじいさん?それともお兄さん?【答案】お兄さん。【翻译】草右边的人是爷爷,还是哥哥?【答案】哥哥。【解析】草字头与"右"合为"若",日语中「若い人」表示"年轻人"。③お兄さんの目にうつっている映画なーに?【答案】アニメ(animation)。【翻译】哥哥眼中映照的电影是什么?【答案】动画。【解析】「アニメ」字面意思表示"兄长的眼睛"「兄」「目」。

39. 〖あね〗①もし、柿の木が女になったら何になる?【答案】姉。【翻译】如果柿子树变成女人的话,会变成什么?【答案】姐姐。②お姉さんが眠ってしまいそうなお花ってなーんだ?【答案】アネモネ(anemone)。【翻译】姐姐好像睡了。描绘这种情况的花是什么花?【答案】银莲花。【解析】「アネモネ」(银莲花)又称""双瓶梅""草玉梅""秋牡丹",表示「姉もうねた」(姐姐睡了)。

40. 〖あばらぼね〗あばら骨の中にあるお花ってなーんだ?【答案】バラ。【翻译】肋骨内开的花是什么花?【答案】玫瑰。

41. 〖アヒル〗①朝晩に出てこない鳥ってなーんだ?【答案】家鴨「あ、ひる!」。【翻译】早上和晚上不出现的鸟是什么鸟?【答案】鸭子。【解析】"鸭子"「アヒル」可以拆分为「あ、ひる」,字面意思是"啊,中午!"②夜なのに、相変わらず「あ、昼だ」と叫んでいる鳥は何ですか。【答案】家鴨。【翻译】虽然是黑夜,但依然大叫"啊,到了中午了!"的鸟是什么鸟?【答案】鸭子。

42. 〖あまい〗簡単なテストはどんな味?【答案】あまい味。【翻译】简单的考试是什么味道?【答案】甜味。【解析】日语"容易"与"甜味"发音相同。

43. 〖あめ〗食べると無口になるものってなーんだ?【答案】飴。【翻译】一吃就不会说话的东西是什么?【答案】糖。【解析】日文「飴」中有「無口」(无口)。

44. 〖アメジスト〗頭に雨が降っている宝石ってなーんだ?【答案】アメジスト(amethyst)。【翻译】大雨降临到头上的宝石是什么?【答案】紫水晶。【解析】头上指单词的开始。紫水晶开始的假名为「アメ」,表示"雨"。

45. 〖アメリカ〗理科の教科書を舐めたら甘かった国は?【答案】アメリカ。【翻译】在某个国家,用嘴舔一下理科教材,发现很甜。这是什么国家?【答案】美国。【解析】美国「アメリカ」与「飴理科」(含糖的理科)发音相同。

46. 〖あやめ〗もうやめちゃいたいお花ってなーんだ?【答案】あやめ。【翻译】已经想放弃的花是什么花?【答案】菖蒲。【解析】菖蒲又名"水菖蒲"或"蝴蝶花",其日语中间有「やめ」(放弃)。

47. 〖あらかわ〗①東京都23区で、あら、かわって何区?【翻译】东京23区中,"瞧,河!"的区是哪儿?【答案】荒川区。【解析】荒川区与「あら、河!」谐音。②東京都23区で、洗濯物が一番よく乾くのは何区?【答案】荒川区。【翻译】东京23区中,衣服最容易干的区是哪个区?【答案】荒川区。【解析】日语区名与「あら、乾く」(瞧,干了!)发音相似。

48. 〖あり〗①いつも納得しない虫ってなーんだ?【答案】アリ。【翻译】总是有疑问的虫子是什么?【答案】蚂蚁。【解析】「アリ」相当于蚂蚁。总是不能理解,说明还有问题。②ありの後ろ、何があり?【答案】ます。【翻译】蚂蚁的后面有什么?【答案】ます。【解析】日语中,「ます」总跟在「あり」的后面。

49. 〖アリエル〗人魚姫は、実際のところあり得るのかな?【答案】あり得る。【翻译】美人鱼在实际生活中是否有可能存在?【答案】有可能。【解析】著名的迪斯尼动漫《小美人鱼》中女主人公日语名字为「アリエル」。

50.【ありのまま】アリのお母さんは、素顔か、薄化粧か、それとも厚化粧か?【答案】[ありのままなので]素顔です。【翻译】阿里的母亲是素颜还是淡妆，或者是浓妆？【答案】素颜。【解析】因为保持原样，所以是素颜。

51.【ある】存在するアルファベットってなーんだ?【答案】R。【翻译】哪个字母有存在感？【答案】R。【解析】「ある」表示存在。

52.【アルファベット】アルファベットって何文字?【答案】7文字。【翻译】英语字母表有几个字？【答案】7个字。

53.【アロハ】下の方がただのシャツってなーんだ?【答案】アロハ。【翻译】衬衫下面的部分免费，这是什么样的衬衫？【答案】阿洛哈。【解析】阿洛哈表示夏威夷衫，夏威夷语中有"欢迎""再见"之意。「ロハ」与「ただ」意义相近，表示"免费"。

54.【あわび】魚を包むとなんになる?【答案】あわび。【翻译】把鱼裹起来之后变成了什么？【答案】鲍鱼。【解析】鲍鱼，鳆鱼。鲍科螺贝总称。壳呈椭圆形，扁平，贝内软体以贝壳筋附着在贝壳上。从汉字构造讲，「鮑」是由"鱼"和"包"组成。

55.【あんこ】小さなお豆のあまーい子供ってなーんだ?【答案】あんこ。【翻译】我们说小小的有甜甜的豆子，是什么人？【答案】姑娘。【解析】「餡」与「あん」意思相同，表示包在饼、包子等里面的东西。「あんこ」为「姉子」的转义，在伊豆大岛指年轻的女性。

56.【あんこう】たい焼きの中に住んでる魚ってなーんだ?【答案】あんこう。【翻译】生活在鲷形烤点心的鱼是什么鱼？【答案】琵琶鱼。【解析】琵琶鱼又称"鮟鱇""老头鱼""华脐鱼"，其日语与「あんこ」（豆馅）发音近似。

57.【あんず】心配性な果物ってなーんだ?【答案】あんず。【翻译】什么水果爱操心？【答案】杏。【解析】「あんず」与「あんずる」相似。「あんずる」等于「あんじる」，表示"挂念"。友達の病気をあんじる：担心朋友的病。

58.【あんぜん】建築時に安い木で全ぶの材料を賄って建てた、そんな家は大丈夫?【答案】安全です。【翻译】建房时全部使用便宜的木材，建成的房子坚固吗？【答案】可靠。【解析】「安い木で全ぶ」中包含了"安全"两个字。

59.【アンダーシャツ】【体育】ヒットをいっぱい打てそうな洋服ってなーんだ?【答案】アンダーシャツ（undershirts）。【翻译】好像能一直进行安打的衣服是什么？【答案】贴身衣服。【解析】「アンダー」有两个意思：一，安打，或安全打，指在棒球比赛中击球手打出的好球，并非由于对方的失误或外场手的原因，而是击球手跑到一垒或更多的垒获得；二，贴身衣服，

汗衫,穿在上半身的贴身衣服的总称,一般为短袖,也有长袖或无袖,能吸汗、保温。

い

60. 〖い〗①この馬はある一部分がすごく美味しそうです。それはどこでしょう?【答案】胃。【翻译】马身上的哪一部分味道非常鲜美?【答案】胃。【解析】「うまい」(美味)与「馬」和「胃」的读音相同。②胃が四つある人がする仕事は、なに?【答案】いし。【翻译】有四个胃的人是什么职业?【答案】医生。

61. 〖いいだしっぺ)〗よい出汁なのに、ペッと吐こうと最初に言い出した人を何と呼びますか。【答案】言いだしっぺ。【翻译】第一个说出"把上好汤汁'呸'地吐掉吧!"的人叫什么?【答案】提议者,挑头的人。【解析】日语有个固定说法「言いだしっぺ」(谁提议谁先做,谁说的谁干)。

62. 〖いえん〗人に教えたくない病気は何?【答案】胃炎。【翻译】不想让人知道的病是什么?【答案】胃炎。【解析】「胃炎」(胃炎)与「言えない」(不能说)的另一种说法「いえん」同音。

63. 〖いおう〗伝えようとしている元素ってなーんだ?【答案】硫黄。【翻译】想要说的元素是什么?【答案】硫黄。

64. 〖いか〗①内科にいる生き物ってなーんだ?【答案】イカ。【翻译】什么动物在医院的内科?【答案】乌贼。【解析】日语中,「内科」(内科)包含「烏賊」(乌贼)这一单词。②ここより下にいる生き物ってなーんだ?【答案】イカ。【翻译】下面的动物是什么?【答案】乌贼。【解析】"乌贼"日语与日语「以下」同音。③海の中にいかがいますが、はたけにもいかがいます、それは何でしょう?【答案】すいか。【翻译】海里有乌贼,但是田里也有「いか」,这种「いか」是什么?【答案】西瓜。④干物にすると、欲しくないのにおしつけられるものってなーんだ?【答案】いか。【翻译】晒干后,虽不想要,卖东西的人缠着让买的商品是什么?【答案】乌贼。【解析】「ほしいか」(干乌贼)中包含了"想要吗?"。⑤胃が痒くなる病気ってなーんだ?【答案】胃潰瘍。【翻译】胃变痒是什么疾病?【答案】胃溃疡。⑥イカをおねだりされる教科ってなーんだ?【答案】かていか。【翻译】死乞白赖要卖乌贼的课程是什么?【答案】家庭课。【解析】「家庭課」中的「かていか」对应的是「買っていか」,就是"请买乌贼"之意。⑦いつも

マイカーのまんなかに座ってるものなーんだ?【答案】イカ。【翻译】总是坐在私家车正中间的东西是什么?【答案】乌贼。【解析】「マイカー」(我的车,私家车)中有「烏賊」(乌贼)这个词。⑧普段は硬いけど逆だちすると柔らかくなる海の生き物ってーに?【答案】貝。【翻译】平时很坚硬,倒过来就变得柔软的海生物是什么?【答案】贝类,螺。【解析】坚硬的「貝」(贝类)颠倒过来是柔软的「烏賊」(乌贼)。⑨逆さにすると足が10本増えるものなーんだ?【答案】カイ。【翻译】颠倒后,增加了10只脚的是什么?【答案】贝类。【解析】乌贼有十只脚。

65. 〖イカサマ〗偉いイカと普通のイカ、うそつきはどっち?【答案】偉いイカ。【翻译】伟大的乌贼和一般的乌贼,哪一个会撒谎?【答案】伟大的乌贼。【解析】「イカ様」(伟大的乌贼)与「如何様」(假的,假货,作假)发音相同。

66. 〖いかだ〗船の仲間なのに海の生物だといわれてるものって、何だ?【答案】筏。【翻译】属于船类,但又被说是海洋生物的是什么?【答案】木筏。【解析】「筏」(木筏)与判断句「烏賊だ」(是乌贼啊)读音相同。

67. 〖いくじなし〗はずかしがり屋、臆病者、あわてんぼうの3人の女性が居ます。3人とも結婚していますが1人だけまだ子供がいません。どの女性でしょう?【答案】臆症者。【翻译】有三位女性,分别是比较害羞的人、胆小的人和冒失的人。三个人都结婚了,只有一个人尚没有小孩。请问是哪一位?【答案】胆小的人。【解析】「意気地なし」(胆小、没有勇气的人)与「育児なし」(没有孩子)发音相同。

68. 〖いくら〗食べる度に値段聞かれる食べ物ってなーんだ?【答案】いくら。【翻译】每一次吃的时候都要被问价格的食物是什么?【答案】盐渍鲑鱼子。【解析】"盐渍鲑鱼子"的日语与「いくら」(多少钱)发音相同。

69. 〖いし〗①お医者さんの入っている料理はどんな味?【答案】おいしい。【翻译】添加医生的食物是什么味道?【答案】好吃。②頭の固い人の職業ってなーんだ?【答案】医師。【翻译】头脑顽固的人是什么职业?【答案】医师。【解析】"石头"的日语里面有「いし」(医生)这个词。③道端に落っこちてそうな職業ってなーんだ?【答案】医師。【翻译】好像掉在路边的职业是什么?【答案】医师。【解析】医师与「遺失」发音相似。④日本で一番多いいしゃってなーんだ?【答案】会社。【翻译】日本最多的医师是什么?【答案】公司。【解析】「会社」(公司)中有「医師」(医师)。⑤もう行

かない医者ってなーんだ?【答案】退社。【翻译】已经决定不去的医生是什么医生?【答案】从公司辞职。【解析】「退社」中包含「医師」(医师)。⑥水が無いと役に立たない医者ってなーんだ?【答案】水車。【翻译】没有水就不起作用的医生是什么?【答案】水车。【解析】「水車」(水车)中包含医师的日语。⑦石屋のお尻が子供になって、仕事が変わったものってなーんだ?【答案】医者。【翻译】石匠的臀部成了一个孩子,转变成什么职业?【答案】医生。【解析】从日语字形上看,将「石屋」的尾部的假名变小就成了「いしゃ」,「いしゃ」就是"医生"。⑧内緒のお手紙ってなんだ?【答案】いしょ。【翻译】需要保密的书信是什么?【答案】遗嘱。【解析】「内緒」中包含了「遺書」。⑨遺書を書くように勧めたのはだれよ?【答案】医師よ。【翻译】劝人写遗嘱的人是什么人?【答案】医生呀!【解析】「遺書」与「医師よ」相差甚微。「よ」为终助词,用于句末,提醒对方注意,翻译为"啊,啦,呀。"除了文字形式上的对应之外,医生有时最知道什么人病情危急。

70. 〔いしがきしま〕石を持って行くと木になる島はなーんだ?【答案】石垣島。【翻译】某个岛屿,如果将其石头搬走,岛屿就成了树林。这个岛屿是什么?【答案】石垣岛。【解析】石垣岛是冲绳县西南部由石垣岛构成的市,为八重山列岛的行政、经济中心地。「石垣島」去掉前面的石头,成为木材覆盖的岛屿「木島」。

71. 〔いしかわ〕岩の中に鹿が入っている都道府県ってどーこだ?【答案】石川県。【翻译】岩石中有鹿的都道府县是什么?【答案】石川县。【解析】石川县中有「しか」(鹿)的字样。

72. 〔いす〕①ある家具を割った人が部屋から出ていかなくなりました。何を割ったの?【答案】イス。【翻译】如果弄坏了某样家具,就无法外出。弄坏了什么家具?【答案】椅子。【解析】「居座った」指"赖着不走,留任"。②普段は4本足、人がやってくると6本足になるものってなーんだ?【答案】いす。【翻译】平时4条腿,有人来了之后,变成6条腿,这是什么?【答案】椅子。【解析】人坐到了椅子上。③イスはイスでも冷たいイスってなーんだ?【答案】アイス(ice)。【翻译】说是「イス」也是「イス」,但很冷的「イス」是什么?【答案】冰。④相談に行ってもらうイスってなーん

だ?【答案】アドバイス（advice）。【翻译】请去商量的「イス」是什么?【答案】意见,建议。⑤すばらしいいすってなーんだ?【答案】ナイス（nice）。【翻译】非常好的「イス」是什么?【答案】精彩。【解析】nice 为英语"好"。⑥目がたくさんあるいすってなーんだ?【答案】ダイス（dice）。【翻译】有很多眼睛的「イス」是什么?【答案】骰子。⑦空を飛ぶイスってなーんだ?【答案】鶯（うぐいす）。【翻译】空中飞行的「イス」是什么?【答案】黄莺。⑧上がったり下がったりするイスってなーんだ?【答案】プライス（price）。【翻译】上下浮动的「イス」是什么?【答案】价格。⑨お米に座るならどの部分?【答案】ラ「イス」。【翻译】如果能够坐到米上,坐的是什么部分?【答案】后面的部分。【解析】米后面的部分是椅子。⑩毎日食べてるいすってなーんだ?【答案】ライス。【翻译】每天吃的「イス」是什么?【答案】米。⑪座れる洋服ってなーんだ?【答案】ワンピイス（one piece）。【翻译】能坐的西服是什么?【答案】连衣裙。【解析】连衣裙指上衣和裙子连成一体的妇女、儿童服装,末尾有"椅子"这个单词。⑫足があるのに歩けない。でも、人を乗せるのはとても得意な物は、何?【答案】椅子。【翻译】有脚不能走,但任人骑在身上,这是什么?【答案】椅子。⑬かけたり、ひいたりしても全く数が変わらないものは?【答案】椅子。【翻译】做乘法,做减法,结果都不变的东西是什么?【答案】椅子。【解析】"在椅子上就座"是「椅子にかける」,"将椅子拉过来（就座）"是「椅子を引く」。

73. 〖いた〗①ご飯を食べる前に抱く物ってなーに?【答案】板（いた）。【翻译】吃饭前抱着什么东西?【答案】木板。【解析】吃饭前一般说「いただきます」（我开始吃了!）与「板抱き」（抱着木板）发音相同。②板と鉄がケンカをしました。負けたのは、どちら?【答案】いた。【翻译】木板和铁块打架。输的是哪一方?【答案】木板。【解析】疼痛「痛い（いた）」中包含了木板「板（いた）」。

74. 〖いたい〗いたいの反対は何?【答案】痛い（いた）。【翻译】痛的反面是什么?【答案】痛。【解析】"痛苦"的反面是"欢乐",但因为痛的发音是「痛い（いた）」,从前往后,从后往前都读作「痛い（いた）」,这是「反对」的另一意思。

75. 〖いたチョコ〗①イタチが寝ながら食べるものってなーんだ?【答案】板（いた）チョコ（chocolate）。【翻译】黄鼠狼睡的时候吃什么东西?【答案】板状巧克力。【解析】板状巧克力前面有黄鼠狼「鼬（いたち）」。②いたちがねっころがりながら食べるものってなーんだ?【答案】板チョコ。【翻译】黄鼠狼躺着吃的是什么?【答案】板状巧克力。【解析】「板（いた）チョコ」（板状巧克力）与

「イタチ横」(躺着的黄鼠狼)发音相似。③歯が痛くなるお菓子は何?【答案】板チョコ。【翻译】让牙齿疼痛的点心是什么?【答案】板状巧克力。【解析】(板状巧克力)的日语与「痛いチョコ」读音相似。

76. 〖イタリア〗後ろに板が乗っている国ってなーんだ?【答案】イタリア。【翻译】前面有板子的国家是什么?【答案】意大利。【解析】意大利(Italy)与"前面有板子"「板」(rear)发音相似。

77. 〖いちご〗いちいちいちいちいちってなーんだ?【答案】苺。【翻译】连说五个"一",这是什么?【答案】草莓。

78. 〖いちじく〗①1時9分に食べたものってなーんだ?【答案】いちじく。【翻译】1点零9分吃的东西是什么?【答案】无花果。②皿の上にイチジクを乗せたら何になる?【答案】桜。【翻译】盘子上盛放着无花果,成了什么?【答案】樱花。【解析】无花果为「いちじく」。盘子为「皿」,无花果又可以理解为「一次」「く」放到「さら」中去。

79. 〖いちば〗野菜や魚を、一個だけしか売ってないのはどーこだ?【答案】市場。【翻译】蔬菜、鱼等东西只单个卖,这是什么地方?【答案】市场。

80. 〖いちばん〗レディーは何番がお好き?【答案】1番。【翻译】女士最喜欢什么号码?【答案】第一。【解析】因为习语为「レディーファースト」(女士优先),所以女士应该喜欢「一番」(第一)。

81. 〖いちばんだしゃ〗今日の甲子園の第1試合、最初のバッターってだーれだ?【答案】一番打者。【翻译】甲子园第一回合,首先上场的击球手是谁?【答案】最好的击球手。【解析】"最好的击球手"的日语与"第一击球手"的日语发音相同。

82. 〖いちめいとる〗①マラソンランナーがゴール直前で死亡しました。何メートル前でしょうか?【答案】1メートル。【翻译】马拉松选手在终点前去世。他离终点还有几米?【答案】一米。【解析】「1メートル」([还差]一米)与「一命取る」(一命呜呼)读音相同。②50センチのキノコと100センチのキノコ。毒キノコはどっち?【答案】100センチのキノコ。【翻译】50厘米的蘑菇和100厘米的蘑菇,毒蘑菇是哪一个?【答案】100厘米。【解析】100厘米等于1米,"1米"的日语与"要命"的日语发音相同。

83. 〖いちょう〗①銀杏を食べると、どこかが良くなるんだって、どこでしょう?【答案】胃腸。【翻译】吃银杏果,(身体的)某处会变好。是哪里

呢?【答案】胃腸(いちょう)。【解析】"銀杏"有两个读音:「銀杏(ぎんなん)」和「銀杏(いちょう)」。第二个读音与「胃腸(いちょう)」(胃肠)读音相同。②秋になると緑から黄色になる内蔵ってなーんだ?【答案】胃腸(いちょう)。【翻译】到了秋天,哪个内脏由绿变黄?【答案】胃肠。③ある秋の日の出来事。銀杏の木と紅葉の木のうち、一本が倒れてしまいました。倒れたのはどっち?【答案】銀杏(いちょう)。【翻译】秋天发生了一件事:银杏和枫树中有一棵树倒下。倒下的是哪一棵?【答案】银杏。【解析】树木倒下为横躺的木材。"横"字可以分解为"黄木",即黄色的树木。枫树叶秋天变红,银杏叶秋天变黄。

84.【いっすんぼうし】①短い棒を4本持っている人は?【答案】一寸法师。【翻译】持有四根短棒的人是什么人?【答案】一寸法师。【解析】「一寸法師」与「一寸棒4」发音相似。「一寸法師」是日本室町时代的御伽草子《一寸法师》中的主人公。故事讲述一对老夫妇许愿祈祷得一子,能降妖捉鬼,后靠幸运小槌个子长高,光耀了门庭。②靴ははくもの帽子はかぶるもの。では、かぶらないで鬼を退治したぼうしはどんなぼうし?【答案】一寸法师。【翻译】鞋子是穿的东西,帽子是戴的东西。那么不能戴在头上而能驱鬼的帽子是什么?【答案】一寸法师。【解析】いっすんぼうし(一寸法师)最后的发音与「ぼうし」(帽子)发音相同。③一寸法師はおわんの中にいます。おにぎりの中には何がいる?【答案】梅干。【翻译】一寸法师在碗里面。那么,饭团里面有什么?【答案】梅干。【解析】「梅」可以解读成「埋(う)め」。

85.【いっぱく】元気な子供が旅行に行きました。何泊したでしょうか。【答案】一泊(いっぱく)。【翻译】健康的孩子外出旅游,在外住几晚?【答案】一晚。【解析】「一泊(いっぱく)」(住了一晚)中有"一",与英语 one 的读音相同,并且与「腕白(わんぱく)」(孩子淘气)读音相同,与前文「元気(げんき)」的孩子相对应。

86.【いと】①いとをつけて飛ぶいとってなーんだ?【答案】カイト(kite)。【翻译】装上线就能飞的「いと」是什么?【答案】风筝。②ダイナマイトのお尻についてるものってなーんだ?【答案】糸。【翻译】炸药的末端绑着什么?【答案】引信。③田んぼの横でひろった糸はどんな糸?【答案】細い糸。【翻译】田边捡到的线是什么线?【答案】细线。【解析】「細」字有"田"又"线"。④明るいうちは見えない糸ってなーんだ?【答案】ナイト(night)。【翻译】明亮的时候看不到的线是什么线?【答案】黑夜。⑤骑士はいつ現われる?【答案】ナイト。【翻译】骑士在什么时候出现?【答案】晚上。【解析】knight(骑士)与英语 night(夜晚)发音相同。⑥稼

げる糸ってなーんだ?【答案】バイト(德语 Arbeit)。【翻译】能赚钱的线是什么?【答案】打工。⑦元気の出る糸ってどんないと?【答案】ファイト(fight)。【翻译】精神抖擞的线是什么线?【答案】战斗。⑧右のほうにある糸ってどんな糸?【答案】ライト(right)。【翻译】在右边的线是什么线?【答案】光线。【解析】「ライト」是"光线"(light),还表示"右边"。

87. 〖いど〗人の中にある、高かったり低かったりする井戸ってなーんだ?【答案】プライド(pride)。【翻译】在人心里,时高时低的井是什么井?【答案】骄傲和自豪。

88. 〖いないいないバー〗①子どもが喜ぶバーってどんなバー?【答案】いないいないバー。【翻译】孩子们喜欢什么酒吧?【答案】躲猫猫。【解析】藏猫儿指忽然躲起又忽然出现的游戏。②いないいないバーを二回するのは何屋さん?【答案】バーバー(barber)。【翻译】玩两次躲猫猫的人是什么职业?【答案】理发师。【解析】「バー」两次出现就成了「バーバー」。

89. 〖いなか〗①田舎のタコってなーんだ?【答案】太鼓。【翻译】乡间的章鱼是什么?【答案】大鼓。【解析】「いなか」分解成「い」和「中」。将「い」插入「章魚」(章鱼)这个词的中间,因此答案是「太鼓」。②会員はどこにいる?【答案】田舎。【翻译】会员在哪里?【答案】乡下。【解析】「い」这个假名居于「会員」(会员)这个单词正中位置,正符合"「い」在中间"「田舎」的要求。

90. 〖いぬ〗①お手が出来るのに手が無いものなーんだ?【答案】いぬ。【翻译】能出手帮人的忙,却没有手,是什么?【答案】狗。【解析】狗可以为人做看家护院等工作但是没有手。②いるのにいないのはだーれだ? いなくなる動物ってなーんだ?【答案】いぬ。【翻译】某种动物在,却说不在,是什么动物?【答案】犬。【解析】「いぬ」的字面意思是"不在"。「いない」的文语。

91. 〖いばらき〗薔薇の木の品質がすばらしいところは?【答案】茨城。【翻译】什么地方玫瑰质量最好?【答案】茨城。【解析】"茨城"的日语与「いい薔薇木」(上乘的玫瑰)发音相似。

92. 〖イブ〗①空を飛びそうなのは何イブ?【答案】ダイブ(dive)。【翻译】空中飞的夏娃(eve)是什么?【答案】(头先入水的)跳水。【解析】「ダイブ」也表示"飞机俯冲,飞机急速向下飞"。「イブ」也可以翻译为"前夜"。②クリスマスの前の日はクリスマスイブ、車に乗るのは何イブ?【答案】ドライブ(drive)。【翻译】圣诞的前一天晚上被称为平安夜。那么,坐车是什么前夜(eve)?【答案】驾驶。

93. 〖イベント〗普通じゃない弁当をたべるのはどーこだ?【答案】イベント(event)。【翻译】吃不寻常的便当是在什么地方?【答案】不平凡的事件。【解析】「イベント」最后三个片假名与"便当"的日语发音相同。

94. 〖いま〗家で、今日にはあるのに明日にはないものは?【答案】居間。【翻译】家中今天有,明天没有,这种东西是什么?【答案】起居室。【解析】「居間」与「今」发音相同,表示"在家里平时一家人待的房屋"。

95. 〖いも〗①いいものの中にある食べ物なーんだ?【答案】いも。【翻译】好东西的里面有什么吃的?【答案】芋,薯。【解析】「いいもの」中间包含了「いも」,表示"芋头、马铃薯、山药、甘薯"。芋头是天南星科多年生草本植物,包括八头芋、涩芋、赤芽芋等。甘薯也称为"白薯,红薯"。②奥さんが入っているお芋ってなーんだ?【答案】さつまいも。【翻译】内有妻子的芋头是什么?【答案】甘薯,番薯。【解析】甘薯中间包含了妻子「つま」。⑧あまい名前のお芋ってなーんだ?【答案】さといも。【翻译】名字很甜的芋是什么?【答案】芋头。【解析】「さと」(头部)与(砂糖)的日语发音相近。

96. 〖いや〗①目が耳に告白したらどうなる?【答案】断られる。【翻译】如果眼睛向耳朵表白,会是什么结果?【答案】被拒绝。【解析】eye(眼睛)与"爱"(ai)发音相同,ear(耳朵)与「いや」(不行)发音相同。②真ん中の方が嫌になる宝石ってなーんだ?【答案】ダイヤモンド(diamond)。【翻译】某种宝石中间有令人厌恶的东西。这个宝石是什么?【答案】钻石。

97. 〖いよかん〗頭にいをつけるといい事ありそうな果物ってなーんだ?【答案】いよかん。【翻译】如果在前面加上「い」,即感觉到有好事要发生的水果是什么?【答案】伊予柑橘。【解析】「伊予柑」开头加上「い」即成为「いいよかん」(很好的预感)。伊予橘是柑橘的一种,日本于明治初期引进爱媛县(伊予国),具有个大、味美的特点,似温州橘。

98. 〖イラン〗物を受け取らない国は?【答案】イラン。【翻译】不接受馈赠的国家是哪个国家?【答案】伊朗。【解析】国名「イラン」(伊朗)与「要らない」(不需要)的口语说法「いらん」读音相同。

99. 〖いるか〗「クジラより大きくて、メダカより小さいもの、なあに?」【答案】イルカ。【翻译】比鲸鱼大而比鳉鱼小的东西是什么?【答案】海豚。【解析】鳉鱼在日本淡水鱼中体形最小。"海豚"的日语与「そんなのイルカ」(那样的东西会有吗?)发音相似。

100. 〖いろ〗①あたたかい色って何色?【答案】カイロ。【翻译】温暖的颜色是什么?【答案】怀炉。【解析】怀炉是置于怀中暖身体的器具,最后两个

假名「色」表示颜色。②おうちの下のほうは何色?【答案】イエロー。【翻译】家下面是什么颜色?【答案】黄色。【解析】「イエロー」为英语 yellow(黄色)中有"ロー",意为英语中"low"。③低いところにある家は何色?【答案】イエロー。【翻译】位于低处的家是什么颜色?【答案】黄色。【解析】「イエロー」(黄色)与「家ロー」(家在低处)(low)发音近似。④思わず、迷っちゃう色ってなーんだ?【答案】めいろ。【翻译】猛然发现自己迷路了。这是什么色彩?【答案】迷路,迷途。【解析】「迷路」(迷途)中包含了「色」(颜色)的假名。⑤とても大きい色ってなーんだ?【答案】だいだい色。【翻译】很大的颜色是什么?【答案】橙色。【解析】「だいだい」意为"大大",日文汉字写作"橙"。⑥あけたりしめたりするいろってなーんだ?【答案】きいろ。【翻译】开开关关的色彩是什么色彩?【答案】黄色。【解析】「黄色」中有英语 key(钥匙)的读音。⑦前には無いしろってなーんだ?【答案】うしろ。【翻译】前边不可能有的白色是什么?【答案】后面。⑧白い牛はどこにいる?【答案】うしろ。【翻译】白色的牛在哪里?【答案】后面。⑨どんどん悪くなる色は?【答案】赤。【翻译】慢慢变坏的颜色是什么?【答案】红色。【解析】「赤」(红色)与「悪化」(恶化)发音相同。

101. 〖いわし〗①岩にぶつかって死ぬ魚は?【答案】沙丁鱼。【翻译】碰到岩石死去的鱼叫什么名字?【答案】鰯,沙丁鱼。斑点沙瑙鱼。【解析】鱼的名称「鰯」与「岩」(岩石)、「死」(死亡)读音相同。いわしのあたまもしんじんから:有志者事竟成。即使是像沙丁鱼那样微不足道的东西,若有坚定的信念,也让人觉得很了不起。比喻信仰的不可思议。②よわっちい魚ってなーんだ?【答案】鰯。【翻译】孱弱的鱼是什么?【答案】鰛鱼,沙丁鱼。【解析】从日语汉字的结构看,鰯是"孱弱"加上"鱼"。③ガンガンガンガンやってる魚ってなーんだ?【答案】イワシ。【翻译】发出当当当当声音的东西是什么?【答案】沙丁鱼。【解析】「イワシ」中含有"岩"的训读音。「岩」的读音是「ガン」。

102. 〖いわて〗めでたいことがいっぱいの都道府県ってどーこだ?【答案】岩手县。【翻译】有很多喜事的都道府县是什么?【答案】岩手县。【解析】「岩手県」可以解读成「祝いたい県」。

103. 〖インコ〗子供が入ってる鳥ってなーんだ?【答案】インコ。【翻译】身体内有小孩子的鸟是什么?【答案】鹦哥。【解析】「イン」与英语单词 in(在里面)发音类似,「コ」表示"孩子"。鹦哥有些种类模仿力极强,类似孩子。

104. 〖いんかん〗名前が逆になっているのが正しいものはなーんだ？【答案】印鑑。【翻译】名字反了就正确，这是什么？【答案】印章。【解析】刻在印章上的名字是反的，盖出的文字才能正确无误。

105. 〖いんこ〗コインの頭をお尻につけたいきものなーんだ？【答案】インコ。【翻译】将硬币的头接到尾部，成为一种生物，是什么生物？【答案】鹦哥。【解析】「コイン」头部变为尾部，就是「インコ」。

106. 〖いんせい〗病気じゃなかった学生さん、どこに行ってる？【答案】陰性だったので、大学院。【翻译】没有得病的学生到什么地方去了？【答案】上研究生院或棋院。【解析】「院」(院)和「陰」(阴)发音相同。「院生」(院生)与「陰性」(阴性)同音。没有得病，一般结果呈阴性。院生为研究生院、日本棋院等的在籍生。

107. 〖いんせき〗入ってる石ってなーんだ？【答案】隕石。【翻译】深入内部的石头是什么？【答案】陨石。【解析】「隕石」由「いん」(里面)和「石」组成。

108. 〖インド〗マインドコントロールされ、消息不明だった友達からこれからある国を通るというショートメッセージがあります。それはどの国ですか。【翻译】被洗脑后下落不明的朋友发来一个信息，说他要经过一个国家，请问这个国家是哪个国家？【答案】印度。【解析】「マインドコントロール」(mind control)与「ま、インド今度通る」(现在要通过印度)发音类似。

109. 〖いんぼう〗陰謀がかくされている橋ってどんな橋？【答案】レインボーブリッジ(rainbow bridge)。【翻译】隐藏有阴谋的桥是什么桥？【答案】彩虹桥。【解析】「レインボーブリッジ」中有「陰謀」(阴谋)。

う

110. 〖う〗帽子の中に入っている動物ってなーんだ？【答案】鵜、牛、人間。【翻译】帽子里的动物是什么？【答案】鸬鹚「う」、牛「うし」、「人」。【解析】「ぼうし」中间有「う」是「鵜鹚」，有「うし」是「牛」，帽子下面是"人"。

111. 〖ウイスキー〗酔っ払うのが大好きなお酒ってなーんだ？【答案】ウイスキー。【翻译】想喝醉的人喜欢什么酒？【答案】威士忌。【解析】「ウイスキー」，前面「ウィ」可以理解成"我们"，最后是「スキ」(喜欢)。

112. 〖ウインナー〗①鵜が入ってるコーヒーってなーんだ？【答案】ウインナーコーヒー(winner coffee)。【翻译】中间有"鸬鹚"的咖啡是什么咖

啡?【答案】维也纳(vienna)咖啡。【解析】「ウインナーコーヒー」也称为"奶油咖啡",听起来如同"胜利者咖啡"。第一个假名「ウ」表示"鸬鹚,鱼鹰,水老鸦"。うのまねをするからす：东施效颦,自不量力,盲目效仿他人不成反招失败者；うのめたかのめ：像鸬鹚追捕鱼,鹰找猎物时那样,用锐利的目光寻找要搜寻的目标。②「勝ったな」と言われるたべものなーんだ?【答案】ウインナー。【翻译】被别人说"胜利了!"这种食品是什么?【答案】胜利牌点心。

113. 〖うえ〗うえの上は何でしょうか?【答案】い。【翻译】"上面"的上面是什么?【答案】い。

114. 〖うえき〗庭にある駅ってどんな駅?【答案】植木。【翻译】庭院里的车站是什么车站?【答案】栽植花木。【解析】栽植花木指植于庭院、盆钵等中的树木。うえきいち：花市,花木市场。

115. 〖うえの〗「の駅」はどこの駅?【答案】上野駅。【翻译】「の駅」是什么车站?【答案】上野车站。【解析】「上野」(上野)的字面意思是「の」(在上面)。

116. 〖ウエハース〗おうちの下にある食べ物なーんだ?【答案】ウエハース(wafers)【翻译】在房子下面的食品是什么?【答案】华夫饼干。【解析】"华夫饼干"的日语发音与「上ハウス」(上面是房子)相似。

117. 〖うお〗魚を見て叫んだ人はなんて言った?或：魚を見てびっくりはなんて言った?【答案】「うぉー」或「ぎょ」。【翻译】见到鱼惊叫的人说了什么?【答案】啊!【解析】「うお」或「ぎょ」既是惊叫声,又是"鱼"。

118. 〖うかい〗遠回りして魚を取るものなーんだ?【答案】鵜飼い。【翻译】绕远路抓鱼是什么?【答案】养鸬鹚。【解析】「鵜飼い」表示"养鸬鹚,驯养鸬鹚,令其捕捉香鱼等的捕鱼法",与表示"迂回,绕远儿,避开某场所绕道而行"的「迂回」发音相同。

119. 〖うがい〗①牛がうがいしたらなんになる?【答案】いし。【翻译】牛漱口变成什么?【答案】石头。【解析】「うがいしたら」可以理解为把「う」换成「い」,如果遵循这个逻辑,「牛」就变成了「石」。②うんこが、うがいしたらなんになる?【答案】いんこ。【翻译】大便漱口会变成什么?【答案】鹦哥。【解析】「うんこ」为幼儿用语,意思是"大便"。「こ」为接尾词。将「う」置换为「い」,「うんこ」会变成「いんこ」。③あいえおって健康法はなーんだ?【答案】うがい。【翻译】「あいえお」健康法是什么方法?【答案】漱口法。【解析】日语前五个假名为「あいうえお」,说「あいえお」

显然需要「いる」「う」的。也有将「う」视为「い」的意味。

120. 【うきわ】①おなかにカナヅチ入れて泳ぐものなーんだ？【答案】浮き輪。【翻译】中间带锤子游泳的东西是什么？【答案】救生圈。【解析】カナヅチ：锤子、完全不会游泳的人。不会游泳的人需要救生圈。②お菓子の浮き輪ってなーんだ？【答案】ドーナツ（doughnut）。【翻译】点心作成的救生圈是什么？【答案】甜甜圈。【解析】お菓子：点心，糕点，糖果。人们在一日三餐之外喜欢吃的零食，多为甜食。

121. 【うさぎ】鳥じゃないのに鳥っぽい詐欺師ってなーんだ？【答案】うさぎ。【翻译】虽不是鸟，却像鸟的骗子是什么？【答案】兔子。【解析】兔子是用「羽」来计量的，并且「うさぎ」中的「さぎ」与「詐欺」（骗子）同音。

122. 【うし】頭にのせる牛ってなーんだ？【答案】ぼうし。【翻译】卧在头上的牛是什么？【答案】帽子。【解析】「帽子」（帽子）含有「牛」（牛）这个单词。

123. 【うじ】掃除機に入っている生き物なーんだ？【答案】蛆。【翻译】吸尘器里有什么生物？【答案】蛆。【解析】「掃除機」中包含「蛆」。

124. 【うそ】でたらめばっかり言っている人に付ける規格は何？【答案】USO800。【翻译】对满口胡言的人制订的评价标准是什么？【答案】USO800。【解析】USO800写成平假名和汉字就是「うそ八百」，表示"尽是谎言，一派谎言"的意思。另外，「嘘っぱち」是「嘘」的强调说法，谎言连篇，完全是假话，一派胡言。

125. 【うちゅう】宇宙には二つ同じものがある。それなーんだ？【答案】うの字。【翻译】宇宙中有两个相同的东西，是什么？【答案】う。

126. 【うちゅうじん】雨の中にいる人だーれだ？【答案】宇宙人。【翻译】雨中的人是什么人？【答案】宇宙人。【解析】「宇宙人」（宇宙人）与「雨中人」（雨中人）发音相同。

127. 【うちゅうひこうし】宇宙飛行士の中に干支の動物はどれだけいる？【答案】兔、鼠、牛。【翻译】宇航员中有多少涉及干支的动物？【答案】兔、老鼠、牛。【解析】「う」「ちゅう」ひこ「うし」。

128. 【うっき】①サルは水に浮く？【答案】ウッキーます。【翻译】猴子会游泳吗？【答案】会。【解析】「ウッキー」为猴子叫声，与「浮きます」（浮起）发音相似。②おサルのきってどんなき？【答案】ウッキーとモンキー（monkey）。【翻译】猴子树是什么树？【答案】意志消沉的猴子。【解析】

心情郁闷、闷闷不乐「鬱気」的猴子「ウッキーとモンキー」。③サルが持ってる袋ってなーんだ?【答案】浮き袋。【翻译】猴子拿的袋子是什么?【答案】救生圈。

129. 〚うつ〛ピストルをいくらうっても警察につかまらなかったのはなーんでだ?【答案】売ってただけだから。【翻译】怎么样开枪,警察都不抓,为什么?【答案】他只是在卖枪。【解析】「売る」(卖)与「撃つ」(开枪射击)促音发音相同。

130. 〚うつる〛①テレビとラジオが風邪をひきやすいのはどっち?【答案】テレビ。【翻译】收音机和电视哪一个容易患感冒?【答案】电视。【解析】「うつる」一个意思是「映る」,影像显现在银幕上或电视上。スクリーンに映る:映现在银幕上。另一个意思是「移る」,表示感染,疾病传染给他人。かぜが移る:染上感冒。收音机无此用法。②うつされてひくのは風邪。では、うつしてまくものはなーんだ?【答案】カメラ。【翻译】被传来之后感染上的是感冒;那么感光之后就卷起来的物品是什么?【答案】装胶卷的照相机「フィルムカメラ」。

131. 〚うつわ〛くちが4つある入れ物な〜に?【答案】器。【翻译】有四张嘴的容器是什么?【答案】器皿。【解析】"器"这个字有四个"口"字。

132. 〚うてん〛銃が打てない日の天気は何?【答案】雨天。【翻译】不能打枪的那天天气如何?【答案】雨天。【解析】「雨天」(雨天)与「打てない」(打不中)的口语说法「うてん」读音相同。

133. 〚うどん〛①うどんに入れたら力がつくものなーんだ?【答案】力うどんになる。【翻译】加入乌冬面里就有了力气的东西是什么?【答案】力士汤面。【解析】力士汤面指在清汤面中加入年糕的食品。②太鼓の音みたいな食べ物ってなーんだ?【答案】うどん。【翻译】像打鼓发出的声音一样的食品是什么?【答案】乌冬面。

134. 〚うほうほ〛うほうほ言ってそうな乗り物なーんだ?【答案】UFO。【翻译】好像不断地发出「うほうほ」的声音的交通工具是什么?【答案】飞碟。【解析】UFO 是"不明飞行物"(unidentified flying object),按照罗马音来读就是「うほ」。

135. 〚うまい〛①うまい魚ってなーんだ?【答案】ジョーズ(jaws)。【翻译】很厉害的鱼是什么?【答案】大白鲨。【解析】「うまい」不仅可以翻译为"美味",还可以翻译为"本领强",所以很厉害的鱼是大白鲨。同时,「ジョーズ」与「上手」(本领强)发音相同。②美味しいお酒ってなーんだ?

【答案】梅酒。【翻译】美味的酒是什么酒?【答案】青梅酒。【解析】青梅酒是将青梅果和冰糖放入烧酒浸泡而成,具有独特的芳香和口味。「うまい酒」与「梅酒」发音相似。③おいしいチョコは何枚?【答案】うまい。【翻译】美味巧克力有多少块?【答案】好吃。【解析】「旨い」(美味)中有「枚」(枚)字。④豚と馬が料理対決をしました。さて、どちらが勝ったでしょう。【答案】馬勝ったです。【翻译】猪和马进行厨艺比赛。那么,是谁获胜了呢?【答案】马。【解析】哪一方的菜好吃「旨い」,哪一方获胜。「旨かった」(美味)与「馬勝った」(马取胜)谐音。

136. 〖うまごや〗馬のおうちなのに、中にまごがいるのはどーこだ?【答案】うまごや。【翻译】什么地方明明是马的家,里面却有孙子?【答案】马棚。【解析】马棚写成汉字是「馬小屋」,假名「うまごや」中有「まご」。

137. 〖うみがめ〗子供を産んでばかりの亀は?【答案】海亀。【翻译】刚刚生完孩子的乌龟是什么乌龟?【答案】海龟。【解析】海龟包括棱皮龟、绿海龟、玳瑁,「うみがめ」与「産み亀」(生产的海龟)同音。

138. 〖うめ〗食べた羊が唸ってからなくものなーんだ?【答案】うめ。【翻译】进过食的羊说什么赞叹的语言?【答案】梅。【解析】"梅"的日语与"好吃"的日语发音相似。「め」模仿羊的咩咩声。

139. 〖うらしまたろう〗裏口の戸締りをしてきた昔話の主人公ってだーれだ?【答案】うらしっまったろう。【翻译】在传说中,锁了后门之后来的主人公是什么人?【答案】浦岛太郎。【解析】戸締り:关门窗,为防范而锁门。"浦岛太郎"的日语与「うらしっまったろう?」(后门锁了吗)发音相同。うら:房屋的后面,后边。浦岛太郎是丹后国的渔夫,因为救了一个小海龟的命,被报恩的仙女带到龙宫,受到仙女的热情款待。3年之后,他思家心切,决定回家。仙女给了他一个玉匣,同时嘱咐说,玉匣中盛有人类最宝贵的东西,绝对不能打开。他答应了,带着玉匣回到岸边。龙宫3年,人间已经过了300年,他已经没有亲人,也无家可回。迷惘中,他不顾仙女的禁规,打开了玉匣,从匣中冒出一股白烟,他遂变成一个老翁。最终,他明白,原来仙女所说的玉匣中装的最珍贵的东西是他的寿命。

140. 〖うらない〗①何にも売ってくれない商売は?【答案】占い。【翻译】不卖东西的商业活动是什么?【答案】占卜,算卦,算命。【解析】「占い」(占卜)与「売らない」(不卖)同音。②表しかない本なーんだ?【答案】占いの本。【翻译】只有封面的书是什么?【答案】算卦的书。【解析】「表」

(表面)的反义词是「裏」(背面)。「占い」(算卦)的字面意思是「裏無い」(没有背面)。

141. 〖うらめしや〗死んだ人の家の裏にある食べ物屋さんは何?【答案】飯屋。【翻译】在已经去世的人的家后面开的饭店是什么?【答案】经济食堂。【解析】裏目:后边,背面;飯屋:饭馆,供应简单饭食的店铺。し:死亡;や:家。「恨めしい」又表示"可恨,有怨气",暗示前面人家的不幸影响了自己的生意。

142. 〖ウラン〗どうしても売ってくれない金属は?【答案】ウラン。【翻译】无论如何也不出售的金属是什么?【答案】铀。【解析】「ウラン」(铀)与「売らない」(不卖)的口语说法「売らん」读音相同。

143. 〖うるさい〗3歳、5歳、7歳の子供が集まったよ。全部で何歳ですか?【答案】うるさい。【翻译】3岁、5岁、7岁小朋友聚集在一起,你可知道他们一共多大岁数?【答案】吵死人了。【解析】「煩い」(吵死人了)中有「歳」(岁数)的表达。

144. 〖うれる〗青ミカンと完熟ミカン、どっちの売れ行きがいい?【答案】完熟ミカン。【翻译】青的蜜桔和完全成熟的蜜桔哪一种好卖?【答案】完全成熟的蜜桔。【解析】「うれる」为双关语。「よくうれている」既表示「売れる」(好卖),又表示「熟れる」(成熟)。

145. 〖うんそうや〗大阪弁で頷いている職業の人は?【答案】運送屋。【翻译】在大阪话中,一直点头的是什么职业的人?【答案】搬运物品的人。【解析】送货员发音是「運送屋」,这个发音在大阪方言中表示「うん、そうや」(肯定附和他人)。

146. 〖うんてん〗①運を天に任せておこなうものなーんだ?【答案】運転。【翻译】一切听天由命的人是什么人?【答案】司机,驾驶员。【解析】日语「運転」(驾驶员)与「運天」(命运在天)发音相同。②校庭や公園にあって、足ではなく手を使ってわたるものってなんだ?【答案】運転。【翻译】在学校或公园里,不用脚而用手走动的是什么?【答案】开车。

147. 〖うんどうかい〗さかさまにすると、イカとうどんが入っている行事ってなーんだ?【答案】運動会。【翻译】某项活动一颠倒,就既有乌贼,又有乌冬面。这是什么活动?【答案】运动会。【解析】日语「運動会」(运动会)颠倒之后就成了「いか」、「うどん」(乌贼)(乌冬面)。谜面中的「うどん」为面条,是小麦粉用盐水和成,擀细后切成细长条的食品。

え

148. 【え】イラストの顔ってどんな顔？【答案】笑顔。【翻译】插图的面孔是什么样的脸？【答案】笑脸。【解析】「絵顔」（插图的脸的样子）与「笑顔」（笑脸）发音相同。

149. 【エアコン】空気がくるのにこないものなーんだ？【答案】エアコン（air conditioner）。【翻译】有空气到来却说没有到来的东西是什么？【答案】空调。【解析】「エア」「来ない」，口语中「こない」可以说「こん」。

150. 【エアポケット】飛行機が入る大きなポケットってなーんだ？【答案】エアポケット（air pocket）。【翻译】飞机驶入的巨大的口袋是什么？【答案】空气陷阱。【解析】空气陷阱也称为"气潭"，指飞机在大气层中飞行时飞行高度突然以水平姿势急剧下降的区域，原因是产生于积云系云层或山峦地带的下降气流。

151. 【えい】①気合を入れてるお魚ってなーんだ？【答案】エイ。【翻译】鼓足了劲的鱼是什么鱼？【答案】鳐鱼。【解析】「えい」表示"答应，配合"，又表示"鳐鱼，鲼鱼"。②いつも掛け声かけてるお魚なーんだ？【答案】えい。【翻译】总是吆喝的鱼是什么鱼？【答案】鳐鱼。

152. 【えいきゅうし】永久に休んでいる体の部位はなんだ？【答案】永久歯。【翻译】永远休息的身体部位是什么？【答案】恒齿。【解析】「永久歯」中有「永久」「休止」的读音。

153. 【えいご】5回気合を入れて覚えるものなーんだ？【答案】英語。【翻译】鼓劲五次记住的东西是什么？【答案】英语。【解析】気合を入れて：振作精神，鼓起干劲。

154. 【えいこく】①最初の国ってどーこだ？【答案】英国「A国」。【翻译】第一个国家是什么？【答案】英国。【解析】英语26个字母第一个为A。在日语中A「エー」与「えい」（英国）发音相似。②いい国ってどーこだ？【答案】英国。【翻译】比较好的国家是什么国家？【答案】英国。【解析】"英国"的日语与表示肯定的感叹语「ええ国」（不错的国家）类似。

155. 【えかき】岡の周りにいる職業ってなーんだ？【答案】絵描。【翻译】山岗周围的职业是什么？【答案】画家。【解析】以绘画为职业的人。画家经常到山岗写生，故也能解释成理。五十音图前面几个假名是「あいうえおかきく」，围绕在「おか」旁边的前边有「え」，后边有「き」，所以「お

か」的周围不是「え」,就是「き」,用日语表达就是「え」か「き」。

156. 【えきしゃ】占い師が住んでいるのはどーこだ?【答案】駅舎。【翻译】占卜师住的是什么样的房子?【答案】铁道车站上的建筑。【解析】「駅舎」(铁道车站上的建筑)与「易者」(占卜师)发音相同,但汉字不同。

157. 【えきちょう】貴重かどうか聞き直しているのはだーれだ?【答案】駅長。【翻译】谁反复问"贵重吗?"【答案】车站站长。【解析】「駅長」(站长)可以分解成「え,きちょう?」。

158. 【えこ】エコを1秒でわがままにするにはどうしたらいい?【答案】点をつけてエゴにする。【翻译】怎么能让"经济实惠"在一秒钟内变成"自私"?【答案】加上两个点,「えこ」就变成「エゴ」(自我)(ego)。【解析】「エコ」是"生态,节能"的日语略称。

159. 【えさ】食べる耳ってなーんだ?【答案】餌。【翻译】吃东西的耳朵的东西是什么?【答案】诱饵。【解析】从汉字结构看,「餌」是"吃"加上"耳朵"。

160. 【エスカレーター】ちっちゃい階段ってなーんだ?【答案】エスカレーター。【翻译】很小的楼梯是什么?【答案】扶手电梯。【解析】「エスカレーター」让人想起「(s)かれーたー」,中间的 S 提示了"小"(small)。

161. 【エスプレッソ】小さなコーヒーってなーんだ?【答案】エスプレッソ(意大利语 espresso)。【翻译】小的咖啡是什么?【答案】意式浓缩咖啡。

162. 【えてがみ】とってもいい手紙ってなーんだ?【答案】絵手紙。【翻译】什么是特别好的信件?【答案】明信片。【解析】「え」同「い」,「ええ」就是「いい」。

163. 【えびす】恵比寿様の好きな魚介類ってなーんだ?【答案】えびッス。【翻译】财神喜欢什么鱼?【答案】龙虾。【解析】「海老」(龙虾)与「恵比寿」(财神)发音近似。

164. 【えびフライ】アルファベット、頭をあげると何になる?【答案】ABフライ。【翻译】字母表中,如果将头油炸,就变成了什么?【答案】炸龙虾。【解析】「ABフライ」与「えびfry」发音相同。

165. 【えひめ】お姫様の絵が飾ってある都道府県ってどーこだ?【答案】愛媛県。【翻译】用女孩的画装饰的都道府县是什么?【答案】爱媛县。【解析】「愛媛県」(爱媛县)内有「絵」(图画)和「媛」(女孩)的单词。

166.〖えま〗神社にいる走らない馬ってなーんだ?【答案】絵馬。【翻译】神社中不会跑的马是什么马?【答案】彩马匾额。【解析】彩马匾额指为祈祷神灵佛祖,或作为还愿供品的木版画,由古代以马敬神的风俗演变而来。

167.〖えりあし〗靴も靴下もスリッパもはけない足ってなーんだ?【答案】えりあし。【翻译】不能穿鞋子、袜子、拖鞋的脚是什么脚?【答案】脖颈的发际。【解析】「襟足」(脖颈的发际)含有「足」(脚)这一单词。

168.〖えん〗①絵で書くと丸いのに、字で書くと、角があるものなーんだ?【答案】円。【翻译】画的时候是圆而写的时候有棱角的东西是什么?【答案】圆。②いろんな動物が輪になってるのってどーこだ?【答案】動物園。【翻译】那里很多动物围成了一个圈,这是什么地方?【答案】动物园。【解析】「園」(园)通「円」(圆)。

169.〖えんじ〗幼稚園、保育園の子が着る服は、何色?【答案】園児。【翻译】幼儿园的孩子穿什么颜色的衣服?【答案】深红色。【解析】「園児」(幼儿)和「臙脂」(胭脂色)发音相同。

170.〖えんじん〗中国人とインド人を乗せた、日本製の車が、アメリカとメキシコの国境付近を走っています。さて、車を動かしているのは何じんでしょう?【答案】エンジン(engine)。【翻译】中国人和印度人乘坐日本产的车在美国和墨西哥国境线上行驶。请问让车行动的人是什么?【答案】发动机。【解析】「エンジン」(发动机,引擎)的最后一个音与「人」(人)发音相同。

171.〖えんどう〗①終わりのまめってなーんだ?【答案】豌豆。【翻译】最后的豆子是什么?【答案】豌豆。【解析】豌豆中有"结束"(end)的发音。②えんどうの絵はどこにある?【答案】一番左。【翻译】有一幅豌豆画,它挂在哪里?【答案】最左边。【解析】谜面的另一个意思是:「豌豆」(豌豆)这个单词中的「え」在哪里?

172.〖えんぴつ〗短くなったのに削ると長くなるものはなあに?【答案】鉛筆の芯。【翻译】某种东西长度越来越短,用刀削了之后反而更长。这种东西是什么?【答案】铅笔芯。

お

173.〖おい〗お兄ちゃんに息子が生まれたらなんて声をかける?【答案】オ

イ。【翻译】哥哥家生了儿子,我该怎么打招呼?【答案】侄儿。【解析】「甥」(侄儿,外甥)的另一个意思是打招呼的「おい」(喂),属于感叹词。

174. 〖オー〗とってもえらいアルファベットってなーんだ?【答案】O。【翻译】字母表中了不起的字母是什么?【答案】O。【解析】「O」与「王」同音。

175. 〖オーガスト〗ダイエーの監督の王さんが選手やコーチのやる気の無い態度を見て自らストライキをしました。何月の事でしょう?【答案】大荣总监王先生看到运动员和教练都没有干劲的态度后亲自击球。这是哪个月的事情?【答案】八月。【解析】「オーガスト」(八月)与「王がスト」(王先生击球)发音类似。

176. 〖おうさま〗①王様の書いた文章は、日本語?【答案】欧文。【翻译】国王写的文章是日语吗?【答案】欧洲各国文字。【解析】「欧文」谐音「王文」。②応援の代金いくら?【答案】Oえん。【翻译】支援的费用是多少?【答案】免费。【解析】「応援」谐音「Oえん」。③王様の血液型は?【答案】O型。【翻译】国王的血型是什么?【答案】O型。④二人の王様が今やっている楽器は?【答案】琴。【翻译】两个国王现今在弹奏什么乐器?【答案】琴。【解析】汉字解析而成。⑤王様が4人いる湖は?【答案】琵琶湖。【翻译】有四个国王的湖是什么湖?【答案】琵琶湖。⑥羊から耳と尻尾を取ったらなんになる?【答案】王。【翻译】将羊的耳朵和尾巴去掉会变成什么?【答案】王。⑦昔の王様何時?【答案】王子。【翻译】以前的国王是什么时候?【答案】王子。【解析】「王子」谐音「往時」(往昔)。⑧玉子から、一点取ったらなんになる?【答案】王子。【翻译】鸡蛋去掉一点,是什么?【答案】王子。⑨王様の上にある無理ってどんな無理?【答案】冠。【翻译】国王头上无理取闹,是什么原因?【答案】王冠。【解析】「冠」(王冠)有「無理」(无理)的字样。⑩王様が左右にいる人どうしてる?【答案】右往左往している。【翻译】国王左右的人在做什么?【答案】东跑西窜,忙乱地奔来奔去。【解析】「右往左往」音同「右王左王」。

177. 〖おうとう〗10人の王様が食べる果物ってなーんだ?【答案】黄桃「おうとう」。【翻译】10个国王吃的水果是什么?【答案】黄桃。【解析】王10「おうとう」音同[おうとう](黄桃)。

178. 〖オートバイ〗車酔いでいつもの倍戻してしまう乗り物なーんだ?【答案】オートバイ(auto bicycle)。【翻译】会将晕车时的呕吐物双倍奉

还的交通工具是什么?【答案】摩托车。【解析】「嘔吐倍」(おうとばい)(呕吐加倍)与「オートバイ」(摩托车)发音类似。

179.【オーバー】①大げさな服ってなーんだ?【答案】オーバー(over)。【翻译】夸张的衣服是什么?【答案】大衣。②太っている人が入ると溢れるお風呂は何風呂と言いますか。【答案】オーバー風呂と言います。【翻译】太胖的人一进入澡堂的水就流出来。这种澡堂叫什么?【答案】外流澡堂。【解析】オーバーフロー(overflow)＝オーバー(over)風呂。满溢。

180.【オーボエ】忘れない楽器ってなーんだ?【答案】オーボエ(oboe)。【翻译】忘不了的乐器是什么?【答案】双簧管。【解析】双簧管或双簧片木管乐器具有牧歌类哀调的高雅音色,合奏时作高音旋律乐器用,也称为「オーボー」,与日语「覚え」(忘不了)发音相同。

181.【おおいた】①田んぼが多い都道府県ってどーこだ?【答案】大分県。【翻译】水田比较多的都道府县是什么地方?【答案】大分县。【解析】「大分县」字面意思为"很多田"。②さみしがっている県はどこ?【答案】大分県(おおいたけん)。【翻译】感到寂寞的县是什么县?【答案】大分县。【解析】「大分県(おおいたけん)」与「お～い!他県(たけん)」(喂!其他县!)的读音相同,感觉大分县像被孤立。

182.【おおさか】逆立ちして傘をさした魚がいるのはどーこだ?【答案】大阪。【翻译】倒着打伞的鱼在哪里?【答案】大阪。【解析】「大阪(おおさか)」(大阪)中有「傘(かさ)」(颠倒的伞)。

183.【おおがた】バスの血液型は何?【答案】O型。【翻译】公交车的血型是什么?【答案】O型。【解析】「O型(おおがた)」(血型O型)与「大型(おおがた)」(大型客车)读音相同。

184.【おおかみ】①小さな紙には、絶対書けない生き物は何?【答案】おおかみ。【翻译】小小的纸上绝对无法写上的生物是什么?【答案】狼。【解析】日语中,「狼(おおかみ)」(狼)的发音像「大紙(おおかみ)」。"狼"这个词的起源与神有关。当时的人出于对狼的恐惧,称狼为「大神(おおかみ)」(大神)。②良いけものってなーんだ?【答案】狼。【翻译】好的野兽是什么?【答案】狼。【解析】狼有良好的良字。

185.【おおむかし】オウムのお菓子っていつできた?【答案】大昔。【翻译】鹦鹉的糕点何时烤成?【答案】很早以前。【解析】「鸚鵡(おうむ)」(鹦鹉)加上「菓(か)

子」(糕点)发音等于「大昔」(很早以前)。

186. 〖おかし〗面白い食べ物ってなーんだ?【答案】お菓子。【翻译】很有趣的食物是什么?【答案】点心。【解析】「可笑しい」(奇怪)中有「菓子」(点心)。

187. 〖おかず〗ご飯の横にある数ってなーんだ?【答案】おかず。【翻译】饭菜旁边的数字是什么?【答案】菜肴。【解析】「かず」表示"数字"。「おかず」来自"将多种东西配合在一起"之意,指吃饭时配的菜或菜肴。

188. 〖おがむ〗拝めば拝むほど、穴が開くものなーんだ?【答案】キリ。【翻译】越鞠躬孔开得就越大的东西是什么?【答案】锥子,钻。【解析】おがむ:弯腰敬礼。鞠躬形容人使用锥子或钻时的形态,每使用一次就像鞠一次躬,孔开得就越大。

189. 〖おかゆ〗かゆくなる食べ物ってなーんだ?【答案】おかゆ。【翻译】发痒的食物是什么?【答案】粥。【解析】「お粥」(粥)与「痒い」(痒的)发音类似。

190. 〖おきなわ〗①ビッグリングの都道府県ってどーこだ?【答案】沖縄県。【翻译】很大一个圈是什么县?【答案】冲绳县。【解析】「沖縄県」与「大きな輪県」发音相同。②おじいさんがいる都道府県ってどーこだ?【答案】沖縄県。【翻译】老爷爷所在的都道府县是什么县?【答案】冲绳。【解析】「沖縄県」与「翁わ県」同音。

191. 〖おくさん〗宝くじで3億円当てたのはパパ?それともママ?【答案】奥さんでママ。【翻译】彩票中了3亿日元,中奖的人是父亲还是母亲?【答案】母亲。【解析】「奥さん」(母亲大人)改写即是「億三」。

192. 〖おくびょう〗怖い病気ってなーんだ?【答案】臆病。【翻译】害怕的疾病是什么?【答案】胆小,胆怯,怯懦。

193. 〖おけ〗①風呂場で英語を話しているのはだーれだ?【答案】おけ。【翻译】澡堂说英语的东西是什么?【答案】热水桶。【解析】「桶」(热水桶)与英语 OK(好)发音相同。②持ってはいけない容器ってなーんだ?【答案】オケ。【翻译】不能带走的东西是什么?【答案】桶。【解析】「オケ」也表示「置け」(放下)。

194. 〖おけつ〗カラダの中で10人目の野球選手は何でしょう。【答案】オケツ。【翻译】体内第十个棒球选手为谁?【答案】屁股。【解析】「おけつ」与「補欠」发音近似。「補欠」表示"补欠,补缺,候补队员,为补充正规必

要人员而等待机会的人"。

195. 〖おこのみやき〗尻尾が好きな食べ物は?【答案】お好み焼き。【翻译】尾巴喜欢的食物是什么?【答案】杂样煎饼。【解析】「尾好み焼き」(尾巴喜欢)与「お好み焼き」(杂样煎饼)发音类似。所谓的杂样煎饼,指把面粉用水调匀,加入各种自己喜爱的材料,放在铁板上煎成的食品。

196. 〖おさない〗「押さないで」って集会で泣き声を上げたのはどんな子供ですか。【答案】幼い子供です。【翻译】在集会上哭嚷"别挤了"的是什么样的小朋友?【答案】年幼的小朋友。【解析】「押さない」「子供」音同于「幼い子供」。

197. 〖おじいちゃん〗ハムの羽を持ってるのはだれだ?【答案】翁。【翻译】有火腿的翅膀的人是谁?【答案】老大爷。【解析】「翁」字由「ハ」、「ム」和「羽」构成。

198. 〖オジギソウ〗礼儀正しい植物ってなーんだ?【答案】オジギソウ。【翻译】彬彬有礼的植物是什么?【答案】含羞草。【解析】「オジギソウ」(含羞草)中包含「お辞儀」(礼仪)。「沿う」表示"按照"。

199. 〖おしまい〗なぞなぞパーテイーがありました。招待された4人の王様がダンスを始めたとき、パーテイーはどうなったでしょう!【答案】おしまいになりました。【翻译】有一个谜语晚会。等到被邀请来的四个国王翩翩起舞时,晚会到了什么阶段?【答案】结束了。【解析】「御終い」(结束)与「王四舞い」(四个国王起舞)发音相似。

200. 〖おす〗男の調味料ってなーんだ?【答案】おす。【翻译】男子的调味品是什么?【答案】醋。【解析】「雄」(男子)与「酢」(醋)的美化语「お酢」读音相同。

201. 〖おそい〗一番速いのは新幹線、では、一番遅いのは何電車?【答案】最終電車。【翻译】最快的是新干线,那么最迟的电车是什么?【答案】最后一班电车。【解析】「遅い」既表示速度上慢,也表示时间上晚。

202. 〖おちゃ〗①出したり入れたりする飲み物なーんだ?【答案】おちゃ。【翻译】一会儿倒出、一会儿加入的东西是什么?【答案】茶。【解析】「お茶を出す」表示"上茶";「お茶を入れる」表示"泡茶"。②サハホってなーんだ?【答案】茶。【翻译】「サハホ」是什么?【答案】茶。【解析】汉字解析。

203. 〖おでん〗①丸と三角と四角がささっているものなーんだ?【答案】おでん。【翻译】圆形、三角形、四角形的东西混杂在一起的东西是什么?

【答案】「おでん」。【解析】杂烩菜是将豆腐、魔芋、鱼丸等水产品和芋头等加汤汁炖成的大杂烩。②おでんは、携帯、電話、FAXのどれで注文するのが一番適切でしょう。【答案】電話が一番適切です。【翻译】手机、固定电话或传真，哪一种最适宜于烩菜点单？【答案】固定电话。【解析】「電話」的敬语「お電話」里有「おでん」。

204. 【おっと】①その人は男だけど、後ろから人がついて来ると女に変身するのだーれ？【答案】夫「夫人」。【翻译】一个人本来是男人，身后来了一个人，就成为女人。这个男人是谁？【答案】夫。【解析】"夫"后加个"人"变成了"夫人"。②驚いたのは奥さん？それとも旦那さん？【答案】旦那さん。【翻译】吃惊的人是丈夫，还是妻子？【答案】丈夫。【解析】「おっと！」（吃惊声）与"丈夫"的日语发音相似。

205. 【オットセイ】夫婦別姓が認められても、「旦那さんの姓を名乗る」という動物はなに？【答案】オットセイ。【翻译】即使法律许可夫妇可以不同姓，也愿意与丈夫同姓的动物是什么？【答案】海狗，海熊。【解析】「オットセイ」（海狗的名字）与「夫姓」（おっとせい）（丈夫的姓）发音相同。

206. 【おとこ】田んぼにいる力持ちってどんな人？【答案】男（おとこ）の人（ひと）。【翻译】在田地里有力气的人是什么样的人？【答案】男人。【解析】"男"字可以分解为"田"和"力"。

207. 【おとしだま】お札が入ってても「玉」ってなーんだ？【答案】お年玉。【翻译】纸币进了球是什么？【答案】压岁钱。【解析】「玉」是指"球"，「お年玉」是「年玉」的礼貌用语，表示"压岁钱，贺岁礼物，年礼"。

208. 【おとす】①落としても、見えないものってなーんだ？【答案】ボリューム(volume)。【翻译】即使下落也看不到的东西是什么？【答案】音量。【解析】「ボリュームを落とし」又可以翻译为"降低音量"，降低音量是看不到的。②時速100キロで走っている車がカーブで何かを落としていきました。何を落としていったのかな？【答案】スピード。【翻译】一辆车以每小时100公里的速度行进。拐弯处，他丢弃了一件东西，是什么？【答案】速度。【解析】减速。③時速100キロで前の車を追い掛けていたパトカーの運転手さんが、カーブでスピードを落とさずに別のものを落としてしまいました。何を落としていったのかな？【答案】命を落としてしまった。【翻译】一辆警车司机以时速100千米追赶前面的车，拐弯的时候也不减速。他还有一件东西丢了。是什么丢了呢？【答案】丢了命。

209. 【おとなり】ものおとのする家ってどこの家？【答案】お隣（となり）。【翻译】有动静的家在哪里？【答案】隔壁。【解析】ものおと：响动，动静，声响，

某种声音。「お隣」(邻居)与「音鳴」(おとなり)(发出声音)声音近似。

210. 【おなか】①背中にぽっこりとしたおなかがあるものなーんだ?【答案】ふくらはぎ。【翻译】在后背有鼓起的小肚子的东西是什么?【答案】小腿肚子。【解析】ふくらはぎ:小腿肚子;ぽっこり:隆起。②朝トーストを食べました。昼にお弁当を食べました。今、おやつでお菓子を食べました。さて、おなかの中にあるものなーんだ?【答案】な。【翻译】早上吃吐司,中午吃便当,现在吃午后点心。请问:肚中有什么东西?【答案】な。【解析】「おなか」这个单词中间的假名是「な」。

211. 【おなご】女性が話すのってどんな言葉?【答案】おなご。【翻译】女性说话用的是什么语言?【答案】女孩。【解析】女性讲的话是「女语」,「女语」可读成「おなご」。「おなご」是「おんなご」的转音,表示"女孩,姑娘,少女"。

212. 【おに】5人でかくれんぼして3人みつかったら隠れているのはあと何人?【答案】ひとり。【翻译】五个人玩捉迷藏游戏,抓住了三个人,还剩几个人?【答案】一个。【解析】另外两个人中,其中一个是鬼。捉瞎子游戏,儿童游戏之一,一人蒙目摸找其他躲藏者,被摸到者在下一轮充当蒙目者。鬼:老瞎,捉迷藏游戏中的捉人者。

213. 【おにあい】男の鬼と女の鬼が付き合ったらどんなカップルになりますか。【答案】オニ会いのカップルになります。【翻译】男鬼和女鬼交往的话会成为怎样的一对儿情侣呢?【答案】般配的情侣。【解析】「オニ会い」同音于「お似合い」(般配)。

214. 【オニオン】鬼がのってる野菜ってなーんだ?【答案】オニオン(onion)。【翻译】上面载有鬼的蔬菜是什么?【答案】洋葱。【解析】「オニ」表示"鬼"。「オン」表示"在某物之上"。

215. 【おにぎり】帯の真ん中を蒸すとなんになる?【答案】おむすび。【翻译】将腰带的中间蒸一下,会变成什么?【答案】饭团。【解析】把「帯」的中间放置「蒸す」,就是「おむすび」。「おむすび」为女性语,表示饭团,是「握り飯」的礼貌语。

216. 【おにくやさん】02983で売ってるものなーんだ?【答案】おにく。【翻译】02983号摊位卖的东西是什么?【答案】肉。【解析】肉店也称为肉「お肉屋さん」,与02983发音相近。

217. 【おねしょ】①オネショする車ってなーんだ?【答案】カーネーション。【翻译】尿床的车是什么车?【答案】康乃馨。【解析】「カー」的读音与英语单词car(汽车)接近,「ネーション」接近「寝小便」,「オネショ」为女性语和幼儿语,表示"尿床,尿炕,夜间遗尿"。②布団にオネって書いてあ

るものなーんだ？【答案】おねしょ。【翻译】被子上书写有「オネ」的字样，是什么？【答案】尿床。【解析】「オネ書」是「寝小便」的女性用语或儿语。

218. 【おばけ】おばさんに、したの毛がはえたら何になる？【答案】おばけ。【翻译】老太太的舌头上长了毛，她成了什么？【答案】妖怪。

219. 【おび】尻尾が二つもついてて、おなかに巻くものなーんだ？【答案】帯。【翻译】有两个尾巴，围在肚子上，是什么？【答案】腰带。【解析】「おび」（腰带）有两个尾字「尾尾」。

220. 【おぼん】トレー(tray)の時期っていつだ？【答案】お盆。【翻译】盘子的时期是什么时候？【答案】盂兰盆节。【解析】「トレー」是托盘，盘子又叫「お盆」。盂兰盆节是为拯救苦难的亡灵而作的佛事，从7月13日到15日举行。在日本，将其与初秋的祭灵活动结合，成为供养祖先灵魂的佛事。届时，人们焚起迎火、送火，在精灵棚供上食物，并请僧人诵读"棚经"。"盘""盆"形成谐趣。

221. 【オムレツ】オウムが並んで食べる食べ物なーんだ？【答案】オムレツ(omelet)。【翻译】鹦鹉排队在吃东西。它们在吃什么？【答案】蛋包饭。【解析】"蛋包饭"的日语意思是"鹦鹉列队"。「オウム」が「列」を作って食べる。

222. 【おもい】重くなると軽くなっちゃうものなーんだ？【答案】病気の人の体重。【翻译】重了就会变轻，是什么？【答案】病人的体重。【解析】此处的"重"指的是病情加重。

223. 【おもち】お正月に食べる、重い食べ物ってなーんだ？【答案】おもち。【翻译】正月里吃的比较沉重的东西是什么？【答案】年糕。【解析】「おも！ち」

224. 【おもちゃ】中にお餅が入っている遊び道具ってなーんだ？【答案】おもちゃ。【翻译】中间盛有年糕的玩物是什么？【答案】玩具。

225. 【おもて】表と裏のあるスポーツは何ですか？【答案】やきゅう。有表也有里的运动是什么？【答案】棒球。【解析】棒球有上半局、下半局之分，在日语中分别用「表」和「裏」表示，而「表」和「裏」又表示物体的"正面"和"反面"，如「紙の表」（纸的正面）。

226. 【おや】子どもを守るために木の上に立って見ているのはだ～れ？【答案】親。【翻译】为了保护孩子站在树上看守的人是谁？【答案】父母。【解析】汉字解析，「親」可以拆分为「立」「木」「見」。

227. 【おやおや】二人いると、がっかりしちゃう人だーれだ？【答案】おや。

【翻译】有两个人在一起,感到失望的人是谁?【答案】父母。【解析】「親」(父母)与「おや」(哎,哟,唷)发音相同。「おやおや」表示"哎,哟,唷",是遇到意外情况表示轻微的怀疑或惊奇的词;"哎呀"是表示稍微有些失望心情的词。

228. 〖おやすみ〗一部屋に家族全員で寝るとき親は部屋のどこで寝るか?【答案】隅。【翻译】一个房间全家挤在一起夜间休息。父母睡在房间的什么位置?【答案】角落。【解析】「お休み」(晚安)与「親」(父母)+「隅」(角落)读音相同。

229. 〖おやつ〗①8個食べるものなーんだ?【答案】おやつ。【翻译】吃了八个的东西是什么?【答案】午后三点吃的点心。【解析】「やつ」为"八时",古时八点相当于现在三点。②8個あることに気づいたものなーんだ?【答案】おやつ。【翻译】注意到了有八个的是什么东西?【答案】点心。

230. 〖オランウータン〗①居留守を使う動物は何だ?【答案】オランウータン(orangutan)。【翻译】假装不在家的动物是什么?【答案】类人猿,猩猩。【解析】猩猩的日语与「おれウータンにおれない」(我不在森林)发音相似。「おらん」是九州方言。「ウータン」为马来语的"森林"。「ウータン」是日本一个儿童节目的主人公,这个节目的主题曲是「いないいないばあっ」,似乎也言之成理。②野球をやっても絶対に打たない動物ってなーんだ?【答案】オランウータン。【翻译】即使打棒球也绝对不击球的动物是什么?【答案】猩猩。【解析】「オランウータン」与「うたん」(不击球)发音相似。

231. 〖オランダ〗この国は誰のもの?【答案】オランダ。【翻译】这个国家是谁的?【答案】荷兰。【解析】"荷兰"的日语与「俺のだ」(我的)发音类似。

232. 〖おりがみ〗①つかまったら閉じ込められそうな紙ってなーんだ?【答案】おりがみ。【翻译】被抓后好像会被关起来的纸是什么?【答案】折纸。【解析】おり:笼子。②天から地上へ神様が見にくるものなーんだ?【答案】折り紙。【翻译】神仙从天上来到人间视察。如何描述这种情况?【答案】折纸。【解析】折纸指用彩色纸折叠成鹤、船、奴仆等种种形状的游戏;折束、折帖、通知书;鉴定证明书。「折り紙」与「降り神」同音,表示「降りる神」(下凡的神仙)。

233. 〖おりる〗乗る時に降りて降りる時に登る乗り物なーに?【答案】地下鉄。【翻译】乘坐时要下去,下车时又要上去。这种交通工具是什么?【答案】地铁。【解析】另一个意思是:从地面往下,走到地铁站,乘坐地铁。乘坐之后,下了地铁,向上走回路面。

234. 〖おる〗おればおるほど長くなるものなーんだ?【答案】織物。【翻译】越织越长的东西是什么?【答案】纺织品。【解析】「おる」两个意思：存在；编织。

235. 〖オルゴール〗動いて音の鳴るゴールってなーんだ?【答案】オルゴール（荷兰语 orgel）。【翻译】一动就发出声响的球门是什么?【答案】八音盒。【解析】踢球入门（goal）。球篮,球门。八音盒,八音琴,八音匣子：装在圆筒中的针敲响由发条装置带动旋转的金属音阶板,自动演奏乐曲的装置,江户时代传入日本。

236. 〖オレ〗自己中心的なスポーツってなーんだ?【答案】サッカー。【翻译】以自我为中心的运动是什么?【答案】足球。【解析】足球总是高呼"ole,ole"。"ole,ole"为1998年世界杯主题曲。日语中,「オレ」是"我,俺",用于男子对同伴、晚辈随意交谈时,是比「ぼく」等更粗鲁的说法。

237. 〖おれ〗俺の寺は何色?【答案】オレンジ（orange）。【翻译】我的寺庙什么颜色?【答案】橘黄色。【解析】我的寺庙与桔红色发音相似。「おれの寺」中的「寺」可以读「じ」。

238. 〖オレガノ〗俺がいやなスパイスってなーんだ?【答案】オレガノ（Oregano）。【翻译】我不喜欢的香料是什么?【答案】牛至。【解析】牛至为辣椒粉、墨西哥菜肴中使用的香草,原产地是中海沿岸,字面意思是「俺がno」（我不愿意）。

239. 〖オルガン〗①すべて鉄砲で出来ている楽器ってなーんだ?【答案】オルガン。【翻译】全部是用枪炮打造出来的乐器是什么?【答案】风琴。【解析】"风琴"的日语与"都是炮弹"的日语发音相似。②たたんでしまえそうな楽器ってなーんだ?【答案】オルガン。【翻译】好像能叠起的乐器是什么?【答案】风琴。

240. 〖オレ〗ミルクを入れる詐欺ってなーんだ?【答案】オレオレ詐欺。【翻译】加了牛奶的诈骗是什么?【答案】电信诈骗。【解析】「オレオレ詐欺」是国内外的一种电话诈骗手段,骗子打电话到家中,直接说「俺俺」（是我）,伪称是接电话人的儿子或孙子或其他亲属,乘接电话人丧失基本判断力之际提出理由,要求银行卡转账,屡屡行骗成功。

241. 〖オレンジ〗1文字取ると、家電製品になるくだものはなんだ?【答案】オレンジ（orange）。【翻译】某种水果,去掉一个字,就变成了家用电器。这种水果是什么?【答案】橘子。【解析】「オレンジ」（橘子）中包含了「レンジ」（西式炉灶）。

242. 〖おろす〗①貯金と大根、似ているとこってどーこだ?【答案】おろすと減る。【翻译】存款和萝卜相似之处在哪里?【答案】用擦床擦,萝卜变

成萝卜泥；提取存款，钱减少。②おろすことはできても、あげることが出来ないものなーんだ？【答案】貯金、預金。【翻译】只能减少不能增加的东西是什么？【答案】存款。

243. 〖おんせん〗①スイッチ入っちゃうお風呂ってなーんだ？【答案】温泉。【翻译】有电路开关的澡堂是什么？【答案】温泉。【解析】"温"的日语与"on"的日语同音，"泉"的日语与"线"的日语同音，也就是控制"开启"与"关闭"的线路在"温泉"里面。②千をのせるのどーこだ？【答案】おんせん。【翻译】背上有一千的东西是什么？【答案】温泉。③1000もの恵みが湧き出しているものってなーんだ？【答案】温泉。【翻译】1000个好处喷涌而出的东西是什么？【答案】温泉。【解析】「温」通「恩」。「恩千」。

244. 〖おんど〗音にも温度があるんだって。何度なのかなぁ？【答案】高温、低温「高音、低音」、ドレミファソラシド。【翻译】声音也有温度，是多少度？【答案】高温，低温；七音阶。

245. 〖おんち〗歌がうまいのに音痴な人ってどんな人？【答案】歌がうまくて方向音痴な人。【翻译】歌曲唱得很好却是个"音痴"，为什么？【答案】歌唱得好，但方向感不强。【解析】音痴有两个意思：(1)不能正确识别音响、发声等，对音感觉迟钝，不能正确地唱歌；(2)对某事物感觉迟钝。方向音痴：不辨方向的人，路痴。

246. 〖おんどけい〗時計は時計でも、あつくなるとあがる時計ってなーんだ？【答案】温度計。【翻译】说钟表也是钟表，天热就上升的钟表是什么？【答案】温度計。【解析】「おんどけい」（温度計）中包含了「とけい」（钟表）。

か

247. 〖か〗①ぱっと見たら力がありそうだけど、実は力のない虫ってなーんだ？【答案】「カ」。【翻译】猛一看，很有力气；实际上，没有力气。这种东西是什么？【答案】蚊子。【解析】蚊的片假名是「カ」。②課長にはひとつしかないのに、係長にはふたつあるものなーんだ？【答案】か。【翻译】某种东西科长（或处长）只有一个，股长却有两个，这种东西是什么？【答案】か。③世界の真ん中にあって大阪の端っこにあるのに日本にはないものなーんだ？【答案】「か」の字。【翻译】某种东西在世界的中心，在大阪的边缘，却不在日本，这种东西是什么？【答案】「か」字。④カカシの上を飛ぶ虫は？【答案】蚊。【翻译】在稻草人的上面飞着的是什

么虫子?【答案】蚊子。【解析】「カカシ」(稲草人)开首单词为「カ」(蚊子)。⑤階段の一番上にいる生き物ってなーんだ?【答案】カ。【翻译】在楼梯最上方的生物是什么?【答案】蚊子。⑥おなかの下にいつもいる虫ってなーんだ?【答案】カ。【翻译】总是在肚子下面的虫是什么虫?【答案】蚊子。⑦カバの頭にあってメダカの尻尾にあって、ミカンの中にもあるものなーんだ?【答案】カの字。【翻译】在河马的头上、鳉鱼的尾巴上、蜜桔的中间的东西是什么?【答案】カ。【解析】カバ:河马;メダカ:鳉鱼又称"大眼贼"。

248. 〖ガ〗①カンガルーの真ん中にいる生き物なーんだ?【答案】ガ。【翻译】袋鼠体内装着什么生物?【答案】我,芽,蛾。【解析】谜面的另一个意思是:袋鼠这个单词的中间是什么?②鏡(かがみ)の中にいる虫ってなーんだ?【答案】蛾。【翻译】镜子中的虫子是什么?【答案】蛾。

249. 〖カード〗財布の中にはいっているとがってそうなものってなーんだ?【答案】カード。【翻译】钱包里有而且有角的东西是什么?【答案】银行卡。【解析】「カード」与「角(かど)」发音相近。

250. 〖カードローン〗カードローンでやっと買った車の運命は?【答案】ドロンと消えてしまいました。【翻译】用信用卡贷款好不容易买来的轿车会是什么命运?【答案】突然消失。【解析】「ドロン」用来表示"突然消失"。「カードローン」(card loan)等于「かー・ドロン」(carドロン)

251. 〖カーテン〗①窓の前で行ったり来たりしているものってなーんだ?【答案】カーテン(curtain)。【翻译】在窗前来来回回的东西是什么?【答案】窗帘。【解析】既可以解释为轿车在窗前来来往往,也可以解释为窗帘在来来回回摆动。窗帘字面意思是"十辆车"。②蚊が十匹隠れている場所はどこ?【答案】カーテン。【翻译】藏着10只蚊子的地方是什么地方?【答案】窗帘。【解析】「カーテン」(窗帘)与「蚊(か)」(蚊子)加上英文数字 ten(十)「テン」读音相近。

252. 〖カーペット〗おうちでいつも踏まれてるペットってなーんだ?【答案】カーペット。【翻译】在家里一直被踩着的宠物是什么?【答案】地毯。【解析】地毯中有"宠物"这一表达。

253. 〖かい〗①かいはかいでも薬を飲むと出てくるかいってなーんだ?【答案】にがい。【翻译】虽说是贝类,但吃了药后出来的贝类是什么?【答案】苦涩。②かいはかいでも走ったりとんだりするかいってなーんだ?【答案】運動会。【翻译】虽说是贝类,但又跑又跳的贝类是什么?【答案】運動会。③大きくて、怖くて食べられないカイはなーんだ?

【答案】怪獣。【翻译】个子大,让人害怕,不能吃,这样的贝类是什么?【答案】怪物。④とってもちいさい貝ってなーんだ?【答案】こまかい。【翻译】非常小的贝类是什么?【答案】细,非常小。⑤かいはかいでも、名刺を見せるかいってなーんだ?【答案】自己紹介。【翻译】虽说是贝类,出示名片的贝类是什么?【答案】自我介绍。⑥かいはかいでも、とっても大きいかいってなーんだ?【答案】でっかい。【翻译】虽说是贝类,但非常大的贝类是什么?【答案】大。【解析】「でっかい」或「でかい」是"大的"的强调形式。⑦痒くなる会ってどんな会?【答案】開会式。【翻译】参加了之后感觉发痒的会议是什么?【答案】开幕式。【解析】「開会式」中蚊子「蚊」比较多。

254.〖かいいぬ〗蚊にさされた犬はどうなった?【答案】かいいぬになった。【翻译】被蚊子叮咬的狗变成了什么?【答案】家犬。【解析】「飼い犬になった」。"蚊子咬"的日语与"家犬"的日语发音相同。

255.〖かいがら〗殻の中に、イガが入っているものってなーんだ?【答案】貝殻。【翻译】谷壳中加入刺壳斗,变成了什么?【答案】贝壳。【解析】いが:刺壳斗,包住栗子等果实的生有许多刺的外壳,壳斗的一种。

256.〖かいかん〗開いたばかりの図書館に行くことってどんな気分?【答案】快感。【翻译】到刚开馆的图书馆是什么感觉?【答案】快感。【解析】"开馆"的日语与"快感"的日语发音相同。

257.〖かいこ〗すぐにクビになる虫は?【答案】カイコ。【翻译】马上就被解雇的虫子是谁?【答案】蚕。【解析】"蚕"的日语与"解雇"的日语发音相同。

258.〖かいじゅう〗10個で怖い化け物になるシーフードってなーんだ?【答案】貝。【翻译】某样海产品如果10个在一起,就会变成妖怪,这种海产品是什么?【答案】贝类。【解析】"10个贝类"的日语与「怪獣」(怪物)发音相同。

259.〖がいしょく〗額の中に遺書を入れてするものってなーんだ?【答案】がいしょく。【翻译】匾额里放上遗书会成为什么?【答案】在外边(饭馆、食堂)吃饭。【解析】「遺書」(遗书)插入「額」间,成为「外食」。

260.〖かいそう〗①コンブと鰹節、思わず買いたくなってしまうはどっち?【答案】コンブ。【翻译】海带和木鱼花,情不自禁地就想买的是哪个?【答案】海带。【解析】「海藻」(海藻类食物)与「買いそう」(想买)发音相同。②サザエさん、カツオ君、ワカメちゃんがそれぞれバスを運転し

ていますが、あるバスだけお客さんが乗っていません。誰が運転しているバスでしょう?【答案】ワカメ。ワカメだけ回送バスだった。【翻译】蝶螺、鲣鱼和裙带菜驾驶着各自的车辆,共三辆车,有一辆车是空车。是哪一个驾驶的车辆?【答案】裙带菜。【解析】サザエさん:蝶螺;カツオ君:鲣鱼;ワカメちゃん:裙带菜。在日语中,将电车、汽车的空车开往他处这一行为被称为"回送","回送"的日语与"海藻"的日语同音,只有裙带菜属于海藻。

261. 〚かいだん〛ビルの中で怖い話が聞ける所はどこ?【答案】階段。【翻译】大厦中能听到恐怖故事的场所是哪里?【答案】阶梯。【解析】"阶梯"的日语与「怪談」(鬼怪故事)发音相同。

262. 〚かいちゅう〛海の中で代々伝わっていく光るものは何?【答案】懐中電灯。【翻译】在大海中,一代一代传下来、能发光的东西是什么?【答案】手电筒。【解析】「懐中電灯」(手电筒)与「海中」(海里)、「伝統」(传统)读音相同。

263. 〚かいてい〛海の底にあるお宝と山の天辺にあるお宝。お金を払ってでも欲しいのはどっち?【答案】海の底にあるお宝。【翻译】海底有宝藏,山顶也有宝藏。就是花钱也想拥有的是哪里的宝藏?【答案】海底。【解析】「海底」与「買いたい」发音相同。

264. 〚かいてん〛家の近くに開店した食べ物屋さんってなーんだ?【答案】そば屋、回転寿司。【翻译】住宅附近开店的食品屋经营什么?【答案】荞麦面、回旋寿司。【解析】「蕎麦」(荞麦)与「傍」(附近)谐音,「回転」(回旋)与「開店」(开店)谐音。

265. 〚かいむ〛害のない大臣ってなーんだ?【答案】外務大臣。【翻译】无害的大臣是什么大臣?【答案】外务大臣。【解析】"外务"的日语等于「害無」。

266. 〚かいものぶくろ〛①買い物袋の一番上に入っている食べ物ってなーんだ?【答案】かい。【翻译】购物袋最上面是什么食物?【答案】贝类。【解析】「貝」(贝类)在「買袋」(购物袋)的开头。②買い物袋の中に入っている野菜ってなーんだ?【答案】いも。【翻译】购物袋里面装着的蔬菜是什么?【答案】芋头。

267. 〚かいろ〛温かい街が二つあるんだって。どことどこ?【答案】カイロとニューヨーク。【翻译】有两条很暖和的街道。这两条街道在哪里?

【答案】开罗、纽约。

268. 〖かう〗①売っても買っても「かう」のってなーんだ?【答案】牛(cow)。【翻译】不管买,不管卖,都称之为"买",是什么?【答案】牛。【解析】かう:"买"的日语与英语cow(牛)发音相同。②買い物大好きな男の子の職業ってなーんだ?【答案】カウボーイ(cowboy)。【翻译】喜欢买东西的男子是做什么工作的?【答案】牛仔。【解析】牛仔发音与买东西的男子发音相似。③かうためにかうものってなーんだ?【答案】ペット(pet)。【翻译】为了买而买的东西是什么?【答案】宠物。【解析】"饲养"的日语和"购买"的日语发音相同。

269. 〖かえで〗秋に赤くなるのはどんな手?【答案】かえで。【翻译】秋天变红的是什么手?【答案】枫,枫树。【解析】"枫叶"的日语中有"手"的日语的发音。

270. 〖かえる〗①カエルとリスとカンガルーの子供達のジャンプ競争で三位になったのはどの子ですか。【答案】カエルの子です。【翻译】青蛙、松鼠、袋鼠的孩子们进行跳远比赛,第三名是谁的孩子?【答案】青蛙的孩子。【解析】青蛙小时候是蝌蚪「オタマジャクシ」,不擅长跳远,所以答案是「カエルの子」。②小さなオスのカエルは大人?子供?【答案】大人(子供はおたまじゃくしだよ)。【翻译】小的雄性的青蛙是大人,还是小孩?【答案】大人。【解析】青蛙小时候是蝌蚪。③カエルが買った大工道具ってなーんだ?【答案】鋸(のこぎり)。【翻译】青蛙买来的木匠工具是什么工具?【答案】锯。【解析】「のこぎり」可以缩略为「のこ」。答语的字面意思是「カエルのこは買える」(青蛙买了锯)。实际上,这个句子模仿一句谚语而来,这句谚语是「蛙(かえる)の子は蛙(かえる)」(有其父必有其子,凡人的孩子仍是凡人)。

271. 〖かお〗①顔の真ん中を見る春の楽しみってなーんだ?【答案】お花見(はなみ)。【翻译】看脸中间,一片春意盎然的东西是什么?【答案】赏花。【解析】赏花与看到鼻子发音相同。②顔の中にあるお尻ってなーんだ?【答案】目じり。【翻译】脸上的尾巴是什么?【答案】眼尾。【解析】眼尾也叫"外眼角,小眼角",是眼睛靠近耳朵的一端。反义词为「眼头」,指眼睛靠近鼻子的部分。目尻を下げる:眉开眼笑,笑容满面;色眯眯的眼神。

272. 〖かがみ〗腰を曲げてみたものこてなーんだ?【答案】鏡(かがみ)。【翻译】弯下腰看到的东西是什么?【答案】镜子。【解析】「鏡(かがみ)」(镜子)与「屈(かが)み」(弯曲)发音相同。

273. 〖かがみもち〗割らないと食べられないもの2つ、なーんだ?【答案】卵、鏡餅。【翻译】不打破就没法吃的两个东西是什么?【答案】鸡蛋和镜饼(像镜子一样扁圆形的年糕)。

274. 〖かかる〗お蕎麦屋さんのかけそばに、かかっているものってなーんだ?【答案】お蕎麦屋さんの生活。【翻译】荞麦面饭店里,加浇汁的荞麦面条里悬挂着什么?【答案】荞麦面老板的生计。【解析】「懸かる」(悬挂)也表示"涉及……,关系到……"。句子的另一个意思是"荞麦面的销售关乎老板的生计"。

275. 〖かがわ〗①車が丸くなってぐるぐる走っている都道府県ってどーこだ?【答案】香川県。【翻译】轿车变成了一个圈团团转的都道府县是什么地方?【答案】香川县。【解析】「香川県」与「carが輪県」发音相同。②川の間に蛾がいるのはどーこだ?【答案】香川。【翻译】蛾漂在河流中间,是什么地方?【答案】香川县。【解析】「香川」字形中,「川」(河流)中有「蛾」(蛾)。

276. 〖かき〗①石油を扱うのに危険な季節はいつ?【答案】夏季。【翻译】处理石油最危险的季节是什么时候?【答案】夏季。【解析】提醒人们「火気注意」(注意烟火)与「夏季注意」(注意夏天)读音相同。②ガソリンスタンドで食べられないものなーんだ?【答案】かき。【翻译】加油站不能吃的食品是什么?【答案】柿子。③秋のものだけど、夏場のものみたいな果物ってなーんだ?【答案】かき。【翻译】明明是秋天的东西,却好像是夏天的东西,是什么?【答案】柿子。【解析】"柿子"的日语与"夏季"的日语发音相同。④下のほうに書いてそうな果物ってなーんだ?【答案】柿。【翻译】好像在下面记录着的水果是什么?【答案】柿子。【解析】下記。⑤そのままだったら海の中にいたり、木になっていて、丁寧に言うと、揚げてあるお菓子なーんだ?【答案】かき。【翻译】本来在海中,后来长到树上,加上敬语就变成了油炸点心的东西是什么?【答案】かき。【解析】海中是牡蛎,树上是柿子,礼貌语「おかき」等于「かきもち」,是年糕片。⑥市の木ってなーんだ?【答案】柿。【翻译】市场的树木是什么?【答案】柿。⑦夏のフルーツといえば?【答案】柿。【翻译】夏天的水果是什么?【答案】柿子。【解析】水果名称「柿」与「夏季」(夏季)读音相同。⑧食べられないけど、消すのが得意なカキってなーんだ?【答案】消火器。【翻译】虽不能吃,但灭火很拿手的柿子是什么?

【答案】灭火器。⑨お届けものが得意なカキってなーんだ?【答案】葉書(はがき)。【翻译】邮寄很拿手的「カキ」是什么?【答案】明信片。⑩人を困らせるカキってなーんだ?【答案】悪ガキ、落書(らくが)き。【翻译】让人很头痛的「カキ」是什么?【答案】捣蛋鬼、墙上涂鸦。⑪「くけこ」の上にある食べ物は何?【答案】柿(かき)。【翻译】「くけこ」的上面是放着什么吃的东西?【答案】柿子。【解析】「カ」行是「かきくけこ」,所以「くけこ」的上面是「かき」。

277. 〖かぎ〗人がいない時に必要で、人がいる時には要らない、出かける時に必要で、戻ってきたら要らないもの。【答案】鍵(かぎ)。【翻译】人们不在的时候需要,在的时候不需要,出去时需要,返回时不需要,这样的东西是什么?【答案】钥匙。

278. 〖かきごおり〗①氷が下にある食べ物ってなーんだ?【答案】カキ氷(ごおり)。【翻译】下面有冰的食物是什么?【答案】刨冰。②夏に増えるいろんな色のカキってなーんだ?【答案】カキ氷(ごおり)。【翻译】到夏天,会陡然增加的多种颜色的「かき」是什么?【答案】刨冰。

279. 〖かく〗日本では雨と晴、どっちが多い?【答案】はれ。【翻译】日本是晴天多还是雨天多?【答案】晴天。【解析】"晴"字笔画数多。

280. 〖かぐ〗おうちでにおいが気になるものってなーんだ?【答案】家具(かぐ)。【翻译】在家里担心气味的是什么东西?【答案】家具。【解析】"家具"的日语与"闻、嗅"的日语发音相同。

281. 〖がくえん〗食べられない学校ってなーんだ?【答案】学園(がくえん)。【翻译】没有办法吃的学校是什么?【答案】学园。【解析】「食(く)う」表示进食,「ん」是「ぬ」的转音,表示否定。

282. 〖カクテル〗丸いグラスに入れて飲んではいけないお酒ってなーんだ?【答案】カクテル(cocktail)。【翻译】不能用圆玻璃杯喝什么酒?【答案】鸡尾酒。【解析】「カクラル」(鸡尾酒)的「カク」与「カク」(棱角的)同音。

283. 〖かぐやひめ〗①くんくんにおいを嗅いでるお姫様ってだーれだ?【答案】かぐや姫。【翻译】使劲用鼻子闻味儿的女孩是谁?【答案】赫夜姬。【解析】赫夜姬是日本《竹取物语》中的女主人公。她是来自月亮世界的神仙美女,诞生于竹子中,由砍竹老翁夫妇抚养长大。后来,她拒绝众多求婚者,于八月十五夜晚回到月都。くんくん:使劲地,猛地。②タンスを売っている人が思わず叫んでしまいました。何を見たのでしょうか?【答案】かぐや姫。【翻译】卖衣橱的人不由自主地叫了出来。

他看见了什么？【答案】赫夜姫。【解析】"赫夜姫"的日语与「家具屋悲鳴」(家具商哀鸣)发音相近。

284.〖かける〗①走る算数ってなーんだ？【答案】かけざん。【翻译】跑步算数是什么？【答案】乘法。【解析】反义词是「わりざん」(割算)。「かける」除了表示"乘法"，还可以表示"跑步"。②ちょっと足りない算数ってなーんだ？【答案】掛け算。【翻译】稍微有点不足的算数是什么？【答案】乘法。【解析】「かける」还可以表示"缺少"。③かけていると見えないめがねってどんなめがね？【答案】レンズが欠けためがね。【翻译】戴上却看不到任何东西的眼镜是什么？【答案】没有镜片。【解析】"欠缺"的日语和"戴上眼镜"的日语发音相同，因此句子的实际意思是：没有镜片的眼镜是看不清楚东西的眼镜。④トップになるとひもを切るものってなーんだ？【答案】かけっこ。【翻译】成为第一就撞断绳子的东西是什么？【答案】赛跑。⑤入ったら、みんなかけだす箱ってなーんだ？【答案】電話BOX。【翻译】进去之后，大家就开始打的盒子是什么？【答案】电话亭。【解析】"冲出来"的日语与"拨打电话"的日语发音相同。⑥出かける時にかけるものはなあに？【答案】かぎ。【翻译】出门时挂着的是什么东西呢？【答案】钥匙。【解析】日语中，"锁门"为「鍵をかける」。⑦足があって、かけることはできるけど、あるくことは出来ないものなーんだ？【答案】椅子。【翻译】有脚能跑但不能走的是什么东西？【答案】椅子。【解析】「かける」除了能表示"跑"之外，在短语「腰をかける」中还有"落座，坐下"之意。有脚，能让人坐下，但自己不能走的东西是椅子。⑧かければかけるほど、とまってしまうものなーんだ？【答案】ブレーキ。【翻译】越踩越停的东西是什么？【答案】刹车。【解析】实际意思是：越刹车越不能走。⑨かければかけるほど遅くなるものなーんだ？【答案】時間。【翻译】花得越多变得越晚的东西是什么？【答案】时间。【解析】「時間をかける」表示"花时间"。⑩みんなでかけるのは運動会。では、夜寝る時にかけるものはなーんだ？【答案】布団。【翻译】运动会上，大家都在奔跑；晚上睡觉时，大家也都在「かける」。人们在干什么？【答案】盖着被子。【解析】「かける」既表示"奔跑"，也表示"盖被子睡觉"。运动会上，大家都在奔跑；晚上睡觉时，大家都盖着被子。⑪布団でもないのに寝るときかけるものはなーんだ？【答案】目覚まし。【翻译】晚上睡觉，不是「かける」被子，而是「かける」什么？【答案】闹钟。【解析】设定闹钟和盖被子同用一个动词「かける」。因此，句子意思是：晚上睡觉，不是盖被子，而是设定闹钟。⑫かけると美味しくなるのは調味料。かけすぎると美味しくなくなるのも調味料。では、

かけても何も変わらないものってなーんだ?【答案】お金、絵。【翻译】加入调味品食物会更美味;加入过多调味品食物会变得不好吃。请问什么东西加进去之后味道也一点都不会改变?【答案】金钱和画作。【解析】无论怎样花钱「お金をかけても」,无论再画画「絵が描けても」,味道都不会变。⑬かければかけるほど縮んでしまうものってなーんだ?【答案】パーマ。【翻译】越加越缩减的东西是什么?【答案】烫发。⑭ひくとかけるものは?【答案】マスク。【翻译】什么东西做了减法做乘法?【答案】口罩。【解析】实际意思是:患了感冒,戴上口罩「風邪をひくとかけるから」。⑮かけるときにひくものは?【答案】電話帳。【翻译】什么东西做了乘法做减法?【答案】电话号码簿。【解析】实际意思是:打电话前查阅电话号码。

285. 〖かこう〗川に落とした物は、どこに落ちた?【答案】河口。【翻译】掉到河里面的东西是在哪里落下的?【答案】河口。【解析】"河口"与"下降"发音相同。

286. 〖かごしま〗①ごまかしをまぜっかえしたような都道府県ってどーこだ?【答案】鹿児島県。【翻译】将骗人的话搅拌的地方是什么都道府县?【答案】鹿儿岛县。【解析】「鹿児島」是「ごまかし」重新排列组合的结果。②かごの乗ってる都道府県ってどーこだ?【答案】かごしま。【翻译】载着轿子的都道府县是什么?【答案】鹿儿岛。

287. 〖かごめ〗お米が入ったケチャップってなーんだ?【答案】かごめ。【翻译】混入大米的番茄沙司是什么?【答案】猜人游戏。【解析】ケチャップ(ketchup):调味番茄酱,番茄沙司,用西红柿等加食盐、香料熬成的酱汁。かごめ:儿童游戏之一。一人蒙目蹲在中间,其他人围着他边转圈边唱歌,歌声停止后,让他猜身后的人是谁。"调味番茄酱"的日语与"抓人"的日语发音相似。

288. 〖かさい〗山を焼く炎ってなんさい?【答案】かさい。【翻译】燃烧山林的大火几岁了?【答案】火灾。

289. 〖かし〗逆立ちすると美味しそうな動物ってなーんだ?【答案】鹿。【翻译】某种动物倒立后,好像变得很美味,是什么动物?【答案】梅花鹿。【解析】日语「鹿」(梅花鹿)颠倒之后成了「かし」(点心,糕点)。

290. 〖かじ〗家で、やらないと困るけど、おきるともっと困るものなーんだ?【答案】かじ。【翻译】在家里,如果不做这件事很麻烦;如果它要起来的话,很头痛。是什么?【答案】「家事」(家务事)与「火事」(火灾)发音相同。

291. 【かしつき】過ちを起こした家電ってなーんだ?【答案】加湿器。【翻译】引起过失的家电是什么?【答案】增湿器。【解析】「加湿」(增湿)与「過失」(过失)同音。

292. 【ガシャン】小さな鳥のガラス細工を落としたよ。どんな音がした?【答案】ガシャン。【翻译】小型鸟玻璃工艺品掉到地上,发出什么声音?【答案】咔嚓。【解析】拟声词。玻璃工艺品掉到地上破碎时发出的是咔嚓声。

293. 【カスタネット】①たたくと音が出るネットってなーんだ?【答案】カスタネット(castanet)。【翻译】敲一敲,发出声音的网是什么?【答案】响板。【解析】西班牙和意大利南部乡土乐器响板是打击乐曲之一,将两片贝壳状木片用绳子系在一起对敲,由舞女边敲边舞。net 表示网。②真ん中にタネの入った楽器ってなーんだ?【答案】カスタネット。【翻译】中间有种子的乐器是什么?【答案】响板。【解析】「カスタネット」(响板)中含有「種」(种子)。

294. 【カステラ】①お寺の残りの食べ物ってなーんだ?【答案】カステラ(Castilla)。【翻译】寺庙里的残羹剩饭是什么?【答案】卡斯特拉蛋糕。【解析】カス:糟粕,谷壳;テラ:寺庙。卡斯特拉蛋糕是将面粉、砂糖和鸡蛋搅拌后烘烤而成的点心,源于西班牙卡斯蒂利亚,日本室町末期传入长崎。②殻の真ん中を捨ててる食べ物ってなーんだ?【答案】かすてら。【翻译】将中间的壳扔去而制成的食物是什么?【答案】卡斯特拉蛋糕。③カステラとスポンジ、まわりに殻がついてるのはどーっちだ?【答案】カステラ(castella)。【翻译】卡斯特拉蛋糕和海绵这两种东西周围被谷壳包裹的是哪一个?【答案】卡斯特拉蛋糕。

295. 【かぜ】①ひくと寒いんだけど、ふくと寒かったり心地よかったりするものってなーんだ?【答案】カゼ。【翻译】患了之后,感到浑身发冷,一吹,有时让人瑟瑟发抖,有时让人心情愉快,是什么?【答案】感冒和风。②ひくとあがってなおるとさがるものってなーんだ?【答案】風邪の熱。【翻译】患了之后升高,好了之后下降的东西,是什么?【答案】感冒发烧。

296. 【かせいふ】火星の女の人がやるお仕事ってなーんだ?【答案】家政婦。【翻译】火星女子做什么工作?【答案】家政。【解析】「家政」(家政)与「火星」(火星)发音相同。

297. 【ガソリンスタンド】車が走るために止まるものってなーんだ?【答

案】ガソリンスタンド(gasoline stand)。【翻译】车子为了奔跑而停靠的地方是哪里?【答案】加油站。

298. 〖かた〗多すぎる、体の一部ってなーんだ?【答案】肩。【翻译】身体的一部分明显过多,是什么?【答案】肩部。【解析】「肩」(肩部)与「過多」(过多)发音相同。

299. 〖カタール〗お喋り大好きな国は?【答案】カタール。【翻译】喜欢喋喋不休地说的国家是哪一个国家?【答案】卡塔尔。【解析】「カタール」(卡塔尔)与日语中的「語る」(说)发音相近。

300. 〖がたがた〗新しい機械は新型、では、古い機械はなにがたでしょうか?【答案】がたがた。【翻译】新机器是崭新的型号,那么旧机器是什么型号?【答案】摇摇晃晃,东倒西歪,要散架子。【解析】形容动词中的「がた」与「がた」(型号)形成谐音之趣。

301. 〖かたつむり〗ウインクしてる生き物ってなーんだ?【答案】かたつむり。【翻译】抛媚眼的生物是什么?【答案】蜗牛。【解析】「かた」表示"一半";「つむり」等同于「つぶり」,表示"闭上眼睛";一只眼睛闭上,一只眼睛张开。

302. 〖カタログ〗あげてから買ってもらうものなーんだ?【答案】カタログ(catalog)。【翻译】赠送之后再让你购买的东西是什么?【答案】商品目录。【解析】顾客浏览了免费赠送的目录后,购买商品。

303. 〖かだん〗階段の2段目をとったらなんになる?【答案】花壇。【翻译】把阶梯的第二段去掉,成了什么?【答案】花坛。【解析】「階段」的第二个音节去掉。

304. 〖かちかち〗冷凍庫に入れた時計の音ってどーんなんだ?【答案】カチカチ。【翻译】放入冰箱的时钟会怎么样?【答案】变坚硬。【解析】"变坚硬"的日语另一个意思是"滴答滴答作响"。

305. 〖かちく〗蚊に刺されたのはだーれだ?【答案】かちく。【翻译】被蚊子叮咬的生物是什么?【答案】家畜。【解析】「蚊」附在「家畜」单词上。

306. 〖カチューシャ〗貨車の中にねずみがいると何になる?【答案】カチューシャ。【翻译】货车内部有老鼠就变成了什么?【答案】喀秋莎。

307. 〖かつ〗①いつも身に着けているもので、半分負けちゃったものってなーんだ?【答案】ハンカチ。【翻译】总是带在身上,输了一半的东西是什么?【答案】手帕。【解析】"手帕"的日语与「半勝ち」(一半儿胜利)谐音。②いつもポケットの中にある、引き分けるものってなーんだ?【答案】ハンカチ。【翻译】总是在口袋中,而且总是战成平局,不分胜负的东西

是什么?【答案】手帕。③まけているのにかちかち言っているものなーんだ?【答案】巻き時計。【翻译】明明失败了但还说"胜利,胜利"的是什么东西?【答案】上发条的表。【解析】「まける」既表示「巻ける」(上发条),也表示「負ける」(失败)。「かちかち」既表示"胜利",也表示"表滴答滴答地走动"。④りんごとオレンジが戦いました。どっちが勝ったかな?【答案】オレンジ。【翻译】苹果和橘子作战,谁胜利了?【答案】橘子。【解析】谜面中,苹果用平假名书写,橘子用片假名书写。「オレンジがカタカナ」(橘子用片假名书写)与"橘子胜利"的日语发音相同。⑤鰹と鮫が戦った。どっちが勝った?【答案】鰹。【翻译】鲣鱼与鲛战斗,哪一个获胜?【答案】鰹。【解析】「鰹」(鱼名)与「勝」+「魚」(胜利的鱼)读音相近。⑥豚と犬がけんかをしたら、どちらが勝ったかなあ?【答案】豚が勝つ。【翻译】猪和狗打架,哪一方会赢?【答案】猪。【解析】猪会赢,因为猪除了发音成「ぶた」之外还可念成「とん」,而日本食物中有一炸猪排叫作「とんかつ」。⑦勝利のどんぶりってなーんだ?【答案】カツどん。【翻译】胜利的大碗盖饭是什么?【答案】猪排盖浇饭。【解析】日本猪排盖浇饭将甜辣味的炸猪排和加水搅开的鸡蛋一起煮,连汁浇盖在米饭上。⑧デジタル時計とアナログ時計、戦ったら勝者はどっち?【答案】アナログ時計「カチとなるから」。【翻译】液晶显示式时钟和指针式时钟,如果两者战斗,谁会获胜?【答案】指针式钟表(analog clock)。【解析】指针式钟表用指针指示文字盘上的数字来表示时刻的钟表。滴答声为「カチカチ」,而「カチ」表示"胜利",液晶数字显示钟表不会发出滴答声。⑨ナイフとカッターが戦った。どっちの勝ち?【答案】カッター。【翻译】水果刀和美工刀在战斗。谁赢了?【答案】美工刀。【解析】「カッター」(美工刀)与「勝った」(赢了)读音相近。

308. 〖がっき〗いくらひいても、こないものってなーんだ?【答案】がっき。【翻译】怎么拉都不会有声音的乐器是什么?【答案】学期。【解析】「する」表示"发出声音",音がする表示"听到有声音"。

309. 〖カッコー〗昔の鳥ってなーんだ?【答案】カッコー。【翻译】以前的鸟是什么鸟?【答案】布谷。【解析】布谷鸟也称"大杜鹃",其日语与"过去"的日语「かこ」发音相近。

310. 〖がっせん〗雪でボールを千個作ってから遊ぶものってなーんだ?【答案】雪合戦。【翻译】用雪制作1000个雪球来做游戏,这被称为什么?【答案】打雪仗。【解析】「雪合戦」意会「雪が千」,即一千个雪球。

311. 〖カッター〗①かった人がお金をもらうお店ってなーに?【答案】散髪

屋さん。【翻译】买东西的人反而得到了钱,这是什么店?【答案】理发店。【解析】为人剪头发的理发师(haircutter)得到了钱。"为人剪发"的日语与「買った」(购买)发音相似。②お金を払って手に入れた文房具ってなーんだ?【答案】カッター。【翻译】只有付钱才能买到手的文具是什么?【答案】刀。【解析】"美工刀"的日语与"买"的日语的过去式发音相近。③かったのに、家に持ち帰らないものなーんだ?【答案】かみのけ。【翻译】分明买了却不能带回家的东西是什么?【答案】在理发店剪掉的头发。④かったのに少なくなるものは?【答案】髪の毛、お金。【翻译】明明买了却少了的东西是什么?【答案】头发和钱。【解析】剪发使得头发少了;买东西后钱付给了卖主。⑤負けない文房具ってなーんだ?【答案】カッター。【翻译】绝不会输的文具是什么?【答案】美工刀。【解析】"美工刀"的日语与「勝った」(胜利)发音相同。

312. 〖かつら〗はえてないのに毛がある木ってなーんだ?【答案】かつら。【翻译】从不长毛但有毛的树是什么?【答案】传说中在月亮上的桂树。【解析】「かつら」意思是"桂树",也称为"连香树",又表示"假发"。

313. 〖カナダ〗①日本の文字を使ってる国ってどーこだ?【答案】カナダ(canada)。【翻译】使用日文的国家是什么国家?【答案】加拿大。【解析】"加拿大"的日语与「カナだ」(是假名)发音相同。②口を「くち」ではなく「ろ」と読む国は?【答案】カナダ。【翻译】"口"不读作「くち」而是读作「ろ」的国家是什么国家?【答案】加拿大。【解析】"加拿大"的日语与「かな、だ!」(是「片」假名)发音相同。片假名时,「口」读作「ろ」。

314. 〖かに〗69の星座ってなーんだ?【答案】かにざ。【翻译】69表示什么星座?【答案】巨蟹座。【解析】巨蟹座的标志是将69横过来。

315. 〖かね〗細かくしても使えるのに、小さく破いたら使え無いものってなーんだ?【答案】お金。【翻译】破开花可以,但破损之后无法使用,是什么?【答案】钱。【解析】細かく:整钱破开成零钱;破いた:破烂,残损。谜面也可以理解为:化整为零可以使用,破烂时无法使用。

316. 〖かねがね〗かねがね思っていたことってなーんだ?【答案】かねがねぇ。【翻译】很早就在想这个东西,是什么?【答案】钱。【解析】かねがね:老早,很早以前,早就,名词和副词。也可以把「かねがね」理解成「金々」。

317. 〖カバ〗物を包むのが上手な動物は?【答案】カバ。【翻译】擅长包裹东西的动物是什么?【答案】河马。【解析】「カバ」(河马)与「カバー」(封面,包封)读音相似。

318. 〖かばん〗①かばはかばでも、いろんなものがいっぱい入るかばってな

んだ?【答案】かばん。【翻译】虽说是河马,但里面可以装很多东西的河马是什么?【答案】包。②缶に入れ歯をすると何になる?【答案】カバン。【翻译】将牙齿放进罐里面,成了什么?【答案】包。

319. 〖かびん〗お花を食べるのが大好きで、とっても敏感なものってなーんだ?【答案】かびん。【翻译】爱吃花,很敏感的东西是什么?【答案】花瓶。【解析】「花瓶」与「過敏」发音相似。

320. 〖カブ〗①下においてある野菜は?【答案】カブ。【翻译】在下面的蔬菜是什么?【答案】芜菁。【解析】「下部」(下部)与「蕪」(芜菁)发音相同。②のばすとまがる野菜ってなーんだ?【答案】カブ。【翻译】拉长,就弯曲,是什么蔬菜?【答案】芜菁。【解析】「カブ」拉长成为拐弯「カーブ」(curve)。③上がったり下がったりする野菜ってなーんだ?【答案】カブ。【翻译】不断上下浮动的蔬菜是什么?【答案】芜菁。【解析】「蕪」同「株」(股份,股票)发音相同。

321. 〖カフェ〗①蚊が多くなるお店ってなーんだ?【答案】カフェ(coffee)。【翻译】蚊子增多的店是什么店?【答案】咖啡店。【解析】"咖啡"的日语与「蚊増え」发音相同。②蚊がピーひゃらら、これってどこ?【答案】カフェ。【翻译】蚊子嗡嗡作响的地方是什么地方?【答案】咖啡馆。【解析】「フェ」与「笛」同音。笛是日本管弦乐器,常用「ピーひゃらら」来形容其发出的声音。「カ」与「蚊」同音,因此综合起来是「カフェ」,听起来像「蚊笛」。

322. 〖カフェオレ〗俺のコーヒーってなーんだ?【答案】カフェオレ(法语 café au lait)。【翻译】我的咖啡是什么?【答案】牛奶咖啡。【解析】牛奶咖啡指咖啡中加入几乎等量牛奶的饮品,其中有「俺」(我)。

323. 〖かふん〗①くしゃみがたくさん出るのは何分?【答案】花粉。【翻译】接连打喷嚏是几点几分?【答案】花粉。【解析】花粉中有"分"。②春に出てきて、目には見えない、人をいっぱい泣かすいじめっ子ってなーんだ?【答案】花粉。【翻译】春天时弥漫在空气里,看不见摸不着,让人不断流泪的淘气孩子是谁?【答案】花粉。

324. 〖カボス〗柑橘類のボスってだーれだ?【答案】カボス。【翻译】柑橘的老板是什么?【答案】代代酸橙。【解析】代代酸橙是与代代橙近缘的柑橘类的一种,类似柚子,但比柚子小,果味酸味强,厚果皮具有特殊香气,可作香料,大分县盛产。"代代酸橙"的日语中有"老板"的日语字样。

325. 〖かま〗かまはかまでもいつも手をつないでいるかまってなーんだ?

【答案】仲間。【翻译】虽说是饭锅,但总是牵着手的饭锅是什么?【答案】朋友。【解析】「かま」表示"釜,饭锅,窑,锅炉,镰刀",「仲間」表示"朋友"。

326. 〖がまぐち〗お金が入ってる口ってなーんだ?【答案】がま口。【翻译】盛钱的嘴是什么?【答案】蛙嘴式小钱包,带金属卡口的袋状小钱包。

327. 〖かまくら〗冬にしか建てられないお家ってなーんだ?【答案】かまくら。【翻译】只有在冬天才建造的房子是什么房子?【答案】雪室。【解析】雪室节是秋田县横手地区每年2月15日举行的传统节日。孩子们在雪室里摆设祭坛、喝甜酒、吃年糕等。以前在灯节举行。

328. 〖かみ〗①髪がいっぱいある生き物ってなーんだ?【答案】おおかみ。【翻译】有很多毛发的动物是什么?【答案】狼。②紙なのに力が強いのはなーに?【答案】紙幣。【翻译】虽然是纸,却很有威力,是什么?【答案】纸币。【解析】"纸币"是"纸",但是购买力强大。③家の中で、くるくる回るふくのかみがいるとこってどーこだ【答案】トイレットペーパ。【翻译】家中滴溜溜轻快旋转带来福气的神是什么神?【答案】大便后擦拭使用的卫生纸。【解析】卫生纸为「お尻を拭く紙」,「拭く」(擦拭)与「福」(幸福)发音相同,「神」与「紙」发音相似。

329. 〖かみきる〗とってもかたいお肉を食べた後にやったことはなーんだ?【答案】散髪。【翻译】吃了很硬的肉之后干什么?【答案】剪头发。【解析】「髪切った」(剪头发)与「噛み切った」(使劲咬断)发音相同。

330. 〖かみなり〗①空やお父さんが落とすものってなーんだ?【答案】雷。【翻译】空中或父亲扔下的东西是什么?【答案】雷。【解析】雷が落ちる:大发雷霆,遭到上司、长辈的训斥。②雨の時に田んぼをたがやすと何が起きる?【答案】雷。【翻译】下雨时耕田,会发生什么?【答案】打雷。【解析】汉字「雷」包括「雨」和「田」。

331. 〖かみのけ〗のびればのびるほど、地面に近づくものなーんだ?【答案】髪の毛。【翻译】越长越靠近地面,是什么?【答案】头发。

332. 〖かむ〗①歯がなくても力いっぱいかめるものなーんだ?【答案】鼻。【翻译】虽没有牙齿,却能用力咬,是什么?【答案】鼻子。【解析】かむ:咬;擤鼻涕。②ようかんで食べるお菓子ってなーんだ?【答案】ガム(gum)。【翻译】西式建筑物里吃的点心是什么?【答案】口香糖。【解析】口香糖是西方传来的食品。「ようかんで」也可以理解为「よく噛んで」(不断咀嚼),其中包含了近似于「ガム」的读音。谜面的另一意思是:

使劲咀嚼的食品是什么？

333. 【かめ】①水の中にすんでいたり、水をおなかに貯めていたりするものなーんだ？【答案】カメ。【翻译】在水中生存,肚子里满是水,是什么?【答案】乌龟。【解析】「亀」(乌龟)还可以表示「瓶」(瓮,缸,瓦罐,坛子)。②丸呑みしたら、怒られた生き物なーんだ？【答案】カメ。【翻译】将其完全吞食而会生气的生物是什么?【答案】乌龟。【解析】「しかめる」表示"皱眉"。

334. 【カメラ】①チーズが好きなカメってなーんだ？【答案】カメラ。【翻译】喜欢奶酪的乌龟是什么?【答案】照相机。【解析】照相时,想让被照的人笑,就说「チーズ」。②カメを頭にのせてるおみせってなーんだ？【答案】カメラ屋さん。【翻译】把乌龟放在头上的商店是什么商店?【答案】照相馆。【解析】谜面的另一个意思是:以乌龟为开始的商店是什么商店？③カメと、ラクダと、サイが、デパートで店員さんに話しかけています。さて、何と言っている？【答案】カメラください。【翻译】龟、骆驼和犀牛在百货公司和店员说话。那么猜一下,他们在说什么?【答案】请给我照相机。【解析】答语将三个动物前面的假名组合在一起,取得了诙谐的效果。

335. 【かも】①好きなカモってなーんだ？【答案】アイガモ。【翻译】喜爱的鸭是什么?【答案】杂交鸭。【解析】杂交鸭是绿头家鸭和绿头鸭的杂种,除肉供食用外,还可作猎捕野鸭的囮子。②んをつけたらこっちに寄ってくる鳥ってなーんだ？【答案】かも。【翻译】加上「ん」,就要到这里来的鸟是什么?【答案】鸭子。【解析】「かも」加上「ん」,就与"来"的英语发音类似。③いつも推測ばかりしている鳥は？【答案】かも。【翻译】一直在推测的鸟是什么?【答案】野鸭。【解析】「かもしれない」的省略「かも」表示"也许"。

336. 【かゆい】①唯ちゃんの上に蚊が止まったらどうなる？【答案】かゆい。【翻译】小唯的身上落了蚊子,会怎么样?【答案】很痒。【解析】「唯」身上落了蚊子,成为「かゆい」。②病にかかった羊はどうなる？【答案】痒くなる。【翻译】患病的羊怎么样?【答案】痒。【解析】"痒"由病字框加上"羊"构成。

337. 【かようび】歌を歌うのは何曜日？【答案】かようび。【翻译】唱歌的日子是哪一天?【答案】周二。【解析】「かようび」中有「歌謡」(歌声)。

338. 【からあげ】何も入っていない揚げ物なーんだ？【答案】からあげ。【翻译】不添加任何东西的油炸品是什么?【答案】干炸食品。【解析】干炸食品指将肉和菜等直接油炸或抹上淀粉、加上调料后油炸的食品。

「から」表示"空"。

339. 〖カラオケ〗①何も入っていないと、歌いたくなるものなーんだ?【答案】カラオケ。【翻译】什么东西都没有的话,就想放声歌唱,是什么?【答案】卡拉OK。【解析】「オケ」为"乐队"日语的省略;「カラオケ」表示"无乐队伴奏"。②マイクのついた桶ってなーんだ?【答案】カラオケ。【翻译】桶上有麦克风,怎么解释?【答案】卡拉OK。

340. 〖がらがら〗ガラガラヘビばっか乗ってる電車って込んでる?【答案】ガラガラ。【翻译】只有响尾蛇搭乘的车是否拥挤?【答案】空无一人。【解析】「ガラガラヘビ」为"响尾蛇";「ガラガラ」表示"咯噔咯噔,轰隆轰隆",是物体相碰的声音、坍塌的声音。它还表示"空荡荡的"。がらがらのでんしゃ:空荡荡的电车。

341. 〖からさわぐ〗韓国アイドルKaRaのファンが歌手に熱狂的に愛のシグナルを送って騒動を起こしました。その結果はどうなりましたか。【答案】恋のから騒ぎになりました。【翻译】韩国女子歌唱组合偶像KaRa的崇拜者疯狂地向其示爱,引起骚动,结果如何?【答案】空爱一场。【解析】《空爱一场》(Much Ado About Nothing)是莎士比亚作品名,也是日本一个综艺节目名称。

342. 〖からす〗カラスを鉛筆一本で見えなくするにはどうしたらよいでしょう?【答案】カを「ガ」に書き換えてしまう。【翻译】用一支铅笔使乌鸦消失,应该怎么办?【答案】在「カ」右上方加上两点,变为「ガ」,成为"玻璃",乌鸦就不存在了。

343. 〖かり〗①借りてるものがある電池ってなーんだ?【答案】アルカリ電池(alkali battery)。【翻译】有电池借了他人东西,是什么电池?【答案】碱性电池。【解析】"碱性电池"的日语中有「借り」(借用)。②お花を借りてきた野菜ってなーんだ?【答案】カリフラワー(cauliflower)。【翻译】借花的蔬菜是什么?【答案】花菜。【解析】花椰菜,花菜,菜花。「カリフラワー」中,「カリ」为日语,表示"借",「フラワー」词源为英语flower,表示"花"。

344. 〖かるい〗①逆立ちすると体重が軽くなる動物なーに?【答案】イルカ。【翻译】颠倒过来体重减轻的动物是什么动物?【答案】海豚。【解析】「海豚」(海豚)颠倒过来就是「軽い」(轻的)。②重くなかったまちってどーこだ?【答案】カルカッタ。【翻译】不沉重的街道在什么地方?【答案】加尔各答。【解析】「カルカッタ」(加尔各答)与「軽かった」(重量轻的)发音相同。③ダイエットにせいこうしたカモってなーんだ?【答案】カルガモ。【翻译】减肥成功的野鸭是什么?【答案】斑嘴鸭。【解

析」「カルガモ」字面意思是"很轻的鸭子"。

345. 〖かれ〗①男の料理とは?【答案】カレー(curry)。【翻译】男子的料理是什么?【答案】咖喱「彼」。【解析】「カレー」为「カレーライス」的省略。②自分の所有物なのに彼の物だと言われるのなーに?【答案】カレンダー。【翻译】明明是自己的东西,却说是他的,是什么东西?【答案】日历。【解析】「カレンダー」(日历)与「彼のだ」(他的东西)读音相近。

346. 〖カレイ〗①だんだん年をとってきた魚ってなーんだ?【答案】カレイ。【翻译】慢慢年纪增大的鱼是什么鱼?【答案】比目鱼。【解析】「鰈」(比目鱼)与「加齢」(加龄)发音相同。②とても優雅に泳ぎそうな名前のお魚ってな〜んだ?【答案】カレイ。【翻译】从名称上看,好像能够比较优雅地游泳的鱼是什么鱼?【答案】比目鱼。【解析】"比目鱼"的日语与「華麗」(华丽)发音相同。

347. 〖カレーライス〗①辛いご飯って何?【答案】カレーライス。【翻译】比较辣的饭是什么饭?【答案】咖喱饭。【解析】「カレー」与「辛い」(辣)的口语形式「かれえ」读音相同。「ライス」是外来语,与「ご飯」同义。②木に水のかわりにカレーをあげたらどうなる?【答案】枯れる。【翻译】树不浇水,浇上咖喱,会发生什么事情?【答案】会枯萎而死。【解析】"咖喱"的日语与「枯れる」(枯萎)发音相近。

348. 〖カレンダー〗壁にあるもので名前を呼ばれるたびに賞賛されているものはなーんだ?【答案】カレンダー。【翻译】在墙上每说一次名字就要赞叹一次的东西是什么?【答案】日历。【解析】"日历"的日语与「可憐だー」(招人疼爱,可爱)发音相近。

349. 〖かろう〗お城で働いている人で、すごく疲れてるのはだーれだ?【答案】家老。【翻译】在城堡里工作,非常疲劳的人是什么人?【答案】家老。【解析】「家老」与「過労」同音。家老指幕府时代诸侯的家臣之长,统辖武士,总管事务,一般由数人合议,轮流主政。

350. 〖かわ〗①海とつながってて、三本あるものってなーんだ。【答案】川。【翻译】与海相连而又兵分三路的东西是什么?【答案】河流。②どこにでも二つある「かわ」ってなーんだ?【答案】あっち側とこっち側。【翻译】有两条河,任何地方都有,是什么?【答案】这边和那边。【解析】「川」(河流)和「側」(侧)发音相同。

351. 〖かわうそ〗問題:ひとをだましたりしないのにさぎとは?回答:嘘も

つかないのにカワウソというが如し。【翻译】问题：又没有欺骗人，为什么白鹭叫欺诈？答：正如同水獭没有撒谎，却被称为河流中的撒谎者。【解析】「鷺」(白鹭)与「詐欺」(欺诈)同音，「川獺」(水獭)与「川嘘」(河流中的谎言)发音相同。

352. 〖かわぎし〗かわぎしで食べるものなーんだ？【答案】菓子。【翻译】河岸边吃的食品是什么？【答案】点心。【解析】「かわぎし」两边的假名合起来是点心「かし」。

353. 〖かわる〗ズボンを着て服をはく人ってどんな人？【答案】変わった人。【翻译】上身穿裤子下身套上衣的人是什么人？【答案】奇怪的人。【解析】「ズボンを着て服をはく」中，动词与宾语搭配错误，穿上衣应该用「着る」，穿裤子应该用「はく」，因此原句应改为「ズボンをはいて服を着る」。

354. 〖かん〗①絵がいっぱい入っている缶ってなーんだ？【答案】美術館。【翻译】满是绘画的罐是什么？【答案】美术馆。【解析】"罐"的日语与"馆"的日语同音。②恐竜がいっぱい入っている缶ってなーんだ？【答案】恐竜図鑑。【翻译】有恐龙的"罐"是什么？【答案】恐龙图鉴。【解析】"缶"的日语与"鑑"的日语同音。③かんはかんでも、家にあるかんはなあに？かんはかんでも、家の入り口にあるかんってなーんだ？【答案】玄関。【翻译】虽是"罐"，但家里的"罐"是什么？虽是"罐"，但家门口的"罐"是什么？【答案】玄关。【解析】玄关是住宅从入门到客厅的一段空间。④人が入っているカンってなーんだ？【答案】旅館。【翻译】人们能够进入的"罐"是什么？【答案】旅馆。⑤カンはカンでも、見ちゃいけないカンってなーんだ？【答案】カンニング(cunning)。【翻译】虽然是"罐"，但不能看的"罐"是什么？【答案】考试作弊。【解析】「カンニング」(作弊)中包含了「かん」"罐"。⑥かんはかんでも、水やお金、月やお日さま、火まではいっているかんはなあに？【答案】1週間。【翻译】虽说是"罐"，有水、金、月、火的"罐"是什么？【答案】1週間。【解析】「一周間」中包括了「かん」。⑦カンはカンでもジュースじゃなくて軍人が入ってるカンってなーんだ？【答案】戦艦、軍艦。【翻译】虽说是"罐"，里面不是果汁，而是士兵的"罐"是什么？【答案】军舰。⑧かんはかんでも本がいっぱいあるかんってなーんだ？【答案】図書館。【翻译】虽说是"罐"，有许多书的"罐"是什么？【答案】图书馆。

355. 〖がん〗愕いた病気ってなーんだ？【答案】ガン「がーん」。【翻译】让人惊愕的病是什么？【答案】癌症。【解析】「がーん」为拟声。

356. 〖かんがえる〗おなかにポケット持ってそうな彫刻ってなーんだ?【答案】考える人。【翻译】肚子上有口袋的雕塑是什么?【答案】思想者。【解析】罗丹雕塑「考える人」(《思想者》)与「カンガルー」(袋鼠)的联系在于两者发音相似。袋鼠有口袋,所以说思想者也有口袋。

357. 〖かんかん〗2つならべるとすごく怒り出す、ジュースとか入ってるものなーんだ?【答案】カン。【翻译】两个放在一起,马上让人发火,里面还可以装果汁,这是什么?【答案】罐头。【解析】カンカン:大怒,大发脾气。

358. 〖かんコーヒー〗①寒いコーヒーってなーんだ?【答案】カンコーヒー。【翻译】冷的咖啡是什么?【答案】罐装咖啡。【解析】"罐"日语与"寒"日语发音近似。②秘密の旅行に行くときに持っていく飲み物ってなーんだ?【答案】缶コーヒー。【翻译】秘密旅行的人喝什么?【答案】罐装咖啡。【解析】"罐装咖啡"的日语读音近似「観光秘ー」(秘密观光)。

359. 〖かんこく〗ジュースはみんなビンではなく缶に入っている国は?【答案】韓国。【翻译】在某个国家,果汁不是装进瓶里,而是装进罐头里,是什么国家?【答案】韩国。【解析】「缶国」(罐头国家)与「韓国」(韩国)发音相同。

360. 〖かんごし〗ある人が缶をゴシゴシ必死に洗っていました。さて、缶を洗っている人は誰でしょうか?【答案】看護師。【翻译】某个人起劲地洗刷罐子。这个人是谁?【答案】护士。【解析】「看護師」与「缶ゴシ」同音。

361. 〖かんじ〗宴会の参加者で、ひらがなでもカタカナでもない人だーれだ?【答案】幹事。【翻译】参加宴会的有一个人既不是平假名,也不是片假名,他是什么人?【答案】干事。【解析】他既不是平假名,又不是片假名,肯定是"汉字",是干事。"干事"和"汉字"发音一样。

362. 〖かんせつ〗親には一つ、子には二つあるものってなーんだ?【答案】関節。【翻译】父母有一个而孩子有两个的东西是什么?【答案】关节。【解析】「親指」(大拇指)一个关节,「小指」(小拇指)有两个关节。

363. 〖かんせつつう〗雪が積もると痛いのはなーんだ?【答案】関節痛。【翻译】只要雪一堆集就痛的是什么?【答案】关节痛。【解析】「関節」(关节)与「冠雪」(冠雪)发音相同。山头积雪,山头积起的雪,其形状如山顶

戴上了帽子。

364. 〖かんそう〗乾いてる草ってなーんだ?【答案】かんそう。【翻译】干枯了的草是什么草?【答案】甘草。【解析】「乾燥」与「甘草」读音音似。

365. 〖かんそう〗乾いた文章ってどんな文?【答案】感想文。【翻译】干燥的文章是什么文章?【答案】读后感。【解析】「感想」和「干燥」同音。

366. 〖かんだい〗関西大学の出身者はどんな性格?【答案】寛大。【翻译】曾在关西大学就读的人是什么性格?【答案】心胸宽阔。【解析】关西大学的简称「関大」(关大)与「寛大」(心胸宽阔)读音相同。

367. 〖がんたい〗鉄砲の入ってそうな帯ってなーんだ?【答案】眼带。【翻译】似乎装了炮弹的带子是什么带子?【答案】眼带。【解析】遮眼罩。眼病患者遮眼用的纱布等。「がん」是"炮弹"的读音。

368. 〖かんたん〗簡単なマークってどんなマーク?【答案】!。【翻译】简单的标点符号是什么符号?【答案】感叹号!【解析】日语中,「簡単」(简单)和「感嘆」(感叹)发音相同。谜面也可以理解为:感叹号是什么符号?【答案】!。

369. 〖かんてい〗総理大臣を評価する場所どーこだ?【答案】総理官邸。【翻译】评价总理大臣的场所是什么地方?【答案】总理官邸。【解析】「官邸」(官邸)与「鑑定」(鉴定)发音相同。

370. 〖カントリー〗田舎の鳥ってどんな鳥?【答案】カントリー(country)。【翻译】田间的鸟是什么鸟?【答案】乡下。

371. 〖カンナ〗①大工さんが好きな花は何?【答案】カンナ。【翻译】木工喜欢的花是什么?【答案】美人蕉。【解析】花名「カンナ」(美人蕉)与工具「鉋」(刨子)读音相同。②菜っ葉の上に、カンを載せたら大工道具になったよ。それなーんだ?【答案】カンナ。【翻译】青菜的上面如果有「カン」,就成为木工的工具,是什么?【答案】刨子。【解析】「な」为"青菜"。

372. 〖かんぱい〗宴会でいきなり負けるのはなーんだ?【答案】かんぱい。【翻译】宴会上突然失败的时候是什么时候?【答案】干杯的时候。【解析】「完敗」(全败)和「乾杯」(干杯)发音相同。

き

373. 〖き〗①勇敢な木ってなーんだ?【答案】ゆうき。【翻译】勇敢的树是什

ム?【答案】勇気。②きはきでも、きれいな飾りをつけ食べられるきはなあに?【答案】ケーキ。【翻译】虽是树，但是装饰得很漂亮，可以吃的树是指什么?【答案】蛋糕。【解析】「ケーキ」(蛋糕的)中包含了「木」(树)的发音。③わきの上にある木ってなーんだ?【答案】肩。【翻译】胁部上面的树是什么树?【答案】肩膀。【解析】「肩」(肩膀)与「型」(模型)同音。模型一般为木材。わき：腋下，两胁。④美味しいきってなーんだ?【答案】梅ノ木。【翻译】美味的树木是什么树?【答案】梅树。【解析】「うめ」与「うまい」发音相似。⑤ってなーんだ?【答案】便器。【翻译】厕所里的树是什么树?【答案】便器。【解析】内含一个「き」。⑥うそばっかり言う木トイレにあるきってなーんだ?【答案】「うそつき」と「ほらふき」。【翻译】说谎的人的树是什么树?【答案】撒谎的人和说大话的人。【解析】两词都包含「キ」。⑦寝てるときに出てくる木ってどんな木?【答案】いびき。【翻译】睡觉时长出的树是什么树?【答案】打鼾，打呼噜。⑧鍵のかかってそうな植物ってなーんだ?【答案】木。【翻译】好像悬挂着钥匙的植物是什么?【答案】树。【解析】「キー」。⑨怒りっぽい木ってなーんだ?【答案】短気。【翻译】爱发怒的树是什么树?【答案】性急。⑩幸運の木ってどんな木?【答案】らっきー。【翻译】幸运的树木是什么?【答案】幸运。【解析】「らっきー」表示"运气好"。⑪木は木でも、高くなればなるほど小さくなるものなーんだ?【答案】飛行機。【翻译】虽说是树，但越高越小的树是什么树?【答案】飞机。【解析】最后一个假名是树「き」。⑫林にいる双子ってなーんだ?【答案】木。【翻译】林子里的双胞胎是什么?【答案】木。【解析】"林"有两个"木"组成。⑬木は木でも、健康じゃない木ってどんな木?【答案】びょうき。【翻译】虽说是树，不健康的树是什么?【答案】疾病。【解析】「びょうき」中有「き」(树木)一词。⑭病気が治ると出てくる木ってなんだ?【答案】元気。【翻译】病好之后出现什么树?【答案】健康「元気」。【解析】最后一个假名是[き](树)。

374. 〖ぎいん〗偽物のはんこを持ってる職業なーんだ?【答案】議員。【翻译】持有伪造印章的人的职业是什么?【答案】议员。【解析】「偽印」(伪印)与「議員」(议员)发音相同。

375. 〖きかんしゃ〗いつも木に感謝しているのは?【答案】機関車。【翻译】总是感谢树的东西是什么?【答案】火车头，机车。【解析】「機関車」与「木感謝」发音相同。

376. 【きかんじゅう】言うことをきかない武器ってなーんだ?【答案】機関銃。【翻译】不愿意听别人说话的武器是什么武器?【答案】机关枪。【解析】「聞かん銃」与"不听的枪"的日语发音相同。

377. 【ききょう】田舎に帰ったお花ってなーんだ?【答案】桔梗。【翻译】回家省亲的花是什么花?【答案】桔梗花。【解析】「桔梗」(桔梗)与「帰郷」(回乡)发音相同。

378. 【ききんぞく】いつもおなかをすかせている金属は?【答案】貴金属。【翻译】总感到肚子饿的金属是什么金属?【答案】贵金属。【解析】「貴金属」(贵金属)与「飢饉族」发音相同。

379. 【きく】①蹴るお花ってなーんだ?【答案】菊。【翻译】能踢球的花是什么花?【答案】菊花。【解析】日本的菊花有许多种,形状像球。另外,「きく」与英语kick(踢球)发音相似。②耳に入れてきかないで、口に入れてきくものなーんだ?【答案】薬。【翻译】进入耳朵,没有人听,到了嘴里,能够听到,是什么?【答案】药。【解析】真实意思:送入耳朵,不起作用;口服才有效果。「聞く」(听)和「効く」(有效果)发音相同。

380. 【キクラゲ】人の話をよく聞くきのこってなーんだ?【答案】キクラゲ。【翻译】经常听人的话的蘑菇是什么?【答案】木耳。【解析】该植物有「聞く」(倾听)一词。

381. 【きけん】東京タワーのてっぺんは、何県何市?【答案】危険、立ち入り禁止。【翻译】东京塔塔顶有什么县和什么市?【答案】危险,严禁入内。【解析】"危险"和"严禁入内"的日语包含和「県」(县)、「市」(市)同样的读音。

382. 【きげん】女の子、何をとったら笑顔になる?【答案】機嫌。【翻译】女孩子拿到什么,就会心花怒放?【答案】被奉承。【解析】機嫌常见词组有:機嫌を取る:取悦,讨好,奉承;機嫌を損ねる:引起不高兴,得罪;機嫌を直す:又高兴起来,情绪转好。

383. 【きじ】新聞記者が好んで取り上げる鳥は?【答案】雉。【翻译】新闻记者喜欢养的鸟是什么鸟?【答案】野鸡。【解析】野鸡也表示日本的国鸟「雉」(雉),与「記事」(记事,报道)发音相同。

384. 【きせいちゅう】田舎に帰ってる虫ってなーんだ?【答案】寄生虫。【翻译】回到家乡的虫子是什么虫?【答案】寄生虫。【解析】「寄生」(寄

生)与「帰省」(归省)同音。

385. 〖きせん〗洋服を着れない船ってどんな船?【答案】汽船。【翻译】不穿西装的船是什么?【答案】汽船,轮船。【解析】「汽船」和"不穿"的日语「着せん」同音。

386. 〖きた〗「ひがし」の反対は「にし」、では「きた」の反対は?【答案】行った。【翻译】东的反义词是西,那北的反义词是什么?【答案】去了。【解析】「きた」(北)又可以理解为「来た」(来了),动词「行った」意为"去了"。

387. 〖きち〗縁起のよい建物なーんだ?【答案】基地。【翻译】很吉祥的建筑是什么?【答案】基地。【解析】「基地」与「吉」发音相同。

388. 〖きちょう〗どんな時も気丈に振舞う機長はおおいですか、それとも少ないですか。【答案】すくないです。【翻译】无论何时都举止果敢的机长是多是少?【答案】不多。【解析】機長=貴重=少ない。

389. 〖きちょうめん〗なんでもノートに書く人の性格ってどんな性格?【答案】几帳面。【翻译】无论什么事都记在笔记本上的人是什么性格?【答案】严谨。【解析】「几帳面」的意思是"规规矩矩,一丝不苟",与在笔记本上「記帳」(记录)的发音相近。

390. 〖きちん〗①「キチンと掃除しなければならない」のは、リビングルームと台所のどちらですか。【答案】台所。【翻译】"必须彻底打扫的地方"是起居室还是厨房?【答案】厨房。【解析】象声词「キチン」表示"彻底",也表示英语单词 kitchen(厨房)。②ちょっとキチンとしてないお肉ってなーんだ?【答案】チキン。【翻译】不那么干净的肉是什么?【答案】鸡肉。【解析】"鸡肉"(chicken)是"干净"「キチン」重新组合的结果。

391. 〖きって〗①せっかく書いたのにきってはらないと人に見せられないものなーんだ?【答案】手紙、葉書。【翻译】好不容易写好,如果不切开贴上,就无法让人看的东西是什么?【答案】信件和明信片。【解析】实际意思是:好不容易写好,如果不贴「切手」(邮票),收信人就看不到的东西是什么?「きって」除了有"切开"的意思,还有「切手」(邮票)之意。②貼られるものなのに、切られたそうな物って、何?【答案】切手。【翻译】明明是要被粘上的东西,却又好像要被切开似的东西是什么?【答案】邮票。

392. 〖きのう〗「酸素気嚢を使ったら高山病にならなかったのに」と嘆いた患者さんは、いつ、それを使うべきでしたか。【答案】きのう。【翻译】

患者叹气说:"要是使用了氧气气囊,就不会有高原反应了!"请问:氧气气囊应该何时使用?【答案】昨天。【解析】「気囊」(气囊)和「昨日」(昨天)发音相同。

393. 〖きのこ〗キノコをノコギリで切ったらなんになる?【答案】木。【翻译】用锯锯蘑菇,会变成什么?【答案】木。【解析】谜面的另一个意思将「キノコ」中的「ノコ」去掉,所以剩下「キ」。

394. 〖きまりて〗昔の相撲には、決まり手がとてもたくさんありました。今はいくつかにまとめられています。お相撲さんの使う手は、いまいくつあるでしょう?【答案】2本。【翻译】以前的相扑比赛中,决定胜负的招数很多。如今,已经对其进行了归纳整理。现在相扑运动员使用的招数有多少?【答案】两个。【解析】决定其胜负时的招数与使用的手发音相同。也可以理解为"他们现在有几只手?"

395. 〖きみ〗①一頭の羊とたくさんの羊。キミの羊はどっち?【答案】たくさんの羊。【翻译】一头羊和很多羊。你的羊是两者中的哪一个?【答案】很多羊。【解析】汉字"群"由"君"和"羊"组成。字面意思是你的羊是一群。②きみが悪いものなーんだ?【答案】くさった卵。【翻译】都是你不对。该怎样描述这种状态?【答案】鸡蛋坏了。【解析】「君が悪い」(你不对)和「気味が悪い」(恶心)发音相同。③僕の周りには空気がある。では、きみの周りにあるものは何?【答案】白身。【翻译】我的周围是空气。那么你的周围是什么?【答案】蛋白。【解析】代词"你"的日语与「黄身」(蛋黄)发音相同。蛋黄四周是「白身」(蛋白)。④きみは何物ですかと聞かれたら、どんな返事をする?【答案】卵です。【翻译】"你是谁?"如果被这样问,该怎么回答?【答案】鸡蛋。【解析】「黄身」(蛋黄)是「卵」(鸡蛋)的一部分。

396. 〖きみどり〗あなたを奪いたい、そんな色は?【答案】黄緑。【翻译】想把你抢夺过来,是什么颜色?【答案】带有黄色的绿色。【解析】「黄緑」(黄緑)与「君取」(君取)发音相同。

397. 〖キムチ〗何も知らない木の食べ物なーんだ?【答案】キムチ(朝鲜语 kimchi)。【翻译】什么也不知道的树是什么食品?【答案】朝鲜辣白菜。【解析】朝鲜辣白菜也叫"朝鲜泡菜",是朝鲜自古流传下来的腌咸菜。在白菜中加入鱼、腌制品及大量的辣椒、大蒜等腌制而成,也称「朝鮮漬け」。「キムチ」文字好像是「木無知」。

398. 〖きゃっと〗猫をびっくりさせたらどうなった?【答案】きゃっと驚い

た。【翻译】让猫吃惊会发生什么?【答案】猫会吓一跳。【解析】「きゃっと」表示惊吓,又与英语单词cat(猫)发音相似。

399. 〖キャプテン〗帽子を10個持っている人だーれだ?【答案】キャプテン(captain)。【翻译】有10顶帽子的人是什么人?【答案】队长。【解析】队长与cap ten(10顶帽子)发音相近。

400. 〖キャベツ〗下のほうが別になっている野菜ってなーんだ?【答案】キャベツ(cabbage)。【翻译】下面变为其他东西的蔬菜是什么?【答案】洋白菜,圆白菜。【解析】「キャベツ」前面的「キャ」与表示惊吓的「きゃあ」发音相似,最后两个片假名「ベツ」意思为"其他"。

401. 〖きゅう〗①走っていた人が、大きな木の横で止まってしまいました。なーんでだ?【答案】休。【翻译】奔跑着的人在巨大的树旁边停了下来。这是为什么呢?【答案】休。【解析】人在树木旁边构成"休"字。②1から100までの番号が付いている駐車場があります。でも、車が停められない番号があります。さて何番でしょうか?【答案】9番。【翻译】停车场有1到100号车位。有一个车号无法停泊车辆。是哪一个车位?【答案】9。【解析】"第九"。「9番」同音「休番」(休息)。③古い数字ってなーんだ?【答案】9。【翻译】比较旧的数字是什么?【答案】9与「旧」发音相同。④8より大きくて10より小さいのはどんな形?【答案】きゅう。【翻译】比8大,比10小,是什么形状?【答案】弓形。⑤とっても熱いきゅうってなーんだ?【答案】お灸。【翻译】特别热的九是什么?【答案】艾灸。【解析】在人身的穴位上烧艾草,用它的热或刺激来治病的方法。「九」(九)与「灸」(灸)同音。

402. 〖きゅうい〗リンゴ、イチゴ、キウイ、イチジク、パパイヤ、スイカ、メロン、レモン、桃が競走しました。最下位だあれ?【答案】キウイ(kiwi)。【翻译】苹果、草莓、猕猴桃、无花果、番木瓜、西瓜、白兰瓜、柠檬、桃子赛跑。最后一名是什么?【答案】猕猴桃。【解析】「キウイ」(猕猴桃)发音与「九位」(第九个)相近。

403. 〖きゅうかんちょう〗新聞が休みのときにいる鳥は?【答案】九官鳥。【翻译】报纸休刊时出现的鸟是什么鸟?【答案】八哥。【解析】「休刊」(休刊)与「九官」(八哥)发音相同。

404. 〖きゅうきゅう〗100台に、1台足りない車ってなーんだ?【答案】救急車。【翻译】100台车里缺少的一辆车是什么车?【答案】急救车。【解析】100辆差一辆,就是99辆,99可以读成「きゅうきゅう」,「きゅうきゅ

う」又与「救急」(救急)同音。

405. 【ぎゅうぎゅう】①ある動物が二頭電車に乗ったらもう一杯になっちゃいました。なんの動物？【答案】牛。【翻译】有种动物乘电车,只要有两头,就可以将偌大的电车挤得满满当当。这种动物是什么？【答案】牛。【解析】「ぎゅうぎゅうの満員電車」意为"挤满乘客的电车",而「牛」有「ぎゅう」和「うし」两个读音。②締め付けられそうな生き物ってなーんだ？【答案】牛。【翻译】好像系得很紧的生物是什么？【答案】牛。③思わず抱きしめたくなるお肉は？【答案】牛肉。【翻译】禁不住想抱住的肉是什么肉？【答案】牛肉。【解析】该词与「ぎゅう」(紧紧贴近)有关。

406. 【きゅうくつ】狭い下駄箱に入っているのは何足？【答案】9足。【翻译】比较狭窄的木屐盒能盛放几双鞋？【答案】9双。【解析】「窮屈」与「九靴」发音相同。

407. 【きゅうこう】休みの日に学生が乗る電車ってなーんだ？学校のお休みの日にだけ走る電車ってなーんだ？【答案】急行電車。【翻译】休息日学生乘坐什么电车？只在学校的休息日行驶的电车是什么车？【答案】快车。【解析】「休校」(休校)发音等同于「急行」(快车)。快车指只停靠主要车站而能较快开往目的地的各种车辆。

408. 【きゅうこん】①「ん」が九個で完成する植物は何？【答案】球根。【翻译】有九个「ん」的植物是什么？【答案】球根。【解析】「球根」与「九」+「個」+「ん」读音相同。球根指植物的地下部分(包括根、茎、叶),肥大成芋状并储存养分,如大丽花的块根、百合的鳞茎、唐菖蒲的球茎。②結婚したい植物ってなーんだ？【答案】球根。【翻译】想结婚的植物是什么？【答案】球茎。【解析】"球根"的日语与「求婚」(求婚)发音相同。

409. 【きゅうしゅう】9回もまわったのどーこだ？【答案】九州。【翻译】转了九圈的地方是什么地方？【答案】九州。【解析】「九州」(九州)与「九周」(九圈)发音类似。

410. 【きゅうしょく】①栄養だけでなく、色も9のバランスでとれている食事ってなーんだ？【答案】給食。【翻译】不仅具有营养,而且九种颜色搭配很平衡的食物是什么？【答案】学校配餐。【解析】"給食"与「九色」同音。②仕事を休んだ日に食べるものなーんだ？【答案】給食。【翻译】休息日吃什么东西？【答案】配餐。【解析】「休職」(休职)与「給

食」同音。③仕事を探しながら食べるものなーんだ?【答案】給食。【翻译】找工作时吃什么东西?【答案】配餐。【解析】「求職」(求职)与"配餐"的日语同音。

411. 〖きゅうす〗古い酢が入っているものなーんだ?【答案】きゅうす。【翻译】盛放陈醋的东西是什么?【答案】小茶壶。【解析】「急須」(小茶壶)与「旧酢」(旧醋)发音相同。

412. 〖ぎゅうどん〗牛の親分が食べるものなーんだ?【答案】牛丼。【翻译】牛的首领吃什么东西?【答案】牛肉盖浇饭。【解析】牛肉盖浇饭指用葱等煮牛肉,连汁一起浇到大碗饭上。親分:干爹,干娘,抚养人。「どん」来自西班牙语(don),冠于男性名字前面,表示尊敬,译为"党魁;头儿,首领"。暗黒街のどん:黑社会老大。

413. 〖きゅうに〗数字を順番に数えたらきゅうに増えるのはなーんだ?【答案】8。【翻译】按数字顺序,突然增加的数字是什么?【答案】8。【解析】上面句子既表示"按数字顺序,变为9的数字是什么?",又表示"突然增加的数字是什么?"。「に」表示变化、动作的结果,しんごうがあおにかわる:绿灯亮了;ねまきにきがえる:换穿睡衣。「に」又表示动作或状态的样态。ぐでんぐでんによっぱらう:酩酊大醉。

414. 〖ぎゅうにゅう〗パンと牛乳、新しいのはどっち?【答案】牛乳。【翻译】面包和牛奶中比较新的是什么?【答案】牛奶。【解析】牛奶是乳製品,日语中与「ニュー」(新制品)发音相同。

415. 〖キューバ〗①九の鳥の国ってなーんだ?【答案】キューバ。【翻译】九只鸟的国家是什么国家?【答案】古巴。【解析】「九羽」(九只)与"古巴"的日语发音相同。②9人の婆さんがいる国は?【答案】キューバ。【翻译】有九位老太太的国家是什么国家?【答案】古巴。

416. 〖きゅうびょう〗突然体調を崩したら病院に到着するまで何秒かかる?【答案】9秒。【翻译】突然身体不适紧急送到医院,需要多少秒?【答案】9秒。【解析】9秒的日语与「急病」(急病)同音。

417. 〖キューリー〗キューリが大好きな奥様だーれだ?【答案】キューリー夫人。【翻译】喜欢黄瓜的夫人是谁?【答案】居里夫人。【解析】"居里夫人"的日语与"黄瓜"的日语发音相似。

418. 〖きょう〗①本日の相手は強い?【答案】強い。【翻译】今天的对手强吗?【答案】强。【解析】「強敵」与"今天的敌人"的日语发音相同。②「ほんとに器用だなあ。紀州の若造によく似とって、知らないことは

ないみたいだなあ。」と褒められている留学生は、いつ、中国のどの省から来ましたか。【答案】きょう、中国の貴州から来ました。【翻译】有人夸奖一个留学生："真聪明机灵啊！跟纪州的年轻人一样，没有不知道的事情。"请问，这位留学生何时从中国的哪个省过来？【答案】今天，从贵州省来。【解析】「器用」(机灵)发音同「貴陽」(贵阳)，与「きょう」(今天)相近；「紀州」(纪州)同「貴州」(贵州)发音相同。

419. 【きょうかしょ】読むと強くなる本ってなーんだ？【答案】教科書。【翻译】读了之后就变强的书是什么？【答案】教科书。【解析】"教科书"的日语与「強化書」(強化書)发音相同。

420. 【きょうとう】毎日10日というのは誰？【答案】教頭。【翻译】说每天都是10号的人是谁？【答案】教务主任。【解析】10号：とおか。「教頭」与"今日10"的日语发音相同，指小学、中学、高中的首席教师或教务主任。

421. 【きょうりょく】「とおか、かかか」ってなーんだ？【答案】協力。【翻译】「とおか、かかか」这是什么意思？【答案】合作。【解析】一个十加上四个力。

422. 【きょく】切手を売ってる歌ってどんな歌？【答案】郵便局。【翻译】卖邮票时唱的是什么歌？【答案】邮局。【解析】「局」与「曲」发音相同。

423. 【きょうかい】今日買いに行くってどこに行く？【答案】教会。【翻译】今天准备去买东西。去哪里买？【答案】教堂。【解析】「今日買い」(今天买东西)与「教会」(教堂)发音相同。

424. 【きょうだい】①姉妹が会うのはいつ？【答案】今日「きょうだい」。【翻译】姐妹何时见面？【答案】今天。【解析】"今天"的日语与"兄弟姐妹"的日语发音相同。日语汉字"兄弟"也指同胞手足，不仅包括兄弟，也包括兄妹、姐弟、姐妹，也叫「はらから」或「どうほう」。②鏡を持ってるのは「兄と弟」「姉と妹」どーっちだ？【答案】兄と弟。【翻译】有镜子的是姐妹，还是兄弟？【答案】兄弟。【解析】「鏡台」(梳妆台)与「兄弟」(兄弟)发音相同。

425. 【ぎょうてん】魚が10匹いたらどうなった？【答案】仰天。【翻译】如果有10条鱼，会怎样？【答案】吃惊。【解析】「魚テン」与「仰天」(吃惊)发音类似。

426. 〖ぎょせん〗魚を見たら驚かない船ってなーんだ?【答案】ぎょせん。【翻译】见到鱼不吃惊的船是什么船?【答案】渔船。【解析】"渔船"的日语与「ぎょっと」(吃惊貌)的反义词发音相似。

427. 〖きり〗①誰もいない森の中で道に迷うと出てくる霧なーに?【答案】ひとりきり。【翻译】在空无一人的森林里迷路之后出来的雾是什么雾?【答案】孤独一人。【解析】「きり」接体言和连体形后，仅仅，表示强调只限于此。ふたりきりではなす:仅只两人交谈。②やりっぱなしの昔話の主人公ってだーれだ?【答案】したきりスズメ。【翻译】童话中，工作没有做完，撂下不管的主人公是哪位?【答案】切舌雀。【解析】「きり」表示"原封不动，一直如此"，表示保持某种状态不变。表示事物的终结："从……就再也……"，如「それきり来ない」(那以后一直没来)。アメリカへいったきり:去了美国就再没回来。

428. 〖ぎりぎり〗ぎりぎり2点足りなかった虫ってなーんだ?【答案】きりぎりす。【翻译】紧紧巴巴只差两点的虫是什么?【答案】螽斯。【解析】"螽"汉语拼音为"zhong"。另一个意思是与「ぎりぎり」相比，少了两点的动物是什么?

429. 〖キリン〗①いつも待ってる動物ってなーんだ?【答案】キリン。【翻译】一直在等待的动物是什么?【答案】长颈鹿。【解析】日语和汉语中都有「クビを長くしている」(引颈以待)的说法，表示"望眼欲穿"。长颈鹿脖子长。②森に隠れている動物ってなーんだ?【答案】きりん。【翻译】森林里面隐藏的动物是什么?【答案】长颈鹿。【解析】"森"可以转化为"木林"，「木林」(木林)可以写作「麒麟」(长颈鹿)。

430. 〖きる〗①指を切っても痛くないものは何?【答案】ゆびきり。【翻译】即使"切手指"也不痛是什么情况?【答案】拉钩。【解析】小朋友之间互相有约定时，习惯用小指头打钩钩，嘴里唱着「指きりげんまん、うそついたら、はり千本、ますゆびきりとつび」。②1つではきれないけど、数が増えればきれるものなーんだ?【答案】カード(card)。【翻译】一个无法切开，多个才能切开，是什么?【答案】纸牌。【解析】切纸牌表示"洗纸牌，甩出王牌"。③きられてもきられても怪我をしない王様や女王様たちってなーんだ?【答案】トランプのキングやクイーン。【翻译】怎样用刀切割，国王和王后也不会受伤，为什么?【答案】出扑克牌中的K和Q。【解析】"洗牌"的日语与"切割"的日语共有一个词「切る」。④切ったり捨てたりするのになくならないものなーんだ?【答案】トランプ。【翻译】又切又扔都不会丢的东西是什么?【答案】扑克。【解析】扔牌表示不要牌。⑤カッターでたくさん切られたのに血が出ませ

んでした。なんで?【答案】切られたのは髪の毛や爪だった。【翻译】一直在用刀切,却没有流血,为什么?【答案】理发和剪指甲。⑥走れば走るほどきれるものってなーんだ?【答案】息、血管、記録。【翻译】越跑越不够用的是什么?【答案】气息、血管、记录。【解析】上气不接下气,跑太快血管会扩张,易破裂,破纪录。⑦帰ってくるときにきって,行く時にきらないものなーんだ?【答案】ノコギリ。【翻译】回来时候切割,去的时候不切割,是什么?【答案】拉锯。【解析】用锯时,拉锯回来时候切割,送锯出去的时候不切割。⑧座りすぎると切れてしまうものなーんだ?【答案】痺れ。【翻译】坐的时间长,某种东西就没有了,什么没有了?【答案】感觉。【解析】「しびれ」表示"麻木"。⑨包丁で人を切ったのに、おまわりさんにつかまらなかったよ、なーんでだ?【答案】料理してて自分の指を切ったから。【翻译】厨师用刀伤了人,警察也不管,为什么?【答案】他切住了自己的手指。⑩一人が切ったら相手も必ず切るものなーんだ?【答案】電話を切る。【翻译】一个人切了,另一个人也必定切,是什么情况?【答案】切断电话。⑪人を切ってお寺にいるのはだーれだ?【答案】侍。【翻译】去掉人以后就在寺里的是什么人?【答案】武士。【解析】表示武士的「侍」由「人」和「寺」组成。⑫体を切られたりさされたりしたのにお金を払うところはどーこだ?【答案】病院。【翻译】掏钱让别人用刀切自己的身体,用针扎自己的身体,是什么地方?【答案】医院。【解析】在医院做手术。体を切られたり:做手术;さされたり:打针。⑬行くときにきって帰るときにきらないものなーんだ?【答案】電気。【翻译】出门的时候切,回来的时候不切,为什么?【答案】切断电源。⑭夜寝るときにきるもの2つ。パジャマともう一つはなーんだ?【答案】電気。【翻译】晚上睡觉「きる」的东西有两个:睡衣和什么?【答案】电灯。【解析】「きる」表示穿和切断。⑮切ったり割ったりしても切れ目がわからないものなーんだ?【答案】水。【翻译】即使切呀、割呀,也没有痕迹,是什么?【答案】水。【解析】みずを切る:把水甩干;みずを割る:对水,用水稀释。⑯毎日きるけど、きったらきれないものなーんだ?【答案】洋服。【翻译】某种衣服每天穿在身上,但一旦切碎了,就穿不上,是什么?【答案】西服。【解析】「きったらきれない」偷换概念,「きったら」表示"切碎",「きれない」表示"穿不了"。⑰森の木を一本切ると何になる?【答案】林。【翻译】把森林的树伐掉一棵,变成了什么?【答案】林。【解析】把「森」的汉字去掉一个「木」,就成了「林」。

431.〖きれる〗①弾んだり、切れたり、おしまいには止まるものはなんですか。【答案】息。【翻译】会弹起来,会切断,最后会停止的东西是什么?

【解析】气息。息が弾む：气喘吁吁；息が切れる：喘不上来气；息が止まる：断气。②割れたり切れたりする9ってなーんだ?【答案】電球。【翻译】有时破裂，有时短路的9是什么?【答案】电灯炮。【解析】谜面的另一个意思是：有时会破碎，有时会关掉，是什么?「電球」与「きゅう」(9)发音相同。

432. 〖キロ〗小学生の女の子が、42.195キロもあるのに1分で目的地に着きました。なーんでだ?【答案】体重が42.195キロで目的地はすぐそこだった。【翻译】小学女生跑马拉松42.195千米只用了1分钟，为什么?【答案】她以自己42.195千克的体重一分钟内迅速到达某处。【解析】此处「キロ」既可以表示"千米"，也可以表示"千克"。

433. 〖きん〗①汚れれば汚れるほどきれいになる菌ってなーんだ?【答案】ぞうきん。【翻译】越脏就越干净的细菌是什么?【答案】抹布。【解析】「ぞうきん」(抹布)的"布"的日语与「きん」(细菌)发音相同。②ふいたりしぼったりできる「きん」ってなーんだ?【答案】雑巾。【翻译】又擦又拧的「きん」是什么?【答案】抹布。③はさみで切れる菌ってなーんだ?【答案】貯金。【翻译】用剪子切割的细菌是什么?【答案】积蓄。【解析】チョキ：剪子。貯金：积钱，积蓄，贮金。④ほっといたら、倍になる菌ってなーんだ?【答案】バイキン。【翻译】置之不理，就加倍的「きん」是什么?【答案】霉菌。【解析】「ばんきん」(霉菌)中有「ばい」(倍)字。

434. 〖きんえん〗タバコをやめると何円?【答案】きんえん。【翻译】不吸烟多少钱?【答案】禁烟。【解析】「きんえん」(禁烟)中有「えん」(日元)的发音。

435. 〖きんぎょばち〗ハチはハチでも、お魚の名前がついたハチってなーんだ?【答案】金魚鉢。【翻译】说蜜蜂也是蜜蜂，但有鱼类之名的蜜蜂是什么?【答案】金鱼缸。【解析】饲养金鱼的水缸结尾是蜜蜂。

436. 〖キング〗①王様が二人分食べてしまう料理は?【答案】バイキング(viking)。【翻译】国王吃两份的食物是什么?【答案】自助餐。【解析】置多种菜肴于餐桌上，用餐者任取自己喜好的食品的一种用餐方式，源于瑞典宴会菜肴的形式，由日本命名。"自助餐"的日语与"两个国王"的日语发音相似。②料理好きの王様だーれ?【答案】クッキング(cooking)。【翻译】喜欢烹调的国王是谁?【答案】做饭。【解析】烹调「クッキング」中有国王的字样。③考える王様ってなーんだ?【答案】シンキング(thinking)。【翻译】思考的国王是什么?【答案】思考。④王様がはいているものなーんだ?【答案】ストッキング(stocking)。

【翻译】国王穿着什么?【答案】长筒袜。⑤おしゃべりな王様ってなーんだ?【答案】トーキング(talking)。【翻译】侃侃而谈的国王是什么?【答案】说话。⑥王様が吠えながらすることは?【答案】ウォーキング(walking)。【翻译】国王边吼叫边做什么?【答案】走路。【解析】英语walking前面的「ウォー」听起来像狗叫,后面的「キング」是"国王"。⑦王様がくっつくものなーんだ?【答案】ドッキング(docking)。【翻译】国王紧贴着的东西是什么?【答案】宇宙空间轨道的对接。⑧王様が返事をして出かけていきました。何をしにいったのでしょうか?【答案】ハイキング(hiking)。【翻译】国王回答后就出去了。他去做什么了?【答案】远足。⑨王様の順位ってなーんだ?【答案】ランキング(ranking)。【翻译】国王居于第几位?【答案】排序。⑩頭の悪い王様がいるのはどーこだ?【答案】パーキング(parking)。【翻译】脑子笨的国王在哪里?【答案】停车场。【解析】ぱー:笨蛋。停车场有愚蠢的国王的意思。⑪王様が6人も座っている椅子ってなーんだ?【答案】ロッキングチェアー(rocking chair)。【翻译】六个国王坐的椅子是什么椅子?【答案】摇椅。【解析】「ロッキングチェアー」中有"六个国王"。

437. 〖きんこ〗銀行にいるお金持ちの女の子ってなーんだ?【答案】きんこ。【翻译】银行里有钱的女子是什么人?【答案】金库。【解析】"金库"的日语与日语人名「金子」发音相同。

438. 〖きんせんか〗お金に間違えられる花なーに?【答案】金盞花。【翻译】被错认为是钱的鲜花是什么花?【答案】金盏花。【解析】「金盞花」(金盏花)的读音与「金錢」(金钱)加上「花」相同。

439. 〖きんとう〗きんとうなものってなーんだ?【答案】針。【翻译】比较均等的东西是什么?【答案】针。【解析】针字左边金字旁为「きん」,右边十字旁为「とう」,合成为「きんとう」,与「均等」发音相同。

440. 〖きんたろう〗オリンピックで、優勝しそうな昔話の主人公ってだれだ?【答案】金太郎。【翻译】民间故事中,在奥运会上取得好成绩的主人公是什么人?【答案】金太郎。【解析】传说中的怪童金太郎住在相模的足柄山上,以山中女妖(山姥)为母,以熊等动物为友长大。后被源赖光发现,赐名坂田公时(金时)。在歌舞伎、净琉璃中被称为怪童丸。金太郎模样的偶人形象为童发红颜,胖乎乎的,戴兜肚,扛板斧。金牌为「金メダル」,听起来像「金太郎」。

441. 〖きんにく〗一番のお肉は?【答案】筋肉。【翻译】什么肉最好?【答案】肌肉。【解析】金为上品,「筋肉」与「金肉」发音相同。

442. 〖きんにくつう〗筋に苦痛を与えるほどの訓練を受けたら、習日はどうなっていますか。【答案】筋肉痛。【翻译】经受皮肉之苦的训练后,第二天会怎样？【解析】筋に苦痛を与える＝きんにくつう＝筋肉痛。

443. 〖きんようび〗木と土の間にあるものは？【答案】金。【翻译】木和土之间是什么？【答案】金。【解析】实际意思是:星期四和星期六之间是星期几？【答案】星期五。

く

444. 〖クイズ〗野球の試合中に出すクイズってなーんだ？【答案】スクイズ(squeeze play)。【翻译】棒球赛中出现「クイズ」的是什么？【答案】抢分打法。【解析】抢分打法也被称为抢分战术。棒球比赛中,三垒跑垒员与击球员相互示意,使击球员的触击与跑垒员的本垒偷垒密切配合而得分的一种攻击法。「スクイズ」里有「クイズ」。

445. 〖クー〗食べる飲み物なーんだ？【答案】クー。【翻译】一种能吃的饮料是什么？【答案】Qoo。【解析】「クー」是日本新出的一种果饮,因为它里面富含果粒,所以说是能吃的饮品。

446. 〖くう〗掃除機がくうものなーんだ？【答案】電気代。【翻译】吸尘器吃了什么？【答案】电费。【解析】「くう」为「食べる」的粗俗语,表示"吃和消费"。吸尘器会产生电费。

447. 〖くうかい〗みんなにご馳走しているお坊さんは誰？【答案】空海。【翻译】款待大家的僧人是谁？【答案】空海。【解析】「空海」(僧人)与「食う会」(聚餐)读音相同。同时,「食うかい」表示问询"吃饭吗？"。

448. 〖くうき〗①親父のハゲ頭以外で、高いところに行けば行くほど薄くなるものなーんだ？【答案】空気。【翻译】除了父亲的秃头,越到高处越稀少的东西还有什么？【答案】空气。②宇宙へ行ったら食欲がなくなっちゃった、なんで？【答案】食う気「空気」がないから。【翻译】到太空没食欲,为什么？【答案】因为没有空气(食欲)。【解析】"空气"的日语与"食欲"的日语发音相同。

449. 〖くうふく〗腹ペコの服ってなーんだ？【答案】空腹。【翻译】肚子很饿的衣服是什么？【答案】空腹。【解析】"空腹"的日语第二个词「腹」与「服」(服)同音。

450. 〖クーラー〗つけると部屋が暗くなるものなーんだ？【答案】クーラー(cooler)。【翻译】一打开,房间变暗。是什么电器？【答案】空调。【解

析】"空调"的日语与「暗い」(变暗)发音类似。

451.【くえん】パンの中で食べられないパンはいくら?【答案】9円。【翻译】面包里不能吃的面包多少钱?【答案】9日元。【解析】9円读成「くえん」和「食えん」(不能吃)音同。

452.【くぎ】①頭を叩かれないと、役に立たないものなーんだ?【答案】くぎ。【翻译】不敲它的头就起不到作用的东西是什么?【答案】钉子。②きんちょうしている大工道具ってなーんだ?【答案】釘。【翻译】非常紧张的木工工具是什么?【答案】钉子。【解析】将「釘」字拆开,可以成为「金丁」,与「緊張」(紧张)发音一样。③針の上を取ったらなんになる?【答案】釘。【翻译】将针的上方去掉会变成什么?【答案】钉。【解析】汉字解析的结果是,"十"上方去掉成"丁"。

453.【くさ】①いやな臭いがしそうな植物なーんだ?【答案】草。【翻译】发出臭味的植物是什么?【答案】草。②草食系男子が帰りに食べるものなーんだ?【答案】道草。【翻译】草食系男子回家的时候吃什么?【答案】路边草。【解析】「道草を食べる」比喻"在途中耽搁,在路上闲逛"。草食系男子指的是温柔腼腆、不擅长与异性接触、为人憨厚、用情专一的男生。

454.【くさい】①臭い子供は何歳?【答案】9歳。【翻译】臭臭小朋友几岁?【答案】9岁。【解析】「臭い」(臭)与「九」+「歳」读音相同。②山菜を、三つ食べたらどうなる?【答案】くさい。【翻译】吃三个山野菜,怎么样?【答案】口臭。【解析】「さんさい」(山野菜)中的「さん」(山)与「さん」(三)同音,三三得九,三个山野菜就变成了「くさん」(九菜)。③明け方にとても嫌なにおいがする、東京の名所はどこ?【答案】浅草。【翻译】东京某个著名的地方,每逢黎明就发出难闻的气味。是什么地方?【答案】浅草。【解析】「浅草」与「朝臭」同音。

455.【くさる】ロープと鎖、腐っているのはどーっちだ?【答案】鎖。【翻译】绳子和锁,腐烂的是哪一个?【答案】锁。【解析】「鎖」与「腐る」(腐烂)很接近。

456.【くし】①櫛は笑ってる、怒ってる?【答案】わらっている。【翻译】梳子是笑还是哭?【答案】笑。【解析】梳子齿并列「はははははは」与笑"哈哈哈哈"同音。②歯がたくさんあって、頭に噛みつくものなーんだ?【答案】櫛。【翻译】有很多牙,紧紧咬住头的东西是什么?【答案】梳子。③くしはくしでも子育てが上手なくしはなーんだ?【答案】保育士。

【翻译】虽说是梳子,但在养育孩子方面很拿手的梳子是什么?【答案】保育员。【解析】"保育员"的日语中有"梳子"的日语的发音。④くしはくしでも自分のくしはどんなくし?【答案】わたくし。【翻译】虽说是梳子,但自己的梳子是什么?【答案】自己。【解析】「わたくし」(自己)中包含「くし」(梳子)。

457. 〖くじ〗①当たったり外れたりするのは何時?【答案】九時。【翻译】有时中奖,有时不中奖,是什么时候?【答案】9点。【解析】「九時」(9点)与「籤」(彩票)发音相同。②福引はいつやるの?【答案】九時でしょ。【翻译】彩票开奖是什么时候?【答案】九点。

458. 〖くじゃく〗①8.9はどんな鳥のことですか。【答案】孔雀。【翻译】8.9是什么鸟?【答案】孔雀。【解析】差一点不到某个数字,日语常说成"数字+弱",反之则是"数字+強"。「九弱」(9弱)即「孔雀」。②9Jの鳥ってなーんだ?【答案】孔雀。【翻译】9J的鸟是什么鸟?【答案】孔雀。

459. 〖くしゃみ〗やわらかくて、いつもくしゃみしているものなーんだ?【答案】クッション(cushion)。【翻译】柔软的、总是在打喷嚏的东西是什么?【答案】垫子。

460. 〖くじら〗8時より遅くて10時よりはやい生き物なーんだ?【答案】クジラ。【翻译】比8点晚,比10点早,是什么生物?【答案】鲸鱼。【解析】「くじら」(鲸鱼)与「くじ」(九点)发音相似。

461. 〖くすくす〗いつも笑っている木は何?【答案】楠。【翻译】总在笑的树是什么树?【答案】樟树。【解析】樟树写作「楠の木」。「くすくす」有"偷笑、窃笑"的意思。

462. 〖クスリ〗①店員がちょっと笑っているお店って何屋さん?【答案】薬屋さん。【翻译】服务员稍微发笑的商店是什么店?【答案】药店。【解析】「クスリと笑っている」表示"扑哧一笑,窃笑的样子",中间有药品「薬」。②飲むとよく眠れるものなーんだ?【答案】薬。【翻译】喝了之后想睡的东西是什么?【答案】药品。【解析】ぐっすり:酣然,熟睡貌。ぐっすりとねこむ:酣然入睡。

463. 〖くせ〗ついやってしまうけど、いやなにおいがしそうなものなーんだ?【答案】くせ。【翻译】忍不住就做了,同时好像发出难闻气味的东西是什么?【答案】坏习惯。【解析】「癖」(坏习惯)发音近似于「くさい」。

464. 〖クタクタ〗ハードな仕事を終えて、「いや、クッタクッタ」と疲れた顔して帰って行く四郎は、お腹を空かしていますか。【答案】空かしてい

ません。【翻译】繁重工作结束后,四郎显得非常疲劳。他一边说着"哎呀,累死了。"一边回去了。四郎是饿着肚子回去的吗?【答案】他吃过饭了。【解析】一方面,象声词「クッタクッタ」(筋疲力尽)是「クタクタ」的省略;另一方面,它还表示「食った食った」(吃过了,吃过了)。

465. 【くだもの】チューブ入りの食べ物なーんだ?【答案】菓物。【翻译】有吸管的食品是什么?【答案】水果。【解析】英语 tube 和「くだ」发音相同。

466. 【くだらない】便秘の人がしている話ってどんな話?【答案】かたくて下らない話。【翻译】便秘的人说话有什么风格?【答案】说话生硬,而且无聊。【解析】答案的另一个意思是:大便硬并且难以排出体外。「下らない」表示"无聊",意义抽象;与之相关的「下る」表示"向下",意义具体。

467. 【くち】①山が二つもあるくちってなーんだ?【答案】出口。【翻译】有两座山的口是什么口?【答案】出口。【解析】汉字解析。②口は口でも逃げるときに使う口ってなーんだ?【答案】非常口。【翻译】虽说是口,但逃跑时使用的口是什么?【答案】安全出口。

468. 【くちなし】無口なおはなってなーんだ?【答案】くちなし。【翻译】没有嘴的花是什么?【答案】栀子。【解析】从字面「栀子」看,栀子没有「口」(嘴)。

469. 【くちばし】とりさんは和食と洋食どっちがお好き?【答案】和食。【翻译】鸟喜欢吃日式食品还是西洋食品?【答案】日式食品。【解析】「嘴で食べます」。鸟类的嘴称为喙,中间有「箸」(筷子)的字样。用筷子吃的东西属于日式食品。

470. 【クチビル】①口の周りにたってる建物ってなーんだ?【答案】クチビル。【翻译】嘴旁边的建筑物是什么?【答案】嘴唇。【解析】日语的「唇」(嘴唇)字面意思是「口」(嘴)加上「ビル」(高楼)。②口に持っていくお酒はなーんだ?【答案】ビール(beer)。【翻译】拿到嘴边的酒是什么酒?【答案】啤酒。【解析】"嘴唇"的日语含有与"啤酒"的日语相似的读音。③おしゃべりが好きなビルってなんだ?【答案】唇。【翻译】喜欢闲谈的建筑是什么?【答案】嘴唇。

471. 【くつ】①子供も大人もぬぐ事はできるけど、きる事ができないものなーんだ?【答案】くつ。【翻译】大人小孩都可以脱但不能穿的东西是什么?【答案】鞋子。【解析】穿鞋不用「きる」,用「はく」。②小さくてはけない靴ってなーんだ?【答案】きゅうくつ。【翻译】小到无法穿的鞋

子是什么?【答案】窘迫。③引き分けになった靴ってどんな靴?【答案】タイクツ。【翻译】不分胜负的鞋子是什么鞋子?【答案】厌倦,无聊。【解析】「引き分け」表示"平局,和局";「タイ」与"比赛不分胜负,得分相同"的日语发音相同。対戦成績をタイにする:比赛成绩相同。④わりと暇な靴ってなーんだ?【答案】たいくつ。【翻译】比较悠闲的鞋子是什么?【答案】无聊。暇なときに履く靴はどんな靴でしょうか。【答案】退屈です。【翻译】闲暇时穿什么鞋?【答案】无聊。⑤ほらあなに入るときにはいている靴ってどんな靴?【答案】洞窟。【翻译】进洞穴穿的鞋子是什么鞋子?【答案】洞穴。⑥足を食べるしたってなーんだ?【答案】くつした。【翻译】吃脚的舌头是什么?【答案】袜子。⑦靴の下にあるのに上にあるものなーんだ?【答案】くつした。【翻译】字面上看在鞋子下面,实际上在鞋子上面,这个东西是什么?【答案】袜子。⑧革が化けたら何になる?【答案】靴。【翻译】皮革变化之后成了什么?【答案】鞋子。【解析】「靴」由"皮革"和"变化"相加而成。

472. 〖くない〗9の無いキウイって美味しい?【答案】美味しくない。【翻译】没有9的猕猴桃好吃吗?【答案】不好吃。【解析】「9の無い」可以理解成「くはない」,与「食わない」同音。

473. 〖くに〗口にアメを入れたら美味しかった、では、口に玉を入れたら何になる?【答案】くに。【翻译】口中放入糖果,很甜;那么,口中放玉,会怎么样?【答案】国。【解析】实际上是「口」中放入「玉」这个字,成为「国」字。

474. 〖くび〗①首、手首、足首以外に眠くなった時だけ出てくる首は何ですか。【答案】「欠伸」です。【翻译】除了颈部、手腕部、脚腕部,只在犯困时出现的是什么"部"?【答案】打呵欠。【解析】「欠伸」(打呵欠)有「首」(脖子)。②口から出るくびってなーんだ?【答案】あくび。【翻译】从嘴里面出来的脖子是什么?【答案】打呵欠。

475. 〖くま〗①疲れてくると、目の下に出てくる動物ってなーんだ?【答案】くま。【翻译】累了之后眼下边出现的动物是什么?【答案】熊。【解析】「くま」也可以当作「隈」(黑眼圈)解释。②畑を荒らすクマより、若い女性が日常的に怖がっているクマは、どこのクマですか。【答案】眼の下のクマです。【翻译】比起破坏农田的狗熊来,年轻的女性平时最怕什么熊?【答案】黑眼圈。③とっても悪いくまってなーんだ?【答案】あくま。【翻译】特别凶恶的熊是什么?【答案】恶魔。【解析】「悪魔」(恶

魔)中有「熊
くま
」。④地面の奥深くで冬眠してる、とってもあつい熊ってなーんだ?【答案】マグマ(magma)。【翻译】在地层深处冬眠、体温特别炽热的熊是什么?【答案】地下的岩浆。【解析】「マグマ」(岩浆)中有「くま」(熊)。

476. 〖くまもと〗怪力
かいりょく
の熊でもほどけない紐がある県はどこ?【答案】熊本県。【翻译】有力气的熊也解不开的绳子在哪一个县?【答案】熊本县。【解析】「熊本県
くまもとけん
」与「熊
くま
も解
と
けない」(熊也解不开)读音相似。

477. 〖くも〗①蜘蛛が逆立ちしたのは何曜日?【答案】木曜日。【翻译】蜘蛛倒立是星期几?【答案】周四。【解析】「蜘蛛
くも
」倒写就是「木
もく
」,是日语中的「木曜日
もくようび
」(周四)。②天気予報は木が27本でした。どんな天気?【答案】曇。【翻译】天气预报说有27棵树,这是什么样的天气?【答案】多云。【解析】「曇」(多云)写作「くもり」,就是9个"森"字「森森森森森森森森森」。每个"森"字有3个木,共27棵树。

478. 〖くら〗①明るくない建物なーんだ?【答案】蔵。【翻译】不明亮的建筑物是什么?【答案】仓库。【解析】「くら」(仓库)与「くらい」(暗)发音相似。②4つの蔵に囲まれてするものなーんだ?【答案】くらし。【翻译】被四个仓库包围的东西是什么?【答案】生计,生活。

479. 〖クラブ〗学校で放課後に食べるものなーんだ?【答案】クラブ(crab)。【翻译】放学后吃的食物是什么?【答案】螃蟹。【解析】club(俱乐部)和crab(螃蟹)发音相同。实际上说学生去俱乐部。

480. 〖グラム〗入学式の始まりから終わりを記した紙は何グラム?【答案】プログラム(program)。【翻译】从开学到学期结束记录整个过程的纸重多少克?【答案】教学进度表。【解析】「プログラム」指学期中学校及教师的教学方案、大纲等计划性内容,中间有表示重量的「グラム」(克)。

481. 〖くり〗①眠くなると出てくるくりってなーんだ?【答案】こっくり。【翻译】一犯困就出现的栗子是什么栗子?【答案】打盹,打瞌睡。②大きな栗を見た人はどうなった?【答案】びっくりした。【翻译】看到大栗子的人会怎么样?【答案】吃惊。【解析】「びっくりした」(吃惊)含有英语big(大)的发音。③栗は栗でも、お酒をたっぷりお腹に飲んで、熱いお風呂にゆったり沈むという得を得られた栗は、どんな栗ですか。【答案】徳利。【翻译】名字也叫栗子,不过能喝一肚子酒,悠闲地泡澡的栗子是什么?【答案】酒壶。【解析】「徳利
とっくり
」(酒壶)中含有"栗子"的日语单词。④西の下にある木ってなーんだ?【答案】栗。【翻译】西边天空

下的树木是什么?【答案】栗子。⑤上にも下にも皿のある栗ってなーんだ?【答案】はまぐり。【翻译】上下都有盘子的栗子是什么?【答案】蛤。【解析】蛤也称为"文蛤",字面为"海滨栗子"。盘子指蚌壳,栗子指其最后两个假名。⑥ものまねしてるくりってなーんだ?【答案】そっくり。【翻译】模仿他人的栗子是什么?【答案】一模一样。⑦針のコートを着て、太りすぎると降ってくるものなーんだ?【答案】栗。【翻译】穿着带刺的衣服,因为太胖而落下的东西是什么?【答案】栗子。⑧クリはクリでもお金が無いとできないクリってなーんだ?【答案】へそくり。【翻译】虽说是栗子,但没有钱就行不通(混不下去)的栗子是什么?【答案】体己钱。【解析】家庭妇女藏起的私房钱。⑨驚いちゃう箱の中身はなーんだ?【答案】くり「びっくりばこ」。【翻译】盒子中的东西让人吓一跳,是什么?【答案】栗子。【解析】玩具吃惊盒盒盖一打开,因为弹簧作用,从中突然跳出动物和偶人来,日本江户末期创造,明治时期流行。⑩栗ののってるファイルってなーんだ?【答案】クリアファイル(clear file)。【翻译】盛有栗子的文件夹是什么?【答案】薄型透明文件夹。【解析】「クリアファイル」与「栗あるァァイル」读音相似。⑪今晚は栗ご飯にしようと思ったらご飯がなかったので栗だけ食べて夕食を終わりました。今日は何の日?【答案】クリスマス(Christmas)。【翻译】今晚原本想吃板栗饭,结果饭没有了,所以晚饭就只吃了栗子。今晚是什么日子?【答案】圣诞节。【解析】"圣诞节"的日语与「栗で済ます」(用栗子凑合着过)发音相似。⑫栗を洗ってるみたいなお店ってなーんだ?【答案】クリーニング屋さん(cleaning)。【翻译】好像洗栗子的商店是什么店?【答案】洗衣店。⑬クリームの頭についてる果物ってなーんだ?【答案】くり。【翻译】附在奶油头部的水果是什么?【答案】栗子。【解析】「クリーム」的前两个假名与栗子「くり」发音相同。

482. 〖グリーン〗鈴の中身って何色?【答案】グリーン(green)。【翻译】铃的中间是什么颜色?【答案】绿色。【解析】「グリーン」(绿色)含有「鈴」(铃)。

483. 〖クルーザー〗雨がきそうな乗り物なーんだ?【答案】クルーザー(cruiser)。【翻译】好像要下雨的交通工具是什么?【答案】巡洋舰。【解析】巡洋舰是指以远洋航海为主要目的而建造的大型船舰。「クルーザー」(巡洋舰)中有「クル」(下雨)一词。

484. 〖くるま〗①1人乗りなのに、2人いないと乗れない車ってなーんだ?【答案】肩車。【翻译】明明是一个人乘坐但没有两个人就开不起来的车是什么?【答案】肩车(让小孩儿骑着脖子,跨坐在肩上)。②靴屋さんで

売ってる車ってなーんだ?【答案】スニーカー(sneaker)。【翻译】鞋店卖的轿车是什么车?【答案】旅游鞋,轻便运动鞋,橡胶底的布或皮革制的运动鞋。【解析】运动鞋中有"车"字。③風がないと動かない、誰ものれない車ってなーんだ?【答案】風車。【翻译】没有风不动而不能载人的车是什么车?【答案】风车。④最後に走る車ってなーんだ?【答案】アンカー(anchor)。【翻译】跑在最后的车是什么车?【答案】最后的跑者或游泳者,田径或游泳接力比赛中跑(游)最后一棒的人。⑤次の人がのる車ってなーんだ?【答案】自転車「次点者」。【翻译】接下来的人乘坐的车是什么车?【答案】自行车。【解析】仅次于最高分的分数,亦指取得该分数的人。⑥詳しく書いてある車ってなーんだ?【答案】自転車。【翻译】详细书写的车是什么车?【答案】自传。⑦トランプの中にある車ってなーんだ?【答案】ジョーカー(joker)。【翻译】扑克牌中的车是什么车?【答案】大王,王牌。【解析】「ジョーカー」意为"开玩笑的人"。扑克牌上一般画有丑角的形象。⑧礼服やスーツで乗る車ってなーんだ?【答案】清掃車。【翻译】要穿着礼服和西服乘坐的车是什么车?【答案】清扫车。【解析】"清扫"的日语与「正装」(正装)发音相同。⑨着飾ってのる車ってなーんだ?【答案】清掃車。【翻译】打扮得很好的车是什么车?【答案】清扫车。【解析】"清扫车"的日语与「盛装」(盛装)发音相同。⑩車屋さんで売ってる楽な車ってなーんだ?【答案】トラック(truck)。【翻译】车店销售的让人轻松的车是什么车?【答案】卡车。【解析】「トラック」中的「ラック」近似「楽」。⑪これからトラを食べる車ってなーんだ?【答案】トラック。【翻译】从今后吃老虎的车是什么车?【答案】卡车。【解析】「トラック」听起来像「虎食う」。⑫陸上競技場にある車ってなーんだ?【答案】トラック。【翻译】田径运动场里的车是什么车?【答案】跑道。【解析】track(トラック)与 truck(卡车)发音相同。⑬車は車でも、走らないで回る車はなんだ?【答案】観覧車。【翻译】虽说是车,但只是转圈的车是什么?【答案】摩天轮。

485.〚くるまで〛ライダーとドライバー、待ち合わせに遅れた友人を最後まで待ってたのはどっち?【答案】ドライバー。【翻译】骑手和司机,哪一位会一直等待会见时迟到的朋友?【答案】司机。【解析】「車で待っていた」(驾车等)与「来るまで待っていた」(一直等)发音相同。

486.〚くるみ〛木の上にいる時は、木の実ですが、逆さに落ちたら、牛の乳になります。これはなんでしょうか。【答案】クルミがミルクです。【翻译】在树上时是果实,头朝下掉下来就成了牛奶,这是怎么回事?【答

案〗"核桃"的日语颠倒过来成了"牛奶"的日语。

487. 〖クレーン〗絶対にもらえない機械ってなーんだ?【答案】クレーン(crane)。【翻译】绝对不会得到的机械是什么?【答案】吊车。【解析】「クレーン」音近「くれん」,「くれん」是「くれない」(不给人)的意思。对方不给,怎能得到?!

488. 〖クレヨン〗①いつも貰い物をしているものは何?【答案】クレヨン(crayon)。【翻译】总是问其他人要东西的物体是什么?【答案】蜡笔。【解析】「クレヨン」(彩蜡笔)与"给我吧"的口语说法「くれよん」读音相同。②4つ欲しいと言って買うものなーんだ?【答案】クレヨン。【翻译】如果说有四个想要的东西,那买回来的是什么?【答案】蜡笔。③数字じゃなくて、いろんないろがあるヨンってなーんだ?【答案】クレヨン。【翻译】不是数字,而是由许多色彩构成的4是什么?【答案】蜡笔。【解析】蜡笔有许多颜色,「クレヨン」中有4这个数字。

489. 〖くれる〗お正月にもらうのはお年玉。では、記念日でもないのに毎日必ずくれるのはなーんだ?【答案】おひさま。【翻译】过年能得到压岁钱。那么,不是纪念日但每天肯定能得到的东西是什么?【答案】太阳。【解析】「日が暮れる」表示"日落,日暮"。「暮れる」与「くれる」发音相同。

490. 〖くろ〗大変な色はなーんだ?【答案】黒。【翻译】让人受不了的颜色是什么颜色?【答案】黑色。【解析】"黑"的日语与「苦労」(劳累)发音相同。

491. 〖クローバー〗①おばあさんが苦労して見つけたものは何?【答案】クローバー(clover)。【翻译】老奶奶很辛苦地找到的东西是什么?【答案】三叶草。【解析】「クローバー」(三叶草)与「苦労」+「婆」的读音相近。②日本語では白いのに、英語になると黒くなるお花ってなーんだ?【答案】クローバー。【翻译】有一种花,用日语说是白色的,用英语说就变成黑色的了,这是什么花?【答案】三叶草。【解析】三叶草又称为"苜蓿、白车轴草",日语为「しろつめくさ」,中间有"白"字。

492. 〖クロスワード〗苦労するパズルってなーんだ?【答案】クロスワード(crossword)。【翻译】很辛苦的谜题是什么?【答案】纵横填字游戏,字画谜。【解析】「クロスワード」中有「クロ」(辛苦)字样。

493. 〖クロッカス〗黒いゴミがついてるお花ってなーんだ?【答案】クロッカス(crocus)。【翻译】带有黑色垃圾的花是什么花?【答案】番红花。【解析】番红花中的「カス」表示"垃圾或者糟粕"。

494. 〖クロック〗この時計何歳?【答案】96歳。【翻译】钟表是几岁?【答案】【解析】「時計」(时钟)的英语说法为clock,与「九」(9)和「六」(6)并列放

在一起的「くろく」发音相近。

495. 【クロワッサン】①黒くないのに黒いパンってなーんだ？【答案】クロワッサン（法语 croissant）。【翻译】颜色不黑,但被称为黑色面包,是什么？【答案】使用多量黄油的月牙形小面包,羊角面包。②食べるのに、3回も苦労するパンってなーんだ？【答案】クロワッサン。【翻译】吃到它要辛苦三回的面包是什么？【答案】月牙形小面包。【解析】"月牙形小面包"的日语与「苦労は三」发音相似。

496. 【ぐんて】むれてる手袋ってなーんだ？【答案】軍手。【翻译】成群的手套是什么手套？【答案】军用手套。【解析】军用手套也叫"劳动手套,线手套",原为军用的手套,用白色粗棉线织成,用于作业。「軍」（军）与「群」（群）同音。

497. 【ぐんま】君の羊が馬になる都道府県ってどーこだ？【答案】群馬県。【翻译】你的羊变成了马,这是什么都道府县？【答案】群马县。【解析】汉字组合。

け

498. 【け】①体中にたくさん見えてるのに一文字のものなーんだ？【答案】毛。【翻译】某种东西在身体上有很多,用一个字概括它是什么？【答案】毛。②ポットの中に毛がはえたら何になる？【答案】ポケット（pocket）。【翻译】瓶子中生了毛,变成了什么？【答案】口袋。【解析】瓶子（pot）中间加上「ケ」（毛）成为「ポケット」（口袋）。③光のあたらない毛ってなーんだ？【答案】かげ。【翻译】阳光照不到的毛发是什么？【答案】阴影。④お風呂から出てくる白い毛ってなーんだ？【答案】ゆげ。【翻译】澡堂里冒出的白色的毛是什么？【答案】蒸汽。【解析】「ゆげ」中含有「け」字。湯気が立つ：冒蒸汽,冒热气；怒火冲天。⑤こっちに来ない毛ってなーんだ？【答案】まつげ。【翻译】不要过来的毛发是什么？【答案】睫毛。【解析】「まつげ」（睫毛）的字面意思是「待つ毛」（等待的毛）。⑥きれいな毛ってなーんだ？【答案】はなげ。【翻译】美丽的毛发是什么？【答案】鼻毛。【解析】"鼻毛"的日语中有「はな」（花朵）。⑦「もぅー」と言っている毛ってなーんだ？【答案】すね毛、毛髪。【翻译】说"已经"的毛是什么毛？【答案】小腿上的毛,胫毛；毛发。【解析】「もうもう」与「腿」（もも）的读音相近,此另"毛毛"也可以读为「もうもう」。⑧端っこのほうにある毛ってなーんだ？【答案】わきげ。【翻译】边上的

毛是什么？【答案】腋毛。【解析】「わき」表示"角落，旁边"。⑨なべの底にはえてる毛ってなーんだ？【答案】こげ。【翻译】锅底长的毛是什么？【答案】锅巴。【解析】烧糊，烧焦的饭，锅巴，等于「こげめし」。⑩刺さるといたい毛ってなーんだ？【答案】とげ。【翻译】刺一下让人痛的毛是什么？【答案】植物等的刺。⑪お話してると、髪とかヒゲが痛くなるものなーんだ？【答案】携帯電話（けいたいでんわ）。【翻译】一说话，头发和胡须就痛的毛发是什么？【答案】电话。【解析】「携帯電話」与「毛痛い電話（けいたいでんわ）」发音相同。⑫木に育毛剤をかけたら何になる？【答案】ケーキ。【翻译】给树木浇上增毛剂，会发生什么？【答案】变成蛋糕。⑬髪の毛が減っちゃいたいそうな水ってなーんだ？【答案】化粧水（けしょうすい）。【翻译】想使头发减少的水是什么水？【答案】化妆水。【解析】"化妆水"的日语与「毛少（けしょう）」(毛少)发音相似。

499. 〖けいえい〗Bではなく、AとKを学ぶ学問ってなーんだ？【答案】経営学（けいえいがく）。【翻译】不学B，而学A和K的学问，是什么学科？【答案】经营学。【解析】"经营学"的日语与K和A发音相同。

500. 〖けいかん〗毛を生やしてはいけない仕事は何でしょう？坊主頭じゃないといけない仕事ってなーんだ？【答案】警官。【翻译】不能留头发的职业是什么？不是寸头就做不了的工作是什么？【答案】警官。「警官（けいかん）」(警察)与「毛（け）」+"不能"「いかない」(头发)的口语说法「いかん」读音相同。

501. 〖ケーキ〗①新内閣が回復させようとしているお菓子はなーんだ？【答案】ケーキ（cake）。【翻译】让新内阁回复元气的蛋糕是什么？【答案】景气。②みんなが嫌いなケーキってなーんだ？【答案】不景気。【翻译】大家都讨厌的蛋糕是什么？【答案】不景气。③冷めないケーキは何？【答案】ホットケーキ。【翻译】没有变凉的蛋糕是什么蛋糕？【答案】热蛋糕。【解析】「ホットケーキ」(薄烤饼)中包含了「ホット」(热)的发音，字面义为"热蛋糕，烤松糕，蛋糕坯"。面粉加进鸡蛋、黄油、砂糖等调和好后烤成膨松暄腾的厚而圆的食物。④ケーキはケーキでも食べると安心できる「心が落ち着く、安堵する」ケーキってなーんだ？【答案】ホットケーキ。【翻译】虽说是蛋糕，但吃了后让人安心的蛋糕是什么蛋糕？【答案】热蛋糕。【解析】「ホット」表示"安心，放心"。⑤みんなから無視されてるケーキってなーんだ？【答案】ホットケーキ。【翻译】不被大家当回事的蛋糕是什么蛋糕？【答案】热蛋糕。【解析】置之不

理。⑥停電になったときに食べるケーキは何?【答案】ショートケーキ。【翻译】停电时吃的蛋糕是什么蛋糕?答案裱花蛋糕。【解析】「ショートケーキ」(裱花蛋糕)里包含了「ショート」(电流短路)的发音(short circuit)。⑦感電しそうなケーキってなんだ?【答案】ショートケーキ(short cake)。【翻译】好像触了电的蛋糕是什么蛋糕?【答案】裱花蛋糕。【解析】「ショートケーキ」发音与英语中 shock(触电,电击)类似。

502. 〚けいたいでんわ〛アメリカで井出慶太君が逆立ちしながら「1!」と叫びました。その時、彼が所持していたものは何ですか。【答案】携帯電話です。【翻译】在美国,井出庆太一边倒立一边大喊"1!"当时,他手里拿的是什么?【答案】手机。【解析】解这个谜语的提示在「アメリカ」「逆立ちながら」「1」3 个单词中,因为在美国「井出慶太」这个名字按照英语名字的习惯要颠倒过来读作「慶太井出」,数字「1」的英语发音为 one,即为「慶太井出ワン」。

503. 〚けいと〛k10って何?【答案】毛糸。【翻译】k10 是什么意思?毛线。【解析】「毛糸」(毛线)与 k「ケー」+ 10 的读音相近。

504. 〚ゲーム〛吐く夢を見そうなものなーんだ?【答案】ゲーム(game)。【翻译】好像梦见呕吐,这表示什么?【答案】游戏。【解析】呕吐的声音为「ゲー」,梦有「ム」的读音,合起来为「ゲーム」(游戏)。

505. 〚けいらん〛かえらない卵ってなんの卵?【答案】鶏の卵。【翻译】无法孵化的蛋是什么蛋?【答案】鸡蛋。【解析】「鶏卵」(鸡蛋)与无法「孵らん」(孵化)发音相似。

506. 〚ケール〛サッカーが得意な野菜ってなーんだ?【答案】ケール(kale 或 collard)。【翻译】擅长足球的蔬菜是什么?【答案】羽衣甘蓝。【解析】「蹴る」为踢球,英语 kale 与其发音类似,表示一种卷心菜"羽衣甘蓝"。

507. 〚けが〛①木から落ちたサルはどうなった?【答案】怪我をした。【翻译】树上掉下来的猿猴怎样了?【答案】受伤了。【解析】来自谚语:猿も木から落ちる:爬树能手猴子有时也会失手从树上掉下来。智者千虑,必有一失。比喻长于某道者有时也会失误。②がけをまっさかさまに落ちた人ってどうなった?【答案】けがをした。【翻译】从悬崖边头朝下坠落的人会怎么样?【答案】受伤。【解析】日语「崖」(悬崖)颠倒之后成了「怪我」(受伤)。

508. 〚けさ〛けさきてきょうよむものなーんだ?【答案】ぼうさん、新聞。

【翻译】早上到来今天要阅读的东西是什么?【答案】和尚、报纸。【解析】谜面的另一个意思:穿着袈裟来念经的是谁?【答案】和尚。

509. 〖けた〗①下駄を二つ盗んだ泥棒ってどうなった?【答案】にげた。【翻译】偷了两只木屐的小偷怎样了?【答案】逃走了。【解析】"两只木屐"的日语与"逃走了"的日语发音相同。②十円玉と百円玉と千円札と1万円札と1百万円が歩いてました。すると、トラックがものすごいスピードでやってきました。4人はよけたけど1人はねられました。それは誰でしょう。【答案】1万円。十円は2桁「にげた」百円は3桁「さけた」千円は4桁「よけた」1万円は5桁「こけた」1百万円は7桁「なけた」。【翻译】十日元、一百日元、一千日元、一万日元、一百万日元在行走。卡车飞速冲过来,五个中四个避开,一个被碾轧,那么是谁受害了?【答案】一万日元。十日元、一百日元、一千日元都躲开了,只有一万日语被压在地上,一百万日元哭了。【解析】这个设计巧妙的故事中,「桁」表示"位数"。"十円は2桁「逃げた」百円は3桁「避けた」千円は4桁「避けた」1万円は5桁「転けた」1百万円は7桁「泣けた」"有两个意思:一个是"十日元两位数,一百日元三位数,一千日元四位数,一万日元五位数,一百万日元七位数",「に」、「さ」、「よ」、「こ」、「な」分别有"二""三""四""五""七"的意思;另一个意思是"十日元闪开了,一百日元躲开了,一千日元避开了,一万日元被撞趴下,一百万日元哭了。"「転けた」为关西方言。

510. 〖げたげた〗さかさまにしてたくさん並べたら思わず笑っちゃった植物ってなーんだ?【答案】たけ。【翻译】某种植物如果颠倒一下,并且多个排列在一起,就会不由自主地发笑。这种植物是什么?【答案】竹子。【解析】「竹」(竹子)颠倒后为「けた」,多个排列后与「げたげた」相似,「げたげた」表示"粗俗不雅的笑,咧嘴大笑"。

511. 〖けつい〗10世帯住むマンションから、3世帯が引越しを決意しました。今住んでいるのは何世帯?【答案】10世帯。【翻译】10户人家住在大厦里,3户准备搬家,如今住在里面的有几户?【答案】10户。【解析】他们只是想搬家,并没有付诸行动。

512. 〖けつえき〗お尻から出てくる液体ってなーんだ?【答案】血液。【翻译】从尾部排出的液体是什么?【答案】血液。【解析】结束,「尻」(尾部)加上「液」(液体)等于「血液」。

513. 〖けっかい〗お尻の世界ってなーんだ?【答案】結界。【翻译】屁股的世

界是什么世界？【答案】苦行僧的世界。【解析】「結界（けっかい）」指为僧侣修行而规定的衣食住的限制；它还表示为防止妖魔侵入用佛法保护的一定地区。

514. 〖けっかん〗体の中の失敗作ってどーこだ？【答案】血管。【翻译】体内制作的不很完善的器官是什么器官？【答案】血管。【解析】「血管（けっかん）」（血管）与「欠陥（けっかん）」（缺陷）发音类似。

515. 〖けっこ〗なんでもお断りのトリってなーんだ？【答案】にわとり。【翻译】什么都拒绝的鸟是什么鸟？【答案】鸡。【解析】鸡叫声为「けっこ」，与其读音相似的「結構（けっこう）」表示"能行，可以"。「けっこーとなく」一方面表示「けっこーと鳴（な）く」（鸡"咯咯叫"），另一个意思是「けっこーと無（な）く」（从不说"可以"）。

516. 〖げつようび〗「今日、少年ジャンプは絶対に、死んでも読まんでー」「げ、強ー!」さて、少年ジャンプを読まない日は、何曜日ですか。【答案】月曜日です。【翻译】"今天我绝对不看《少年漫画》。""哇，太强了！"不看《少年漫画》的日子是星期几？【答案】星期一。【解析】「まんで」与英语 Monday（周一）发音相同，而「げ、強（つよ）」与日语「月曜日（げつようび）」发音相同。

517. 〖けむり〗火の上にある無理ってどんな無理？【答案】けむり。【翻译】火的上方让人感到不理解的事情是什么？【答案】烟。【解析】"烟"的日语这个单词中有"无理"的日语这个词。無理が通れば道理がひっこむ：无理行得通，有理就行不通；不合理在社会上行得通的话，正确的合理事物就行不通。

518. 〖けらけら〗2匹いると笑い出す虫なーに？【答案】ケラ。【翻译】两只虫在一起就会笑，这是什么虫？【答案】蝼蛄。【解析】蝼蛄也叫蜊蜊蛄，「けらけら」表示"大声笑，咯咯地笑"。

519. 〖けん〗①見てる武器ってなーんだ？【答案】剣。【翻译】正在看着的武器是什么？【答案】剑。【解析】"看"的日语与"剑"的日语发音相同。②真面目なけんってなーんだ？【答案】しんけん。【翻译】很认真的剑是什么剑？【答案】认真。③けんはけんでも綺麗にするけんなーんだ？【答案】石鹸。【翻译】虽说是宝剑，但变干净的剑是什么剑？【答案】肥皂。④綺麗にすればするほど小さくなるものなーんだ？【答案】石鹸（せっけん）。【翻译】越让人干净，自己越小的东西是什么？【答案】肥皂。⑤あっちこっち探し回るけんってなーんだ？【答案】探検（たんけん）。【翻译】到处来回走动查看的剑是什么？【答案】探险。⑥顔の真ん中にあるけんってなーん

だ?【答案】みけん。【翻译】脸上的剑是什么剑?【答案】眉间。⑦2つ持つと片足になる武器ってなーんだ?【答案】剣。【翻译】两个在一起,就成为单腿跳游戏的武器是什么?【答案】单腿跳。【解析】「けんけん」是名词"单腿跳"。这是一种儿童游戏,曲起一条腿而以另一条腿跳着走,也称为「片足跳び」。⑧剣で刺すよりも、さらに乗せるほうが簡単なものなーんだ?【答案】剣玉。【翻译】虽说是剑,但是不能刺,还是放在盘子上比较好,这是什么剑?【答案】拳玉,剑玉。【解析】日本木制玩具之一,棒的一头尖细,另一端较粗,凹成碗形,用线系以有孔的木球,玩时将球抛起,以尖细一端刺球孔或以碗状一端接球。⑨横浜は神奈川県、東京は何けん?【答案】首都圏。【翻译】横浜在神奈川县,东京在什么县?【答案】首都圈。【解析】「圏」(圈)与「県」(县)发音相同。

520. 〖げんかん〗家の中で、とても寒いところってどこ?【答案】玄関、親父がギャグを言った後の茶の間、冷蔵庫の中。【翻译】家里特别冷的地方在哪里?【答案】玄关、父亲刚说过笑话的饭厅、冰箱里面。【解析】「げんかん」(玄关)发音与「げんかん」(严寒)相同。父亲说的笑话不可笑。

521. 〖けんどう〗市内走ってる道ってどんな道?【答案】県道「剣道」。【翻译】在市区里奔跑的道是什么道?【答案】县道(剑道)。【解析】「県道」(县道)与「剣道」(剑道)发音相同。县道在延伸,剑道在练习。

522. 〖けんばん〗右に行けばどんどん高くなるものなーんだ?【答案】鍵盤。【翻译】越向右越高,是什么?【答案】键盘(音调)。

こ

523. 〖こ〗①お金を食べちゃう子ってどんな子?【答案】金庫。【翻译】吃钱的孩子是什么?【答案】保险柜。②火事の時まっさきに飛んでくる子ってどこの子?【答案】火の粉。【翻译】发生火灾时最先飞奔出来的孩子是谁?【答案】火星儿,燃烧时飞散的小火花。③言う事聞かない子ってどんな子?【答案】頑固。【翻译】不听他人意见的孩子是什么孩子?【答案】顽固。【解析】「頑固」(顽固)中包含「子」(孩子)的字样。④ペロペロしそうな子ってだーれだ?【答案】なめこ。【翻译】好像在用舌头到处舔的孩子是什么人?【答案】滑菇。【解析】滑菇,表面有粘质物,味鲜美,可做汤,因而广泛栽培。ペロペロ:舌舔;なめる:舔。⑤公園で揺れてる子ってどんな子?【答案】ブランコ(葡萄牙语 balanco)。【翻译】

公园里摇晃的孩子是什么人?【答案】秋千。【解析】「ブランコ」最后一个平假名表示"孩子"。⑥大豆のこってなーんだ?【答案】黄粉。【翻译】大豆的孩子是什么?【答案】黄豆粉。【解析】大豆炒后碾成的豆粉,拌糖后可撒在年糕、江米团等上面食用。

524. 〖ご〗①飯は日本語、ではデザートは?【答案】食後。【翻译】「飯」是日语,那么「デザート」是什么语?【答案】饭后。【解析】「ご」(饭后的"后")和「ご」(日语的"语")发音相同。②グランドファザー、グランドマザーってなにご?【答案】老後。【翻译】爷爷、奶奶是什么语?【答案】老后。③5人に進められたゲームってなーんだ?【答案】碁。【翻译】五个人一起前进的游戏是什么?【答案】围棋。【解析】「碁」与英语 go(走)发音相同。④5個目の趣味ってなーんだ?【答案】碁。【翻译】第五个爱好是什么?【答案】围棋。⑤間違えた数字ってなーんだ?【答案】5。【翻译】弄错的数字是什么?【答案】五。【解析】「誤字」和「正字」互为反义词。

525. 〖こい〗①人を呼びつける魚は何?【答案】鯉。【翻译】把人叫到自己面前的鱼是什么鱼?【答案】鲤鱼(carp)。【解析】「鯉」(鲤鱼)与呼唤人时所说的「来い」同音。②なんでもわざとの魚ってなーんだ?【答案】鯉。【翻译】不管什么都故意去做的鱼是什么鱼?【答案】鲤鱼。【解析】鲤鱼与「故意」(故意)发音相同。③頭のいい鯉ってなーんだ?【答案】かしこい。【翻译】怎么描述头脑比较灵活的鲤鱼?【答案】聪明。④ズボンはき忘れたのは、どこの球団の野球選手?【答案】カープ。【翻译】忘穿裤子的棒球球员是哪一个球队的球员?【答案】鲤鱼队。【解析】「カープ」为"鲤鱼"。此处是双关。「恋は儚い」(恋爱是虚幻的)的发音与「鯉は穿かない」(鲤鱼不穿裤子)相同。

526. 〖ごいし〗打っても打っても飛ばない石ってなーんだ?【答案】碁石。【翻译】无论如何打也不飞走的石头是什么石头?【答案】围棋子。【解析】「碁を打つ」表示"下围棋"。

527. 〖こいのぼり〗5月に空を泳ぐ魚ってなーんだ?【答案】こいのぼり。【翻译】5月在天空游动的鲤鱼是什么?【答案】鲤鱼旗。【解析】鲤鱼旗又称"五月旗",指以纸或布仿照鲤鱼之状制成的筒状旗帜,日本端午节挂在室外的吉祥物,象征鲤鱼跃龙门,预祝男孩出人头地。

528. 〖こうえん〗子供がいっぱい遊ぶ場所って何円?【答案】公園。【翻译】有很多孩子玩耍的场所多少日元?【答案】公园。【解析】「公園」(公园)

中有「円」(日元)的字样。

529. 〖こうかい〗陸上、海上、航空自衛隊で入隊して失敗したと思っている人間が多いのは？【答案】海上自衛隊。【翻译】入伍到陆军、海军、空军自卫队中的，哪个自卫队里后悔入队的人最多？【答案】海上自卫队。【解析】海军自卫队「海上自衛隊」离不开航海，而"航海"的日语「航海」读音与「後悔」(后悔)读音相同。

530. 〖こうきゅう〗硬いボールって安い？高い？【答案】高級です。【翻译】硬的球便宜还是贵？【答案】昂贵。【解析】「硬球」(硬球)和「こうきゅう」(高级)发音一致。

531. 〖こうこう〗①後攻めの野球ってなーんだ？【答案】高校野球。【翻译】后进攻的棒球是什么棒球？【答案】高中棒球。【解析】「後攻」与「高校」发音相同。②裏ばかりの野球ってなーんだ？【答案】高校野球。【翻译】只有后半场的棒球是什么比赛？【答案】高中棒球。【解析】后攻。裏：后半场，棒球中后攻队的攻击局。对应单词是「表」(表)，指前半场先攻队攻击的比赛时间。③親孝行しろっていわれてるのはだーれだ？【答案】高校生。【翻译】被告诫"要孝顺！"的人是谁？【答案】高中生。【解析】「孝行」与「高校」发音相同。④硬い鋼は何処にある？【答案】高校。【翻译】硬钢在什么地方？【答案】高校。【解析】"高校"的日语与「硬鋼」(硬钢)一个发音。

532. 〖こうさん〗負けちゃったのは何年生？【答案】高校3年生。【翻译】失败的学生是几年级？【答案】高中三年级。【解析】降参：失败，服输；今日の暑さには降参した：今天热得受不了。

533. 〖こうしえん〗牛の子供がいそうな球場どーこだ？【答案】甲子園。【翻译】好像有牛犊的球场是什么比赛？【答案】甲子园棒球场。【解析】因为「甲子」(甲子)中含有「子牛」(小牛)的字样，因此答案为甲子园棒球场。该棒球场位于日本兵库县西宫市甲子园，1924年建，除进行职业棒球赛外，每年春夏两季还在此举行高中棒球赛，因此有名，可容纳6万人。

534. 〖こうじえん〗広辞苑の一番最後の文字は「ん」では、一番最初の文字は？【答案】こ。【翻译】《广辞苑》最后的文字是「ん」。那它第一个字是什么？【答案】こ。【解析】《広辞苑》的第一个假名为「こ」。

535. 【こうしゅう】①話すと口が臭くなる電話ってなーんだ?【答案】公衆電話。【翻译】一说话就口臭的电话是什么?【答案】公共电话。【解析】「口臭」(口臭)与「公衆」(公众)发音相同。②習ってからかける電話ってなーんだ?【答案】公衆電話。【翻译】学习之后再打的电话是什么电话?【答案】公共电话。【解析】"公共电话"的日语与「講習電話」发音相同。

536. 【こうじょう】上昇志向の職場ってどーこだ?【答案】工場。【翻译】有上进心的职场是什么?【答案】工厂。【解析】「工場」(工厂)与「向上」(向上)发音相同。

537. 【こうそう】とても偉いお坊さんが住んでいるビルは何と言いますか。【答案】高層ビルと言います。【翻译】高僧住在什么样的建筑物里?【答案】高层建筑。【解析】「高僧」(高僧)与「高層」(高层)发音相同。

538. 【こうそく】①学校の規則で通る道を決められました。なんて言う道路?【答案】高速道路。【翻译】交通规则由学校规章制度决定的道路是什么路?【答案】高速公路。【解析】"高速道路"的日语与「校則」发音相同。②光の早さで走る道路ってなーんだ?【答案】高速道路。【翻译】以光速行进的道路是什么路?【答案】高速公路。【解析】与「光速」(光速)同音。③ハイウエーで、警察に捕まってしまい、自由の身でなくなることを何と言いますか。【答案】「拘束」といいます。【翻译】在高速公路上被警察抓住,失去自由。该怎么描述这种状况?【答案】拘留。【解析】「高速」(高速)和「拘束」(拘留)发音相同。

539. 【こうち】①何でも教えてくれる都道府県ってどーこだ?【答案】高知県。【翻译】什么都能教授的都道府县是什么?【答案】高知县。【解析】"高知县"字面意思为"高深的学问"。②耕してる都道府県ってどーこだ?【答案】高知県。【翻译】耕种的都道府县是什么?【答案】高知县。【解析】「高知県」与「耕地県」发音相同。

540. 【こうちゃ】教えてくれる飲み物なーんだ?【答案】紅茶。【翻译】能授课的饮料是什么?【答案】红茶。【解析】「紅茶」(红茶)与coacher(教练)发音相似。

541. 【こうちょう】調子のいい先生ってだーれだ?【答案】校長先生。【翻译】状态好的老师是什么老师?【答案】校长。【解析】"校长"的日语与

「好調」(好调)发音相同。

542. 〖こうてい〗①YESと言えるペンギンってなーんだ?【答案】皇帝ペンギン(penguin)。【翻译】说 YES 的企鹅是什么?【答案】帝企鹅。【解析】「肯定」(肯定)和「皇帝」(皇帝)发音相同。②学校で飼っているペンギンってなーんだ?【答案】皇帝ペンギン。【翻译】学校内饲养的企鹅是什么?【答案】帝企鹅。【解析】「皇帝」(皇帝)与「校庭」(学校)发音相同。

543. 〖こうないえん〗学校の中でかかっちゃったような病気ってなーんだ?【答案】口内炎。【翻译】好像在校内罹患的疾病是什么?【答案】口腔炎症。【解析】"口内"的日语与「校内」(校内)发音相同。

544. 〖コーヒー〗子供が火遊びしているような飲み物なーんだ?【答案】コーヒー。【翻译】好像孩子在玩火一样的饮料是什么?【答案】咖啡。【解析】"咖啡"的日语字面意思是"孩子和火"。

545. 〖こうばん〗夜にしてほしい場所ってどーこだ?【答案】交番。【翻译】放在晚上比较好的场所是什么地方?【答案】警察派出所。【解析】「交番」(警察派出所)与「好晩」(好晚上)发音相同。

546. 〖こうむいん〗子供を生んでばかりの職業なーんだ?【答案】公務員。【翻译】光生孩子的职业是什么?【答案】公务员。【解析】「公務員」与「子生む員」(生孩子的人)发音相似。

547. 〖こうもん〗お尻と学校にあるものなーんだ?【答案】こうもん。【翻译】学校与臀部共有的东西是什么?【答案】「校門」(校门)和「肛門」(肛门)。

548. 〖コーラ〗①亀が好きな飲み物は何?【答案】コーラ(Cola)。【翻译】海龟喜欢的饮料是什么?【答案】可乐。【解析】「甲羅」(甲壳)与「コーラ」(可乐)读音相同。②便秘の人が飲むジュースってなーんだ?【答案】コーラ。【翻译】便秘的人喝什么饮料?【答案】可乐。【解析】「コーラ」(可乐)与「肛楽」(肛门舒畅)发音相近。

549. 〖コーラス〗冷凍庫から聞こえてくる音楽ってなーんだ?【答案】コーラス(chorus)。【翻译】冰箱里传来什么歌声?【答案】合唱。【解析】「コーラス」与 cooler(冷)发音相似。

550. 〖ゴールデンウイーク〗ゴールが最初にある週ってなーんだ?【答案】

ゴールデンウィーク（golden week）。【翻译】在最开始就进球（实现目标）的周是哪一周？【答案】黄金周。【解析】黄金周的第一个单词是"进球"（实现目标）。谜面的另一个意思是：某一周单词字首是「ゴール」，这是什么周？

551. 〖コーンスープ〗狐のスープってなーんだ？【答案】コーンスープ（corn soup）。【翻译】狐狸的汤是什么？【答案】玉米粥或玉米稀饭。【解析】「コン」是狐狸的叫声。

552. 〖こえ〗どんなに大きくても見えないものは何？【答案】こえ。【翻译】不管怎样大，都看不到的是什么？【答案】声音。【解析】日文中有「大きな声」的用法。

553. 〖こおり〗①寒くなったらあつくなって、あつくなったら寒くなるものなーんだ？【答案】氷。【翻译】冷的时候热而热的时候冷的东西是什么？【答案】冰。【解析】谜面的实际意思是：冷的时候厚，厚的时候冷。②氷は何個ある？「水水水水氷氷水水氷」【答案】4個。【翻译】有几个冰字？【答案】4个。【解析】在问句中还有一个冰字。

554. 〖ゴカイ〗①悪いことしてないのに、しかられた虫ってなーんだ？【答案】ゴカイ。【翻译】没干什么错事却受批评的虫子是什么？【答案】沙蚕。【解析】沙蚕生活中浅海泥中，用作钓饵。发音与「誤解」（误解）相同。因为被误解，因而受批评。②5度目の間違いってなーんだ？【答案】誤解。【翻译】第五次错误，是什么？【答案】误解。

555. 〖こがいしゃ〗子会社に勤めている人の息子さんの職業は何ですか。【答案】医者です。【翻译】在分公司工作的人，他儿子的工作是什么呢？【答案】医生。【解析】「子会社」发音也可分解为「子が医者」（孩子是医生），故为谜底。

556. 〖ごかく〗右と左はどっちが強い？【答案】どちらも互角でした。【翻译】左边和右边，哪个更强？【答案】不分胜负。【解析】互角：不分胜负，势均力敌；都是「五画」（五画）。

557. 〖ごかない〗浜崎あゆみ、柴崎コウ、磯野きりこ、が自転車レースをした。ビリだったのは誰？【答案】浜崎歩。【翻译】滨崎步、柴崎幸、矶野贵理子三个人举行骑自行车比赛。谁是倒数第一名？【答案】滨崎步。【解析】滨崎步的名字里没有"子"字「浜崎あゆみの名前にはこがないから」。日语中，「こがない」（没有"子"）与「漕がない」（不蹬车）读音相同，不蹬车当然是最后一名。

558. 〖コガネムシ〗子供がいないムシってなーんだ？【答案】コガネムシ。

【翻译】没有孩子的虫是什么?【答案】黄金虫。【解析】黄金虫又叫"金龟子",字面意思是"没有孩子"。

559. 〖こぐ〗①こいでもこいでも前に進まないものなーんだ?【答案】手漕ぎボート。【翻译】怎么划都不能向前的东西是什么?【答案】划船。【解析】划船船向后运动。②こいでもこいでも進まないものなーんだ?【答案】ブランコ(葡萄牙语 balanco)。【翻译】怎么划也不能前进的是什么?【答案】秋千。③船じゃない、オールもないのにこいで進むものなーんだ?【答案】自転車。【翻译】不是船,也没有桨,却能划着向前,是什么?【答案】骑自行车。【解析】「こぐ」表示"划船,摇橹,荡桨";表示利用脚的屈伸使秋千摆动起来;表示"蹬,骑,踩";表示踏脚蹬使自行车等前进。

560. 〖こくご〗4より大きい教科ってなーんだ?【答案】こくご。【翻译】比四大的学科是什么学科?【答案】国语。【解析】「国語」(国语)有「五」(五)字。

561. 〖こくごじてん〗四季が秋夏春冬の順番でやって、くるとこどーこだ?【答案】国語辞典。【翻译】四季按秋、夏、春、冬排列的地方是什么地方?【答案】国语词典。【解析】按假名顺序排列。

562. 〖こくさん〗料理人の人形は日本製?それとも外国製?【答案】日本製。【翻译】厨师的木偶是日本产,还是外国产?【答案】日本产。【解析】「コックさん」(厨师)与「国産」(国产)发音相近。

563. 〖ごくろうさん〗ねぎらいの数字は?【答案】5963。【翻译】慰问的数字是什么?【答案】5963。【解析】「労い」表示"犒劳,慰劳"。「ご苦労さん」(您辛苦了)是典型的犒劳用语,与「ごくろくさん」(5963)的读音相似。

564. 〖こけし〗子供がいなくなってしまう民芸品は?【答案】こけし。【翻译】孩子没有了的民间艺术品是什么?【答案】小芥子木偶人。【解析】小芥子木偶人是日本东北地区特有的乡土玩具,玩具省略手脚,画上眼、鼻,简单勾勒彩色衣服。该单词听起来像是「子消し」。

565. 〖こけた〗コケだらけの道を歩いていたらどうなった?【答案】こけた。【翻译】在满是苔藓的道路上行走,会发生什么?【答案】滑落,跌倒,摔倒。【解析】「こける」(滑落)与「苔」(苔藓,地衣)发音类似。

566. 〖ココア〗①最後のほうがコアな飲み物なーんだ?【答案】ココア(cocoa)。【翻译】最后是一个核的饮料是什么?【答案】可可。【解析】「ココア」最后的假名是核心(core)。②道を聞いてる飲み物なーんだ?

【答案】ここあ。【翻译】问路的饮料是什么?【答案】可可。【解析】"可可"的日语与「ここは?」(是这里吗?)发音相似。

567.〖ココナッツ〗ここで食べるお豆ってなーんだ?【答案】ココナッツ。【翻译】在这里吃的豆子是什么?【答案】椰子。【解析】ナッツ指花生、核桃等坚果。

568.〖こころ〗愛の真ん中には何がある?【答案】こころ。【翻译】爱的正中间有什么?【答案】心。【解析】汉字解析。

569.〖こしょう〗壊れた調味料は何?【答案】胡椒。【翻译】坏了的调味品是什么?【答案】胡椒。【解析】"胡椒"的日语与「故障」同音。

570.〖ごしんじゅつ〗ヤブ医者のような武術ってなーんだ?【答案】護身術。【翻译】像庸医一样的武术是什么?【答案】护身术。【解析】「護身」(护身)与「誤診」(误诊)发音相同。

571.〖コスモス〗①引っ越したときに燃やす花は何?【答案】コスモス(cosmos)。【翻译】搬家时燃放的花是什么花?【答案】大波斯菊。【解析】"大波斯菊"的日语与「越す」(搬家)、「燃す」(燃烧)加在一起后的读音相同。②秋の桜ってなーんだ?【答案】コスモス。【翻译】秋天的樱花是什么花?【答案】大波斯菊。【解析】大波斯菊也写作「秋桜」。

572.〖こする〗イカが目をこすったら何になる?【答案】スルメ。【翻译】乌贼揉眼,就会变成什么?【答案】干鱿鱼。【解析】「目を擦る」的意义可以认为是去除「こ」,然后插入「め」,得出结果「スルメ」。

573.〖ごぜん〗後ろ前の時間ってなーんだ?【答案】後前。【翻译】前后颠倒的时间是什么?【答案】上午。【解析】"上午"写作「午前」。

574.〖こたつ〗子供が座らないテーブルってなーんだ?【答案】炬燵。【翻译】孩子无法坐的桌子是什么?【答案】被炉。【解析】被炉指在炭火或电热等热源周围置以木框架,上面覆盖被褥的取暖用具,有地沟暖炉和移动暖炉等。"被炉"字面意思是「子立つ」(孩子站立)。

575.〖こだま〗投げたら帰ってくるボールってなーんだ?【答案】こだま。【翻译】投掷之后又回来的球是什么?【答案】回声。【解析】回声最后两个假名表示球。

576.〖コツコツ〗成功のコツは二つあります。それは何ですか。【答案】コツコツです。【翻译】成功的秘诀有两个,请问是什么?【答案】持之以恒地努力。【解析】「コツ」(秘诀)连起来就是「コツコツ」(一直努力)。

577. 〖こって〗A君がB君に剣道の練習を誘いましたが、断られました。何と言って、断られたでしょうか?【答案】面倒なこって。【翻译】A君邀请B君练习剑术,被B君拒绝。B君拒绝A君时说了什么?【答案】你真麻烦。【解析】「面倒なこって」一个意思表示"说'你真麻烦'",另一个意思是表示「面胴な籠」(击剑用的前臂皮护具不好用)。

578. 〖コップ〗警官が飲むのに使うものなーんだ?【答案】コップ(cup)。【翻译】警察喝水使用什么东西?【答案】茶杯。【解析】cup(杯子)和cop(警察)发音相似。

579. 〖こてん〗転びそうな文学なーんだ?【答案】古典文学。【翻译】好像要跌倒的文学是什么?【答案】古典文学。【解析】「古典」(古典)有「転」(反转)的表达。

580. 〖こと〗①京都や奈良で着る服ってなーんだ?【答案】コート(coat)。【翻译】在京都和奈良穿什么衣服?【答案】外套。【解析】「古都」与「コート」(穿在衣服外面的服装)发音相似。②古い都市にある楽器ってなーんだ?【答案】琴。【翻译】放在古都的乐器是什么?【答案】琴。

581. 〖ごとごと〗眠っているときゴトゴトいうもの二つ、なーんだ?【答案】寝台車、寝言。【翻译】睡眠时发出"咣当咣当"声音的东西是什么?【答案】卧铺车和梦话。【解析】「ゴトゴト」表示"咣当咣当",即物品相撞、移动的声音及其状态。与之相似的表达「ことごとに」表示"全部,一个不剩,所有,一切"。梦话把一切都说出来了。

582. 〖こどものひ〗柯南剧场版十三《漆黑的追踪者》「漆黒の追跡者」阿笠博士给少年侦探团出了下面谜语:某年七夕节,牛郎和织女无法相会,于是两人想出来一个办法。他们将"与恋人共同度过的日子"缩略为"恋共之日",这样又可以相见了。这个日子是下面哪个日子?(1)元旦;(2)二月二日立春;(3)三月三日桃花节;(4)五月五日儿童节。【解析】「恋共の日」与「子供の日」(儿童节)最为接近,故第四"儿童节"为答案。

583. 〖ことり〗①小鳥が小判を拾ったのは、昼ですか、それとも夜ですか。【答案】夜です。【翻译】小鸟拾到小金币的时间是白天还是晚上?【答案】晚上。【解析】「ことり」写作「こ取り」,「取り」也表示"去掉"。这样解释的话,「こ取り」的核心意思是去掉「こ」。「小判」去掉「こ」,剩下「ばん」,也就是「晩」。②子供の鳥さんが落っこちちゃった、どんな音がした?【答案】コトリ。【翻译】小鸟不小心坠落会发出什么声音?【答案】轻盈地落下。【解析】「コトリ」既表示小鸟,也表示下落的样子。

584.〖ゴトン〗大きな音を立てて走ってる列車の重さは何トン?【答案】ゴトン。【翻译】发出巨大声音奔跑的列车重多少吨?【答案】5吨。【解析】「ゴトン」表示"嘎嗒,哐当",指沉重的物品坠落或坚硬的物品碰撞发出的声音。列車がごとんと動き出す:列车哐当一声启动了。

585.〖ごはん〗①5番目に食べるものなーんだ?【答案】ご飯。【翻译】第五次吃的东西是什么?【答案】米饭。②飯の中に入っている数ってなーんだ?【答案】5.5。【翻译】出现在"饭"中的数字是什么?【答案】5.5。【解析】「5半」为5.5。

586.〖こぶ〗①力持ちが持ってるこぶってなーんだ?【答案】ちからこぶ。【翻译】持有力气的疙瘩是什么?【答案】肌肉疙瘩。【解析】肌肉疙瘩指胳膊弯曲时隆起的肌肉疙瘩。ゴルフに力瘤をいれる:竭尽全力打高尔夫球;力瘤をいれて指導する:全力以赴进行指导。②うれしいときに出るこぶってなーんだ?【答案】よろこぶ。【翻译】欢乐时出现的疙瘩是什么?【答案】欣喜。

587.〖こぶし〗手と花と、演歌を歌うときにあるものなーんだ?【答案】こぶし。【翻译】手与花,唱歌时拥有的东西是什么?【答案】拳头。【解析】"拳头"的日语又表示日本辛夷。它还表示日本音乐装饰音,指日本谣曲中,一句唱词结尾处附加的装饰性曲调。

588.〖こぶちゃ〗①ラクダの背中で飲むお茶ってなーんだ?【答案】こぶちゃ。【翻译】骑着骆驼喝的茶是什么茶?【答案】海带茶。【解析】海带茶指将海带细切加工后用热水冲喝的茶。「こぶ」为骆驼的峰。骆驼有单峰骆驼、双峰骆驼之分。②頭をぶつけて出来るお茶ってなーんだ?【答案】昆布茶。【翻译】撞到头之后得到的茶是什么茶?【答案】海带茶。【解析】海带茶也指优质海带干燥后捣成粉末,配以食盐、砂糖等调味品制成的饮料,与"头碰出的瘤子"的日语发音相同。

589.〖コブラ〗①子供がぶら下がってる蛇ってなーんだ?【答案】コブラ(cobra)。【翻译】吊着一个孩子的蛇是什么蛇?【答案】眼镜蛇。【解析】「コ」表示"孩子",「ブラ」表示"低垂,吊"。「コブラ」为眼镜蛇。ぶら下がる:吊着、挂着。優勝が目の前にぶらさがる:冠军眼看到手。②いつも子供を連れて歩いてる蛇ってなーんだ?【答案】コブラ。【翻译】总带着孩子散步的蛇是什么蛇?【答案】眼镜蛇。【解析】ぶらぶら:信步而行,闲逛。③コブラが隠れてる動物ってなーんだ?【答案】ひとこぶらくだ、ふたこぶらくだ。【翻译】眼镜蛇隐藏在什么动物里面?【答案】单峰骆驼、双峰骆驼。

590.〖ごぼごぼ〗①溺れている野菜は?【答案】牛蒡。【翻译】溺水的蔬菜是

什么?【答案】牛蒡。【解析】「牛蒡」与水涌出或注入时的拟声词「ゴボゴボ」读音相近。②牛がボーっとしている野菜ってなーんだ?【答案】牛蒡。【翻译】牛一直在吃的野菜是什么?【答案】牛蒡。

591. 〖こぼす〗いくらこぼしても減らないものなーに?【答案】愚痴。【翻译】怎么泼洒,都不会减少的东西是什么?【答案】牢骚。【解析】"泼洒,弄洒"与"发(牢骚)"的日语共用一个单词「溢す」。谜面含有两个熟语。愚痴をこぼす：发牢骚；口が減らない：能说,话多；嘴硬。

592. 〖ごほん〗①小説の主人公が咳をしたらどんな咳?【答案】ゴホン。【翻译】小说人物如何咳嗽?【答案】吭吭。【解析】「御书」与"吭吭"发音相同。②図書館と病院の共通点ってーなーんだ?【答案】ごほんがいっぱいある。【翻译】图书馆与医院的共同点是什么?【答案】咳嗽声很多。【解析】「ごほん」(咳嗽声)和「ご本」(书的敬语)发音相同。③丁寧に言ったら風邪をひきそうなものなーんだ?【答案】本。【翻译】用敬语时好像患了感冒似的东西是什么?【答案】书。④風邪をひいている人が歩くことができるのは何歩までですか。【答案】5歩までです。【翻译】患感冒的人能走几步?【答案】五步。【解析】拟声词「ゴホゴホ」模拟咳嗽声。⑤いつも風邪をひいている画家は?【答案】ゴッホ。【翻译】总感冒的画家是谁?【答案】凡·高。【解析】凡·高(Vincent van Gogh,1853—1890),荷兰画家,后印象派主要代表人物,以风景画和人物画著称,用色富于表现力和激情,主要作品有《邮递员罗兰》《画架前的自画像》《星夜》等。⑥食べたら風邪をひきそうなご飯ってなーんだ?【答案】赤飯。【翻译】如果吃这种饭,好像患了感冒,是什么饭?【答案】红豆饭。【解析】「赤飯」可以谐音「咳飯」。⑦タバコは何本以上すうと咳が出る?【答案】ごほん。【翻译】吸几根烟后开始咳嗽?【答案】五根。

593. 〖ごみ〗捨てる為にとっておくものなーんだ?【答案】ごみ。【翻译】为了扔而积攒起来的东西是什么?【答案】垃圾。

594. 〖ごま〗人が作るゴマってなーんだ?【答案】へそのゴマ。【翻译】人造的芝麻是什么?【答案】肚脐中的污垢。【解析】所谓人造的芝麻,实际指肚脐中的污垢。御臍の胡麻を取ると腹が痛くなる：挖肚脐内的污垢会肚子痛。劝小孩别抠肚脐的一种说法。

595. 〖ごましお〗しょっぱいゴマってなーんだ?【答案】ごましお。【翻译】咸的芝麻是什么?【答案】芝麻盐。【解析】芝麻盐又指斑白的头发。

596. 〖ごみ〗お掃除したら53個も出てきたものなーんだ?【答案】ゴミ。

【翻译】扫地时扫出了53个,这个东西是什么?【答案】垃圾。

597. 〖こむぎ〗満員の粉ってなーんだ?【答案】こむぎ。【翻译】满员的粉,是什么?【答案】小麦粉。【解析】小麦粉的前两个假名为「混む」(满员)。

598. 〖こむすび〗ちっちゃいお結びが好きなお相撲さんってだーれだ?【答案】小結。【翻译】喜欢饭团的相扑是谁?【答案】小结。【解析】小结为相扑小结力士的等级,次于关胁,与「御結び」(饭团)发音相似。

599. 〖こめかみ〗顔にあるけどくちじゃない、お米食べてるのはどーこだ?【答案】こめかみ。【翻译】长在脸上,能吃米饭,但不是嘴,它是什么?【答案】鬓角,太阳穴。【解析】「こめかみ」(太阳穴)含有「米噛み」(吃米饭)这样的字眼。

600. 〖こもり〗家から出てこない人がやってるお手伝いってなーんだ?【答案】子守。【翻译】从不出家门的人帮忙做的事情是什么?【答案】照看孩子。【解析】与之相似的表达「籠る」表示闭门不出。

601. 〖コレステロール〗巻くのを捨てるものなーんだ?【答案】コレステロール(cholesterol)。【翻译】将卷起的东西扔掉,是什么?【答案】胆固醇。【解析】胆固醇字面意思是「これ捨てる」(将这个扔掉)。

602. 〖コロンビア〗ビールが倒れた国は?【答案】コロンビア。【翻译】啤酒倒下的国家是什么国家?【答案】哥伦比亚。【解析】「コロンビア」(哥伦比亚)与「転んビア」(啤酒倒下)发音相同。

603. 〖こわい〗英語の小文字の(y)に怒られた!さて、怒られた人はどう思った?【答案】コワイー「小さいワイだから」【翻译】英文小写字母y骂了人,请问被骂的人怎么想?【答案】好可怕。【解析】「怖い」(好可怕)的另一个意思是"小写y"。

604. 〖こわす〗こわしてもバラバラにならないものなーんだ?【答案】お腹。【翻译】即使坏了,也不会变得支离破碎,是什么?【答案】肚子。【解析】「こわし」既表示东西弄坏了,也表示拉肚子。

605. 〖こん〗①根っこの色は?【答案】紺。【翻译】根是什么颜色?【答案】藏青色。【解析】"藏青色或带紫色的深蓝色"的日语与「根」(根)发音相同。「根」和「きりかぶ」都表示"根,残根,树桩"。こんのかすり:藏青色碎白道花纹布。②なかなかこない野菜ってなーんだ?【答案】コーン。【翻译】怎么等都不来的蔬菜是什么?【答案】根;球根。

606. 〖コンコン〗①待ち合わせをすると相手がいつも遅れてくるとぼやいてる動物は?【答案】狐。【翻译】与其他动物约会,总是抱怨对方迟到的

动物是什么动物?【答案】狐狸。【解析】狐「コンコン」「来ん来ん」言ってるから。ぼやく:俗语,嘟囔,牢骚。②雨と雪。狐が化けたのどーちだ?【答案】雪。【翻译】狐狸化为雨还是雪?【答案】雪。【解析】コンコン:吭吭,狐狸叫声;雪やコンコン:雪密降貌。「狐(きつね)」除了训读还可以读作「狐(こ)」,如「狐狸(こり)」与「狐疑(こぎ)」。

607. 〖コンサート〗狐のお里で何がある?【答案】コンサート(concert)。【翻译】狐狸的故乡是哪里?【答案】音乐会。【解析】「里(さと)」表示"故乡",「こん」和「里(さと)」都在「コンサート」里面。

608. 〖コント〗狐が十匹でやってるものなーんだ?【答案】コント。【翻译】十只狐狸在干什么?【答案】讲故事。【解析】"故事"一词来自法语(Conte),表示富于讽刺或幽默的小故事、短篇小说。

609. 〖ゴンドラ〗ドラゴンをばらばらに載せたものなーんだ?【答案】ゴンドラ(gondola)。【翻译】"龙舟"赛艇拆开装载是什么?【答案】凤尾船。【解析】「ドラゴン」为"龙级"赛艇。比赛用划艇,长8.89米,3人操纵。「ゴンドラ」为意大利威尼斯水路使用的平底游览船,又称"凤尾船"。

610. 〖コンドル〗①1ドルの狐ってなーんだ?【答案】コンドル(condor)。【翻译】一美元(dollar)的狐狸是什么?【答案】秃鹫。【解析】秃鹫也被称为"南美神鹰,秃鹰"。②いつも人込みにいる鳥はなあに?【答案】コンドル。【翻译】总在人群中的鸟是什么鸟?【答案】秃鹫。【解析】"秃鹫"的日语包含了拥挤「混んでる」,口语里成了「こんどる」。

611. 〖コンセント〗アメリカの電気はいくらからはじまる?【答案】コンセントからはじまる。【翻译】美国电气从多少钱开始?【答案】插座。【解析】「コンセント」(插座)中有一美分(cent)。「コンセント」为和制语,可能源自concentric plug,表示"插座,万能插口"。

612. 〖コンタクト〗目の悪い、狐の指揮者がつけてるものなーんだ?【答案】コンタクト(contact)。【翻译】眼睛不太好的狐狸指挥家要戴什么?【答案】隐形眼镜。【解析】「コン」是狐狸的叫声,「タクト」表示"指挥棒"。

613. 〖こんでた〗レストランへ入った狐がすぐに出てきた?なーんでだ?【答案】込んでたから。【翻译】进了餐厅的狐狸马上出来,为什么?【答案】因为太拥挤。【解析】因为人多拥挤,所以出来。「込んでた」既表示"里面拥挤",也表示「コン出た」(狐狸出来)。

614. 〖こんにゃく〗①今晩のおかずってなーんだ?【答案】こんにゃく。【翻译】今晚的菜是什么?【答案】魔芋。【解析】「今夜喰う(こんやくう)」(今晚吃)与"魔

芋"的日语发音相似。②きつねが鳴いて食べるものはなあに?【答案】こんにゃく。【翻译】狐狸边叫边吃的食物是什么?【答案】魔芋。【解析】「コン鳴く」(狐狸叫)与「蒟蒻」(魔芋,蒟蒻)发音相似。

615. 〖コンパス〗狐が渡してくれた文房具ってなーんだ?【答案】コンパス(compass)。【翻译】狐狸给的文具是什么?【答案】圆规。

616. 〖こんやく〗①恋人をキツネが焼いたらどうなった?【答案】婚約した。【翻译】狐狸吃恋人的醋,发展成什么?【答案】订婚。【解析】「婚約」(婚约)与「コン焼く」(狐狸嫉妒)发音相同。②フィアンセの作ってくれた料理はいつ食べる?【答案】今夜。【翻译】未婚妻做的饭什么时候吃?【答案】今晚。【解析】「婚約」(婚约)与「今夜食う」(今夜吃)发音相同。

さ

617. 〖さい〗①サイはサイでもやかましいサイってなーんだ?【答案】うるさい。【翻译】虽说是犀牛,但比较吵闹的是什么?【答案】吵闹。②しゃべってばっかりの人って何歳?【答案】うるさい。【翻译】总是在说话的人有多少岁?【答案】吵死了。③動くと目が増えたり減ったりするのなーに?【答案】さいころ。【翻译】滚动时点数增多或减少的东西是什么?【答案】骰子。④顔が6つで目が21個もあるものなーんだ?【答案】サイコロ。【翻译】有6面和21只眼睛的东西是什么?【答案】骰子。【解析】骰子各个面的点数之和为21(1+2+3+4+5+6=21)。⑤サイコロよりも、1面多い鳥ってなーんだ?【答案】七面鳥。【翻译】比骰子多一张面孔的东西是什么?【答案】火鸡。吐绶鸡。⑥サイはサイでもお金を食べるサイってなーんだ?【答案】財布。【翻译】虽说是犀牛,但能吃钱的是什么?【答案】钱包。⑦サイみたいな飲み物なーんだ?【答案】サイダー(cider)。【翻译】像犀牛一样的饮料是什么?【答案】汽水。【解析】汽水名字源自其味似苹果酒,日本于明治初期开始销售。该词包含犀牛。⑧食べるとサイの味がするものなーんだ?【答案】アジサイ。【翻译】品尝一下,是犀牛的味道,这是什么?【答案】绣球花,八仙花。【解析】「アジサイ」(绣球花)与「味犀」(犀牛味道)发音相同。⑨サイが電話をしながら飲むコーヒーってどんなコーヒー?【答案】サイフォン(siphon)。【翻译】犀牛边打电话边喝咖啡,是什么咖啡?【答案】虹吸。【解析】虹吸咖啡是一种咖啡品牌。⑩サイはサイでも賢いサイっ

てなーんだ?【答案】天才。【翻译】虽说是犀牛,但比较聪明的犀牛是什么?【答案】天才。⑪にんじん、なす、はくさいは何さいでしょ?【答案】やさい。【翻译】红萝卜、茄子、白菜,它们几岁了?【答案】蔬菜。【解析】「やさい」(蔬菜)中含有「さい」(岁)。⑫サイコロの上に乗ってる動物ってなーんだ?【答案】サイ。【翻译】骰子上面卧着什么动物?【答案】犀牛。【解析】「サイコロ」(骰子)以「サイ」(犀牛)开头。

618. 〖ざい〗虫を殺すとなんの罪になる?【答案】殺虫罪。【翻译】杀死昆虫的罪行是什么?【答案】杀虫剂。【解析】「剤」(剂)、「罪」(罪)同音。

619. 〖さいしゅう〗虫取りしたのは夏休みの最初?最後?【答案】最後。【翻译】捕捉昆虫是暑假刚开始还是最后?【答案】最后。【解析】"昆虫采集"的日语中「採集」与「最終」发音相同。

620. 〖さいしょう〗政治家で、最も小さいのはだれだ?【答案】宰相。【翻译】政治家中,最小的人物是什么?【答案】宰相。【解析】"宰相"的日语与「最小」(最小)发音相同。

621. 〖さいたま〗「ま」が咲いている県はどこでしょう?【答案】埼玉県。【翻译】盛开着蓖麻的县是哪一个县?【解析】「埼玉県」与「咲いたま県」同音。

622. 〖サイレン〗とをつけたら静かになるものなーんだ?【答案】サイレン。【翻译】装上门之后,就变得安静,是什么?【答案】警报。【解析】日本的「戸」发音对应假名「ト」。「サイレン」(警报)加上假名「ト」,成为「サイレント」(沉默)。

623. 〖さいん〗①選手はかいて、監督はだすものなーんだ?【答案】サイン(sign)。【翻译】运动员书写而教练拿出的东西是什么?【答案】标记和指导。【解析】「サイン」有两个意思:标记和指导。语境中,谜语的另一个意思是:运动员衣服上有标号,教练员指手画脚指导。②印は印でも押さないで書くものなーんだ?【答案】サイン。【翻译】也是印,但不需要在纸上按一下的印是什么?【答案】签名。【解析】「サイン」(签名)的最后两个假名「イン」与「いん」(印章)发音相同。

624. 〖さか〗①日本では上り坂と下り坂、どっちが多い?【答案】同じ。【翻译】日本上坡多,还是下坡多?【答案】一样多。②傘が逆立ちして歩くみちってなーんだ?【答案】さかみち。【翻译】伞倒着拿的道路是什么路?【答案】坡道。【解析】"伞"为「かさ」,颠倒就是「さか」(阪)坡道。③坂の下には何がある?【答案】敷。【翻译】坡的下面是什么?【答案】垫

子。【解析】"坡"为「さか」,「さ」下面为「し」,「か」下面为「き」,合成之后就是「しき」。

625. 〖さが〗大河小説の舞台になってる都道府県ってどーこだ?【答案】佐賀県。【翻译】成为大型长篇小说舞台的都道府县是什么?【答案】佐贺县。【解析】「佐賀県」与英语长篇小说 saga 发音相同。

626. 〖サカムケ〗阪のほうを見ている怪我ってなーんだ?【答案】サカムケ。【翻译】盯着坡道的伤,是什么?【答案】倒刺。【解析】「向け」表示"面向"。"面朝山坡"日语中表示"肉刺,倒刺"。

627. 〖さき〗ペンシルと鉛筆、先がとがっているのはどっち?【答案】ペンシル(pencil)。【翻译】「ペンシル」和「鉛筆」,哪一个的头比较尖?【答案】ペンシル。【解析】「ペンシル」也是铅笔。从字的结构看,「ペンシル」的头为「ペン」(钢笔),「鉛筆」的头为「鉛」。「鉛」音同「円」(圆的)。两者相比,「ペン」比「円」要尖利。

628. 〖さぎ〗警察と仲の悪い鳥は?【答案】サギ。【翻译】与警察关系不好的鸟是什么鸟?【答案】白鹭。【解析】「鷺」(鹭)与「詐欺」(欺诈犯)同音。

629. 〖さくら〗最初に咲く花ってなーんだ?【答案】さくら。【翻译】最先开的花是什么花?【答案】樱花。【解析】樱花的最前面两个假名「さく」与「咲く」同音,「咲く」表示"开花"。

630. 〖さけ〗①酔っ払いそうな魚ってなーだ?【答案】サケ。【翻译】就要醉酒的鱼是什么?【答案】鲑鱼。【解析】鲑鱼又叫"大麻哈鱼",其日语与「酒」(清酒)同音。②酒飲みが飼っている生き物 2 匹なーんだ?【答案】サケ、ノミ。【翻译】靠酒生存的两类生物是什么?【答案】跳蚤、大麻哈鱼。【解析】"跳蚤"的日语与「飲み」(喝)发音相同。

631. 〖ささ〗くれたら割れるものなーんだ?【答案】笹。【翻译】一旦降临到自己头上,就会割伤,是什么?【答案】小竹。【解析】小竹也称为"矮竹"或"细竹"。「ささくれる」表示"尖端开裂破碎、起毛边;指甲根部起肉刺;说话带刺,不和蔼"。「割れる」表示"碎,破碎;分裂,分离,分散;裂开,出现裂纹"。

632. 〖ささげ〗献上する豆ってどんな豆?【答案】ささげ。【翻译】献给贵人或神佛的豆子是什么?【答案】豇豆。【解析】"豇豆"的日语与「捧げる」(奉献)发音相似。献上のかも:进献的鸭子,对衣服破旧肮脏而袜子或脚却白净者的讽刺语,源自江户时代献给将军的鸭都以白纸包脚。

633. 〖ささる〗アサリが刺さるとなんになる?【答案】あり。【翻译】花蛤刺

进去,会变成什么?【答案】蚂蚁。【解析】「アサリが刺さる」又表示将「アサリ」中的「さ」「去る」去掉,会剩下什么? 答案是「アリ」。

634. 【さす】①二人でさしてもぜんぜん痛くないものなーんだ?【答案】将棋、围棋。【翻译】两个人在互相刺击,但一点也不痛。为什么?【答案】下棋。【解析】他们在下棋。②上を向いて、下にさすものなーんだ?【答案】目薬(めぐすり)。【翻译】向上看的同时向下流的东西是什么?【答案】眼药。【解析】点眼药。③さしても、痛くなく、暖かくなるものなーんだ?【答案】日光。【翻译】刺了之后感觉不痛而且很温暖的东西是什么?【答案】阳光照射。④焼き鳥は串にさします。では、雨がふったらさすものなーんだ?【答案】傘。【翻译】烤鸡肉用竹签串起来,那么下雨用什么串?【答案】雨伞。【解析】串起来与"打(伞)"使用相同单词「さす」。⑤さしてもさしても痛くないものは?【答案】傘。【翻译】怎么刺也不痛的东西是什么?【答案】伞。【解析】日语中,「刺し」(刺,扎)也表示"打「傘」"。

635. 【さつ】①値段がついているのに、お店で買えない紙ってなーんだ?【答案】お札。【翻译】标有价格,但在商店无法买到的纸是什么?【答案】纸币。②泥棒がすきなのは1万円札。では、嫌いなさつは?【答案】けいさつ。【翻译】小偷喜欢1万日元,不喜欢什么?【答案】警察。③人に会ったときに、交換するお札はなんですか。【答案】挨拶(あいさつ)です。【翻译】人们相见时交换的是什么钞票?【答案】问候。【解析】「けいさつ」(警察)和「あいさつ」(问候)的后两个假名与「さつ」(纸币)同音。

636. 【さつき】①5月に咲く花ってなーんだ?【答案】さつき。【翻译】5月盛开的花是什么?【答案】杜鹃花。【解析】"杜鹃花"的日语与"阴历五月"的日语发音相同。5月の鯉の吹き流し:一根肠子通到底;心里没有芥蒂,心直口快,性情直爽;源自端午节悬挂的鲤鱼形旗的鲤鱼无内脏,中空而直。②ついちょっと前は何月?【答案】五月。【翻译】刚过去的月份是几月?【答案】5月。③ちょっと前見た木ってどんな木?【答案】サツキ。【翻译】刚才看到的树是什么树?【答案】杜鹃。【解析】「さっき」(刚才)与「さつき」(杜鹃)发音相似。

637. 【さといも】甘そうな名前のおいもってなーんだ?【答案】さといも。【翻译】有很甜名字的红薯是什么?【答案】芋头。【解析】"芋头"的日语中有与「砂糖(さとう)」(砂糖)发音相似的假名。

638. 【さとう】①石が少なくて米から作ったものってなーんだ?【答案】砂糖。【翻译】石头很少而主要由米做成的东西是什么?【答案】砂糖。【解

析】汉字"砂"解析而成。②佐藤年男さんが好きなものは?【答案】砂糖、塩。【翻译】佐藤年男先生喜欢什么?【答案】糖和盐。【解析】人名「佐藤年男(さとうとしお)」与「砂糖(さとう)と塩(しお)」(砂糖和盐)的读音相同。③砂糖っていくら?【答案】310円。【翻译】砂糖多少钱?【答案】310日元。【解析】"310"的日语与"砂糖"的日语发音相同。

639.〖サドル〗自転車の椅子っていくら?【答案】さドル(saddle)。【翻译】自行车车座多少钱?【答案】3美元。【解析】"3美元"的日语与"车座"的日语发音相似。

640.〖さば〗①サバが偉そうになる状況ってなーんだ?【答案】サバイバル。【翻译】青花鱼比较厉害的时候是什么时候?【答案】生存时。【解析】「鯖(さば)」表示"青花鱼,鲐鱼";「威張(いば)る」表示"逞威风,耍威风,摆架子,给人一种威势逼人或傲慢、目空一切的感觉"。威張れるほどのことでもない:并不值得大吹大擂。②さばが9匹いるのはどーこだ?【答案】砂漠。【翻译】有九条青花鱼是在哪里?【答案】沙漠。③青いつくりの魚ってなーんだ?【答案】鯖。【翻译】右边为"青"的鱼是什么?【答案】青花鱼。【解析】鯖。鲐鱼,「つくり」为日语汉字偏旁种类之一,表示"旁",指左右结构汉字中的右边部分,反义词为「偏(へん)」(偏)。谜面另一意思是:青色物质构成的鱼是什么鱼?

641.〖さばく〗裁判が行われた砂の上ってどーこだ?【答案】砂漠。【翻译】在哪里的沙子上做出了审判?【答案】沙漠。【解析】事件を裁く:审理案件。

642.〖サファイヤ〗波乗りする人が嫌いな宝石は?【答案】サファイヤ。【翻译】冲浪的人不喜欢的宝石是什么宝石?【答案】绿宝石。【解析】"冲浪"的日语为「サーフィン」。"绿宝石"的日语与「サーファー嫌(いや)」(不喜欢冲浪)发音相似。

643.〖サポーター〗仕事をさぼって見に行ったのはだれですか?【答案】サポーター。【翻译】什么人不干工作去看比赛?【答案】赞助商。【解析】怠工为「さぼる」,过去式为「サボったー」(sabbotage),与「サポーター」(支援球队)发音相近。

644.〖さま〗夏って偉い?【答案】さまーだから偉い。【翻译】夏天伟大吗?【答案】是的。【解析】「様(さま)」(様)是尊称,与"夏天"的日语发音相似。

645.〖さら〗スプーンとフォークとお皿があります。新しいのはどれ?【答案】お皿(さら)。【翻译】有勺子、叉子和盘子。三样中哪一样是新东西?【答案】盘子。【解析】"器皿"的日语中有「さら」,表示"新,新物,新东西"。

646. 〖サラダ〗①料理を食べ終わったら出てくる料理ってなーんだ?【答案】サラダ。【翻译】在一顿饭吃完之后出现的菜是什么菜?【答案】色拉。【解析】谜语的另一个意思是:饭菜吃完后,唯一剩下的是盘子。②料理の下にある料理ってなーんだ?【答案】サラダ。【翻译】饭菜下面还有一道菜,是什么?【答案】色拉。【解析】"色拉"一词来自英语 salad。当然,答语还可以理解为「皿だ」(饭菜下面是盘子)。

647. 〖サラミ〗お皿が見える食べ物なーんだ?【答案】サラミ(salami)。【翻译】能看到盘子的食物是什么?【答案】蒜肠。【解析】「サラミ」为英语,日语可以分解为「サラ」(盘子)和「ミ」(看见)。「サラミ」又表示循序渐进的战术。

648. 〖さる〗①さるはさるでも食べられない食べ物ってどんなさる?【答案】くさる。【翻译】虽说是猿猴,但不能吃的食物是什么?【答案】腐烂。②いなくなった動物ってなーんだ?【答案】さる。【翻译】消失了的动物是什么?【答案】猿猴。【解析】猴子又表示「去る」(离开)。③存在するのに犬とはこれいかに。【答案】近寄ってきても猿と呼ぶが如し。【翻译】为何狗明明存在却说它不在?【答案】正如猿猴就算靠近过来,也会叫它远去一样。【解析】「犬」(狗)发音与「いぬ」(不在)相同。

649. 〖ざる〗①まっかな目が体中にあるものなーんだ?【答案】赤いざる。【翻译】身体中有红色的眼睛的东西是什么?【答案】红色笊篱。【解析】日语中网格状空隙被称为眼。②目がいっぱいあって、水を切れるものなーんだ?【答案】ざる。【翻译】有很多眼睛,能除去水分的东西是什么?【答案】笊篱。③口が一つで目がたくさんあるものなーんだ?【答案】ざる。【翻译】有一张嘴、许多眼睛的东西是什么?【答案】笊篱。笊で水を汲む:竹篮打水一场空。

650. 〖さん〗3番目の家族ってだーれだ?【答案】息子。【翻译】第三个家人是什么人?【答案】儿子。【解析】日语「サン」(三)与英语 son(儿子)发音相同。

651. 〖さんか〗金属がすぐに錆びてしまうのは、何科?【答案】産科。【翻译】金属在医院哪个科室很快会生锈?【答案】产科。【解析】"产科"的日语与「酸化」(酸化)发音相同。

652. 〖さんかっけい〗三角形に線を2本足して五角形にしてください。ただし、三角形のまわりに余分な線が残ってはいけません。【答案】三に2本足して五にして「五角形」。【翻译】请用两根线将三角形变为五角形,并且三角形周围不能出现多余的线条。【答案】将三添上两根线条,

变成五即可。【解析】余分：多余，剩余。

653. 【さんかん】学校でカンを三つ並べたのはいーつだ？【答案】参観日。【翻译】在学校将三个罐头并排放置，是什么日子？【答案】参观日。

654. 【サンキュー】ありがとうって、英語では何回言う？有り難がられている数字は？【答案】39。【翻译】感谢的话用英语说需要多少次？被感谢的数字是什么？【答案】39次。【解析】39的日语「さん」(3)+「きゅう」(9)与「サンキュー」(道谢)读音相同，所以说是被感激的数字。

655. 【サングラス】①算数をする時に使うめがねってなーんだ？【答案】サングラス(sunglass)。【翻译】计算时使用的眼镜是什么眼镜？【答案】墨镜。【解析】「サングラス」(墨镜)中包含了「算」(算)。②三個もあるメガネってなーんだ？【答案】サングラス(sunglass)。【翻译】有三副的眼镜是什么？【答案】墨镜。【解析】「サングラス」中包含了三「三」。

656. 【さんご】海の中にいて、4の周りにもいるものなーんだ？【答案】さんご「35」。【翻译】海中围绕在四周的东西是什么？【答案】珊瑚(35)。【解析】3与5在4的周围。

657. 【さんさい】食べられる草は何歳？【答案】さんさい。【翻译】能吃的草几岁了？【答案】三岁。【解析】「三歳」(三岁)与「山菜」(山菜)发音相同。

658. 【さんじゅうえん】5円玉が1枚、10円玉が一枚あります。さてこれでさんじゅうえんは作れるか？【答案】2つを重ねる。【翻译】有5日元硬币一枚、10日元硬币一枚，怎么让它们变成30日元？【答案】将两枚硬币重合即可。【解析】重合后，有三个面，每面为一层，"重"的日语与"十"的日语发音相同。「三重円」(三层)与「さんじゅうえん」(30日元)发音相同。

659. 【さんすう】みっつめの数を学ぶ教科ってなーんだ？【答案】算数。【翻译】学习第3个数的学科是什么学科？【答案】算数。

660. 【さんそ】2よりも大きく4よりも小さい元素ってなーんだ？【答案】酸素。【翻译】比2大而比4小的元素是什么元素？【答案】氧气。

661. 【サンダー】①2より大きくて4より小さい天気ってなーんだ？【答案】サンダー(thunder)。【翻译】比2大而比4小的天气是什么天气？【答案】雷。②雷の数字ってなーんだー？【答案】3(或者"三")。【翻译】用数字怎么表达雷？【答案】三。

662. 【サンタクロース】ヒレとタンとロースの中で、ロースを選んだのはだーれだ？【答案】サンタクロース(Santa Claus)。【翻译】里脊肉、舌肉和烤肉，三者中选择烤肉的是什么人？【答案】圣诞老人。【解析】三种食品为里脊肉(filet)、舌肉(tongue)和烤肉(roast)。"圣诞老人"的日语发

音与「三択・ロース」(从三个中选择烤肉)发音相似。

663. 【サンタ】「三田三」ってなんて読む?【答案】サンタさん。【翻译】三田三怎么读?【答案】圣诞老人。

664. 【サンダル】①三つありそうな靴ってなーんだ?【答案】サンダル(sandal)。【翻译】好像有三个的鞋子是什么?【答案】凉鞋。【解析】单词里有"三"。②樽を3つ持っている人の履物なーんだ?【答案】サンダル。【翻译】有三个桶的人穿什么鞋?【答案】凉鞋。

665. 【さんちょう】山のてっぺんで豆腐を食べました。何丁食べたでしょう?【答案】三丁。【翻译】在山顶吃豆腐,吃了几块?【答案】三块。【解析】「三丁」(三块豆腐)与「山頂」(山顶)读音相同。

666. 【さんでい】①毎月3日は何曜日?【答案】日曜日。【翻译】每月三号星期几?【答案】星期日(Sunday)。【解析】「さんでい」(3日)与英语Sunday(星期天)发音相似。②孫に日用品を捨てられても怒らないお祖父さんが「今日はほかしたら許さんでー!」と言う日は何曜日ですか。【答案】日曜日。【翻译】即使孙子把日用品扔掉,爷爷也不会生气。但是有一天爷爷却说:"今天你要扔了,我饶不了你!"这一天是星期几?【答案】星期日。

667. 【サンドイッチ】朝昼晩と同じものを食べました。それは何?【答案】サンドイッチ(sandwich)。【翻译】早上、中午和晚上吃同样的饭。是什么饭?【答案】三明治。【解析】"三明治"的日语与「三度」(三次)、「一致」(一致)读音相同。

668. 【サンバ】お産婆さんの好きな曲は?【答案】サンバ。【翻译】接生婆喜爱的音乐是什么?【答案】桑巴舞。【解析】「産婆」(接生婆)与「サンバ」(桑巴舞曲)读音相同。

669. 【さんふじん】奥さんが3人通ってるのは病院のどーこだ?【答案】産婦人科。【翻译】有三位太太通过的病房在哪里?【答案】妇产科。

670. 【サンマ】①2LDKで飼っているさかなってなーんだ?【答案】サンマ。【翻译】在两室一厅里饲养的是什么鱼?【答案】秋刀鱼。【解析】"秋刀鱼"的日语与「三間」(三间房子)发音相同。LDK 表示起居室、餐厅和厨房(living room, dining room, kitchen),2LDK 表示两间居室带餐厅兼厨房。②秋の魚なのに、イギリスの人が夏の魚だと言っているのはなんて魚?【答案】秋刀魚。【翻译】虽说是秋天的鱼,英国人却说是夏天的鱼,是什么鱼?【答案】秋刀鱼。【解析】"秋刀鱼"的日语与英语 summer(夏天)发音相似。秋刀鱼性喜冷水,南北回游,全长约 40 厘米,可食用。

游至北方期间正值肉肥味美,故日本常于8—12月捕捞在钏路至房总半岛之间游动的秋刀鱼。③お母さん3人が分けた、2匹の魚ってなーんだ?【答案】サンマ。【翻译】三个母亲分开的两条鱼是什么?【答案】秋刀鱼。【解析】母亲为「ママ」,三个母亲就是六个「ママママママ」。三个「マ」是一条秋刀鱼,六个「マ」就是两条秋刀鱼。

671. 〖さんよう〗このヤギの出身地はどこ?【答案】山陽。【翻译】山羊出生地是什么地方?【答案】山阳地区。【解析】日语中汉字"山"和"羊"连在一起可读作「さんよう」,与「山陽」发音相同。日本山阳地方包括冈山、广岛两县和山口县南部,濒临濑户内海,自古被开发,多样化的农业和工业兴盛。山阳地区又可以表示山的南侧。

672. 〖さんりんしゃ〗子供が乗る、山道を走る車ってなーんだ?【答案】三輪車。【翻译】孩子在山路上骑着的车是什么车?【答案】三轮车。【解析】「三輪車」(三轮车)中有son(孩子)和"山林"的日语读音。

し

673. 〖し〗①東と西にあって、北と南に無いものなーんだ?【答案】「し」。【翻译】什么东西东边和西边有,而南边和北边没有?【答案】し。【解析】「ひがし」、「にし」中有「し」、「きた」、「みなみ」中没有「し」。②のばすとトイレに行きたくなっちゃう数字ってなーんだ?【答案】4。【翻译】延伸后就想去厕所的数字是什么?【答案】4。【解析】「しー」(4)和"屎"的日语同音。

674. 〖じ〗①消防車がスピーデイーに走る時は、何時ですか?【答案】火事。【翻译】消防车急速行驶时是几点?【答案】大火。②道路とかをなおすのは何時?【答案】工事。【翻译】道路修好是什么时间?【答案】工事。③虹はいつ出るでしょうか?【答案】二時。【翻译】彩虹什么时候出来?【答案】两点。【解析】「二時」(两点)与「虹」(彩虹)读音相同。④双子が生まれたのは何時?【答案】二時「二児」。【翻译】双胞胎何时出生?【答案】两点(双子)。⑤本当の事を聞くのは何時?【答案】マジ?【翻译】听到真实的事情是什么时间?【答案】真的?⑥3時の始めのほうってなんじ?【答案】すうじ。【翻译】三点开始是什么?【答案】数字。⑦おやつは3じ。ばんごはんは5じ。では、あさごはんはなんじ?【答案】5じ。【翻译】点心下午3点吃,晚饭5点吃,那么早饭呢?【答案】5点。【解析】おやつ:午后三点左右给孩子吃的点心或零食,源自江户时代八时(相当于今天的14—16时)有吃点心的习惯,正餐之间的茶点、点心。「あさご

はん」共5个字。⑧アルファベットは全部で何文字?【答案】7文字［あ］［る］［ふ］［ぁ］［べ］［っ］［と］。【翻译】英语字母表共几个字?【答案】7个字。⑨「あ」から「ん」、全部で何文字?【答案】4个字:［あ］［か］［ら］［ん］。【翻译】从「あ」到「ん」,总共几个字?【答案】4个字。⑩「おふろのじかん」は7じ、で「おふろそうじ」はなんじ?【答案】6じ。【翻译】洗澡是七点,打扫澡堂是什么时候?【答案】六点。【解析】6点钟「六時」也表示6个字「六字」。「おふろそうじ」6个字。⑪ごはんは何時?三字じゃないよ。【答案】しょくじ。【翻译】饭是几点?答案不是"三个字"。【解析】就餐。⑫おなかの中にいるのはなんじ?【答案】胎儿。【翻译】在肚子中的东西是几点?【答案】胎儿。【解析】怀孕的母亲腹中是胎儿。"胎儿"的"儿"日语与"时间"的"时"日语发音相同。⑬1時になると食べたくなる果物なーんだ?【答案】无花果。【翻译】逢1点钟就想吃,是什么水果?【答案】无花果。【解析】"无花果"的日语与「1時食う」(一点钟吃)发音相似。

675. 〖シー〗大自然の何処で、静かにしないといけない?【答案】海。【翻译】在大自然什么地方必须保持安静?【答案】大海。【解析】「シー」(sea)。提醒人安静时一般说「シー」。

676. 〖じい〗①孫と祖父、おとなしくしているのはどっち?【答案】祖父。【翻译】孙子和爷爷两个人哪一个比较安静?【答案】爷爷。【解析】「じいっとしている」与"爷爷"的日语发音相似,表示"老实,安详,温顺,性格稳重,坦诚,不吵不闹,安安静静"。②おじいちゃんが好きなパンってなーんだ?【答案】ジーパン。【翻译】老爷爷喜欢什么面包?【答案】牛仔裤。【解析】"牛仔裤"的日语含有"老爷爷的面包"的日语的读音。③おじいちゃんのパンの花ってなーんだ?【答案】パンジー。【翻译】老爷爷的花是什么花?【答案】三色堇。【解析】"三色堇"的日语中有"老爷爷"的日语的发音。④とっても静かなアルファベットってなーんだ?【答案】C。【翻译】字母表中比较安静的字母是什么?【答案】C。⑤おとなしくしてるアルファベットってなーんだ?【答案】G。【翻译】字母表中性格比较稳重的是什么字母?【答案】G。【解析】「じっと」表示"一动不动"。

677. 〖シーソー〗上がったら下がって、下がったら上がるものなーんだ?【答案】シーソー(seesaw)。【翻译】上去了马上下来的东西下来了马上上去,是什么?【答案】跷跷板。【解析】跷跷板为儿童游戏玩具。

678. 〖シーツ〗おしっこしたくなる寝具ってなーんだ?【答案】シーツ

(sheets)。【翻译】让人想尿尿的床上用品是什么？【答案】床单。【解析】「おしっこ」为幼儿用语，表示"撒尿，尿尿，小便"。"床单"的日语与「湿」(湿)发音相似。

679. 〖シートベルト〗話せないベルトってなーんだ？【答案】シートベルト(seat belt)。【翻译】不会说话的带子是什么？【答案】安全带。

680. 〖ジーパン〗ご飯を食べないおじいちゃんの好きな服ってなーんだ？【答案】ジーパン。【翻译】不吃饭的老爷爷喜欢的服装是什么？【答案】牛仔裤。【解析】「ジーパン」(牛仔裤)为合成词 jeans 和 pants，作为工作服和休闲服而普及。「ジーパン」字面意思是"老爷爷的面包"，暗示不能吃饭，只能吃面包。

681. 〖しおり〗4回も折った紙ってなーんだ？【答案】しおり。【翻译】折了四次的纸是什么纸？【答案】书签。【解析】しおり：书签、指南、折取树枝作标记。【解析】"四"在日语里可读作「し」。

682. 〖しか〗①歯医者の飼っている動物は何？【答案】鹿。【翻译】牙医养的动物是什么？【答案】「鹿」(鹿)与「歯科」(牙科)读音相同。②4回目のお医者さんってだーれだ？【答案】歯科医。【翻译】第四个医生是什么医生？【答案】牙科。

683. 〖しかい〗歯医者さんがパーティに呼ばれました。何をしに行ったのでしょうか？【答案】司会。【翻译】牙医受邀参加聚会，他要去做什么？【答案】主持人。【解析】「司会」(主持人)与「歯科医」发音相同。

684. 〖しかく〗丸と四角がけんかした。どっちが勝った？【答案】丸。【翻译】圆和四方形打架，谁胜利了？【答案】圆形。【解析】「四角」(方形)与「失格」(失去出场资格)读音相似。方形失去比赛资格，圆形就很自然地得胜。

685. 〖しがけん〗昔は市だったけど今は県になっているのはどーこだ？【答案】滋賀県。【翻译】以前是市，现在是县，是什么地方？【答案】滋贺县。【解析】「滋賀県」与「市が県」发音相同。

686. 〖しかめっつら〗カメが入ってる顔ってどんな顔？【答案】顰め面。【翻译】有乌龟的脸是什么脸？【答案】不高兴的脸。【解析】「顰め面」(皱着眉头，紧锁双眉，眉宇间皱拢)中有「亀」(乌龟)这个单词。

687. 〖しきゅう〗野球が始まる前に急いでやることなーんだ？【答案】始球式。【翻译】棒球开始前匆忙进行的工作是什么？【答案】开球仪式。【解

析】"始球"的日语与"至急"的日语发音相同。「始球」(开球)和「至急」(紧急)发音相同。

688. 〖しきり〗相撲をとるときに出てくるきりってなーんだ?【答案】しきり。【翻译】相扑比赛时出现的锥子是什么锥子?【答案】摆架势。【解析】在相扑比赛中,赛前双方摆好架势。"摆架势"这个表达中有锥子的字样。

689. 〖シクラメン〗ラーメンの上に咲いている花ってなーんだ?【答案】シクラメン(拉丁语 Cyclamen)。【翻译】拉面上面盛开的花是什么花?【答案】仙客来。【解析】仙客来中有拉面的字样。

690. 〖しこうひん〗歯の汚れってどんなもの?【答案】嗜好品。【翻译】牙上的脏东西是什么?【答案】喜爱的东西。【解析】因为喜欢某种食品,所以经常食用,最后牙齿染上颜色,如嚼食槟榔。「嗜好品」谐音「歯垢品」。

691. 〖じこせきにん〗事故を起こしてしまった人は、どんな責任を負うべきですか。【答案】自己責任を負うべきです。【翻译】引起事故,承担什么责任?【答案】自己负担全责。【解析】「自己責任」谐音「事故責任」(自我责任,全责)。

692. 〖しこり〗おしりの中に子供を入れると何ができる?【答案】しこり。【翻译】臀部里夹入孩子,成了什么?【答案】硬疙瘩,筋疙瘩;芥蒂,隔阂,分歧。しこりが残る:仍有隔阂。

693. 〖しし〗44の星座ってなーんだ?【答案】しし座。【翻译】44 表示什么星座?【答案】狮子座。

694. 〖しじみ〗①地味で地味で地味で地味な生き物なーんだ?【答案】しじみ。【翻译】连说四次"朴素"的生物是什么?【答案】蚬。【解析】地味:朴素,质朴,素净淡雅而不花哨刺眼;地力,土质,土壤的好坏。四个「じみ」表示"蚬"。②虫が見てるものなーんだ?【答案】しじみ。【翻译】虫子看着的东西,是什么?【答案】蚬。【解析】汉字解析。

695. 〖じしゅう〗来週やるお勉強ってなーんだ?【答案】自習。【翻译】下一周怎么学习?【答案】自习。【解析】「次週」(次周)与「自習」(自习)发音相同。

696. 〖シジュウカラ〗①いつも巣にいない鳥2匹、なーんだ?【答案】カラス、シジュウカラ。【翻译】始终不在家的两种鸟是什么?【答案】乌鸦和白脸山雀。【解析】乌鸦「鳥」读音与空巢「空巣」相同,白脸山雀「四十雀」读音与始终不在家「始終空」相同。②40 歳になって出世「しゅっ

せ」する鳥ってなーんだ?【答案】シジュウカラ。【翻译】40岁开始发迹的鸟是什么?【答案】白脸山雀。【解析】白脸山雀表示40岁开始发迹。

697.【じしん】じしんたっぷりに予言できる自然現象はなんですか。【答案】地震です。【翻译】能够很自信地预言的自然现象是什么?【答案】地震。【解析】「地震」与「自信」同音。

698.【じぞう】ゾウのおじさんってだーれだ?【答案】お地蔵さん。【翻译】大象的叔叔是什么人?【答案】地藏菩萨。【解析】地藏菩萨又表示"圆而温和的脸,微笑的面容",中间有「叔父象さん」(大象叔叔)。

699.【しずむ】朝日と夕日、どっちが重い?【答案】ゆうひ。【翻译】朝阳和夕阳,哪一个重?【答案】夕日。【解析】习语有「夕日は沈む」(夕阳西沉)。

700.【した】①うえで見ないで、したで見るものなーんだ?【答案】味。【翻译】不看上面,用下面判断的是什么?【答案】味道。【解析】「下」(下面)与「舌」(舌头)发音相同,而且"尝味道"是「味を見る」。②感心した時にまくものなーんだ?【答案】舌。【翻译】钦佩时候卷的是什么东西?【答案】舌头。【解析】舌を巻く:赞叹不已,非常惊讶。

701.【したてなげ】元洋服屋さんの相撲取りが得意な技ってなーんだ?【答案】下手投げ。【翻译】西服店老板改行当相扑运动员。他最拿手的技巧是什么?【答案】用下手拉住对方兜裆裤将对方摔倒。【解析】「下手投げ」(用下手拉住对方兜裆裤将对方摔倒)为相扑中决定胜负的招数之一。另外,「したて」为"缝纫,制作"。「仕立て直し」表示将衣服拆旧翻新,也指拆旧翻新的衣服。

702.【しちごさん】11月にあるなごみのイベントってなーんだ?【答案】七五三。【翻译】11月举行的气氛融洽的活动是什么?【答案】七五三之贺。【解析】七五三之贺。日本男孩3岁、5岁和女孩3岁、7岁时于11月15日举行祝贺孩子成长的仪式。届时给孩子穿上节日服装去参拜神社、氏族保护神等。祝贺时表示吉利的数字,1、3、5、7、9为吉数,取其中的3数。「なごみ」可以理解成数字「753」。

703.【しちや】7つのお店ってなーんだ?【答案】質屋さん。【翻译】七个店,是什么?【答案】当铺。【解析】"当铺"也称为「しちみせ」和「ななつや」。

704.【シチュー】4回もキッスをする食べ物なーんだ?【答案】シチュー(stew)。【翻译】亲吻四次的食物是什么?【答案】西式焖菜。【解析】「シ

チュー」分解成「シ」和「チュー」,「シ」是4次,「チュー」是亲嘴。

705. 〖しちょう〗①職業と職場の名前が同じ人ってだーれだ?【答案】市長。【翻译】职业和工作单位名称相同的人是谁?【答案】市长。【解析】"市长"的日语与「市庁」(市政府)发音相同。②見たり聞いたりするのが仕事の職業ってなーんだ?【答案】市長。【翻译】看一看,听一听,是何人的工作?【答案】市长。【解析】"市长"的日语与「視聴」(视听)发音相同。③見れば見るほど上がるものなーんだ?【答案】視聴率。【翻译】越看越朝上走的东西是什么?【答案】收视率。

706. 〖シチリア〗七つも後ろがある場所なーんだ?【答案】シチリア(Sicilia)。【翻译】有七个后部的地方是哪里?【答案】西西里岛。【解析】「シチリア」中有「しち」(七)也有「リア」(后部)。

707. 〖しっぱい〗お酒、飲みすぎて間違っちゃうのはどれくらい飲んだの?【答案】4杯。【翻译】饮酒过量会出错,到第几杯会出错?【答案】第四杯。【解析】"4杯"的日语与「失敗」(失败)发音相同。

708. 〖シップ〗①柯南剧场版九「水平線の陰謀」(《水平线上的阴谋》)中,阿笠博士给少年侦探团出了下面谜语:元太君航海在船上的医务室接受治疗。他怎么了?一、吃得多,闹肚子;二、摔倒扭伤了脚;三、中暑了。【答案】二。【解析】船的英语是ship,日语音同的单词是「湿布」,表示"膏药"。扭伤脚贴膏药,所以答案是"二"。②船で出してくれるお薬ってなーんだ?【答案】シップ。【翻译】船上给的药品是什么?【答案】膏药。

709. 〖してい〗師匠と弟子が座ったのはどーこだ?【答案】指定席。【翻译】师傅和徒弟坐在哪里?【答案】指定座位。【解析】「師弟」(师徒)和「指定」(指定)发音相同。"指定座位"指在剧场或列车上对号入座的席位。

710. 〖じてん〗自分で回る本ってなーんだ?【答案】辞典。【翻译】自己会旋转的书是什么书?【答案】字典。【解析】「字典」(字典)与「自転」(自转)发音相同。

711. 〖じてんしゃ〗選挙にぎりぎり落ちた人の乗り物ってなーんだ?【答案】自転車。【翻译】选举中差一点当选的候选人的交通工具是什么?【答案】自行车。【解析】「自転車」(自行车)与「次点者」(名落孙山的人)发音相同。

712. 〖じどう〗①子供専用のドアってなーんだ?【答案】自動ドア。【翻译】孩子专用门是什么门?【答案】自动门。【解析】「児童」(儿童)与「自動」

（自動）发音相同。②子供の乗り物なのに、子供は運転できないものなーんだ?【答案】自動車。【翻译】是孩子的交通工具但孩子却不能驾驶。是什么车?【答案】小轿车。「自動車」与「児童車」发音相同。

713. 〖しない〗しないでするものなーんだ?【答案】喧嘩。【翻译】不要做的事情是什么?【答案】吵架。【解析】谜面的另一个意思是"市内「市内」做什么事情?"答案很多,如"市长选举"等。

714. 〖しのう〗江戸時代に士、農、工、商のうち、よく生死の戦いを呼びかけられているのはどれとどれですか。【答案】士と農です。【翻译】江户时代,武士、农民、工匠、商人四种人,哪两种人之间常常大呼要进行生死决战?【答案】士兵和农民。【解析】「士と農」(士兵和农民)和「死のう」(去死吧)发音类似。

715. 〖しのび〗忍者はどんな笑い方をする?【答案】忍び笑い。【翻译】忍者怎么笑?【答案】窃笑。【解析】窃笑,偷笑,为不让人察觉而不出声地笑。都有「忍」字。

716. 〖しばいぬ〗ぬぬぬぬの犬ってなーんだ?【答案】柴犬。【翻译】「ぬぬぬぬ」的狗是什么狗?【答案】柴犬。【解析】四个「ぬ」就是「四倍ぬ」,和「柴犬」(柴犬)完全契合。柴犬指一种短毛立耳卷尾的日本种小犬。

717. 〖しぼう〗棒を4本持ってる人の体型はどんな体型?【答案】太っている。【翻译】持有4根棒的体型是什么体型?【答案】胖。【解析】「脂肪」和"4根棒"的日语发音相同。

718. 〖しぼる〗一番の象さんは怒られてる?誉められてる?【答案】怒られている。【翻译】最好的象是被训斥,还是受到赞扬?【答案】被训斥。【解析】最好的大象是金牌大象,"金牌大象"的日语与「ぞうきん」(抹布)发音相同。抹布免不了被拧。タオルをしぼる:拧毛巾。「しぼる」既表示「絞る」(拧毛巾),又表示「搾る」(训斥)。せんせいにしぼられる:挨老师斥责。

719. 〖しま〗①反対にしてもおんなじなのに、なんだかちょっとよくなった模様ってなーんだ?【答案】縞模様。【翻译】反过来基本一样,但稍微更好的东西是什么?【答案】条纹花样。【解析】「まし」表示"更好",是「しま」颠倒的结果。②くっついていると半分で、はなれているとひとつになるものなーんだ?【答案】島。【翻译】连在一起成为半,分开成为一个整体,是什么?【答案】岛屿。【解析】连在一起成为半岛。

720. 〖しまい〗①女性の兄弟が持ってるお金何枚?【答案】4枚。【翻译】姐

妹持有多少金币?【答案】4个。【解析】「姉妹」(姉妹)与「四枚」(4枚)发音相同。②4人の女のきょうだいがお正月にするものなーんだ?【答案】獅子舞。【翻译】四姐妹正月里干什么事情?【答案】狮子舞。【解析】"狮子舞"指头上套着狮头面具起舞的民间群众性艺术,广义上也包括鹿头和龙头。在日本,作为驱赶恶魔的舞蹈得到普及,与其日语"四姐妹舞"的日语发音相同。③もう終わっている関係ってなーんだ?【答案】姉妹。【翻译】已经结束的关系是什么关系?【答案】姐妹关系。【解析】"姐妹关系"的日语与「終い」(已经结束了)发音相同。

721. 〖しまね〗眠りの島がある都道府県ってどーこだ?【答案】島根県。【翻译】有睡觉的岛屿的都道府县是什么?【答案】岛根县。

722. 〖しむ〗ブルートレインに乗ってるお医者さんってどんな医者?【答案】「死んでいる」或「死んだ医者」。【翻译】乘坐蓝色火车的医生怎样了?【答案】死了。【解析】蓝色火车为日本前国营铁路,今民营日铁卧铺快车的美称,始于1958年特快"晨风号",其称呼来自车辆颜色为深蓝色。这个双关语来自两个单词,一个是「染む」。坐蓝色列车的人被染成蓝色「染んだ」;「しんだ」让人想起了另一个单词「死ぬ」。这两个单词发生了相同的拨音变,一个用字面意思,另一个用引申意义,最容易生成语言游戏。另外,「寝台車」(卧铺车)与「死んだ医者」发音相同,与「死体」发音相似。

723. 〖じむ〗①事務所に必ずあるものなーんだ?【答案】ジム(gym)。【翻译】事务所必定有什么?【答案】健身房。【解析】「事務」(事务)发音等同于「ジム」。②公園にあるのに、事務所にありそうなものなーんだ?【答案】ジャングルジム(jungle gym)。【翻译】本来在公园,但好像事务所也有的东西是什么?【答案】攀登架。【解析】"攀登架"指用金属管搭成的立体格子架,是供儿童爬越、钻过、攀登的游戏器具,其日语与"事务"的日语发音相同。

724. 〖しめじ〗Sな姫路の食べ物ってなーんだ?【答案】湿地。【翻译】S形的姫路吃的东西是什么?【答案】丛生口蘑,玉蕈。【解析】「ひめじ」变为「しめじ」,英语中多了一个S(himeji变为Shimeji)。姫路为日本城市名。

725. 〖しもばしら〗冬の朝、大工さんがいなくてもたつ柱ってなーんだ?【答案】しもばしら。【翻译】冬天,不需要木匠就能树立的柱子是什么柱

子?【答案】冬季土中的霜柱,霜锥。

726. 〖しゃけ〗家が傾いていそうな魚ってなーんだ?【答案】しゃけ。【翻译】家倾斜的鱼是什么?【答案】大麻哈鱼。【解析】「斜家」也可以写成「鮭」,表示"鲑鱼,大麻哈鱼"。

727. 〖シャコ〗車えびと仲のよい生き物なーんだ?【答案】シャコ。【翻译】与对虾关系比较好的生物是什么?【答案】虾蛄。【解析】谜语的另一个意思是:与车关系比较好的生物是什么?【答案】「車庫」(车库)。

728. 〖しゃしん〗古ければ古いほど、若いものとは何?【答案】写真の人物。【翻译】越老越年轻的是什么?【答案】照片上的人物。

729. 〖しゃっきん〗使えば使うほど増えるものな〜に?【答案】借金。【翻译】越用越多的东西是什么?【答案】借款。

730. 〖しゃっくり〗驚くとでてくるのはびっくり、では、驚くとでなくなるのはどんなくり?【答案】しゃっくり。【翻译】受到惊吓后大吃一惊,那么受惊之后消失的东西是什么?【答案】打嗝。

731. 〖シャッター〗しょっちゅうシャッターを開け閉めするお店ってなーんだ?【答案】カメラ屋さん。【翻译】平时经常开关百叶窗的人是什么人?【答案】摄影师。【解析】百叶窗也表示照相机快门。谜面的另一个理解是:经常按快门的人是谁?

732. 〖しゃどう〗日当たりの悪い道ってどーこだ?【答案】車道。【翻译】光照不好的道路是什么路?【答案】车道。【解析】"车道"的日语与英语shadow(阴影)发音相似。

733. 〖じゃぱーん〗日本人が川に落ちた音ってなーんだ?【答案】じゃぱーん(Japan)。【翻译】日本人掉到河里,发出什么声音?【答案】哗的一声(Japan)。

734. 〖しゃぼんだま〗中にほんが入っているのに、割れても何も出てこない、かーるい玉ってなーんだ?【答案】しゃぼんだま。【翻译】一种很轻的小球,中间有书,但破裂之后什么也没出来。这是什么球?【答案】肥皂泡,吹肥皂泡的游戏。

735. 〖ジャマイカ〗イカを仲間はずれにするのはどーこだ?【答案】ジャマイカ(jamaica)。【翻译】与乌贼断绝关系的国家/不与乌贼为伍的国家是什么国家?【答案】牙买加。【解析】"牙买加"的日语与「邪魔烏賊」(讨厌鬼乌贼)发音类似。

736. 〖しゃみせん〗三つの味がついた楽器ってなーんだ?【答案】三味線。

【翻译】三个味道的乐器是什么？【答案】三味线。

737.〖シャワー〗お風呂で降る雨ってなーんだ？【答案】シャワー（shower）。【翻译】澡堂里下的是什么雨？【答案】淋浴。【解析】淋浴也表示骤雨。

738.〖じゃんけん〗①じゃんけんでグーしか出さない人の職業は？【答案】医師。【翻译】石头剪刀布中，只出石头的人是什么职业？【答案】医生。【解析】"石头"的日语与"医师"的日语发音相同。②寝てる人と、床屋さんがじゃんけんしたらどっちが強い？【答案】寝てる人。【翻译】睡觉者和理发师比赛石头剪刀布中，谁赢了？【答案】睡着的人。【解析】寝てる人は「グー」（石头）、床屋さんは「チョキ」（剪刀）。グー：日语中，它的其中一个意义表示"打鼾声"。③じゃんけんで、パーしか出せない生き物って何だ？【答案】海星。【翻译】石头剪刀布中，只出布的生物是什么？【答案】海星。【解析】海星身体扁平，形状如布，只会出"布"。④じゃんけんでチョキしかだせない生き物ってなーんだ？【答案】かに。【翻译】石头剪刀布中，只出剪刀的生物是什么？【答案】螃蟹。⑤握ると石になって、開くと紙になるものはなんですか。【答案】じゃんけん。【翻译】握着为石头，张开是纸张的东西是什么？石头剪刀布游戏。【解析】石头、剪刀、布分别为「ぐう」、「ちょき」、「ぱあ」。⑥けんはけんでもはさみがあるけんってなーんだ？【答案】じゃんけん。【翻译】虽说是剑，但有剪刀的剑是什么？【答案】石头剪刀布中。⑦手の指に住んでいる犬ってなーんだ？【答案】じゃんけん。【翻译】住在手指上的狗是什么狗？【答案】石头、剪刀、布。

739.〖ジャンパー〗跳びそうな洋服ってなーんだ？【答案】ジャンパー（jumper）。【翻译】想跳起来的西服是什么？【答案】运动服。【解析】「ジャンパー」既表示"运动服"，也表示"田径、滑雪跳跃运动员"。

740.〖じゆう〗水に点が付いたら氷、井に点が付いたら丼、では目田に点が付いたら何になる？【答案】自由。【翻译】"水"加一点成为「氷」（冰），"井"加一点成为「丼」（海碗），"目""田"加上一点成为什么？【答案】自由。

741.〖じゅう〗①お肉を焼くのが得意な数字ってなーんだ？【答案】10。【翻译】对烤肉比较少擅长的数字是什么？【答案】10。【解析】10模拟油炸或热物放进冷水时发出的吱吱声或哧哧声，也可以说是烤肉声。②10個もある席ってどーこだ？【答案】自由席。【翻译】哪个地方有10个座位？【答案】列车的非对号入座的席位。【解析】「自由」（自由）连读成为10。③9より大きくて11より小さい武器ってなーんだ？【答案】銃。

【翻译】比9大而比11小的武器是什么?【答案】枪。

742. 【じゅうい】お医者さん10人が合同コンパをしました。一番人気がなかったのはだーれだ?【答案】獣医。【翻译】10个医生举行联谊活动。最不受欢迎的是什么医生?【答案】兽医。【解析】合同コンパ:联谊会。"兽医"的日语与"第10位"的日语发音相同。

743. 【しゅうかん】いつもやってることって、具体的には何日に一回やるの?【答案】7日に1回。【翻译】总是在做的事情具体是指几天做一回?【答案】七天。【解析】一直在做的事情是出于习惯,「習慣」发音与「週間」相同,近似「週一回」。

744. 【しゅうきゅう】毎週一回休みの日にするスポーツは?【答案】蹴球。【翻译】每周休息一次的运动是什么?【答案】踢球。【解析】"踢球"的日语与「週休」(每周休息一次)发音相同。

745. 【じゅうし】①14な味ってなーんだ?【答案】ジューシー。【翻译】有14种味道的东西是什么?【答案】多汁。【解析】「ジューシー」字面意思是"14"。②モモが14個あります。どんなモモ?【答案】ジューシーなモモ。【翻译】有14个桃子,是什么桃子?【答案】汁水多的桃子,水蜜桃。

746. 【じゅうじ】①教会に行くのは何時?【答案】十時。【翻译】去教堂是几点钟?【答案】10点。【解析】十時→十字。②10時に通った道路はどんな道路?【答案】十字路。【翻译】10点钟通过的道路是什么道路?【答案】十字路。③クロスを見たのは何時?【答案】十時。【翻译】见到十字架是什么时候?【答案】十点。【解析】"十字架"的日语发音与"十点"的日语相同。④じゅうじのテーブルってなーんだ?【答案】テーブルクロス(table cloth)。【翻译】十点钟的桌子,是什么?【答案】餐布。【解析】"布匹"的日语与"十字架"的日语发音相同,"十字架"的日语又与"十点钟"的日语发音相同。

747. 【ジュウシマツ】①10人姉妹の鳥ってだーれだ【答案】ジュウシマツ。【翻译】十姐妹鸟是什么?【答案】白腰文鸟。【解析】白腰文鸟是燕雀科小鸟,汉字为"十姉妹"。②頭に銃をのせてどんどん始末していく、殺し屋の鳥ってなーんだ?【答案】ジュウシマツ。【翻译】头上驾着枪不断地把人处理掉的杀手是什么鸟?【答案】白腰文鸟。【解析】"白腰文鸟"的日语以「銃」(枪)开头,最后是「始末」(始末)。

748. 【じゅうしょく】和尚さん、一日何回ご飯を食べる?【答案】10食。【翻译】住持一天吃几次饭?【答案】10次。【解析】「住職」(住持)与

「十食」(10次进餐)发音相同。

749. 〖ジュース〗①テニスが白熱してくると出てくる飲み物なーんだ？【答案】ジュース（deuce）。【翻译】网球打到白热化时出现的饮料是什么？【答案】果汁（juice）。【解析】平，平局。乒乓球、网球、排球等比赛中，在通常决定胜负的一分前双方打成平局，其后要一方领先两分才能决定胜负。ジュース・アゲン（deuce again）：再平。网球、乒乓球等比赛中，在局末再次打平。这个谜语利用了"平局"的日语和"果汁"的日语发音相同的现象。②酢がじゅっこも入った飲み物なーんだ？【答案】ジュース。【翻译】掺了十个醋的饮料是什么？【答案】果汁。【解析】「ジュース」最后一个假名表示「醋」。③お酢をコップ一杯飲むことは大変ですが、お酢をコップ十杯飲むとおいしくなるそうです。さて、どうして？【答案】ジュースになりましたから。【翻译】喝下一杯醋很不容易，但据说喝十杯醋就会变得很美味。请问这是为什么？【解析】十杯醋可省略说成「十酢」，其发音与「ジュース」相同。

750. 〖じゅうたい〗ネクタイを10本つけたらどうなる？【答案】重体。【翻译】如果系10条领带，就变成了什么？【答案】病危。【解析】重体になる：危笃。

751. 〖じゅうどう〗銅メダルが10個取れそうなスポーツってなに？【答案】柔道。【翻译】似乎能得到十枚铜牌的体育比赛是什么？【答案】柔道。【解析】「十銅」（十个铜牌）与「柔道」（柔道）发音相似。

752. 〖じゅうにん〗住んでいるのは何人？【答案】じゅうにん。【翻译】住的人有几个？【答案】10个。【解析】「住人」（住人）与「十人」（10个人）发音相同。

753. 〖じゅうばこ〗大体2か3なのに、10個もありそうな箱ってなーんだ？【答案】重箱。【翻译】一般2层到3层，但看起来好像10个，是什么东西？【答案】套盒。【解析】"套盒"又表示"多层漆饭盒"，一般为四角扁平形，由2层至5层构成，主要为漆器。

754. 〖じゅうやく〗9.9999999999……10にほどなく近い役職は？【答案】重役。【翻译】9.999循环是什么职位？【答案】要职。【解析】9.9999（无限循环）约等于10，所以「十約」与「重役」（要职）同音。

755. 〖しゅしょう〗キャプテンの性格ってなーんだ？【答案】殊勝。【翻译】队长是什么性格？【答案】优秀。【解析】殊胜指特别优秀卓越，值得赞扬。它与「主将」（体育运动队队长）同音。

756.〖しゅしょく〗そろばんの色は何色?【答案】朱色。【翻译】算盘是什么颜色?【答案】朱红色。【解析】朱红色与表示算珠颜色的「珠色」(珠色)发音相同。

757.〖しゅにく〗ハンコが一番大好きなお肉ってなーんだ?【答案】朱肉。【翻译】印章喜欢什么肉?【答案】红印泥。

758.〖じゅん〗6月に読む文学ってなーんだ?【答案】純文学。【翻译】6月读的书是什么内容?【答案】纯文学。【解析】"纯"的日语与英语June(六月)发音相似。

759.〖しょう〗①鏡の前でするショウってどんなショウ?【答案】化粧。【翻译】镜子前的秀是什么秀?【答案】化妆。②いろいろごまかすショウってどんなショウ?【答案】詐称,誇称。【翻译】进行了许多欺骗的「ショウ」是什么「ショウ」?【答案】谎称,夸耀。③くしゃみしそうなショウってどんなショウ?【答案】胡椒。【翻译】好像要打喷嚏的「ショウ」是什么「ショウ」?【答案】胡椒。④いろんなことを教えてくれるショウってどんなショウ?【答案】師匠。【翻译】教会了其他人许多东西的「ショウ」是什么「ショウ」?【答案】师父。

760.〖しょうが〗生姜抜きの料理を食べたらなんていう?【答案】しょうがない。【翻译】饭菜里面没有生姜,怎么样?【答案】没办法。【解析】如果把句子看成近似的句子「しようがない」(没办法),「が」就是格助词;如果把句子解读为「しょうがない」(没有生姜),「が」就不是格助词,而只是「しょうが」这个单词的一个音素。

761.〖しょうかき〗火事の時役に立つ内臓は?【答案】消化器。【翻译】火灾时什么内脏发挥作用?【答案】消化器官。【解析】「消化器」和「消火器」发音相同。

762.〖しょうがくせい〗小さいとくさい学生ってなーんだ?【答案】小学生。【翻译】小了就会变臭的学生是什么学生?【答案】小学生。【解析】"小学生"的日语与「小が臭い」(小的是臭的)发音相似。

763.〖しょうがつ〗①小さいものを2つ食べるのっていーつだ?【答案】お正月。【翻译】什么时候吃两个小东西?【答案】正月。②チビが二人っていーつだ?【答案】正月。【翻译】什么时候有两个小矮人?【答案】正月。【解析】"正月"的日语与「小がツー」(两个小的)发音相似。

764. 〖しょうがっこう〗しょうがの匂いがする人がたくさんいるところは？【答案】小学校。【翻译】身上有生姜味的人聚集的地方是什么地方？【答案】小学。【解析】「生姜臭い」(生姜味浓)与"小学生"的日语发音相似。

765. 〖しょうぐん〗家光:「海近くして東(遠)海寺とは是如何」沢庵:「大軍を率いて将軍と謂うが如し」【翻译】家光问:"离海这么近,为什么被称为远海寺?"泽庵回答道:"正如您率领大军,却称为小军一样。"【解析】「東海寺」(东海寺)与「遠海寺」(远海寺)谐音,「将軍」(将军)与「小軍」(小军)发音相同。1640年,德川家光访问东海寺,与泽庵禅师有上述机智问答。

766. 〖しょうけん〗小さな犬を飼っている会社は何の会社？【答案】証券会社。【翻译】养了小狗的公司是什么公司？【答案】证券公司。【解析】"证券"的日语和「小犬」(小犬)发音相同。

767. 〖しょうご〗昼の12時は何年生？【答案】小学5年生。【翻译】正午12点是几年级学生？【答案】小学5年级。【解析】"小学五年级"的日语与「正午」(中午)发音相同。

768. 〖しょうさん〗誉められたのは何年生？【答案】小学3年生。【翻译】被称赞的学生是几年级学生？【答案】小学三年级。【解析】「小3」与「称賛」发音相同。

769. 〖しょうじき〗①強い磁石と、弱い磁石、嘘つきどっち？【答案】強い磁石。【翻译】磁力强的石头和磁力弱的磁石,哪一个在说谎？【答案】磁力强的磁石。【解析】「小磁気」(磁力弱的磁石)与「正直」(诚实)发音相同。②嘘をつかない電化製品ってなーんだ？【答案】そうじき。【翻译】从不撒谎的电器是什么？【答案】除尘器。【解析】「掃除機」与「正直」发音相似。

770. 〖しょうせつ〗大きくても小さいお話なーんだ？【答案】小説。【翻译】虽然很大但也是小的故事是什么故事？【答案】小说。

771. 〖じょうだん〗階段の上の方に座ってる人が話してるのはどんなこと？【答案】冗談。【翻译】楼梯上方坐的人说的话是什么内容？【答案】无足轻重的内容,闲话。

772. 〖しょうちゅう〗①いつも飲んでる酒は？【答案】焼酎。【翻译】天天喝的酒是什么酒？【答案】烧酒。【解析】「焼酎」(烧酒,蒸馏酒)与「しょっ

ちゅう」（经常）读音相似。②大中小のうち、大の無いお酒ってなーんだ？【答案】焼酎。【翻译】有小型、中型而没有大型的东西是什么？【答案】烧酒。【解析】"烧酒"的日语与"小，中"的日语等发音相似。③ちょっとキッスをしたくなるお酒ってなーんだ？【答案】焼酎。【翻译】想稍微亲吻的酒是什么酒？【答案】烧酒。【解析】「焼酎」（蒸馏酒）中有亲吻声「チュー」。

773.【しょうどく】どくが入っているのに、けがをしたらつけるものなーんだ？【答案】消毒液。【翻译】里面有"毒"，但如果受了伤还是要涂抹的东西是什么？【答案】消毒液。

774.【しょうにん】小さい人の職業ってなーんだ？【答案】商人。【翻译】个子小的人的职业是什么？【答案】商人。【解析】「小人」（小人）和「商人」（商人）发音相同。

775.【しょうぶ】勝ち負けにこだわる木ってなーんだ？【答案】菖蒲。【翻译】对胜负斤斤计较的植物是什么？【答案】菖蒲。【解析】「菖蒲」与「勝負」发音相同。

776.【しょうぼうし】小さい帽子をかぶってやる職業は？【答案】消防士，小さい帽子で小帽子だから。【翻译】戴着小帽子工作的是什么职业？【答案】消防员。【解析】「小帽子」与「消防士」的读音相同。

777.【しゅうまい】下にうまいものが入っている食べ物なーんだ？【答案】焼買。【翻译】下面掺了好吃的东西的食品是什么？【答案】烧卖。【解析】烧卖是中国点心的一种。「しゅうまい」的后半部分为「うまい」。

778.【しょうゆ】①少しだけ入れる調味料ってなーんだ？【答案】こしょう、しょうゆ。【翻译】只加入一点的调料是什么？【答案】胡椒，酱油。【解析】两者都有「少」的发音。②「ゅ」ってなーんだ？【答案】醤油。【翻译】小写的「ゅ」如何解读？【答案】酱油。【解析】小写的「ゅ」可以读成「小ゆ」，与"酱油"的日语发音相同。

779.【しょくどう】体の中で、ご飯を食べるところはどーこだ？【答案】食道。【翻译】身体中吃饭的地方在哪里？【答案】食道。【解析】"食道"的日语与「食堂」（食堂）发音相同。

780.【じょしつ】エアコンに入っている人二人って男の子？それとも女の子？【答案】女の子。【翻译】进入空调房的两个人是男子，还是女子？

【答案】女子。【解析】空调可以「除湿」(除湿)，与「女子ツー」(女子两人)发音相同。

781. 〖じょそうざい〗女の格好をした薬品ってなーんだ?【答案】除草剤。【翻译】扮作女子模样的药品是什么?【答案】除草剂。【解析】"除草"的日语与「女装」(女装)发音相同。

782. 〖しらが〗ソファの上には何がある?【答案】白髪ある。【翻译】沙发上面是什么?【答案】白发。【解析】7个音阶 so fa 之后是 si la。「シラがある」(有 si la)与「白髪」(白发)发音相同。

783. 〖シリコン〗狐のおしりにあるものなーんだ?【答案】シリコン(silicon)。【翻译】狐狸屁股里有什么?【答案】硅。【解析】硅，旧名矽，也指单体的硅。「尻」为尾部。「コン」可指狐狸。

784. 〖しりとり〗お尻を頭にのせるゲームってなーんだ?【答案】尻取り。【翻译】屁股接在头上的游戏是什么?【答案】接尾令。

785. 〖シルバー〗①知るばあさんの髪の色は?【答案】シルバー(silver)。【翻译】认识的老婆婆的头发是什么颜色?【答案】银色。【解析】「シルバー」与「知る婆」发音相同。②おばあちゃんを知っていて、おばあちゃんをのせている電車のせきってなーんだ?【答案】シルバーシート(silver seat)。【翻译】认识老奶奶并让老奶奶乘坐的电车座位是什么?【答案】老年人专座。

786. 〖しろ〗①お城にすんでるありってなーんだ?【答案】しろあり。【翻译】城池里的蚂蚁是什么?【答案】白蚁。【解析】白蚁。「しろ」既是「城」(城池)，又谐音「白」(白色)。②王様の住んでいる家は何色?【答案】しろ。【翻译】国王住的城是什么颜色?【答案】白色。

787. 〖しろうと〗興味津々でみんな知ろうとするのは、ベテランの方ですか、それともアマチュアの方ですか。【答案】アマチュアのことです。【翻译】兴致勃勃地想知道全部内容的,是专家还是业余爱好者?【答案】业余爱好者。【解析】知ろうと = 素人 = アマチュア(业余爱好者,外行)。

788. 〖しろくま〗動物園で4番の檻にパンダが、6番の檻にペンギンがいます。では、5番の檻には何がいるでしょう?【答案】シロクマ。【翻译】动物园第四个笼子里是熊猫,第六个笼子里是企鹅,那么第五个笼子里是什么?【答案】白熊。【解析】「白熊」(白熊)字面意思是「四六間」(四和六之间),因此是第五个笼子。

789. 【しわ】おじいちゃんにシワは何本ある?【答案】32。【翻译】老爷爷有多少条皱纹?【答案】32条。【解析】「シ」可以读作「し」,「し」是4;「ワ」可以读作「は」,「は」是8。4乘以8等于32。32条。

790. 【しわす】シガスカオがスガスカオになるのはい一つだ?【答案】12月。【翻译】「シガスカオ」何时成为「スガスカオ」?【答案】阴历12月。【解析】「師走」(阴历12月)与「し」与「す」谐音。当「し」变成「す」的时候(所谓的「し」是「す」),「シガスカオ」成为「スガスカオ」。

791. 【しん】鉛筆の真ん中って新しい?それとも古い?【答案】新しい。【翻译】铅笔的中心是新还是旧?【答案】新的。【解析】「芯」(芯)与「新」(新)发音相同。

792. 【ジン】①人のようでいて神のようなお酒ってなーんだ?【答案】ジン(gin)。【翻译】既像人又像神的酒是什么酒?【答案】杜松子酒。【解析】人、神都能读「ジン」。②銀って名前のお酒なーんだ?【答案】ジン。【翻译】酒的名字叫"银",是什么酒?【答案】杜松子酒。

793. 【シンガポール】①「しっかりした国だね」「うん、そりゃ芯がしっかりとポールで支えられてるから」と言われた国の国名は何ですか。【答案】シンガポール。【翻译】"这个国家很稳固。""这是因为国家的中心有棒稳稳地支撑。"这个国家是哪个国家?【答案】新加坡。【解析】「シンガポール」与「芯がポール」(芯是一根杆)发音类似。②ポールが中に入っている国は?【答案】シンガポール。【翻译】以球为芯的国家是什么国家?【答案】新加坡。【解析】"新加坡"的日语与「芯がポール」(芯即是球)发音类似。

794. 【しんきゅう】学年上がるお店ってなーんだ?【答案】鍼灸院。【翻译】随着学年不断升级的商店是什么店?【答案】针灸治疗所。【解析】鍼灸、针灸是利用针刺和灸法的治疗方法,与「進級」发音相同。

795. 【しんこん】新しい狐は独身なの?【答案】結婚しています。【翻译】新的狐狸是独身还是结了婚?【答案】已婚。【解析】「新コン」(新狐狸)与「新婚」(新婚)发音相同。

796. 【しんさつ】いつも新しい札をくれる処はどこ?【答案】病院。【翻译】总能得到崭新钞票的地方在哪里?【答案】医院。【解析】「診察」(诊断)与「新札」(新钞票)发音相同。

797. 【しんし】4色鉛筆ってどんな人?【答案】紳士。【翻译】有四色铅笔的

人是什么人?【答案】绅士。【解析】"绅士"的日语与「芯四」发音相同。

798. 〖しんじゅく〗東京のある地区は、経済発展により「東京の新しい軸」とネーミングされました。その地区の名前は何ですか。【答案】新宿。东京某个区因为经济发展,得到"东京新轴心"的称号。这个区是什么?【答案】新宿。【解析】「新しい軸」(新轴心)与「新宿」(新宿)发音相近。

799. 〖ジンジャーエール〗神社で応援してる飲み物ってなーんだ?【答案】ジンジャーエール(ginger ale)。【翻译】在神社为人助威时喝的饮料是什么饮料?【答案】姜汁汽水。【解析】「神社」(神社)发音对应"姜汁"的日语。姜汁汽水也称"干姜水",是具有姜味的碳酸饮料,但不含酒精成分,其发音与为己方鼓劲时唱歌、呐喊、声援、助威类似。

800. 〖しんちゅう〗心の中にある金属ってなーんだ?【答案】真鍮。【翻译】心中的金属是什么?【答案】黄铜。【解析】黄铜,铜锌合金与心中「心中」发音相同。

801. 〖しんない〗「これは新内節ですか」と聞かれたら、関東の人の多くは、知らないと答えるようです。それはなぜですか。【答案】「新内」ですから。【翻译】如果被问道:"这是新内节吗?"关东人似乎多半都不知道。为什么?【解析】关东人的「知らない」(不知道)与「しんない」(新内)发音相同。他们实际上在说"是新内节"。新内節:新内调,净琉璃流派之一,宝历年间,富士松萨摩掾门人鹤贺若狭掾创始于江户,以鹤贺新内哀婉的曲调获得好评,以殉情剧见长,情趣别具一格。

802. 〖しんぱい〗パイが死ぬとどうなる?【答案】しんぱいになる。【翻译】馅饼如果死了会怎样?【答案】让人很担心。【解析】「心配」(担心)与"死的馅饼"的日语发音相同。

803. 〖しんぶん〗①一日たつと、古くなります。上から読んでも下から読んでも同じ紙は何?【答案】新聞紙。【翻译】只要隔一天就变旧,正着念反着念都一样的纸是什么纸?【答案】报纸。②新聞の一番初めにあるものなーんだ?【答案】「し」の字。【翻译】报纸最开头是什么?【答案】し。【解析】该谜面的另一意思是:报纸的头版头条是什么消息?

804. 〖しんわ〗古いのに新しい話ってなーんだ?【答案】神話。【翻译】很古老,但很新的故事是什么故事?【答案】神话。【解析】神话一般很古老,但它与「新話」(新话)发音相同。

す

805. 〖す〗①おすしの中に、4つ入っているものなーんだ?【答案】お酢。【翻译】寿司中有四个什么?【答案】醋。②すっぱい性別は?【答案】雄。【翻译】酸的性别是什么?【答案】雄性。【解析】「雄」(雄性)与醋的尊敬语「お酢」发音相同。③お医者さんが使うナイフの性別は?【答案】雌。【翻译】医生手术刀的性别是什么?【答案】女性。【解析】手术刀「メス」与雌性发音相同。该词来自荷兰语 mes。④すはすでも、野球選手が帰ってくるすってなーんだ?【答案】ホームベース(home base)。【翻译】虽说是醋,但棒球选手回来喝的醋是什么?【答案】本垒。【解析】本垒中有「酢」(醋)这个音。⑤野球選手が帰ってくる巣ってどんな巣?【答案】ホームベース。【翻译】棒球选手最后回到的家是什么家?【答案】本垒。【解析】"本垒"的日语中有「巣」这个发音。

806. 〖すいか〗①1週間の中にある果物ってなーんだ?【答案】すいか。【翻译】一周中间的水果是什么?【答案】西瓜。【解析】「水曜日」(周三)与「火よう日」(周二)合起来「すいか」。②スイカの中に住んでいる生き物ってなーんだ?【答案】イカ、カイ、カ。【翻译】西瓜里住着的生物是什么?【答案】乌贼,贝类,蚊子。③電車に乗れそうな野菜ってなーんだ?【答案】すいか。【翻译】似乎能乘坐电车的植物是什么?【答案】西瓜。【解析】「空いた」(车上人比较少)与"西瓜"的日语发音很相似。

807. 〖すいきゅう〗水曜日に休みのスポーツってなんだ。【答案】水球。【翻译】星期三休息的体育比赛是什么?【答案】水球。【解析】「休」(休)与「球」(球)同音。

808. 〖すいしょう〗①1.8リットルのお酢と同じ価値を持つ宝石は?【答案】水晶。【翻译】与1.8升的醋价值一样的宝石是什么?【答案】水晶。【解析】"水晶"的日语与「酢一升」发音相似。②お勧めの宝石は?【答案】水晶。【翻译】规劝的宝石是什么?【答案】水晶。【解析】"水晶"的日语与「推奨」(推荐)发音相同。

809. 〖スイス〗①水のような酢がある国は?【答案】スイス(Swiss)。【翻译】在某个国家,醋有点像水,是什么国家?【答案】瑞士。【解析】"瑞士"的日语与「水酢」(像水一样的醋)发音类似。②下のほうにいすがある

国ってなーんだ?【答案】スイス。【翻译】下面有椅子的国家是什么国家?【答案】瑞士。【解析】瑞士「スイス」最后两个假名表示「椅子」(椅子)。

810. 〖すいせん〗①花屋でお勧めの花は何?【答案】水仙。【翻译】花店推荐的花是什么花?【答案】水仙。【解析】「水仙」(水仙花)与「推薦」(推荐)读音相同。②トイレで咲く花は何?【答案】水仙。【翻译】在厕所里盛开的花是什么花?【答案】水仙花。【解析】「水仙」(水仙花)与「水洗」(用水冲洗)读音相同。③マヌケなことをして謝っている花なーに?【答案】水仙。【翻译】因为做了愚蠢的事而道歉的花是什么花?【答案】水仙。【解析】道歉使用「すみません」,「マヌケ」表示去掉「マ」,两者结合为「すみせん」,与水仙「すいせん」读音相似。

811. 〖すいそ〗エッチな元素ってなーんだ?【答案】水素。【翻译】比较好色下流的元素是什么?【答案】氢元素 H。【解析】H 来自 Hydrogen,而日语的 H 来自变态「変態」(hentai)。

812. 〖すいどう〗道は道でも人の通れない道はなーんだ?【答案】水道。【翻译】人无法行走的道路是什么道路?【答案】通水管道。

813. 〖スイマー〗泳いでいる人が襲われる事ってなーんだ?【答案】睡魔。【翻译】游泳时遭到突袭,这是怎么回事?【答案】睡意袭来。【解析】将袭来的睡意比喻成不可阻挡的「睡魔」。「睡魔」与表示水灾的「水魔」同音,又与"游泳者"日语同音。

814. 〖すいようび〗ある特定の曜日に、甘いものを食べても酸っぱいようで、度数の低い酒を飲んでも泥酔になりがちです。それは、何曜日でしょうか。【答案】水曜日。【翻译】在某一天就算吃甜点还是感觉酸,就算喝低度酒也容易醉。这一天星期几?【答案】星期三。【解析】「酸っぱいよう」和「泥酔」都与日语「水曜日」发音相似。

815. 〖すいり〗すっぱい小説は?【答案】推理小説、スパイ小説。【翻译】比较酸的小说是什么小说?【答案】推理小说和间谍小说。【解析】"推理小说"的日语和「酢入り小説」(加了醋的小说)发音相同。间谍小说中有"醋"字。

816. 〖すいれん〗毎週水曜日に練習している花は?【答案】睡蓮。【翻译】每周三运动的花是什么花?【答案】睡莲。【解析】「睡蓮」与「水(曜日)練(習)」(周三练习)发音相同。

817.〖スカ〗①ハズレが10個もある洋服ってなーんだ?【答案】スカート(skirt)。【翻译】十个希望都落空的衣服是什么?【答案】裙子。【解析】「外れ」和「すか」都表示"落空,失望"。すかを食う:落空,泡汤。②首に巻くハズレってなーんだ?【答案】スカーフ(scarf)。【翻译】缠绕着脖子的落空是什么?【答案】围巾。

818.〖スカンク〗数字の9が嫌いな動物ってなーんだ?【答案】スカンク(skunk)。【翻译】不喜欢9的动物是什么?【答案】臭鼬。【解析】"臭鼬"的日语字面意思是「好かん九」(不喜欢9)。

819.〖スキー〗思わず告白したくなるスポーツとはなーんだ?【答案】スキー。【翻译】情不自禁想告白的运动是什么?【答案】滑雪。【解析】"滑雪"的日语与"喜欢"的日语发音相近。

820.〖すきやき〗焼くのが大好きな食べ物なーんだ?【答案】すきやき。【翻译】喜欢烧烤的食物是什么?【答案】日式牛肉火锅。【解析】「すきやき」可以分解为「好き」(喜欢)和「焼き」(烧烤)。

821.〖ずきん〗①あたまが爆発しそうな洋服ってなーんだ?【答案】ズボン。【翻译】好像头部要爆炸的衣服是什么?【答案】裤子。【解析】「ズ」表示"头",如「頭痛」(头痛);「ボン」为拟声词,表示爆炸声。②頭にかぶると痛くなるものなーんだ?【答案】頭巾。【翻译】盖上头就头痛的东西是什么?【答案】头巾。【解析】「ずきんずきん」是"跳疼"的意思。

822.〖スコッチ〗ちょっぴりだけ飲むお酒ってなーんだ?【答案】スコッチ。【翻译】只喝一点的酒是什么酒?【答案】苏格兰威士忌。【解析】「スコッチ」为苏格兰威士忌「スコッチウィスキー」之略,英语为scotch whisky,与「すこっし」(一点)发音相近。谜面中的「ちょっぴり」表示"一点点,少许"。ちょっぴり塩を加える:加一点点盐。

823.〖スコップ〗水を飲むより庭いじりが得意なコップってなーんだ?【答案】スコップ。【翻译】不擅长喝水,但在庭院园艺中大显身手的茶杯是什么?【答案】方形小铁铲。【解析】"铁铲"的日语中有「コップ」(茶杯)的字样。

824.〖すごろく〗①6を出したら賞賛されるゲームってなーんだ?【答案】双六。【翻译】一出六,就会被赞扬的游戏是什么?【答案】双六。【解析】这是一种盘上游戏,两人交互从竹筒中摇出两个骰子,根据两个骰子的点数走棋子,执棋先进入对方阵地者获胜,也指一种儿童娱乐活动:在纸上所划的格子内掷骰子,然后移动棋子。②6番目がすごい遊びってなーんだ?【答案】スゴロク。【翻译】第六个最了不起的游戏是什么?【答

案】双六。

825. 【すし】①魚のうまい食べ方は？【答案】鮨(すし)。【翻译】鱼好吃的方法是什么？【答案】醋饭团。【解析】醋饭团又名醋味鱼裹寿司，指用醋调味的米饭上配生鱼片、鸡蛋丝、海苔等制成的食物，如攥寿司、寿司卷、五目寿司等。该谜语用汉字解析方法制成。「鮨(すし)」可以分解为「魚の旨い食べ方」（鱼的美妙制法）。②お酢が4倍も入ってるものなーんだ？【答案】寿司。【翻译】醋的分量是正常的四倍，做成的东西是什么？【答案】寿司。

826. 【すすき】①愛の告白を戸惑う植物ってなーんだ？「或：ちょっと緊張して恋の告白をする植物なーに？」【答案】すすき。【翻译】表白爱情时，有点紧张的植物是什么？【答案】芒草，狗尾花。【解析】「すすき」与「す……すき」相似，有"迟疑地表白"的含义。②すっぱいものが好きな植物ってなーんだ？【答案】すすき。【翻译】喜欢酸东西的植物是什么？【答案】芒草。

827. 【すずき】鈴木さんの好きな調味料は何？【答案】酢。【翻译】铃木先生喜欢的调味品是什么？【答案】醋。【解析】「酢(す)好(す)き」与「鈴(すず)木(き)」发音类似。

828. 【スズムシ】「もう秋の予感だね．涼しい」って言い出したとたん、聞こえてきたのはどんな虫の鳴き声ですか。【答案】スズムシの鳴き声です。【翻译】一说"已经隐约有秋天的感觉了，很凉爽呢……"就传来虫子的叫声。什么虫子？【答案】金钟儿。【解析】谜面中有「涼」和「虫」，加一起是一种类似小蟋蟀的昆虫，触须白而长，雄虫在秋天会摩擦翅膀发出清脆的铃铃声。

829. 【すずめ】①クーラーにあたっていけと、すすめてくれる鳥ってなーんだ？【答案】すずめ。【翻译】建议我去吹空调的鸟是什么鸟？【答案】麻雀。【解析】麻雀这个单词有「クーラー」（凉爽）暗示的「涼じ」和「すすめる」（劝诱）。②暑いときは冷房を入れる鳥ってなーんだ？【答案】すずめ。【翻译】炎热时开冷气的鸟是什么鸟？【答案】麻雀。【解析】"麻雀"的日语与"凉爽"的日语发音相近。

830. 【スター】①壁の上にいるスターってなーんだ？【答案】ポスター（poster）。【翻译】墙上的星星是什么星星？【答案】海报。②星とスター。成長するのはどーっちだ？【答案】スター。【翻译】星和「スター」，两者中哪个可以成长？【答案】スター。【解析】「スター」指"名星"，是人，当然可以"成长"。

831. 【スダチ】雛が、大人になって出て行くときに食べる果物なーんだ？【答案】スダチ。【翻译】小鸟长大后出去吃什么水果？【答案】酸橘。【解

析】"酸橘"的日语与「巣立ち」(离开鸟巢)发音相同。

832. 〖すっぽん〗ビンの栓を抜くとでてくる動物ってなーんだ?【答案】すっぽん。【翻译】将瓶塞拔去,从瓶子里出来的动物是什么?【答案】鳖。【解析】「すぽんと」为拔瓶塞声,「鼈」表示"鳖,日本鳖,甲鱼,鼋鱼,王八,团鱼"。

833. 〖ステーキ〗褒めてくれる肉ってなーんだ?【答案】ステーキ(steak)。【翻译】会夸赞人的肉是什么?【答案】牛排。【解析】"牛排"的日语字面意思是"极好,绝妙,极其漂亮"。

834. 〖ストーカー〗女の子が嫌いな物は?【答案】酢と蚊。【翻译】女子不喜欢什么?【答案】醋和蚊子。【解析】「酢と蚊」(醋与蚊子)和「ストーカー」(跟踪狂)读音相似。

835. 〖ストロベリー〗ストローの入っている果物なーんだ?【答案】ストロベリー。【翻译】插有吸管的水果是什么水果?【答案】草莓。【解析】straw(麦秆,吸管)在strawberry(草莓)之中。

836. 〖ストン〗石を落としたよ。どんな音がした?【答案】ストン(stone)。【翻译】石头落地,发出什么声音?【答案】扑通。【解析】扑通声「ストン」和「ストソ」(石头)同音。

837. 〖すな〗逆立ちして海のそばにいる野菜ってなーんだ?【答案】砂。【翻译】什么东西倒立后就成为在海边的蔬菜?【答案】沙子。【解析】倒立后,「砂」变成了「茄子」。

838. 〖すなけむり〗火のない砂漠にたつ煙ってどんな煙?【答案】砂煙。【翻译】没有火的沙漠腾起的烟是什么烟?【答案】沙土飞扬。【解析】「砂煙」表示"沙尘,扬沙,扬尘,看上去像烟似的细沙土"。

839. 〖すのう〗①お酢じゃないな天気ってなーんだ?【答案】雪(snow)。【翻译】不是醋的天气是什么天气?【答案】雪。【解析】"雪"的英语snow与「酢NO」(不是醋)发音相似。②「何日も降り続けて、いつ止むか分らん。大変ですのう」とお爺さんがぼやいている時期は、春、夏、秋、冬のいつですか。【答案】ふゆです。【翻译】老爷爷抱怨说:"每天下个不停,不知何时放晴,让人受不了了。"请问:他是在四季中哪一个季节说这句话?【答案】冬天。【解析】「すのう」与英语snow(下雪)发音相近,所以是冬天。

840. 〖スパンコール〗綺麗に呼ばれるのものなーんだ?【答案】スパンコール(spangle)。【翻译】被称作是很漂亮的东西是什么?【答案】圆形晶

片。【解析】圆形晶片或亮片指装饰于女式服装表面的金属或塑料制作的圆形小薄片或缝制于戏装上面,也称为「スパングル」,与英语super(极好的)发音相似。「コール」听起来像「クール」。

841. 〖スプーン〗酢がにおってきそうな食器ってなーんだ?【答案】スプーン(spoon)。【翻译】好像发出醋的味道的餐具是什么?【答案】汤匙。【解析】汤匙中有"醋"字。

842. 〖すべる〗受験生が使いたくない遊具ってなーんだ?【答案】すべりだい。【翻译】考生不想用的活动器械是什么?【答案】滑梯,滑板。【解析】「滑る」也表示"落第「落第」,不及格"。

843. 〖スマートフォン〗痩せてる電話ってなーんだ【答案】スマートフォン(smart phone)。【翻译】消瘦的电话是什么?【答案】智能电话。【解析】smart 还表示"苗条",对应谜面中的"瘦"。

844. 〖すましじる〗お酢がいっぱい入ってそうな汁物ってなーんだ?【答案】すましじる。【翻译】好像加了许多醋一样的饮品是什么?【答案】清汤,高汤。【解析】高汤指把酱油、盐等加在汤汁里做调料的透明的汤;酱汤上半部的澄清部分。谜底可以解释为「酢増し汁」。

845. 〖すみ〗①端っこのほうを書くのにいいインクってなーんだ?【答案】墨。【翻译】在角落处书写时什么墨水好用?【答案】墨汁。【解析】墨汁又表示"角落"。端っこ:边儿,角落。すみ:角落,旮旯。隅に置けない:不可小看,不可轻视,有一套。②部屋に木炭、石炭、灯油が置いてあります。真中においてあるのはどれ?【答案】灯油。【翻译】屋子里有木炭、石炭和灯油。正中间的东西是什么?【答案】灯油。【解析】"木炭"的日语、"石炭"的日语与"角落"的日语发音相同。

846. 〖すもう〗①タバコを吸うお相撲さんってだーれだ?【答案】横綱。【翻译】吸烟的相扑力士是什么人?【答案】横纲。【解析】「横綱」为相扑中的最高级别,转义为"最出色者",英语转写 sumoking 与 smoking(吸烟)相似,中间有 king(王者)。②すっぱい牛が得意なスポーツってなーんだ?【答案】相撲。【翻译】比较酸的牛比较擅长的运动是什么?【答案】相扑。【解析】牛叫「もうもう」(哞哞),酸的牛就是「すっぱい」加上「もうもう」,即「すもう」与"相扑"的日语发音相同。

847. 〖すり〗①スリの好きな数字は?【答案】3。【翻译】小偷喜欢的数字是什么?【答案】3。【解析】数字 three 与「スリ」(偷窃)读音相近。②逆立ちすると犯罪者になってしまう動物ってなーんだ?【答案】リス。【翻译】某种动物一经颠倒,就变成了罪犯,是什么动物?【答案】松鼠。【解

析】日语「りす」(松鼠)颠倒之后成了"小偷"的日语。③スリが隠れているお店やさんってどんなお店?【答案】薬屋(くすりや)さん。【翻译】窝藏小偷的店主是什么店主?【答案】药店老板。【解析】「薬屋(くすりや)さん」(药店老板)包含「スリ」(小偷)一词。

848. 〖スリッパ〗化粧箱に入っているお酢の絵が書いてある履物は?【答案】スリッパ。【翻译】化妆盒里盛放的绘有醋的图案的鞋子是什么?【答案】拖鞋。【解析】日语形容动词「立派(りっぱ)」与 slipper(拖鞋)形成双关。

849. 〖スワン〗タバコの嫌いな鳥は?【答案】白鳥。【翻译】不喜欢吸烟的鸟是什么鸟?【答案】天鹅。【解析】「白鳥(はくちょう)」(天鹅)的英语对等词 swan 与「吸(す)わない」(不抽烟)的口语说法「吸(す)わん」读音相近。

せ

850. 〖せいざ〗①中にくちのある星座ってなーんだ?【答案】はくちょうざ。【翻译】中间有嘴的星座是什么?【答案】天鹅座。【解析】"天鹅座"的日语中有「口(くち)」(嘴)字。②夜空で座っているのは何座?【答案】せいざ。【翻译】在夜空中坐着的东西是什么?【答案】星座。③中華屋さんの星座って何座?【答案】餃子。【翻译】做中式饭菜的饭店老板是什么星座?【答案】饺子。④うお座の食べ物なーんだ?【答案】ギョーザ。【翻译】双鱼座吃什么食物?【答案】饺子。【解析】"饺子"的日语与"鱼"的日语发音类似。⑤夜空で叫んでるのはだーれだ?【答案】うお座。【翻译】在夜空中大叫的人是什么人?【答案】双鱼座。⑥やまのひつじの星座ってなーんだ?【答案】山羊(やぎ)座。【翻译】山上的羊是什么星座?【答案】摩羯座。⑦トイレにある星座ってなーんだ?【答案】便座。【翻译】厕所里的星座是什么?【答案】便座。⑧柱の角に足の小指をぶつけた星座ってなーんだ?【答案】いて座。【翻译】小脚趾碰到了柱子角,是什么星座?【答案】射手座。【解析】"射手座"的日语与「痛(いた)い」(好痛)发音相近。射手座也可以翻译为"人马座"。⑨いつも叩かれている星座ってなーんだ?【答案】いて座。【翻译】总是被轻轻敲击的星座是什么?【答案】射手座。⑩王様4人、夜空にのぼってなんになる?【答案】おうし座。【翻译】四个国王爬上夜空,成了什么?【答案】金牛座。【解析】「牡牛座(おうしざ)」(金牛座)与「王(おう)四(し)ざ」(四个国王)发音类似。⑪尻尾と目のある星座ってなーんだ?【答案】おとめ座。【翻译】有尾巴和眼睛的星座是

什么?【答案】处女座。【解析】「おとめ座」等于「尾と目ざ」。しりお:尾巴,等于「尻尾」。⑫ご飯を入れる器に字を書いて、夜空に上げたら何になる?【答案】おひつじ座。【翻译】盛饭的器具里写着字,送入夜空,成了什么?【答案】白羊座。【解析】(御櫃字ざ)白羊座。⑬瓶がじゅっぽんある星座ってなーんだ?【答案】てんびん座。【翻译】有十个瓶子的星座是什么星座?【答案】天秤座。⑭おんなじ親からいっしょに生まれた星座ってなーんだ?【答案】ふたご座。【翻译】来自同一父母的星座是什么星座?【答案】双子座。⑮空にある、月火目木金土日ってなーんだ?【答案】みずがめ座。【翻译】天上的「月火目木金土日」是什么星座?【答案】宝瓶座。【解析】这个谜语有两个解读:谜面中,一星期本应该为「月火(水)木金土日」,实际成了「月火(目)木金土日」,「水」成了「目」。将「水」替换为「目」,用「みずがめ」表达。谜底中,「がめる」表示"把别人的东西昧起来",此处表示"将水隐藏"。⑯みずがめ座って、立ってるの、座ってるの?【答案】座っている。【翻译】宝瓶座是站着,还是坐着?【答案】坐着。【解析】因为是星座。音同「正座」(端坐)。

851. 〖せいじょう〗①洗ったばかりの国旗ってどこの国旗?【答案】アメリカ。【翻译】刚洗过的国旗是哪一个国家的国旗?【答案】美国。【解析】「星条旗」与「清浄旗」发音相同。②間違っていない国旗ってなーんだ?【答案】星条旗。【翻译】不会出错的国旗是哪一国国旗?【答案】美国。【解析】"星条"的日语与「正常」(正常)发音相同。

852. 〖せいじんしき〗1の2月ってなーんだ?【答案】成人式。【翻译】二分之一月是什么意思?【答案】成人仪式。【解析】二分之一月就是 15 日,1 月 15 日为成人节。此外,谜面还表示"日本的成人仪式为一月的第二个星期一"。

853. 〖せいそう〗宇宙に行く途中のお掃除ゾーンってどーこだ?【答案】成層圏。【翻译】前往宇宙途中的清扫区域是哪里?【答案】平流层,同温层。【解析】平流层指对流层上限至中间层的大气层。「成層」与「清掃」发音相同。

854. 〖セーター〗せせせせせせせせせーって書いてある洋服ってなーんだ?【答案】セーター。【翻译】写着「せせせせせせせせせ」的衣服意味着什么?【答案】毛衣。【解析】sweater(毛线衣,毛线衫)与"「せ」很多"发音相似。

855. 〖せき〗①強い力士がとるのは、相撲と何?【答案】せき。【翻译】比较

有实力的相扑力士除了从事相扑比赛,还从事什么职业?【答案】预订座位。【解析】「せき」第一个意思是"席位";第二个意思是敬称「関取」,接在「十両」级以上的相扑力士的艺名之后,如双叶山关取。「関取」(关取)与「席取り」(预订座席)读音相同。②席替えばっかりしてるお相撲さんってだーれだ?【答案】関脇。【翻译】总是更换座位的相扑力士是什么力士?【答案】关胁。【解析】関脇:分配座位。源自「大関の脇」,日本相扑力士的级别之一,次于大关,高于小结,也指获得关胁的相扑力士。③大きい椅子みたいなお相撲さんってだーれだ?【答案】大関。【翻译】看起来如同一个巨大的椅子的相扑力士是什么力士?【答案】大关。④学校を休んだときに出てくるセキってなーんだ?【答案】欠席。【翻译】请假不上课,会有什么座位?【答案】缺席。⑤学校に行くと出るせきってなーんだ?【答案】出席。【翻译】去学校,会有什么座位?【答案】出席。⑥楽器でもないのに、ひくと普段出ない音が出るものなーんだ?【答案】風邪「咳が出る」。【翻译】不是乐器,但一旦弹奏就会发出平时听不到的声音,是什么?【答案】感冒。【解析】"患感冒"的日语和"弹乐器"的日语使用同一个动词「ひく」。平时听不到的声音指咳嗽声。

856. 〖せきはん〗椅子に半分座って食べるものは何?【答案】赤飯。【翻译】只坐一半椅子吃的饭是什么饭?【答案】红豆饭。【解析】「赤飯」(红豆饭)与「席」+「半」(椅子的一半)读音相同。

857. 〖せきり〗体をこすったら出てくる色ってなーんだ?【答案】赤。【翻译】擦拭身体,会出现什么颜色?【答案】红颜色。【解析】赤痢:经口腔感染导致发病的传染病,以发烧、腹痛、剧烈腹泻、脓血便为特征,须隔离住院。

858. 〖セコイヤ〗ケチな人の好きな花は何?【答案】セコイヤ(sequoia)。【翻译】小气的人喜欢什么植物?【答案】红杉。【解析】「せこ」指在酒席上为让众多客人能开怀畅饮而摆出的许多酒杯和酒壶。「せこいや」即讨厌摆出酒杯、酒壶,也就是小气了。セコイヤ:红杉属植物。

859. 〖セスナ〗背中に砂を入れて飛ぶ飛行機ってなーんだ?【答案】セスナ(Cessna)。【翻译】背部有砂子的飞机是什么飞机?【答案】美国塞斯纳轻型飞机。【解析】塞斯纳:美国轻型飞机制造公司,亦指该公司制造的小型飞机。

860. 〖せっけん〗手洗いの上手な都道府県ってどーこだ?【答案】石鹸。

【翻译】擅长洗手的都道府县是哪里？【答案】肥皂。【解析】「鹸」与「県」发音相同。

861. 〚せとないかい〛瀬戸さんが、あるかどうかわからない海ってなーんだ？【答案】瀬戸内海。【翻译】瀬戸先生不确定是否存在的海是什么海？【答案】瀬戸内海。【解析】「瀬戸内海」中的「ない」既表示「内」（内部），也表示「無い」（没有）；"海"与表示疑问的「かい」同音。

862. 〚せなか〛前と後ろにあるなかってなーんだ？【答案】せなかとおなか。【翻译】在前面和后面都有的中间，是什么？【答案】背部和腹部。

863. 〚セブン〛背中を分けた数字ってなーんだ？【答案】7（seven）。【翻译】在背部被分开的数字是什么？【答案】7。【解析】英语7发音如同「背分」（背部中分）。

864. 〚せみ〛見ないっていってる虫なーんだ？【答案】せみ。【翻译】说"看不见"的虫子是什么？【答案】蝉。【解析】"蝉"的日语字面意思是「背見」（看自己的背部），自己看不到自己的背部。

865. 〚せり〛どんどん値上がりする植物ってなーんだ？【答案】芹（celery）。【翻译】价格不断往上涨的植物是什么？【答案】水芹。【解析】「せり」既可以指水芹，也指竞争，拍卖「競り」，使得价格节节上涨。

866. 〚せんかい〛ヘリコプターがユー・ターンを繰り返しています。何回まわった？【答案】1000回。【翻译】直升机不断调头。它飞行了多少圈？【答案】1000圈。【解析】螺旋桨「旋回」（旋回）与「千回」（1000圈）发音相同。

867. 〚せんぎり〛ほんに切る包丁の技ってなーんだ？【答案】せんぎり。【翻译】厨师用刀真正的绝技是什么？【答案】切成细丝。【解析】「千切り」（切成细丝）指把蔬菜等切碎，字面意思表示"切成一千条"。

868. 〚せんじょう〛こちらから何でも洗う場所ってどーこだ【答案】戦場。【翻译】接下来一切都要清洗的场所是什么地方？【答案】战场。【解析】"战场"的日语与「洗浄」（洗净）发音相同。

869. 〚せんすいかん〛①潜水艦に乗ってる人ってかっこいい？【答案】かっこ悪い。【翻译】乘坐潜水艇的人酷吗？【答案】不酷。【解析】「潜水艦」（潜水艇）与「センスいかん」（不酷，没品）发音相同。②スイカを積み込んでいる船ってどんな船？【答案】潜水艦。【翻译】装载着西瓜的船是

什么船?【答案】潜水艇。

870.【せんせい】①今、宣誓をしてる人がいます。この人の職業ってなーんだ?【答案】先生。【翻译】现在宣誓的人是谁?【答案】教师。【解析】「先生」(教师)与「宣誓」(宣誓)发音相同。②学校でもないのに先生がたくさんいるところどーこだ?【答案】病院,国会。【翻译】不是学校却有许多先生的地方是什么地方?【答案】医院和国会。【解析】先生是对师父、教师、医师、律师、国会议员的尊称。③先生と生徒が喧嘩をしました、さてどちらが悪かったでしょうか?【答案】先生。【翻译】老师和学生打架。那么,哪一方不好?【答案】教师。【解析】从读音来看,「先生が先制攻撃で生徒は正当防衛だから」(老师首先进攻,学生正当防卫)。④先生が占ってもらったのは、どんな占い?【答案】占星術。【翻译】请老师帮自己占卜,这是什么占卜法?【答案】占星术。【解析】"占星"的日语与"先生"的日语发音相同。

871.【ぜんぜん】「今回、宝くじを買ってはずれたね。前回もはずれただろう。それじゃ、前々回は?」って聞かれた宝くじは、当たっていますかな?【答案】外れました。【翻译】这次买彩票没有中,上次买彩票也没有中,那么上上次中了没有?【答案】没有中。【解析】「前前」(上上次)与「全然」(完全没有)使用同样的词语。

872.【せんそうじ】戦ってるみたいなお寺ってなーんだ?【答案】浅草寺。【翻译】好像在打仗一样的寺庙是什么寺庙?【答案】浅草寺。【解析】「戦争」(战争)与"浅草"的日语发音相同。浅草寺:东京都台东区浅草的圣观音宗的寺院,山号金龙山,别称浅草观音,本尊为圣观世音菩萨,受到江户庶民百姓的信仰,战后从天台宗独立出来。

873.【ぜんそく】ある人が、ぜーぜーと息が切れそうになりながら、全速力で病院へ走っています。さて、彼はどんな病気にかかっているでしょうか?【答案】喘息にかかっています。【翻译】某人上气不接下气,"呼哧呼哧"地全速向医院跑去。请问,他患上了什么疾病?【答案】哮喘。【解析】「全速」与「喘息」同音。哮喘发作时会喘不上气,并发出「ぜーぜー」的哮喘声。

874.【センター】100銭がいっぱいある試験ってなーんだ?【答案】センター試験。【翻译】满是一日元的考试是什么考试?【答案】中心考试。【解析】「銭」为一日元的百分之一。

875. 〖せんだい〗①青森からトラックが500台東京へ向かいました。同時に東京からトラックが500台青森へ向かいました。どこですれ違うでしょうか？【答案】仙台。【翻译】青森500台卡车向着东京出发了。同时，东京也有500台卡车向着青森出发。他们会在哪里相遇呢？【答案】仙台。【解析】地名「仙台」与「千台」(500＋500)读音相同。②無口なイヤマさんの出身地は？【答案】仙台。【翻译】沉默寡言的井山先生籍贯是什么地方？【答案】仙台。【解析】"仙台"的日语可以分解为「無口いやま」。

876. 〖せんたく〗選べる家事ってなーんだ？【答案】洗濯。【翻译】能够选择的家务事是什么？【答案】洗衣服。【解析】「選択」与"洗衣服"的日语发音相同。

877. 〖センチ〗1メートルが100になる気分ってどんな気分？【答案】センチ(sentimental)になっている。【翻译】一米变成一百时的心情是什么心情？【答案】多愁善感。【解析】"多愁善感"的英语与"变成厘米"的英语发音相同。

878. 〖せんとう〗①戦うお風呂ってなーんだ？【答案】錢湯。【翻译】战斗着的浴池是什么浴池？【答案】公共浴池。【解析】「戦闘」(战斗)与俗语的「錢湯」(公共浴池)发音相同。②「グループに分かれて行動しよう。登山グループは北アルプスへ。水泳グループは琵琶湖へ」と言った隊長は、先頭グループをまずお風呂に行かせました。それはどんなお風呂場ですか。【答案】錢湯。【翻译】"分组行动吧。登山队去北阿尔卑斯山，游泳队去琵琶湖。"接着队长让先头部队先去洗澡。他们去了什么样的地方洗澡？【答案】公共浴池。【解析】"先头"的日语与「錢湯」(公共浴池)发音相同。③1010個もあるお風呂ってなーんだ？【答案】ふろや。【翻译】有1010个浴池的是什么？【答案】公共澡堂。【解析】1010就是「千十」,音同「錢湯」,也就是「ふろや」。

879. 〖せんにん〗山に住む人を超えた人は何人いる？【答案】せんにん。【翻译】超过山中住民的人有多少？【答案】一千人。谜语还可以翻译为：谁超过山民？仙人。

880. 〖せんぬき〗一回使っても、千回使ったと言われるものは何？【答案】せんぬき。【翻译】只使用一次，却被说成使用千次，是什么？【答案】开瓶器。【解析】"开瓶器"的日语与"千次开瓶"的日语发音相同。

881. 〖せんぱい〗先輩はお酒を何杯飲めるか？【答案】千杯。【翻译】学长能

喝多少杯酒？【答案】一千杯。【解析】「千杯」(一千杯)与「先輩」(前辈)读音相同。

882.〖せんべい〗1000回も舌を出す食べ物なーんだ？【答案】せんべい。【翻译】舌头伸出1000次的食物是什么？【答案】薄脆饼干。

883.〖せんめんき〗顔が1000個ある器ってなーんだ？【答案】洗面器。【翻译】有1000张脸的东西是什么？【答案】洗脸盆。

884.〖せんもん〗①1000の問題を解かないといけない学校ってなーんだ？【答案】専門学校。【翻译】不解决1000个问题，就无法上的学校是什么学校？【答案】专门学校。【解析】日语中，「千問」(千问)与「専門」(专门)发音相同。②入り口が1000個もある学校ってなーんだ？【答案】専門学校。【翻译】有一千个入口的学校是什么学校？【答案】专门学校。【解析】日语中，「千門」(千门)与「専門」(专门)发音相同。

そ

885.〖そう〗フライパンの上にある草ってなーんだ？【答案】やくそう。【翻译】煎锅的上面有什么草？【答案】药草。【解析】「薬草」字面解释为「焼く草」(正在烤制的草)。

886.〖ぞう〗①夜布団の上に現れる動物は何？【答案】象。【翻译】夜里出现在被子上的动物是什么？【答案】大象。【解析】「寝相」(睡相)中包含了「象」(大象)的读音。②体の中に住むぞうってなーんだ？【答案】内臓。【翻译】体内的大象是什么？【答案】内脏。③くさーいぞうってなーんだ？【答案】9歳の象。【翻译】腐朽的大象是什么？【答案】9岁的大象。④風邪でもないのにいつも鼻をたらしているおおきな動物ってなーんだ？【答案】象。【翻译】也没有感冒，却总是垂着鼻子的大型动物是什么？【答案】大象。【解析】「洟を垂らす」(流鼻涕)与「鼻を垂らす」(长鼻子向下耷拉着)发音相同。⑤お鼻からゴミを吸い込む電気のゾウさんなーんだ？【答案】掃除機。【翻译】用鼻子将垃圾吸入体内的带电的大象是什么？【答案】吸尘器。⑥ハートのゾウってなーんだ？【答案】心臓。【翻译】心里的大象是什么？【答案】心脏。⑦そうかもしれないゾウってどんなゾウ？【答案】想像。【翻译】也可能是那样的大象是什么？【答案】想象。⑧殴りかかってきそうなゾウってなーんだ？【答案】仏

像。【翻译】好像想打上门来的大象是什么大象?【答案】佛像。【解析】「ぶつ」为「うつ」之变化,与「たたく」和「なぐる」意义相近。⑨足の下にいるゾウってなーんだ?【答案】ぞうり。【翻译】脚下的大象是什么?【答案】草鞋。⑩パソコンのモニターの中に、ゾウがいるよ、どこにいる?【答案】したのほう「画像だから」。【翻译】电脑显示器上有大象,在哪里?【答案】下面。⑪象が二頭入っている食べ物は何?【答案】雑煮。【翻译】好像里面有两头大象的食物是什么?【答案】年糕汤。【解析】「雑煮」(年糕汤)与「象」+「二」的读音相同。⑫見てるだけで背筋が寒くなる動物ってなーんだ?【答案】象。【翻译】仅仅看了就让人脊背发凉的动物是什么?【答案】大象。【解析】「ぞっとする」毛骨悚然。

887.〖そうか〗①納得する煎餅は何?【答案】草加煎餅。【翻译】能让人信服的煎饼是什么煎饼?【答案】草加煎饼。【解析】「草加煎餅」读音中包含了表达「そうか」(原来是这样啊),所以是能让人信服的煎饼。草加为埼玉县东南部城市。②相槌ばかりうっている人が好きな調味料ってなーんだ?【答案】ソース(sauce)。【翻译】总是顺着对方的意思回答的调味品是什么?【答案】酱。【解析】あいづち:应和,迎合。「ソー」有"应和"的意思。迎合别人的人总是「そうです」。③飲むと相手の言うことに賛成してしまう飲み物なーに?【答案】ソーダ(soda)。【翻译】一喝某种饮料,就不由自主地同意对方观点,这种饮料是什么?【答案】碳酸饮料。【解析】「ソーダ」(碳酸饮料)和表示赞同的「そうだ」同音。④味噌が出てきて大きくうなずくのはいーつだ?【答案】おおみそか。【翻译】端出豆酱,大幅度点头是什么时候?【答案】除夕。【解析】大晦日。除夕,大年三十,转义为"每月最后一天"。

888.〖ぞうか〗どんどん増える花ってなーんだ?【答案】造花。【翻译】慢慢增加的花是什么?【答案】假花。【解析】"人造花"的日语与「増加」(增加)发音相同。

889.〖そうじ〗いっつもきれいなお寺ってなーんだ?【答案】そうじ。【翻译】总是很干净的寺庙是什么?【答案】大扫除。

890.〖ソーセージ〗双子が好きな食べ物ってなーんだ?【答案】ソーセージ(sausage)。【翻译】双胞胎喜欢的调味品是什么?【答案】香肠。【解析】香肠又称为"腊肠,灌肠",与「双生児」(双生子,双胞胎)发音相同的日语。

891.〖ぞうに〗おでんとお雑煮はそっくりなんだって? なーんでだ?【答

案】にているから。【翻译】据说杂煮和大杂烩有很相似的地方,为什么?【答案】两者都是煮的东西。【解析】お雑煮:杂煮,新年祝福的膳食,放入年糕和菜、肉等合煮的一种汤;おでん:将豆腐、魔芋以及鱼丸等水产品和芋头等加汤汁炖成的大杂烩。「にているから」一个意思表示"两者相似";第二个意思是有「に」和「て」这两个字;第三个意思表示"两者都是煮的东西"。煮ても焼いても食えない:蒸不熟,煮不烂,软硬不吃;煮て食おうと焼いて食おうと:死猪不怕开水烫。

892.【そうめん】①そうっと食べる麺類ってなーんだ?【答案】素麺。【翻译】飕飕地吃的面类食品是什么?【答案】挂面。②そうめんの真ん中だけ食べるとどうなる?【答案】そんが残る。【翻译】挂面只吃中间,结果怎样?【答案】那样损失大了。【解析】「そうめん」去掉中间的「うめ」,剩下了「そん」。③お坊さんが食べる麺ってどんな麺?【答案】そうめん。【翻译】和尚吃的是什么面?【答案】挂面。【解析】僧人的面简称「僧麺」(僧面),与「素麺」(挂面)发音相同。

893.【ぞうり】私はいつも踏みつけられています。頭を取られると野菜に、足を取られると動物になります。私は誰?【答案】草履。【翻译】我总是被踩在脚下。去了头,就是蔬菜;去了脚,就是动物。我是什么?【答案】草鞋。【解析】「草履」(装上草履带儿的无齿平底草鞋)去了头,是「瓜」(黄瓜);去了脚,是「象」(大象)。

894.【そとがわ】コーヒーカップの取っ手はどちら側についている?【答案】外側。【翻译】咖啡杯的柄在杯子的哪一侧?【答案】外侧。

895.【そのまま】じっとして動かないママってなーんだ?【答案】そのまま。【翻译】一直不动的母亲是什么母亲?【答案】原样。

896.【そば】①犬の子供用のおそばってどんなそば?【答案】わんこそば。【翻译】小狗吃的荞麦面是什么面?【答案】小碗荞麦面。【解析】小碗荞麦面是日本岩手县盛冈的地方小吃,在小碗内盛入一口吃尽的荞麦面条,以不断添加,直到客人叫停为止的吃法而闻名。「わん」模仿狗叫。②顔のそばにゴミがついていそうなものなーんだ【答案】そばかす。【翻译】粘在脸庞好像垃圾一样的东西是什么?【答案】雀斑。③近くで焼くものなーんだ?【答案】やきそば。【翻译】近处烧烤的东西是什么?【答案】炒面。【解析】炒面是把蒸熟的中式面条用油炒制而成的面食,亦指把中式面条用油炸后再浇汁的面食。④森や崖の近くで食べる食べ物なーんだ?【答案】「もりそば」や「かけそば」。【翻译】森林或悬崖附

近吃的食物是什么?【答案】小笼屉荞麦面条,清汤荞麦面。【解析】小笼屉荞麦面条指煮好后盛在小竹蒸笼上蘸作料吃的荞麦面条。日本有习俗,搬家之后给新家附近地方的人送荞麦面,一方面是因为荞麦面美味,另一方面是因为"荞麦"的日语与"附近"的日语发音相同。⑤森と林、そばにあるのはどっち?【答案】森。【翻译】旁边是森林还是树林?【答案】森林。【解析】日语中有「盛り蕎麦」(小笼屉荞麦面条)的表达,却没有「はやしソバ」的表达。⑥ある馬が京都でそばを食べました。それは何と呼ばれている馬ですか。【答案】競走馬です。【翻译】有匹马在京都吃了荞麦面。这种马叫什么?【答案】赛马。【解析】「京蕎麦」(京都荞麦面)与「競走馬」(赛马)发音相似。⑦2年かけて食べるそばってなーんだ?【答案】年越しそば。【翻译】吃两年的荞麦面是什么面?【答案】年夜荞麦面。【解析】年夜或过年荞麦面指在除夕夜或立春之夜吃的荞麦面,取其又细又长的吉利之意。⑧ギャンブルの得意なお蕎麦ってなーんだ?【答案】かけそば。【翻译】赌博者擅长的荞麦面是什么?【答案】素汤面,清汤荞麦面。【解析】「かける」也可以当"赌博"解释,如「麻雀に金を賭ける」(打麻将赌钱);豁出作家的艺术生命,即「作家生命を賭ける」。⑨マラソン選手が好きなソバってどんなソバ?【答案】かけそば。【翻译】马拉松选手喜爱的荞麦面是什么?【答案】清汤荞麦面。【解析】「かける」也可以当"奔跑"解释。⑩拍手をしながら食べるそばってなーんだ?【答案】手打ちそば。【翻译】边拍手边吃的荞麦面是什么?【答案】手工荞麦面。【解析】「手打ちそば」指不用机械而是用手揉面,即手工做的荞麦面。

897. 〖ソファ〗座れる音ってなーんだ?【答案】ソファ(sofa)。【翻译】能坐的音符是什么?【答案】so 和 fa。【解析】音阶 so 和 fa 连起来读 sofa,与「ソァァ」(沙发)同音。

898. 〖ソフトボール〗おじいちゃんとする球技ってな～んだ?【答案】ソフトボール(softball)。【翻译】与祖父进行的球技是什么球技?【答案】垒球。【解析】垒球指比棒球稍大、稍软的球,亦指利用这种球进行的体育运动。"垒球"的日语与「祖父とボール」(祖父和球)同音。

899. 〖ソプラノ〗柯南剧场版十二『戦慄の楽譜』《战栗的乐谱》中阿笠博士给少年侦探团出了下面谜语:一个歌剧演员嗓子痛正准备接受手术,因为吃了一个老爷爷给的药丸痊愈,所以没有做手术。请问这个歌剧演员的身份是下面哪一个?(1)女高音;(2)女低音;(3)男高音;(4)男低音。【解析】歌剧为「オペラ」,手术为「オペレーション」,缩略为「オペ」;歌剧

演员放弃了手术,即从「オペラ」中剔除「オペ」,结果为「ラ」;"老爷爷的"日语表达为「お爺さんの」,即「祖父の」(祖父的)。将「ラソフノ」这几个假名再次组合,可以得到答案「ソプラノ」(女高音)。

900. 【そら】①右派の書いた絵って何の絵?【答案】空。【翻译】右派画的画是什么?【答案】空。【解析】「空」可以从上至下分解为「ウ」、「ハ」、「エ」,正是「右派絵」(右派画)这三个字。②空の下は何でしょうか?【答案】し。【翻译】天空之下是什么?【答案】し。【解析】「空」(空)念作 so la。音乐中,音阶序列为 do re mi fa so la xi,所以 so la 的下一个音符是「し」(xi)。③空のうえには何がある?【答案】シド「ドレミファソラシド」。【翻译】空气的上面是什么?【答案】xi do。④空のしたには何がある?【答案】カタカナのエ。【翻译】空气的下面是什么?【答案】片假名「エ」。⑤雲よりも高い音ってなーんだ?【答案】ソラ。【翻译】比云朵更高的音符是什么?【答案】so la。【解析】比云更高的是天空,「そら」(天空)与音符 so la 同音。

901. 【ソリ】①ソリを大切にする偉い人ってだーれだ?【答案】総理大臣。【翻译】对雪橇比较重视的大人物是谁?【答案】总理。【解析】"总理"的日语与「橇」(橇,雪橇,冰橇,爬犁)发音相同。「大臣」音近「大事」。②そりはそりでも、お尻に毒のあるそりってなーんだ?【答案】蠍。【翻译】虽说是雪橇,但尾部有毒的雪橇是什么?【答案】蝎子。③そりはそりでも、のんびりしてるそりってなーんだ?【答案】のっそり。【翻译】虽说是雪橇,但悠闲自得的雪橇是什么?【答案】动作迟缓,慢腾腾地。④そりはそりでも、やせてるそりってなーんだ?【答案】げっそり。【翻译】虽说是雪橇,但瘦下来的雪橇是什么?【答案】消瘦,瘦弱,衰弱。⑤そりはそりでも、一人で遊ぶそりってなーんだ?【答案】ソリティア(solitaire)。【翻译】虽说是雪橇,但一个人玩的雪橇是什么?【答案】单人纸牌戏,单人跳棋。⑥そりはそりでも、雲の上に住んでそうなそりってなーんだ?【答案】かみそり。【翻译】虽说是雪橇,但好像是住在云上的雪橇是什么?【答案】剃刀。【解析】"云"指润肤使用的白色泡沫。⑦そりはそりでも、パパの顔を走るそりってなーんだ?【答案】ひげそり。【翻译】虽说是雪橇,但在父亲的脸上行驶的雪橇是什么?【答案】刮胡子,剃须刀。⑧そりはそりでも、内緒のそりってなーんだ?【答案】こっそり。【翻译】虽说是雪橇,但不能向外人讲的雪橇是什么?【答案】悄悄地,偷偷地,暗暗地。

902. 【それん】ロシアで昔のカミソリを見つけました。まだ使える?【答

案】使えません。【翻译】在俄罗斯发现了剃刀。这把剃刀还能使用吗？【答案】不行。【解析】「ソ連」(苏联)与「剃れん」(不能剃)发音相似。

903. 〖ソロモン〗一人じゃないとは入れない門があるのはどーこだ？【答案】ソロモン（Solomon）。【翻译】不是一个人就进不了的门是什么？【答案】所罗门。【解析】「ソロ」有"单独""孤身一人"之意。

904. 〖そろばん〗一人ぼっちの夜に使う計算機ってなーんだ？【答案】算盤。【翻译】孤身一人在夜里使用的计算机是什么？【答案】算盘。【解析】「そろ」是「一人ぼっち」的意思，「ばん」指「晚」，跟"夜"一致。

た

905. 〖タイ〗①なんのスポーツをやっても必ず引き分けになる魚ってなーんだ？【答案】タイ。【翻译】不管什么比赛，都会打成平局的鱼是什么鱼？【答案】鲷鱼。【解析】"鲷鱼"的日语与 tie（不分胜负）发音相同。②靴に入れたら暇になる魚ってなーんだ？【答案】タイ。【翻译】放进鞋子里就变得很闲的鱼是什么鱼？【答案】闲得无聊。【解析】日语有「退屈」的表达。③子供をたたくとどんどん音がしそうな魚ってなーんだ？【答案】タイ。【翻译】一敲击孩子，就发出"咚咚咚"声音的鱼是什么鱼？【答案】鲷鱼。【解析】「太鼓」。④鯛の子供が得意な楽器ってなーんだ？【答案】タイコ。【翻译】鲷鱼孩子比较擅长的乐器是什么？【答案】大鼓。【解析】「太鼓」字面意思为"鲷鱼的孩子"。⑤首からぶら下がっている国ってなーんだ？【答案】タイ。【翻译】挂在脖子上而向下垂着的国家是什么国家？【答案】泰国。【解析】"泰国"的日语与"领带"的日语同音。⑥お頭がついてそうな国ってなーんだ？【答案】タイ。【翻译】好像有头的国家是什么国家？【答案】泰国。【解析】"泰国"的日语与「体」(身体)发音相同。有身体，就有头。⑦お父さんの首に住んでるタイってなーんだ？【答案】ネクタイ。【翻译】在父亲的脖子上居住的「タイ」是什么？【答案】领带。⑧4匹あつまると、死んじゃう魚ってなーんだ？【答案】タイ。【翻译】四条鱼聚在一起就会死掉的是什么鱼？【答案】鲷鱼。【解析】"四条鲷鱼"的日语与"尸体"的日语发音相同。⑨タイが4匹のっている建物ってなーんだ？【答案】大使館。【翻译】有四只鲷鱼的地方是什么地方？【答案】大使馆。⑩タイはタイでも太ったタイってなーんだ？【答案】重たい。【翻译】虽说是「タイ」，但肥胖的「タ

イ」是什么?【答案】沉重。⑪タイはタイでも、車をのせてるタイってなーんだ?【答案】タイヤ(tyre)。【翻译】虽说是タイ,但车上的「タイ」是什么?【答案】轮胎。⑫重くないタイの電話ってなーんだ?【答案】けいたい。【翻译】身体不重的电话是什么?【答案】手机。【解析】「携帯電話」中有「携帯」的字样可以联想「軽体」。⑬タイは進む建物ってなーんだ?【答案】体育館。【翻译】「タイ」不断前进的建筑是什么?【答案】体育馆。【解析】「タイ」前进的建筑为「行く館」,与「体育館」同音。⑭タイ旅行の授業ってなーんだ?【答案】体育。【翻译】去泰国接受教育,该怎样描述?【答案】体育。【解析】"体育"的日语与「タイ行く」(去泰国)发音相同。⑮大昔の楽器ってなーんだ?【答案】太鼓。【翻译】远古时期的乐器是什么?【答案】大鼓。【解析】"大鼓"的日语与「太古」发音相同。

906. 〖ダイアリー〗大きな蟻が書いてるものなーんだ?【答案】ダイアリー(diary)。【翻译】很大的蚂蚁写的是什么东西?【答案】日记。

907. 〖タイガー〗①ゴルフのうまいトラってだーれだ?【答案】タイガーウッズ(Tiger Woods)。【翻译】擅长高尔夫的老虎是什么?【答案】泰格·伍兹。【解析】②タイを頭に載せてる強そうな動物なーんだ?【答案】タイガー(tiger)。【翻译】以鲷鱼为头,好像很强大的动物是什么动物?【答案】老虎。【解析】谜面的另一个意思是:以「タイ」开头,好像很强大的动物是什么?③大河にすむ動物ってなーんだ?【答案】タイガー。【翻译】在大河中生活的动物是什么?【答案】老虎。【解析】「大河」(大河)与"老虎"的日语发音类似。

908. 〖だいがく〗点を取るとやめなければならない学校は何?【答案】大学。【翻译】去掉点之后,就不得不放弃的学校是什么学校?【答案】大学。【解析】「大学」中的「だ」去掉点,就成了「た」,整个词语就成了「退学」。

909. 〖だいがくせい〗くっさいうんこをする人の職業は?【答案】大学生。【翻译】解出的大便很臭的人是什么?【答案】大学生。【解析】「大学生」与「大が臭い」发音类似。うんこ:大便。

910. 〖たいこ〗どんどん音が出てくるものなーんだ?【答案】太鼓。【翻译】发出"咚咚"的声音的是什么?【答案】大鼓。【解析】咚咚,强烈的敲击声;戸をどんどんとたたく:用力敲门;事情进展顺利、顺畅貌。どんど

ん上手になる：水平慢慢地提高了。谜语的另一个意思：连续不断、接二连三发出声音的东西是什么？【答案】大鼓。

911. 〖だいこん〗大きなキツネの好きな食べ物ってなーんだ？【答案】大根。【翻译】大狐狸比较喜欢的食物是什么？【答案】萝卜。

912. 〖ダイス〗①楽園にあるサイコロってなーんだ？【答案】パラダイス(paradise)。【翻译】乐园里面的骰子是什么？【解析】骰子又名「ダイス」。【答案】天堂。②さいころみたいな豆ってなーんだ？【答案】大豆。【翻译】像骰子一样的豆是什么？【答案】大豆。【解析】"大豆"的日语发音同 dice（骰子）。

913. 〖だいず〗①小さくても大きい豆ってなーんだ？【答案】だいず。【翻译】虽然小却很大的豆子是什么？【答案】大豆。【解析】大豆中有"大"字。②イスが入ってるお豆ってなーんだ？【答案】ダイズ。【翻译】内部有椅子的豆子是什么？【答案】大豆。【解析】「椅子」（椅子）和「大豆」（大豆）发音相近。

914. 〖たいそう〗たいへんな運動ってなーんだ？【答案】たいそう。【翻译】了不得的运动是什么？【答案】体操。【解析】"体操"的日语同音词为「大層」，表示"了不起，不得了"。

915. 〖だいだい〗①いっちばん大きい色ってなーんだ？【答案】橙色。【翻译】非常大的颜色是什么？【答案】橘色，橙黄色。②台が重なっています。これ何色？【答案】だいだい色。【翻译】台子上放着台子，是什么颜色？【答案】橙色。

916. 〖だいどころ〗①家の中で殺人事件がありました。死体のあった場所はどこ？【答案】台所。【翻译】家中有了杀人案，尸体的位置在哪里？【答案】厨房。【解析】「台所」（厨房）与「ダイ(die)所」（死亡的地方）读音相同。②家の中で無口な働き者がいる所どーこだ？【答案】台所。【翻译】家中沉默寡言的勤劳的人待在哪里？【答案】厨房。【解析】"台"为上下结构，如果将其汉字解析，就成为「無口」（无口）。

917. 〖だいふごう〗5より2のほうが強い物ってなーんだ？【答案】大富豪。【翻译】什么比2大5？【答案】大富豪。

918. 〖たいへいよう〗①太平洋の上にいる生き物なーんだ？【答案】タイ。【翻译】太平洋上面有什么生物？【答案】鲷鱼。【解析】谜面的另一个意思是：太平洋开始的读音是什么？②太平洋の下にいる生き物なーん

だ?【答案】鵜。【翻译】太平洋下面有什么生物?【答案】鹈鹕。【解析】根据汉字解析得知太平洋最后一个假名为"鹈鹕"。③太平洋の右にいる生き物なーんだ?【答案】羊。【翻译】太平洋右面有什么生物?【答案】羊。【解析】羊是洋的右半边。

919. 〖タイマー〗 麻薬みたいな時計ってなーんだ?【答案】タイマー（timer）。【翻译】像麻药一样的计时器是什么?【答案】秒表。【解析】「たいま」既表示"计时员；秒表；定时自动开关；自拍装置"，也表示「大麻」(大麻)。

920. 〖ダイヤ〗 ①嫌な宝石ってなーんだ?【答案】ダイヤ（diamond）。【翻译】让人觉得很讨厌的宝石是什么?【答案】钻石。②一番かたいトランプってなーんだ?【答案】ダイヤモンド。【翻译】最坚硬的扑克牌是什么?【答案】方块（扑克牌的一种花色）。【解析】方块也表示"钻石"。③ダイヤがたくさん詰まっている本ってなーんだ?【答案】ダイヤグラム。【翻译】由钻石堆得满满的书是什么?【答案】铁路时刻表。【解析】「ダイヤタイム」(铁路时刻表)简称为「ダイヤ」，与"钻石"同音。④野球場に埋まっている宝石ってなーんだ?【答案】ダイヤモンド。【翻译】棒球场里埋着的宝石是什么?【答案】钻石。【解析】「ダイヤ」(棒球内场)与「ダイヤ」(钻石)同音。棒球内场特指连接本垒、一垒、二垒、三垒的线的内侧；四个垒形成的方形内野或内场。

921. 〖ダウンジャケット〗 下の上着ってなーんだ?【答案】ダウンジャケット（down jacket）。【翻译】下面的上衣是什么意思?【答案】羽绒服。【解析】羽绒服内装水鸟绒毛的防寒上衣，质轻而富有保温性，故多于滑雪、登山、寒冷天外出时穿用。英语中，down 有两个意思，即"下面"和"羽绒"；「上着」为上装。

922. 〖タオル〗 ①「夕」を曲げたら何がでる?【答案】タオル（towel）。【翻译】将「夕」弯曲，会发生什么?【答案】变成毛巾。【解析】"弯曲"在日语里为「折る」，将「夕」弯曲即为「タオル」。「折る」(弯曲)也表示「織る」(编织)。②他すべての布ってなーんだ?【答案】タオル。【翻译】其他所有的布是什么?【答案】毛巾。【解析】「他オール」也可以视为"他all"。

923. 〖タカ〗 ①安くない鳥ってなーんだ?【答案】タカ。【翻译】不便宜的鸟是什么?【答案】鹰。【解析】"鹰"的日语与"价格"的日语高发音相同。③北風のまんなかを飛んでいるものなーんだ?【答案】たか。【翻译】在北风的中心飞着的东西是什么?【答案】鹰。【解析】「北風」(北风)中

间两个假名为「鷹たか」(鹰)。

924. 〖たかい〗高いもの持ってないのに、よく高い高いっていわれるのはだーれだ?【答案】赤ちゃん。【翻译】没有拿什么贵重的东西,却被说"贵,贵",是什么?【答案】婴儿。【解析】希望婴儿身体及智力各方面水平提高。

925. 〖たからくじ〗空クジが多いくじってなーんだ?【答案】宝くじ。【翻译】有很多空签的抽签是什么?【答案】彩票。【解析】日语中,「宝たからくじ」(彩票)与「多た空からクジ」(很多空签)发音相同。

926. 〖たからばこ〗田んぼから出てきた箱ってなーんだ?【答案】宝たからばこ箱。【翻译】从田里得到的箱子是什么?【答案】百宝箱。【解析】"田"的日语为「田た」,"从"的日语为「から」。因此,从田里得到的箱子是「田た から箱ばこ」,与「宝たからばこ箱」发音相同。

927. 〖たくあん〗あんこのついたお漬物ってなーんだ?【答案】たくあん。【翻译】粘着豆馅的咸菜是什么?【答案】泽庵咸萝卜。【解析】日本酱菜的一种,将晒成半干的萝卜上加上米糠和食盐,并用石头压住制成的腌菜,由泽庵和尚(1573—1645)所创。「あんこ」表示"豆馅",也表示"姑娘"。

928. 〖たけ〗①毛が2本生えている植物ってなーんだ?【答案】竹。【翻译】长了两根毛的植物是什么?【答案】竹子。【解析】「ケ」表示"毛",竹字形如「ケケ」,因此用两根毛表示竹子。②トンボだったりウマだったりするものなーんだ?【答案】竹。【翻译】有时是蜻蜓有时是马的东西是什么?【答案】竹。【解析】竹蜻蜓指把竹子削薄,做成螺旋桨状,然后在中央处安上一个细柄,以两手搓柄使其旋转飞翔;高跷:在两根竹竿适当高度的地方分别安上踏脚装置,脚踩在上面能行走的竹竿;竹马:骑在带有竹叶的竹子上,像骑马玩耍的工具。以上都是儿童玩具。③安くても高い馬ってなーんだ?【答案】たけうま。【翻译】很便宜但又很贵的马是什么?【答案】竹马。【解析】谜面的另一个意思是:又便宜又很高的马是什么?④静かにしてほしいきのこってなーんだ?【答案】しいたけ。【翻译】希望它能保持安静的蘑菇是什么?【答案】香菇。【解析】「しい」表示"提醒人不要出声"。⑤虐げられそうな食べ物ってなーんだ?【答案】しいたけ。【翻译】好像遭受了虐待的食物是什么?【答案】香菇。【解析】「椎しいたけ茸」(香菇)名字中有「しい」。日语中,「強しいる」表示"强迫,迫使,无视对方的意志而强行,强制"。寄き付ふを強いる:强制捐赠。

929.〖たこ〗①普段は海にいるのに、糸をつけたら、空をとびそうなものなーんだ?【答案】たこ。【翻译】平时待在海里,一系上线后就像要飞上天一样。这是什么?【答案】たこ。【解析】「章魚」(章鱼)与「凧」(风筝)发音相同。②あげたら空を飛んだり食べられたりする、海の生き物なーんだ?【答案】たこ。【翻译】放到天空可以飞,油炸之后可以吃。这样的海中生物是什么?【答案】章鱼。③幸せがいっぱい入っている海の生き物なーんだ?【答案】タコ「多幸」。【翻译】很幸福的海中生物是什么?【答案】章鱼。【解析】"章鱼"的日语与"幸福很多"的日语发音相似。④子供の多い海の生き物なーんだ?【答案】タコ。【翻译】海中的哪种生物孩子多?【答案】章鱼。【解析】"章鱼"的日语与「多子」(多子)发音相同。⑤のびちゃいそうなタコってなーんだ?【答案】引っ張りだこ。【翻译】好像是拉伸了的章鱼的东西是什么?【答案】抢手货。【解析】「ヒッパリダコ」表示"有才干的人或质量好的东西各方面争抢,香饽饽"。

930.〖たす〗70に70を足しても、70を70で割っても、おんなじものなーんだ?【答案】70度のお湯。【翻译】无论是 70 加 70,还是 70 除以 70,结果都不变的是什么东西?【答案】70 度热水。

931.〖だす〗出すときに入れるものってなーんだ?【答案】郵便、手紙、はがき。【翻译】拿出时放入的东西是什么?【答案】邮件、信件和明信片。【解析】谜面的另一意义:为了寄出去给收件人而放入信封或信箱的东西是什么?

932.〖たたみ〗毎日踏まれているけど怒らない体中に目がある物なーに?【答案】たたみ。【翻译】身上有眼睛,每天被踏踩,但不生气。这样的东西是什么?【答案】榻榻米。【解析】「み」可以指代由纵横相交的线围起来的部分,亦指交叉点。網のめ:网眼。

933.〖たつ〗①大阪城はなぜたっているのでしょうか?【答案】すわれないから。【翻译】为什么建造大阪城?【答案】因为它坐不下去。【解析】谜面的另一个理解是:大阪城为什么立着?②座らない武器ってなーんだ?【答案】太刀。【翻译】不能坐的武器是什么?【答案】长刀,大刀。【解析】「太刀」原为刀剑的总称,后指又长又大的刀。其发音与"站立"的日语相同。③上手な人は、いすに座ってる?それともたってる?【答案】立ってる。【翻译】水平高的人是站着还是坐着?【答案】站着,因为他们是达人。【解析】「達人」(达人)与「立つ人」(站着的人)发音相同。④気分の悪い時に立つものは何?【答案】腹。【翻译】心情不好的时候

就站起来的是什么?【答案】肚子。【解析】「腹が立つ」为固定搭配,意为"生气,愤怒"。⑤たつことは出来るけど「ら」がつくと、すわれなくなるものなーんだ?【答案】歯。【翻译】某样东西能站立,如果加上「ら」,就不能坐。这是什么?【答案】牙齿。【解析】牙齿站立常用于否定。はがたたない:硬得咬不动;无法抗衡,敌不过;「は」加上「ら」是「はら」;腹が立つ:大发肝火,愤怒,生气,难以抑制愤怒;腹が据わる:坚定沉着,不为事物所动,有胆识。⑥友達と待ち合わせ。友達が5分遅刻してきたら、たったのは時間となに?【答案】腹。【翻译】与朋友见面。友人迟到了5分钟,流失的除了时间之外,还有什么?【答案】腹部。【解析】"(时间)流失"的日语与"(腹部)站立"的日语发音相同「たつ」。腹部站立表示生气。⑦座っているのにたつものなーに?【答案】時間。【翻译】明明坐着,人们却认为它在站着。这样的东西是什么?【答案】时间。【解析】在某个时刻,时间停在一个地方。与此同时,时间在飞逝。「座る」既表示"坐",也表示"安定不动";「たつ」既表示「立つ」(站着),也表示「経つ」(时间流逝)。

934. 〖だっしゅ〗①臭くにおう物があったので、においを消すために急いで走ることを何と言いますか。【答案】ダッシュ。【翻译】为了除去某个东西散发出的臭味儿猛跑。该怎么描述这个动作?【答案】猛冲。【解析】「ダッシュ」(猛冲)发音与「脱臭」(脱臭)相近。②人がいい物を持っていたので、奪い取るために急に走り出すことを何と言いますか。【答案】「ダッシュ」と言います。【翻译】有人揣着一个好东西,为了抢到这个东西而猛跑,这叫什么呢?【答案】夺取。【解析】「ダッシュ」(猛跑)发音与「奪取」(抢)近似。

935. 〖タッチ〗ヨチヨチ歩きの赤ちゃんと、ハイハイの赤ちゃん、競走したらどっちが早い?【答案】ヨチヨチ歩きの赤ちゃん。【翻译】摇摇晃晃跟跟跄跄的孩子与在地上爬的孩子比赛跑步,谁会获胜?【答案】跟跟跄跄的孩子。【解析】爬的孩子因为四肢触地而失败。タッチの差で遅れる:以触线之差落后。

936. 〖たなか〗ピアノとギター、田中さんの楽器はどっち?【答案】ギター。【翻译】钢琴和吉他,哪一个属于「田中」的东西?【答案】吉他。【解析】「田中」的字面意思是「た」在中间,「ギター」(吉他)这个单词的中间是「た」。

937. 〖たなばた〗ナタのタバが混ざっちゃったものなーんだ?【答案】七夕。【翻译】几捆劈柴刀混在一起,是什么?【答案】七夕节。【解析】「鉈」为

"劈柴刀,厚刃刀",常用于引申义。鉈を振るう:大刀阔斧地清理,大量削减。「束」为"把儿,捆"。谜面的另一个意思是:将「なた」和「たば」混合在一起,会有什么结果?

938. 〖たに〗母の口ってなーんだ?【答案】谷。【翻译】母亲的嘴,是什么?【答案】谷。【解析】"谷"的日语上下拆开就是「母口」(母亲的嘴)。

939. 〖たぬき〗①学校を退学したタヌキが志していた学問ってなーんだ?【答案】医学。【翻译】从学校退学的貉下决心学习什么?【答案】医学。【解析】「タヌキ」有"去掉「夕」"的意思。「退学」去掉「た」,成为「医学」(医学)。②狸の子豚ってなーんだ?【答案】こぶ。【翻译】貉的小猪是什么?【答案】海带。【解析】「子豚」去掉「た」,成为「昆布」(海带)。③たぬきがたべない食べ物なーんだ?【答案】たくわん。【翻译】貉不能吃的食物是什么?【答案】泽庵咸菜。【解析】「沢庵」(泽庵咸菜)去掉「た」,意思是「食わん」(不能吃)。④狸の宝箱には何が入っている?【答案】空箱だから何も入っていない。【翻译】狸的百宝箱里放了什么东西?【答案】什么也没有。【解析】「宝箱」去除了「た」之后成为「空箱」(空箱子)。⑤二十歳のたぬきが苦手な虫ってなーんだ?【答案】はち。【翻译】20岁的狸最怕的昆虫是什么?【答案】蜜蜂。【解析】「二十歳」去除「た」之后剩下「蜂」(蜜蜂)。⑥「ちつてと」という動物は何?【答案】狸。【翻译】「ちつてと」是哪一种动物?【答案】貉,狸。【解析】「た」行是「たちつてと」,「たちつてと」去掉「た」,剩下「ちつてと」,所以答案是「狸」。

940. 〖たね〗①土にまいても芽が出ないのに、手の中で花を咲かす種ってなーんだ?【答案】手品の種。【翻译】某样种子,往土里播种不会长出嫩芽,在手中却能开花,是什么种子?【答案】魔术的秘诀。②たねがあるのに手品じゃなくて、かわがあるのに魚が住めないものなーんだ?【答案】果物。【翻译】虽然有种子,却不是魔术;虽然有河流,却没有鱼虾。这是什么?【答案】水果。【解析】「たね」表示"魔术的机关、秘密和诀窍",也表示"种子";「かわ」表示"果皮"和"河流"。③手品師にやっちゃいけない菓子ってなーんだ?【答案】種明かし。【翻译】不能给魔术师吃什么点心?【答案】揭穿秘密。④種があって手の中で棒が伸びるのはマジック、それでは、種も無いのに手の中で伸びるめってなーん

だ?【答案】つめ。【翻译】因为有机关,所以魔术师手中的小棍可以变长;但一般人手中没有任何机关,手上的「め」却可以长长,这个「め」是什么?【答案】指甲。

941. 〖たばこ〗①たくさんの箱に入っているものなーんだ?【答案】香烟。【翻译】装入许多盒子的东西是什么?【答案】タバコ。【解析】「夕」为"多",「バコ」为"盒子"。②子供をまとめてうってるお店ってなーんだ?【答案】たばこや。【翻译】将孩子打包出售的商店是什么?【答案】香烟店。【解析】たば:成捆,成束。こ:孩子。うって:售出。③タバが入っているものなーんだ?【答案】たばこ,下駄箱。【翻译】里面有成束东西的物品是什么?【答案】香烟,盛放木屐的箱子。【解析】「煙草」、「下駄箱」中有「束」(束)这个单词。

942. 〖タバスコ〗①煙草に酢「す」を入れて吸うとどんな味?【答案】辛い。【翻译】香烟中掺入醋,是什么味道?【答案】辣味。【解析】「タバコ」中加入「ス」成为「タバス」,即塔巴斯科辣酱油。此种酱油味沙司系红辣椒做成的调味汁状香辛调料,用于做比萨饼、细面条等,原本是美国塔巴斯科公司商标名。②タコがバスを飲み込んだら何になる?【答案】タバスコ。【翻译】章鱼吞下公交之后会变成什么?【答案】塔巴斯科辣酱油。【解析】「章魚」词中含有「バス」。

943. 〖たび〗旅行に行くときに、履くものなーんだ?【答案】タビ。【翻译】旅行时脚穿什么?【答案】日本式布袜,短布袜。【解析】日语汉字为「足袋」。脚上穿的一种布制袋状袜子,大脚趾和其他4个脚趾分为两部分,将脚后跟的上部用搭扣固定住。「タビ」又表示「旅」(旅行)。

944. 〖たま〗①小さいころは水の中。大きくなったら陸に上がれる「たま」ってなーんだ?【答案】おたまじゃくし。【翻译】小时候在水中而长大后可以到陆地的「たま」是什么?【答案】蝌蚪。②人間の体にあって、人によっては光る「たま」ってなーんだ?【答案】あたま。【翻译】是人体的一部分而不同的人发出不同的光线的「たま」是什么?【答案】头。【解析】光る:发光,发亮,因发光或反射光而耀眼生辉;光彩照人,出众,拔尖,顶尖,姿容,才能,人物等杰出而引人注目。③いつつもたまが入っている食べ物ってなーんだ?【答案】たまご。【翻译】放入了5个球的食物是什么?【答案】鸡蛋。④割らないと食べられないけど割ると捨てられる物って何?【答案】玉子。【翻译】不打破就不能吃,打破了就要扔掉的东西是什么?【答案】鸡蛋。【解析】「卵」(鸡蛋)不打破就不能吃,

打破了蛋壳,蛋壳就要扔掉。⑤王子様に似ていて、君を包んでいるものなーんだ?【答案】玉子。【翻译】像王子一样,抱着你的是什么?【答案】鸡蛋蛋白。【解析】「君」(君)与「黄身」(蛋黄)发音相同。"王"字与"玉"字很相似,相互包含。⑥水がいっぱい入っている「たま」ってなーんだ?【答案】水溜り。【翻译】满是水的球是什么?【答案】水洼。【解析】「水溜り」(水洼)一词中含有「球」(球)这个单词。

945. 〖たまご〗①孫が田んぼで食べるものなーんだ?【答案】たまご。【翻译】孙子在田里吃的东西是什么?【答案】鸡蛋。【解析】鸡蛋字面意思是「田」加上「孫」。②たまに5つも食べるものなーんだ?【答案】たまご。【翻译】偶尔连吃五个的食品是什么?【答案】鸡蛋。③ボールが五個ある物なーんだ?【答案】たまご。【翻译】有五个球的东西是什么?【答案】鸡蛋。

946. 〖たまたま〗男の子1人と女の子5人いました。みんなで喧嘩したのに、男の子だけ怪我をしませんでした。何故?【答案】たまたまついていた。【翻译】一个男子和五个女子在一起,后来发生了争执。只有男子没有受伤,为什么?【答案】他只是碰巧和她们在一起。【解析】"他只是偶尔和她们在一起"又可以理解为"他有两个炮弹作为武器"。

947. 〖たまねぎ〗①切られたのに、自分じゃなくて相手が泣いちゃうものなーんだ?【答案】たまねぎ。【翻译】被切之后,自己没哭,持刀的人反而哭了。这是什么?【答案】洋葱。②たまーに食べるねぎってなーんだ?【答案】たまねぎ。【翻译】偶尔吃的葱是什么葱?【答案】洋葱。

948. 〖たわし〗「私を並べ変えるとお掃除が出来るよ」と言ってるのなーに?【答案】束子。【翻译】"将'我'的顺序改变一下排列,就可以大扫除了。"说这话的东西是什么?【答案】炊帚。【解析】「束子」(洗器皿的刷帚)这个单词是「私」(我)分化组合后的变体。

949. 〖ダン〗①体を鍛えるのに使う暖かい鈴ってなーんだ?【答案】ダンベル(dumb bell)。【翻译】可以锻炼身体的温暖的铃是什么铃?【答案】哑铃。【解析】哑铃是运动器械的一种,有铁制、木制等,短柄的两端连接两球做成,用于锻炼身体。「ダンベル」中的「ダン」也表示"温暖"。②温かそうな箱ってなーんだ?【答案】段ボール(board)。【翻译】好像很暖和的箱子是什么箱子?【答案】瓦楞纸板。【解析】「ダンボール」有「暖」(温暖)的字样。③四角いボールってなーんだ?【答案】ダンボール。【翻译】有四个角的球是什么?【答案】瓦楞纸板。【解析】瓦楞纸板中有「ボ

ール」(球)字。④男のボールってなーんだ？【答案】ダンボール。【翻译】男子的球是什么球？【答案】瓦楞纸板。【解析】"瓦楞纸板"的日语中有「男」(男子)。

950. 〖たんか〗①おっきい船みたいな歌ってなーんだ？【答案】短歌。【翻译】好像大船一样的歌是什么歌？【答案】短歌。【解析】"短歌"的日语与英语 tanker(油轮)发音相同。②石油を運ぶ船一隻の値段を何と言いますか。【答案】単価と言います。【翻译】一艘油轮的价格怎么表达？【答案】単价。【解析】「タンカー」(油轮)与「単価」(单价)发音相似。

951. 〖たんき〗①たった一人で馬に乗ってやって来た人の性格は？【答案】短気。【翻译】一个人骑马而来的骑手什么性格？【答案】急性子。【解析】「短気」(急性子)与「単騎」(单骑)发音相同。②あたまが短気な人のスポーツってなーんだ？【答案】たんきょり。【翻译】没耐性的人的运动是什么？【答案】短距离赛跑。【解析】「短距離」为「短距離競走」和「短距離競泳」的省略。100～400米短距离赛跑和50～200米短距离游泳比赛。「短気」表示"没耐性,性急,急性子"。短気は損気:急性子吃亏。「短気」和「損気」中的「気」为谐音俏皮话。

952. 〖たんけん〗短い剣を見つけたのっていつだっけ？【答案】探検したとき。【翻译】发现短剑是什么时候？【答案】探险时。【解析】"探险"的日语和「短剣」(短剑)发音相同。

953. 〖たんご〗辞書マニアが好きな音楽はなんだ？（ヒント：辞書に書いているものは？）【答案】タンゴ(tango)。【翻译】喜欢词典的人喜欢什么音乐？(提示:词典中写的是什么?)【答案】探戈舞。【解析】「単語」(单词)和「タンゴ」(探戈舞)发音相同。

954. 〖だんご〗男5人でたべるものなーんだ？【答案】だんご。【翻译】五个男子吃的食品是什么？【答案】饭团;团子,米粉团;江米团。

955. 〖たんしん〗時計の短い針って何人いる？【答案】一人。【翻译】时钟的短针有几个人？【答案】一个人。【解析】「単身」与「短針」发音相近。

956. 〖たんす〗てんてんをつけると、踊りだす箱は何でしょう。【答案】タンス。【翻译】只要加上"点"就可跳起舞来的箱子是什么？【答案】柜子。【解析】加上点,「箪笥」变成了「ダンス」(跳舞)。

957. 〖たんちょうづる〗いつも単純でワンパターンのずっこけ方をする鳥は？【答案】丹頂鶴。【翻译】总是单一思维胡闹的鸟是什么？【答案】丹

顶鹤。【解析】ずっこける：松弛，滑脱；堕落胡闹；鹤「鶴」可以表示「吊る」(诱骗)，丹顶鹤与"只知道恶作剧""単調ズルッ"发音相同。

958.〖タンバリン〗叩いたら破れそうな楽器ってなーんだ？【答案】タンバリン(tambourine)。【翻译】敲几下好像就要烂掉的乐器是什么？【答案】铃鼓。【解析】铃鼓也称为"小手鼓"，与"弹破"的日语发音相似。

ち

959.〖チーズ〗地理に詳しい食べ物は？【答案】チーズ(cheese)。【翻译】对地理比较熟悉的食物是什么？【答案】奶酪。【解析】「チーズ」(乳酪)与「地図」(地图)读音相近。

960.〖チェコ〗子供が舌打ちしてる国は？【答案】チェコ。【翻译】在某个国家，孩子尝试味道或不遂意、厌烦等时做咋舌、咂嘴等动作。是什么国家？【答案】捷克。【解析】"捷克"的日语与孩子表示失望、不满意时「ちぇ子」(哼、呸、嘘、哎)发音相同。

961.〖ちがう〗違う犬ってなーんだ？【答案】ちゃうちゃう。【翻译】不同的狗是什么？【答案】汪汪叫的狗。【解析】汪汪叫的「ちゃうちゃう」狗与「違う」(不同)发音类似。

962.〖ちきゅう〗①地球が丸ごと入っている球技ってなーんだ？【答案】地球儀。【翻译】将地球整个儿收入进来的技艺是什么？【答案】地球仪。【解析】まるごと：完整，整个儿，全部。丸ごとかじる：整个儿地啃。另一个意思是：将地球变成球的艺术是地球仪。「儀」(仪)通「技」(技)。②宇宙人が地球に向けた撃ったミサイルの音ってなーんだ？【答案】ちきゅうん。【翻译】宇宙人向地球发射导弹，声音是什么？【答案】嗤嗤吱吱。【解析】拟声词「ちきゅうん」发音与「地球」(地球)相同。

963.〖ちくわ〗クワはクワでも真ん中に穴の開いているクワってなーんだ？【答案】竹輪。【翻译】虽说是铁锹，但中间有孔的铁锹是什么？【答案】圆筒状鱼卷。【解析】クワ：铁锹，镐，镐形锄。ちくわ：圆筒状鱼卷，圆筒状鱼糕。

964.〖ちち〗①パパとママ、血のつながってる人はどっち？【答案】パパ。【翻译】父亲和母亲中有血缘关系的是哪位？【答案】父亲。【解析】「血のつながってる」直译为"有血相连"，父亲为「ちち」，「ち」为「血」，因此有

血相连。②牛のお父さんってなーんだ?【答案】牛乳。【翻译】牛的父亲是什么?【答案】牛奶。【解析】「父」(父亲)与「乳」(乳汁)两者发音相同。

965. 〖ちば〗①丁寧に言うと木から落ちてくる都道府県ってどーこだ?【答案】千葉。【翻译】如果用敬语说这个地方,就成为"枯叶"。这个地方是哪里?【答案】千叶县。【解析】用敬语说「千葉」,就成为「落ち葉」,表示"落下来的叶子,枯叶"。②ミルフィーユを売ってる都道府県ってどーこだ?【答案】千葉県。【翻译】出售千层酥的都道府县是什么?【答案】千叶县。【解析】千层酥是烤点心的一种,用薄薄的夹层馅饼皮裹住奶油等,做成多层的点心。「ミルフィーユ」(mille feuille)字面意思为"一千张树叶",与千叶县吻合。

966. 〖ちまき〗ちまちましたおもちってなーんだ?【答案】ちまき。【翻译】小而圆的年糕是什么?【答案】粽子。【解析】「ちまちま」与「こぢんまり」是近义词,指"小而圆,紧凑"。「ちまちまとした性格」指"小心谨慎的性格"。粽子用绳子包裹,不拖泥带水。

967. 〖ちゃ〗①草と木の間にいる人の好きなものなーんだ?【答案】茶。【翻译】草与木之间的人喜欢什么?【答案】茶。【解析】分析汉字可以得出答案。②何を聞かれてもとぼけている習い事ってなーんだ?【答案】茶道。【翻译】不管别人问什么都装糊涂的技艺是什么?【答案】茶道。【解析】とぼけている:装糊涂,假装不知。"茶道"的日语与「さぁ、どう?」(如果那样,怎么办?)发音相似。③八百屋さんで売っているおちゃは何?【答案】カボチャ。【翻译】在蔬菜店卖的「おちゃ」是什么?【答案】南瓜。④よくかまないとのどにつかえるちゃってどんなちゃ?【答案】かぼちゃ。【翻译】不好好咀嚼,就会被堵在喉咙里的茶是什么茶?【答案】南瓜。

968. 〖チャーハン〗中華料理店でお茶が半分しかもらえない料理なーに?【答案】チャーハン。【翻译】中餐店只能拿到一半茶的饭菜是什么?【答案】炒饭。【解析】「チャーハン」读音和「茶」加上「半」相同。

969. 〖チャーミング〗お茶を見てるこってどんなこ?【答案】チャーミング(charming)。【翻译】正盯着茶看的孩子是什么样的孩子?【答案】迷人。【解析】"动人"的日语中包含了「茶見」(见到了茶)。

970. 〖ちゃわんむし〗スプーンで食べる虫ってなーんだ?【答案】茶碗蒸し。【翻译】用汤匙吃的虫是什么虫?【答案】蒸鸡蛋羹。【解析】蒸鸡蛋羹是日本式鸡蛋烹饪法的一种,在碗里放入各种材料,再放入用汤汁调

好的鸡蛋，连碗一起蒸。「蒸」与「虫」同音。

971. 【チャンピオン】一番強いのは何ちゃん？【答案】チャンピオン（champion）。【翻译】最强的是什么军？【答案】冠军。【解析】「ちゃん」有两个用法：一、父亲。江户时代的俗语，省略了「おとっちゃん」的前半部分，日本明治初期以前对父亲的称呼。二、接尾词「さん」的转音，接在名字后表示"亲热"，如「おばあちゃん」（奶奶，外婆，老奶奶）、「にいちゃん」（阿哥）、「太郎ちゃん」（太郎）。

972. 【ちゅう】①あなたがネズミになっちゃったら、大きさはどれぐらい？【答案】チューぐらい。【翻译】如果变成老鼠，是多大的老鼠？【答案】不大不小。【解析】老鼠叫声是「チューチュー」，与「中位」发音相同。②ねずみの下にある料理ってなーんだ？【答案】中華料理。【翻译】老鼠下面的饭菜是什么？【答案】中国料理。【解析】老鼠叫声是「チュー」"下"是「か」，连在一起就是「中華」（中国菜）。③病気が治ったら鼠が鳴きました。なんと鳴きましたか。【答案】「チュ」と鳴きました。【翻译】老鼠疾病痊愈后，如何叫？【答案】吱吱叫。【解析】「チュ」（吱吱声）与「治癒」（治愈）发音相近。④ねずみの工事ってもう終わった？【答案】工事中。【翻译】老鼠的工程结束了没有？【答案】还在进行。⑤猫とねずみが戦う試合はどうなった？【答案】ねずみが死んでチューシ「中止」になった。【翻译】猫与老鼠打仗，结果如何？【答案】老鼠败阵。【解析】老鼠死去，战斗中止。「ちゅう死」（老鼠死）与「中止」（终止）发音相同。

973. 【ちゅうか】真ん中で、キッスしている夏の麺類ってなーんだ？【答案】冷やし中華。【翻译】夏天，中间发出接吻声音的面类食品是什么？【答案】凉面。【解析】「冷やし中華」为「冷やし中華蕎麦」之略，意为"凉面"，即把煮好的面条放到凉水里冷却后，浇上卤，放上浇头。「ちゅう」是接吻发出的声音。

974. 【ちゅうごく】①国民がキッスばかりしている国ってどーこだ？【答案】中国。【翻译】天天亲吻的国家是什么国家？【答案】中国。【解析】中国的「ちゅう」（中）与亲吻声发音相同。②地球の真ん中にある国どーこだ？【答案】中国。【翻译】地球正中间的国家是什么国家？【答案】中国。【解析】"中国"的日语与"处于中心的国家"的日语发音相同。

975. 【ちゅうしゃ】①お医者さんでも看護師さんでも無い、患者さんが自分でちゅうしゃするところどーこだ？【答案】駐車場。【翻译】既不是医

生,不是护士,而是患者自己打针。这是什么地方?【答案】停车场。【解析】「注射」(打针,注射)与"停车"的日语发音相同。②車を停めてするチューってなーんだ?【答案】駐車。【翻译】把车停下来接吻,是什么?【答案】停车。

976. 【チューで】「いっぱいチューできる日はまだかよー!」と太郎が待ちわびている日は、何曜日ですか。【答案】火曜日。【翻译】"可以亲个够的日子怎么还没有到呢?"太郎急切等待的日子是星期几?【答案】星期二。【解析】「チューで」与英语 Tuesday(周二)发音相同,而「かよ」与日语「火曜」发音相似。

977. 【ちゅうにち】真ん中の日が強い野球チームってなーんだ?【答案】中日ドラゴンズ(dragons)。【翻译】中间的日子比赛,比较强的棒球队是哪一队?【答案】中日龙队。【解析】「ドラゴンズ」为龙级赛艇。谜面还有其他意义。第二个意思是:"日"字在中间,实力比较强的棒球比赛运动队是哪一队? 中日龙队中,日字在中间;第三个意思是:中午日光比较强烈时,比赛的球队是哪一队?

978. 【ちょう】①うまくいってる鳥ってなーんだ?【答案】候鳥。【翻译】一帆风顺的鸟是什么鸟?【答案】候鸟。【解析】「候鳥」(候鸟)和表达顺利的「好調」发音相同。②お尻を突っつく鳥ってなーんだ?【答案】かんちょう。【翻译】捅屁股的鸟是什么鸟?【答案】灌肠。【解析】「突っつく」表示俗语"捅,戳,刺,夹",等于「つつく」(连续不断地捅、戳、刺、啄)。③急に病院に運ばれた鳥ってなーんだ?【答案】きゅうかんちょう。【翻译】被匆忙送往医院的鸟是什么鸟?【答案】九官鸟。【解析】"九官鸟"又叫"秦吉鸟",其日语与「急患鳥」(急患鸟)或「急灌腸」(急灌肠)发音相同。④ものがたくさん入りそうな鳥ってなーんだ?【答案】ふくろう。【翻译】好像里面塞了很多东西的鸟是什么鸟?【答案】猫头鹰。【解析】「ふくろ」表示"袋子"。⑤夜明けにビンカンな物ってなーんだ?【答案】牛乳瓶,朝刊。【翻译】对黎明比较敏感的东西是什么?【答案】牛奶瓶和晨报。【解析】「敏感」(敏感)可以分解为「瓶」(牛奶瓶)和「刊」(朝刊)。⑥おまわりさんと一緒にいるちょうってなーんだ?【答案】警察手帳。【翻译】和警察在一起的鸟是什么鸟?【答案】笔记本,记事本。【解析】"记事本"的日语中有"鸟"的日语发音。⑦三羽の蝶々が飛んでいます。真ん中の蝶々は子供かな?【答案】大人。【翻译】三只蝴蝶在飞。中间的蝴蝶是蝴蝶幼虫吗?【答案】不是幼虫。【解析】蝴蝶幼虫和

蝴蝶名称不同:幼虫叫「蛹(さなぎ)」,成虫叫「蝶々(ちょうちょう)」。⑧ちょうはちょうでも、幼稚園で一番えらいちょうってなーんだ?【答案】園長(えんちょう)先生。【翻译】虽说是蝴蝶,但幼儿园职位最高的蝴蝶是什么蝴蝶?【答案】园长。【解析】"幼儿园长"的日语中「長」与"蝴蝶"的日语中的「蝶」发音相同。⑨町で朝買った長いネクタイってなーんだ?【答案】チョウネクタイ(necktie)。【翻译】早晨在街上买的长长的领带是什么?【答案】蝶形领结,蝴蝶结领带。【解析】「朝(ちょう)」与「蝶(ちょう)」发音相同。⑩いつも持ってるちょうってなーんだ?【答案】手帳(てちょう)。【翻译】身边总是带着的蝴蝶是什么?【答案】记事本。⑪春になって出てくる、町で一番偉い虫は何ですか。【答案】町長です。【翻译】春天在镇上最伟大的鸟是什么?【答案】镇长。【解析】「蝶々(ちょうちょう)」与日本地方公共団体町的首长「町長(ちょうちょう)」(町长)读音相同。⑫役場にいる昆虫は何?【答案】町長です。【翻译】职场里的鸟是什么?【答案】镇长。

979.【ちょうえん】治療費が一億円の千倍の病気ってなーんだ?【答案】腸炎(ちょうえん)。【翻译】治疗费是1亿元的1000倍的疾病是什么?【答案】肠炎。【解析】「腸炎(ちょうえん)」与「兆円(ちょうえん)」发音相同。

980.【ちょうへび】柯南剧场版十「探偵たちの鎮魂歌」(《侦探的安魂曲》)中毛利兰给少年侦探团出了下面谜语:大家都想乘坐游乐场中的"超级大蟒蛇"(super snake)项目。在少年侦探团中,谁与这个游戏最般配?【解析】"超级大蟒蛇"的日语即为「ちょうへび」,与英语单词 super heavy(超级沉重)相当。毛利兰以此暗示体重第一的元太君。

981.【チョコ】「ガツガツじゃなくて、チョコチョコ食べれば痩せますか」と聞かれたらどう答えますか。【答案】「痩せません」と答えます。【翻译】要是不狼吞虎咽,而是小口小口吃,能变瘦吗?【答案】不行。【解析】「チョコチョコ」(小口小口)听起来有点像「チョコレートチョコレート」(一块又一块地吃巧克力),因此不会变瘦。

982.【ちょっきり】①はさみで切れそうな箱ってどんな箱?【答案】貯金箱(ちょきんばこ)。【翻译】什么箱子好像要用剪子剪开?【答案】储钱箱。【解析】「貯金(ちょきん)」(存钱)与「ちょっきり」(用剪子剪东西)发音相似。②のり君、ハサミ君、じょうぎ君がいます。この中で一番お金を貯めているのは誰でしょう?【答案】ハサミ君。【翻译】胶水、剪刀、尺子,谁存钱多。【答案】剪刀。【解析】「はさみ」又叫「チョッキ」,音近「貯金」。

983.【チラシ】①ちょっと見ると死んでしまうものは?【答案】チラシ。【翻

译】稍微一看就会死的东西是什么?【答案】广告单。【解析】チラ:稍微。チラチラ:瞟视,瞥视,眼睛多次迅速向某个方向看。チラチラと横目で见:斜眼瞟视。チラシ:广告单,字面意思是"看一眼就死"。②チラチラチラチラ见えるものは?【答案】チラシ。【翻译】「チラチラチラチラ」是什么?【答案】广告单。【解析】四个「チラ」即"广告单"。③紙で作ったお寿司は何寿司?【答案】チラシ寿司。【翻译】用纸做成的寿司是什么寿司?【答案】什锦寿司。【解析】「チラシ寿司」(什锦寿司)中包含了「チラシ」(小传单)的读音。

984. 〖チリ〗①土地の状態に詳しい国は?【答案】チリ。【翻译】对土地状况很清楚的国家是什么国家?【答案】智利。【解析】"智利"的日语与「地理」(地理)发音相同。②細なが―い海沿いの教科ってなーんだ?【答案】チリ。【翻译】细长而且沿着海岸的学科是什么?【答案】地理。③小さすぎて見えない国はどこ?【答案】チリ。【翻译】太小,因而无法看到的国家是什么国家?【答案】智利。【解析】国名「チリ」(智利)与「塵」(微小,微不足道)读音相同。④どう掃除しても、きれいになれない国。【答案】智利。【翻译】怎么打扫都无法使之干净的国家是哪个国家?【答案】智利。【解析】"智利"的日语与"灰尘"的日语发音相同。

つ

985. 〖つ〗日本第1の都市は東京。第2の都市は大阪。それでは、日本にあるアメリカ第2の都市は?【答案】津「ツー」。【翻译】日本第一都市是东京,第二都市是大阪。位于日本的美国第二都市是什么地方?【答案】津市。【解析】津市位于三重县伊势平原中部。「ツー」表示"英语2"。

986. 〖ついたち〗毎月最初の日に出てくる動物なーんだ?【答案】いたち。【翻译】每月第一天肯定出现的动物是什么?【答案】黄鼠狼。【解析】每月第一天「一日」(一号)中有「鼬」(黄鼠狼)。

987. 〖ツートンカラー〗二匹の豚が着る服の色ってどんな色?【答案】ツートンカラー(two-tone color)。【翻译】两只猪穿的衣服是什么颜色?【答案】等合色。【解析】等合色指两种不同颜色的谐和调配,常用于车皮的涂饰。

988. 〖つがい〗つがいの壺ってなーんだ?【答案】イボ。【翻译】一对儿壶是什么?【答案】疙瘩。【解析】つがい:一对儿;关节。つぼ:壶,罐;要点,灸点,穴位。イボ:疙瘩,附在物体表面的小突起,疣,瘊子,皮肤角质部

分增殖变化而形成的小突起。另一意义：如果「つ」是「い」,「つぼ」是什么？

989. 〖つき〗①運のいい星なーんだ？【答案】月。【翻译】幸运的星星是什么？【答案】月亮。【解析】「つく」表示"走运,运气好"。今日はついている：今天运气好。②お日様に、足がはえたら何になる？【答案】お月様。【翻译】太阳长了脚,是什么？【答案】月亮。【解析】从字形看,月比起日多了两只脚。③月は月でも、みんなからきらわれる月ってどんな月？【答案】うそつき。【翻译】虽然是「つき」,被人厌恶的「つき」是什么？【答案】骗子。【解析】"月"的日语读音与「嘘つき」(骗子)的读音有联系。④くれると光る、たまにかけるお皿なーんだ？【答案】月。【翻译】天黑会发出光芒而有时会缺角的盘子是什么？【答案】月亮。⑤お空にあって、剣道にもあるものなーんだ？【答案】つき。【翻译】空中有而有时剑道中也有的东西是什么？【答案】月亮。【解析】つく：扎,刺,戳,捅,撞,顶。槍で突く：用矛扎。⑥きはきでも、お空で太ったりやせたりする木はなーんだ？【答案】つき。【翻译】说树也是树,天空中一会儿胖一会儿瘦的树是什么树？【答案】月亮。

990. 〖つきうさぎ〗石→臼・明日→伊勢・肩→基地・近い古賀→？【答案】つきうさぎ。【翻译】如果「石」能够推导出「臼」,「明日」推导出「伊勢」,「肩」推导出「基地」,那么「近い古賀」可以推导出什么？【答案】月宫舂米的兔子。【解析】根据五十音图,「石」之下分别是「臼」,「明日」之下分别是「伊勢」,「肩」之下分别是「基地」,因此「ちかいこが」之下就分别是「月兎」或「搗き兎」。谜面中的古贺市位于日本福冈北部,拥有大片农村地区,是福冈市的卫星工业地区。

991. 〖つきみ〗①きみはきみでも、食べられるきみは卵の黄身。それでは夜空に浮かぶのはどんなきみ？【答案】お月見。【翻译】说「きみ」也是「きみ」,能吃的「きみ」是鸡蛋的蛋黄。那么,夜空中漂浮的「きみ」是什么？【答案】赏月。②月見うどんに卵はいくつ入ってる？【答案】2つ。【翻译】清汤乌冬面里面有几个鸡蛋？【答案】2个。【解析】"赏月"的日语与「ツー黄身」(有两个蛋黄)发音相同。

992. 〖つく〗つけばつくほどしかられるものなーんだ？【答案】うそ。【翻译】能力越提高,越被批评,为什么？【解析】「つく」可以作为自动词,表示"提高,长进,智慧,能力等增加"。力が付く：精力增长,长力气；元気が付く：有精神。「つく」也可以作他动词,表示"撒谎"。越撒谎越受批评。

993. 〖つくし〗くしはくしでも、春になると顔を出すくしってなーんだ?【答案】つくし。【翻译】虽说是梳子,但春天露面的梳子是什么?【答案】问荆,笔头草。【解析】"问荆,笔头草"是问荆地下茎长出的孢子茎,早春时节出现,因其状如笔而得名,可食用。

994. 〖つな〗マグロを引っ張り合うスポーツってなーんだ?【答案】綱引き。【翻译】互相扯拉金枪鱼的比赛是什么?【答案】拔河。【解析】拔河为「綱引き」。英语单词 tuna(金枪鱼)与日语单词「綱」(绳子)发音相同。

995. 〖つば〗①よだれが垂れてるお姫様は?【答案】椿姫。【翻译】滴着口水的女孩是谁?【答案】茶花女。【解析】名著《茶花女》的日语译名「椿姫」的前一部分与「唾」(唾液)同音。「つばき」和「つば」都表示"口水"。つばを付ける:预留暗记,为不被他人取走而事先建立某种联系或作记号。②唾が頭についてる鳥ってなーんだ?【答案】ツバメ。【翻译】头上有口水的鸟是什么鸟?【答案】燕子。

996. 〖つぼ〗押すと気持ちよくて、落とすと割れるものなーんだ?【答案】ツボ。【翻译】按了之后很舒服,掉到地上会破碎,是什么?【答案】つぼ。【解析】「壺」(壶)也表示"针灸的穴位"。つぼをおす:按压穴位;つぼをおとす:将壶掉在地上。

997. 〖つま〗①夫婦で、足の指を見るのはどっちから?【答案】妻。【翻译】夫妇中,先看见脚趾的是哪一位?【答案】妻子。【解析】「爪先」表示"脚尖",前两个假名表示「妻」(妻子)。②妻から頭を売ったらある動物になりました。なーんだ?【答案】馬。【翻译】卖掉妻子的头,会变成一种动物,是什么?【答案】马。【解析】「妻」(妻子)tuma 去掉开首字母 t 成为「馬」(马)uma。

998. 〖つまようじ〗①夫さんの奥さんはいつも用があって出かけています。何をしに行っているのでしょうか?【答案】爪楊枝を買いに行った。【翻译】妻子总是有事外出。她有何贵干?【答案】买小牙签了。【解析】另一个意思是「妻用事なんちゃって」。妻子出去办她应办的事情。②奥さんに頼むものってなーんだ?【答案】爪楊枝を買う。【翻译】委托妻子办什么事情?【答案】买小牙签。

999. 〖つまらない〗①つまらないほうがいい、なんですが?【答案】下水管。【翻译】什么东西越无聊越好?【答案】下水道。【解析】「詰らない」(无聊)也表示"下水道不堵塞"。②ちゃんとしたトイレの本ってどん

な本?【答案】つまらない本。【翻译】通水良好的厕所的书是什么书?【答案】无聊的书。

1000. 〖つめ〗めはめでも、手についてるめってなーんだ?【答案】つめ。【翻译】虽说是眼睛,但长在手上的眼睛是什么?【答案】指甲。【解析】「爪」(指甲)最后一个假名表示"眼睛"。

1001. 〖つゆ〗問い:「晴れの日になめても飴(雨)とはこれいかに」答え:「冬に飲んでもつゆと呼ぶが如し」。【翻译】问题:晴朗的天气吃「飴」(糖),为什么说下了「雨」(雨)?【答案】正如冬天喝「汁」(汤),也称为「梅雨」(梅雨)。【解析】在日本,梅雨一般为六月至七月初。

1002. 〖つり〗①わたあめや、きんぎょがとれるつりはなあに?【答案】おまつり。【翻译】可以吃棉花糖,捕捞金鱼的零钱是什么?【答案】祭典。【解析】祭典中有零钱的字样。②買い物するときにする釣りってなーんだ?【答案】おつり。【翻译】买东西时钓的鱼是什么鱼?【答案】找零钱。【解析】零钱和钓鱼是一个发音「釣」。③冬に木の上でする釣りってなーんだ?【答案】ゆきづり。【翻译】冬天在树木上钓鱼,该如何解释?【答案】吊起树枝。【解析】为防止庭院里的树枝被积雪压断而用细绳将其吊起。

1003. 〖つりがね〗①お魚とってたら眠くなる植物ってなーんだ?【答案】つりがね草。【翻译】抓住了鱼之后就瞌睡,是什么植物?【答案】风铃草。【解析】风铃草为开花为吊钟状的草的总称,字面分析有"钓了鱼之后睡觉"的意思。②ちょうどのキャッシュで買った植物ってなーんだ?【答案】つりがね草。【翻译】用正好够的钱买的植物是什么?【答案】风铃草。【解析】风铃草又表示"很难找零的草"。

1004. 〖つりかわ〗電車の中にあるかわってなーんだ?【答案】つりかわ。【翻译】电车中流淌的一条河是什么河?【答案】电车等公共交通车辆中的吊环、拉手。【解析】吊环中有河流的发音。

1005. 〖つりばし〗釣り人が多い橋ってなーんだ?【答案】吊橋。【翻译】钓鱼人聚集较多的桥是什么桥?【答案】吊桥。

1006. 〖つりぶね〗浮かんでるのにつってるみたいな乗り物なーんだ?【答案】釣り船。【翻译】明明浮在水面上,看起来好像吊在空中。这种交通工具是什么?【答案】钓鱼船。【解析】钓鱼船主要指小船,有时也指大型钓鱼船。"钓鱼"的日语和"悬挂"的日语发音相同。

1007. 〖つる〗①鳥の中ですべってころんだ鳥はなんでしょう。【答案】鶴。

【翻译】在鸟当中摔跤滑倒的鸟是什么鸟?【答案】鹤。【解析】「鶴」与表示"滑溜溜地"的「つるつる」相关。②お坊さんがそうめんを食べるとき、どんなふうに食べる?【答案】つるつる食べる。【翻译】和尚如何吃挂面?【答案】"哧溜哧溜"地吃。【解析】お坊さん:对和尚的亲切称呼。つるつる:精光,溜光,光滑,暗指和尚没有头发。

て

1008. 〖て〗なかなか手が出ない服ってなーんだ?【答案】ズボン。【翻译】拿不出手的衣服是什么?【答案】裤子。【解析】「手が出ない」有两个意思:一个是"拿不出手,很寒碜",另一个是"不会有手出来"。

1009. 〖ティ〗十字路が一つ通行止めになったときの飲み物なーんだ?【答案】ティ(tea)。【翻译】十字路口遇到一个禁止通行时喝的饮料是什么?【答案】茶。【解析】「停」与"茶"的英语发音相似。

1010. 〖ていきけん〗手が息をしそうな切符ってなーんだ?【答案】定期券。【翻译】手好像在呼吸的票是什么票?【答案】定期车票。【解析】定期车票指在某段时间内可在某区间内的公交工具上使用的打折车票。「定期券」(定期券)与「手息券」(手呼吸)发音相近。

1011. 〖データ〗パソコンから引き出してきたものなーんだ?【答案】データ(data)。【翻译】从电脑里面导出的东西是什么?【答案】数据。【解析】"数据"的日语与「出た」(出来)发音相同。

1012. 〖テーブル〗持ち上げようとすると手が震える家具なーに?【答案】テーブル(table)。【翻译】想往上提而手却颤抖的家具是什么?【答案】桌子。【解析】「テーブル」字面意思为"手振る"(手抖动)。

1013. 〖デカ〗大きい人の職業ってなーんだ?【答案】デカ。【翻译】个子大的人的职业是什么?【答案】刑警。【解析】「デカ」(刑警)与「でかい」(大的)发音相同。

1014. 〖てがみ〗手が3本もあるものなーんだ?【答案】手紙。【翻译】有三只手的东西是什么?【答案】信件。

1015. 〖テキーラ〗相手をむしゃくしゃさせるお酒ってなーんだ?【答案】テキーラ。【翻译】让对手坐立不安的酒是什么酒?【答案】特奎拉酒(tequila)。【解析】「テキーラ」与「敵いらいら」发音相似。特奎拉酒,以龙舌兰为原料制成的蒸馏酒,产于墨西哥,酒精成分为29%~45%。

「いらいら」和「むしゃくしゃ」都表示"焦急,烦躁,坐立不安,心烦意乱"。

1016. 〖できる〗①あったこともない人が、雨の深夜にタクシーでやってきた。何できたんだろう?【答案】タクシー。【翻译】从来没有见过的某个人在深夜乘坐的士到来。发生了什么?【答案】出租车。【解析】「で」也是格助词,此时起双关语作用。句子「何できたんだろう」的另一个意思是"他乘坐什么交通工具到来",因此答案是"出租车"。②昨日、急に先生が家まで車でやってきた。先生は何できたのかな?【答案】車。【翻译】昨天,老师很着急地回了家,发生了什么事情?【答案】汽车。

1017. 〖デザート〗沙漠で食べるものなーんだ?【答案】デザート(dessert)。【翻译】沙漠中吃的食品是什么?【答案】甜食,尾食。【解析】饭后甜点指西餐正餐最后上的干酪、点心、水果等。desert(沙漠)与dessert(饭后甜点)发音和拼写近似。

1018. 〖デジカメ〗字が飛び出しそうなカメラってなーんだ?【答案】デジカメ(digital camera)。【翻译】好像文字从中飞出的照相机是什么?【答案】数码照相机。【解析】「デ」表示"飞出";「ジ」表示"字"。

1019. 〖てちょう〗手の巾が長いものなーんだ?【答案】手帳。【翻译】手很长的东西是什么?【答案】笔记本,手册。

1020. 〖テニス〗お酢で手を洗うスポーツは何?【答案】テニス。【翻译】用醋洗手的运动是什么?【答案】网球。【解析】「テニス」(网球)与「手に酢」读音相同。

1021. 〖てぬき〗手抜きの寺に咲くものなーんだ?【答案】桜。【翻译】偷工减料建成的寺庙里盛开的是什么花?【答案】樱花。【解析】手抜き工事:偷工减料的工程。另一方面,「抜き」意思是"去掉",「手抜きの寺」可以解释为「寺」去掉「て」,剩下的假名是「ら」。加上「咲」,就是「桜」。

1022. 〖デパート〗パートさんがいっぱい出てきたのはどーこだ?【答案】デパート。【翻译】出来很多钟点工的地方是什么地方?【答案】百货商场。【解析】「デパート」为「出パート」。

1023. 〖てぶくろ〗5つの柱を持つ暖かい袋ってなーんだ?【答案】手袋。【翻译】拥有五个柱子的温暖的袋子是什么?【答案】手套。

1024. 〖でまえ〗ラーメン屋の配達はどこから出る?【答案】前。【翻译】拉面店的外卖从什么地方送出?【答案】前门。【解析】「出前」(从前面出去)也表示"饭店外送的饭菜,送外卖"。

1025.【ても】カッターで指を切ってもちが出ませんでした。なんで?【答案】指を切って「もち」が出てくるはずが無い。【翻译】即使用刀切了手指,也不会流出血,为什么?【答案】切了手指,糕饼是不会出现的。【解析】从翻译中可以看出句子的关键部分「指を切ってもちが出ません」有两个理解,问题是意群的断句在「も」之前还是之后。

1026.【てらす】おうちの中で、明るくしておきたい場所ってどーこだ?【答案】てらす(terrace)。【翻译】家中想布置得明亮一些的位置是什么位置?【答案】露台,平台,阳台。【解析】阳台指建筑物向庭院或街道伸出的与地板同高的部分,其日语与「照らす」(照耀)发音相同。

1027.【でる】①家の中ででるときに入るところってどこ?【答案】トイレ。【翻译】家中有个地方,想出的时候就进去,是什么地方?【答案】厕所。【解析】所谓的"出"指"出恭"。②いつも流してから出てくる部屋は?【答案】トイレ。【翻译】总是在撒了(冲了)然后出去的房间是什么房间?【答案】厕所。【解析】「流し」也表示"冲洗污秽"。谜面的另一个意思是"冲洗大小便之后离开卫生间"。③アラブの砂漠を掘り続けると、何が出てくるでしょう?【答案】汗。【翻译】一直挖阿拉伯的沙漠,会挖出什么来?【答案】挖掘的人身上出汗。

1028.【テルテル】電話が大好きなお坊さんってだーれだ?【答案】テルテル坊主。【翻译】喜欢电话的小和尚是谁?【答案】祈晴娃娃。【解析】祈晴娃娃指挂在屋檐下祈求天晴的纸偶人。「テル」表示"电话",也表示「照る」(照耀)。

1029.【テレや】テレビの性格ってなーんだ?【答案】テレや。【翻译】电视是什么性格?【答案】腼腆的人。【解析】「照れ屋」表示"腼腆的人,很轻易就害羞的人;忸怩的人"。

1030.【てん】①大きいものにふたをしてるのどーこだ?【答案】天。【翻译】在一个很大的东西上加一个盖子。这是哪里?【答案】天。【解析】天有天顶,"天"由"大"加上上面一横组成,一横如同盖子。②店はいくつある?【答案】10個「テン」。【翻译】有几个商店?【答案】10个。【解析】「店」(店)与ten(10)发音相同。

1031.【でんき】①しびれる本は何?【答案】伝記。【翻译】感到麻痹的书是什么书?【答案】传记。【解析】「伝記」(传记)与「電気」(电力)发音相同。遭电击时人会麻痹。②明るい本ってなーんだ?【答案】伝記。【翻译】明亮的书是什么书?【答案】传记。【解析】有电灯,就明亮。③田んぼに新しい機械を置いた。どんなモノを作る機械?【答案】電

気。【翻译】田里面装了新机器,是做什么的机器?【答案】是发电的机器。【解析】「田んぼ」表示"水田","田"也可以念作「でん」,与「电」发音相同。"田里的机器"缩略转换为"电气"。④切れると痛いのは怪我ですが、切れると暗くなるものなーんだ?【答案】電気「電球」。【翻译】切到时疼痛是受了伤;切断时变暗的是什么东西?【答案】电灯。

1032. 〖てんさい〗①地震雷火事親父の中で、絶対にてんさいじゃないのはどれ?【答案】ない。【翻译】地震、打雷、火灾、严父四类中,绝对不是天灾的是哪一个?【答案】都可能是。【解析】地震、打雷是天灾,火灾可能是自然起火的天灾,严父可能是天才。日语中,「天災」(天灾)与「天才」(天才)发音相同。②とっても賢いサイは、何匹いる?【答案】10匹。【翻译】比较聪明的犀牛有多少只?【答案】10只。③頭のいい子供は何歳?【答案】10歳「天才」。【翻译】头脑灵活的孩子几岁?【答案】10岁。【解析】"10岁"的日语与「天才」同音。

1033. 〖てんし〗①天使は天使でも、あやしい天使ってなーんだ?【答案】ペテン師。【翻译】虽说是天使,但奇怪的天使是什么人?【答案】骗子。【解析】"骗子"的日语中有「天使」(天使)的字样。②点が4個ついてるのはだーれだ?【答案】天使。【翻译】有四个点的人是什么人?【答案】天使。【解析】「四点」读「してん」,倒过来就是「天使」。

1034. 〖てんじょう〗座ると高くなるものなーんだ?【答案】天井。【翻译】坐下会更高,是什么?【答案】天花板。【解析】人坐下,天花板高;人立起来,天花板低。

1035. 〖てんしょく〗次郎は定職が定まらず、次から次へと鞍替えをして、「天職と何時巡り会えるんだろう」と嘆いていました。さて、次郎は何時天職と巡り会えますか。【答案】直に巡り会えます。「転職」ですから。【翻译】次郎工作不固定,接连跳槽。他叹气说:"什么时候才能找到自己的天职?"【答案】很快会找到的。【解析】「転職」(转职)与「天職」(天职)发音相同。

1036. 〖でんち〗①電気が入っている池ってなーんだ?【答案】電池。【翻译】充了电的水池是什么池子?【答案】电池。②タイ専用電池ってなーんだ?【答案】太陽電池。【翻译】泰国专用电池是什么?【答案】太阳能电池。

1037. 〖でんでんむし〗①外出するのが嫌いな虫は?【答案】でんでんむし。【翻译】不喜欢外出的虫子是什么?【答案】蜗牛。【解析】「でんでんむ

し」意为"蜗牛",即缩在壳里不喜外出的虫子。「でんでん虫」是「かたつむり」的俗称。②何回かけても電話に出ない虫ってなーんだ?【答案】デンデンムシ。【翻译】不管打多少次电话都不接电话的虫子是什么虫子?【答案】蜗牛。【解析】"蜗牛"字面意思是"无视电话"。

1038. 〚テント〛10個もある家なーんだ?【答案】テント(tent)。【翻译】家中有10个这样的东西,是什么?【答案】帐篷。【解析】帐篷中有英语ten字。

1039. 〚テントウムシ〛①転んでも相手にされない虫は何?【答案】テントウムシ。【翻译】即使摔倒,也不会被当回事的虫子是什么?【答案】七星瓢虫。【解析】七星瓢虫也叫"异色瓢虫,红娘子,花大姐"。「テントウムシ」(七星瓢虫)与「転倒無視」同音。②ついたり消えたりする虫ってなーんだ?【答案】てんとう虫。【翻译】一会儿点灯,一会儿熄灯。这样的虫子是什么虫子?【答案】七星瓢虫。【解析】「てんとう」与「電灯」发音相近。

1040. 〚てんぷら〛寺に囲まれたりょうりってなーんだ?【答案】天麩羅。【翻译】被寺庙围住的食品是什么?【答案】裹面油炸鱼(虾、蔬菜)等食品。【解析】「てんぷら」两端分别有「てら」,所以说"被寺庙包围"。

1041. 〚てんもん〛なぞなぞを10問出される所ってどーこだ?【答案】「天文台」。【翻译】出了10个谜语的地方是什么地方?【答案】天文台。【解析】「天文」与「十问」同音。

と

1042. 〚と〛①一つだとあけるもの。二つだとかけるもの。三つだとつぶれるものなーんだ?【答案】と。【翻译】有一个,能打开,有两个,可赌博,有三个,会破产,是什么?【答案】と。【解析】一个是打开「戸」(门);两个是足球赌博(toto);三个是倒闭「倒産」。toto为意大利语totocalcio的缩略,日语为「トトカルチョ」,是足球彩票的一种,以预测职业足球赛的输赢进行赌博,盛行于意大利等欧洲各国。②妹には一つ、弟には二つあるものってなーんだ?【答案】「と」の字。【翻译】妹妹有一个,弟弟有两个,是什么?【答案】と。③ビルの一階と二階の間にあるものなーんだ?【答案】と。【翻译】大厦的一楼和二楼之间是什么?【答案】と。【解析】「と」也可以解释为"门"。

1043. 〚ドイツ〛①土井家NO2が留学した国は?【答案】ドイツ。【翻译】土

井家第二个孩子到哪个国家留学?【答案】德国。【解析】「土井ツー」(土井家第二个孩子)与"德国"的日语发音相同。②同じような国ってなーんだ?【答案】ドイツ。【翻译】同样的国家是什么国家?【答案】德国。【解析】"德国"的日语与「同一」(同样)发音相同。

1044.〖トイレ〗①10が入ってるのってどーこだ?【答案】トイレ。【翻译】放进去10个东西的地方在哪里?【答案】厕所。②ランプを持って、トイレに行ったら、帰るとき別のものになっていました。何になっていた?【答案】トランプ。【翻译】提着灯到厕所,回来时成了别的东西,是什么?【答案】扑克牌。【解析】「トイレ」(厕所)也表示「と入れ」(插入「ト」)。「ランプ」插入「と」,就成了「トランプ」。

1045.〖トイレットペーパー〗まわったりふいたりしているうちにどんどんやせていくものなーんだ?【答案】トイレットペーパー(toilet paper)。【翻译】转动、擦拭然后不断变瘦的东西是什么?【答案】卫生纸卷。

1046.〖とう〗塔は塔でも、人が入れない、やわらかくて白いとうってなーんだ?【答案】とうふ、さとう。【翻译】虽说也是塔,但人进不去,软软的、白白的塔是什么?【答案】豆腐和砂糖。【解析】「豆腐」(豆腐)和「砂糖」(砂糖)中包含「塔」(塔)的读音。

1047.〖とうか〗爆弾はいつ落とす?【答案】十日。【翻译】炸弹在什么时候投下?【答案】十日。【解析】「十日」与「投下」(投下、扔下)读音相同。

1048.〖とうかいどう〗移動するのに10日かかるのはどんな道?【答案】東海道。【翻译】如果行走,需要十天,是什么道?【答案】东海道。【解析】「東海道」(东海道)与「十日移動」发音相似。

1049.〖とうがらし〗4から10までの辛さがあるものなーんだ?【答案】唐辛子。【翻译】有种辣味,从四到十,是什么?【答案】辣椒。【解析】「唐辛子」可以分解为「とうからしまで」(从十到四)。

1050.〖とうきび〗5倍もキビキビしてる野菜ってなーんだ?【答案】唐黍。【翻译】五倍爽快的蔬菜是什么?【答案】玉蜀黍。【解析】玉蜀黍的别名;高粱的别名。キビキビ:机敏,爽快,爽利,麻利,干脆,利落。五乘以二等于十,玉蜀黍的字面意思是十个「キビ」。

1051.〖とうきょうと〗①自分だけでずっとシリトリ出来る都道府県ってどーこだ?【答案】东京都。【翻译】自己能够首尾相接的都道府县地名是什么?【答案】東京都。【解析】「とう」既表示"都",也表示"東"。②小

京都と呼ばれる都市はたくさんあるけれど、東の京都ってどーこだ?【答案】東京都。【翻译】被称为小京都的城市很多,东面的京都是什么地方?【答案】东京都。【解析】东京都一个意思表示"东部京都",另一个意思表示"东京"。

1052.【トースター】①スターはスターでもパンを食べるスターってなんだ?【答案】トースター(toaster)。【翻译】虽说是明星,但能吃面包的明星是什么?【答案】烤面包器。【解析】烤面包器是利用电热器双面烤面包片的器具。②星を10個集めたら、パンを焼けるものなーんだ?【答案】トースター。【翻译】集齐10个星星,就可以烤面包,是什么?【答案】面包烤箱。

1053.【どうくつ】おんなじ靴ってなーんだ?【答案】洞窟。【翻译】同样的鞋子是什么?【答案】洞穴。

1054.【とうさん】①会社がつぶれて困るのだーれだ?【答案】とうさん。【翻译】公司倒闭,处于困境的人是谁?【答案】父亲。【解析】「倒産」(破产)与「父さん」(父亲)发音相同。②13歳ってだーれだ?【答案】とうさん。【翻译】13岁的人是什么人?【答案】父亲。

1055.【どうじょう】情けをかける場所は?【答案】道場。【翻译】给予同情的场所是什么地方?【答案】道场。【解析】「同情」(同情)与「道場」(道场)发音相同。道场指佛开悟的地方或供养诸佛、修法的场所,也指练武场和修养、锻炼的场所。

1056.【どうそうかい】いい気分か聞く会合ってなーんだ?【答案】同窓会。【翻译】问"是否愉快"的聚会是什么聚会?【答案】同窗会。【解析】"同窗会"的日语与询问是否快乐「どう?爽快?」发音相同。

1057.【とうなん】東と南で起きた事件ってなーんだ?【答案】盗難事件。【翻译】东面和南面发生了什么事情?【答案】盗窃事件。【解析】"盗窃事件"的日语与「東南」(东南)发音相同。

1058.【とうひょう】表は表でも、選挙で出てくる表はなーんだ?【答案】投票。【翻译】虽说是表,但选举中的表是什么?【答案】投票。

1059.【とうめい】①9人だと見えるのに、10人だと見えないものなーんだ?【答案】透明人間。【翻译】明明看到九个,却说是十个,看不见的人是什么人?【答案】透明人。【解析】「透明」与「十名」发音相同。因为透明,所以隐形。②突然消えてしまったやぎは何頭いた?【答案】10

頭。【翻译】突然消失的山羊有几只?【答案】10只。【解析】"十只"的日语与"透明"的日语发音相同。羊叫为咩咩。

1060.〖とうゆ〗10個の油ってなーんだ?【答案】「灯油」。【翻译】10滴油，是什么?【答案】灯油。

1061.〖どうよう〗①三番目の賞をもらったお話ってなーんだ?【答案】童話。【翻译】得了三等奖的故事是什么故事?【答案】童话。【解析】童话中的"童"与"铜"发音相同，铜奖一般为三等奖。②金メダルも銀メダルも取れない歌ってなーんだ?【答案】童謡。【翻译】得不到金牌与银牌的歌曲是什么?【答案】童谣。③お年寄りたちが、夏休みに童謡を聞いて思わず動揺したよーと嘆いた日は何曜日ですか。【答案】「土曜日」です。【翻译】有一天，上了年纪的老人们感叹："暑假里听到童谣，不由得心动了。"这一天是星期几?【答案】星期六。【解析】「童謡」和「動揺」都提示答案为「土曜日」。

1062.〖トカゲ〗①10個も影があるものなーんだ?【答案】トカゲ。【翻译】有十个阴影的东西是什么?【答案】蜥蜴。【解析】四脚蛇,马蛇子。②扉の後ろに隠れている動物なーんだ?【答案】とかげ。【翻译】门后面藏着什么动物?【答案】蜥蜴。【解析】「と」表示门。

1063.〖どかん〗①地面の中で動かないものなーんだ?【答案】土管。【翻译】土地中不动的东西是什么?【答案】陶管,缸管。【解析】退く:让开,推开,躲开。"陶管"的日语与"让开"的日语否定形式相同。陶管用粘土烧制,因此说在土中。②爆発しそうな管ってなーんだ?【答案】ドカン。【翻译】好像要爆炸的管是什么管?【答案】土管,瓦管。【解析】瓦管等是用黏土烧制成的圆筒形管子,用作排水管、烟囱等。どかんと:轰隆。开枪或爆炸的声音(或状态)。大砲をどかんとうつ:轰地一声开炮。

1064.〖とき〗①オリンピックで一番になった鳥は?【答案】朱鷺。【翻译】奥运会得第一名的鸟是什么鸟?【答案】朱鹮或红鹤。【解析】「トキは金なり」(时间就是金钱)被曲解为"朱鹮得了金牌"。②時間にうるさいトリってなーんだ?【答案】トキ。【翻译】对时间比较介意的鸟是什么鸟?【答案】朱鹮。

1065.〖どきどき〗二つあると、緊張しちゃうものなーんだ?【答案】土器。【翻译】有两个，就很紧张的东西是什么?【答案】土器。【解析】どきどき:心扑通扑通跳,忐忑不安。

1066. 〖どくえんかい〗宴会でみんなが引き下がってしまうほど、一人喋り続けることを何と言いますか。【答案】独演会といいます。みんながどく、といるわけです。【翻译】宴会上有个人喋喋不休地说，大家纷纷退场。怎么描述这种情况？【答案】一言堂。【解析】「独演会」(独演会;唱独角戏;一言堂)与「退く、宴会」(退出,宴席)发音相同。

1067. 〖どくがく〗よけることを学ぶのは何人で学ぶ？【答案】ひとりで。【翻译】学习逃避需要几个人一起学习？【答案】独自学习。【解析】「独学」(一个人学习)与「退く学」发音相同。

1068. 〖とくしま〗変わった部屋が多い街は？【答案】徳島。【翻译】奇怪的房屋比较多的街道是什么地方？【答案】徳島。【解析】「徳島」与「特殊間」(奇怪的房间)发音相近。

1069. 〖どくへび〗人を避ける蛇は何？【答案】毒蛇。【翻译】避开人的蛇是什么蛇？【答案】毒蛇。【解析】「毒蛇」(毒蛇)与「退く蛇」(退缩躲避的蛇)同音。

1070. 〖とげ〗バラにある、刺さると痛いけってなーんだ？【答案】刺。【翻译】某种东西长在玫瑰上，一扎就让人痛。这种东西是什么？【答案】玫瑰的刺。

1071. 〖とける〗①アイスクリームとおせんべいに算数の問題を出しました。こたえたのはどっち？【答案】アイスクリーム。【翻译】冰激凌和薄脆饼干演算数学题，得出答案的是哪一个？【答案】冰激凌。【解析】冰激凌会融化。「溶ける」(融化)与「解ける」(解开谜语)发音相同。②夏なのになかなかとけないものなーんだ？【答案】むずかしいなぞなぞ。【翻译】炎夏不会融化的东西是什么？【答案】很难的谜语。③雪がとけたよ。なんになった？【答案】春、水。【翻译】雪融化了,变成了什么？【答案】春天和雨水。

1072. 〖とこや〗床を売ってないのに、床を売ってそうなお店ってなーんだ？【答案】床屋。【翻译】明明不卖床却好像是在卖床一样。是什么地方？【答案】理发店。

1073. 〖ところてん〗「作っているところはどこ？」と聞くと空を指さされる食べ物なーに？【答案】心太。【翻译】当被问及"在什么地方做的?"时,它指着天空。这是什么食物？【答案】洋粉。【解析】洋粉是用石花菜做的凉粉,字面意思是"场所在天上"。

1074.【どっすん】①地震で先にドスンと崩れるのはお寺と神社のどっちですか。【答案】お寺です。【翻译】地震中先哗啦哗啦倒下的是寺庙还是神社？【答案】寺庙。【解析】「寺」字可以分解为「土」和「寸」，而这两个字连在一起读就是表示重物落地的扑通声「どっすん」。②UFOが「どっすん」と落ちたのはどこ？【答案】寺。【翻译】不明飞行物哗地落下。它落在哪里？【答案】寺庙。③いろんな人がドスンドスン歩くのどこだ？【答案】寺。【翻译】许多人步调一致在行走，在哪里行走？【答案】寺庙。

1075.【とちぎ】①土地がある都道府県ってどーこだ？【答案】栃木県。【翻译】有土地的都道府县是什么？【答案】栃木县。【解析】「栃木県」中有「土地」(土地)。②林の中に、紙をかぶせた一万円札がある都道府県ってどーこだ？【答案】栃木県。【翻译】都道府县中，某个行政单位的森林中，一万日元上覆盖着纸张，是什么？【答案】栃木县。【解析】从字形看，「栃木」两边有木，组成"林"字，中有"万"字。

1076.【とっくり】お酒を一杯飲んで、冬場にはお風呂にも入るものなーんだ？【答案】徳利。【翻译】喝了很多酒，冬天泡澡堂的人是什么人？【答案】酒壶。【解析】酒壶也表示"不会游泳的人"。

1077.【とっとり】鳥を見ると思わず口ごもっちゃう都道府県ってどーこだ？【答案】鳥取県。【翻译】见了鸟之后，禁不住口吃的都道府县是什么？【答案】鸟取县。【解析】「鳥取県」的发音好像人口吃。

1078.【どてんと】川のを歩いてた人はどうなった？【答案】どてっと転んだ。【翻译】走在河边的人会发生什么？【答案】猛地摔倒。【解析】「土手」表示"堤，堤岸"。「どてんと」为惯用语，表示"重物或人猛地倒下翻滚的样子或声音"。畳の上にどてんとひっくり返る：猛地翻倒在榻榻米上。

1079.【トナカイ】柯南剧场版二「十四番目の標的」(《第十四号目标》)中，园谷光彦给少年侦探团出了一道谜语：分别于元旦、愚人节和日本儿童节出生的三个人在开会。是什么会？猜一种可以像天马一样在空中飞行的动物。【解析】元旦、愚人节和日本儿童节分别是1月1日、4月1日和5月5日。分别将月份和日期加在一起是10月7日。10可以用「とお」表示，7可以用「なな」表示，"会"可以用「かい」表示，取舍然后组合起来就是答案「トナカイ」(驯鹿)。圣诞老人利用在空中飞行的驯鹿为人们送礼物。

1080.【トノサマガエル】すぐお城に戻っていく生き物ってなーんだ？【答

案】トノサマガエル。【翻译】很快回城的生物是什么？【答案】青蛙。【解析】青蛙又称为"田鸡，红蛤蟆科，殿様蛙"。殿様是对主君、贵人、大名、旗本的敬称。这些人一般住在城池里。殿様也指浅尝涉猎者，不谙世事及世间辛苦者。殿様商売：不懂生意的买卖，游戏人生意。青蛙又表示"返回"。

1081. 〖とばす〗ものすごい速さで走るバスは？【答案】都バス。【翻译】车开得飞快的公共汽车是什么车？【答案】日本东京都经营的公共汽车。【解析】「都バス」(都营公交车)与「飛ばす」(快得飞起来)读音相同。

1082. 〖とびこむ〗窓は閉まっていたのにガラスを割らないで飛び込んできたのなーに？【答案】太陽の光。【翻译】窗户明明关着，不需要使玻璃破碎就可以飞进来的东西是什么？【答案】太阳光。

1083. 〖とぶ〗切れてるのにとんでるものなーんだ？【答案】ヒューズ(fuse)。【翻译】明明已经割断却飞起来的东西是什么？【答案】保险丝。【解析】「飛ぶ」既表示"飞翔"，也表示"保险丝烧断"。

1084. 〖トマト〗①10数えてから食べる野菜は？【答案】トマト。【翻译】数到10这个数字之后再吃的蔬菜是什么？【答案】西红柿。【解析】"西红柿"可以读作「とう待とう」。②上から呼んでも下から読んでも、同じ名前の赤い食べ物は何？【答案】トマト。【翻译】由上往下和由下往上念法都相同的红色食物是指什么？【答案】西红柿。

1085. 〖とまる〗止まったり進んだり出来るのに走ったり歩いたり出来ないのなーに？【答案】時計。【翻译】能停止也能加速但不能行走也不能奔跑的东西是什么？【答案】手表。【解析】「止まったり進んだり」为双关语，也表示"表停走或走时过快"。

1086. 〖トラ〗①トラがちょっと笑いながらはくパンツってなーんだ？【答案】トランクス(trunks)。【翻译】老虎微笑着穿的裤子是什么裤子？【答案】平脚裤、裤脚平齐的运动用短裤、男用短衬裤。【解析】クスクス：窃笑貌，偷笑貌；くすくす笑う：偷偷地笑。②楽器が得意なトラってなーんだ？【答案】オーケストラ(orchestra)。【翻译】比较擅长乐器的老虎是什么老虎？【答案】管弦乐。【解析】管弦乐指大规模的乐器合奏，由管乐、弦乐、打击乐综合构成。③トラが入っているカードってなーんだ？【答案】トランプ(trump)。【翻译】有老虎的牌是什么牌？【答案】扑克牌。④トラが美味しい思い出ってなーんだ？【答案】トラウマ(trauma)。【翻译】老虎浮现出美好的回忆，是什么？【答案】创伤。⑤頭にトラを乗せて回りそうな楽器ってなーんだ？【答案】トライアングル(triangle)。【翻译】头上顶着老虎在转圈，是什么乐器？【答案】

三角铁。【解析】三角铁,小打击乐器,由金属棍弯曲成正三角形,用细棒敲击,具有高亢清脆的音质。「グル」为"转圈"。⑥トラが中にいる食べ物屋さんってなーんだ?【答案】レストラン(restaurant)。【翻译】某个就餐场所,有老虎在里面逡巡。这个吃饭的地方是什么地方?【答案】西餐厅。⑦オーストラリアの中に住んでる生き物ってなーんだ?【答案】トラ。【翻译】住在澳大利亚的生物是什么?【答案】老虎。【解析】「オーストラリア」(澳大利亚)这个单词中包含「トラ」(老虎)。⑧引(ひき)出しとランドセルの中にいる動物ってなーんだ?【答案】トラ。【翻译】抽屉和书包里有的动物是什么?【答案】老虎。【解析】「引き出しトランドセル」(抽屉和书包)中间有"老虎"的日语。

1087.〖ドライバー〗①運転してる工具ってなーんだ?【答案】ドライバー(driver)。【翻译】会驾驶的工具是什么?【答案】起子。【解析】"起子"的日语又表示"司机"(driver)。②バーはバーでも酒を飲めないバーってなーんだ?【答案】ドライバー。【翻译】虽说是酒吧,但不能饮酒的酒吧是什么?【答案】起子。【解析】「ドライバー」(起子)有「バー」(酒吧)的发音。

1088.〖ドライヤー〗頭に吹き付ける嫌なものってなーんだ?【答案】ドライヤー(drier 或 dryer)。【翻译】对着头吹,让人厌恶的东西是什么?【答案】干燥机。【解析】干燥机多使用电热,如"理发吹风机、洗衣干燥机"的日语中有「イヤ」(讨厌)一词。

1089.〖トラウト〗トラが寝そうなお魚てなーんだ?【答案】トラウト(trout)。【翻译】好像老虎睡觉的鱼是什么鱼?【答案】鳟鱼。【解析】「ウトウト」表示"似睡非睡,迷迷糊糊"。

1090.〖トラクター〗②虎でも疲れる作業を黙々とこなすものなーんだ?【答案】トラクター(tractor)。【翻译】虽说是老虎,但也将很累的工作默默干完的老虎是什么?【答案】拖拉机。【解析】クタクタ:累,疲倦。こなす:完成。②トラックを食べ終わった車ってなーんだ?【答案】トラクター。【翻译】吃完了卡车的车是什么车?【答案】拖拉机。【解析】"拖拉机"的日语与"吃掉卡车"的日语发音相同。

1091.〖トラック〗トラが九頭分のパワーを持つ車ってなーんだ?【答案】トラック。【翻译】某种车能有九头老虎的力量,是什么车?【答案】卡车。

1092.〖トランプ〗火がついたら燃えちゃうランプってなーんだ?【答案】トランプ(trump)。【翻译】着火燃烧的灯是什么灯?【答案】王牌。【解析】"王牌"的日语中有"灯"(lamp)的日语。此外,「ト」与「灯(とう)」发音相似。

1093. 〖とり〗①素敵な人に出会ったとき出てくる鳥なーに?【答案】うっとり。【翻译】与杰出的人见面时出现的鸟是什么鸟?【答案】入神,陶醉,心旷神怡。②雨の日にだけ軒下に集まる鳥ってなーんだ?【答案】雨宿り。【翻译】只有雨天才在屋檐下聚积的鸟是什么鸟?【答案】避雨。③ひもで出来てるとりってなーんだ?【答案】あやとり。【翻译】用绳子做的鸟是什么?【答案】翻线花。【解析】翻绳子,挑绷子是一种儿童游戏,将两头打结成环状的绳子绷在手指和手腕上,绷成不同形状。或两人相互玩,每转换一次,线都在自己手上绷成不同形状。④トリはトリでも隠れてとるトリってなーんだ?【答案】かくしどり。【翻译】名义上是鸟,但藏起来拍照的鸟是什么鸟?【答案】偷拍,偷摄。⑤とられてるのに、思わずみんな笑っちゃうものなーんだ?【答案】写真。【翻译】虽然东西被拿走,但大家都不由自主大笑。为什么?【答案】在拍照。⑥ちょっと太った鳥はなーんだ?【答案】こぶとり。【翻译】稍微有点胖的鸟是什么鸟?【答案】稍胖,微胖,稍稍发胖。⑦おしりが頭になる鳥ってなーんだ?【答案】しりとり。【翻译】以臀部为首的鸟是什么鸟?【答案】接尾令。⑧お風呂で頭につける鳥ってなーんだ?【答案】トリートメント(treatment)。【翻译】在浴池里放在头上的鸟是什么鸟?【答案】治疗,疗法。温泉治疗方法。⑨とりはとりでもアミを持って出かける鳥ってなーんだ?【答案】虫取り。【翻译】虽说是鸟,但拿着网外出的鸟是什么鸟?【答案】捕捉昆虫。⑩鳥の泥棒ってなんだ?【答案】ものとり。【翻译】什么鸟偷东西?【答案】盗贼。【解析】「ものとり」为旧称,表示「おいはぎ、どろぼう」(盗贼,劫路贼)。「ものとり」中有"鸟"的日文文字。⑪太ってて飛べないとりってなーんだ?【答案】せきとり。【翻译】很胖且不会飞的鸟是什么鸟?【答案】关取。【解析】关取指相扑中"十两"以上的力士。⑫投げたり残したりするおおきなとりってなーんだ?【答案】すもうとり、せきとり。【翻译】既扔又剩下的大鸟是什么鸟?【答案】相扑运动员,关取。【解析】「投げる」指相扑和柔道中用自己手脚的力气将对方的身体摔倒;「残った」表示"还在圈内,有余地"。相扑中裁判员对交手中的力士喊出的提示声,鼓励他们继续努力。⑬いっぱい選べる鳥ってなーんだ?【答案】よりどりみどり。【翻译】可以随意挑选的鸟是什么?【答案】任意挑选。【解析】「選り取り見取り:よりどりみどり」表示"看着选择,任意挑选"。从许多东西中找出,自由选取。

1094. 〖ドリア〗すっごい後ろの食べ物なーんだ?【答案】ドリア(法语Doria)。【翻译】很靠后的饭是什么?【答案】鱼贝鸡米饭。【解析】鱼贝

鸡米饭。烩肉饭上浇上含鱼贝、蘑菇的白色酱汁后在烤箱中烤制的菜肴。含饭奶汁烤菜的一种。「リア」为后面。

1095.〖とりあう〗オウムがカラスと狐に会いに行ったのに、片方だけしか会ってくれませんでした。会ってくれなかったのはどっち？【答案】カラス。【翻译】鹦鹉去见乌鸦和狐狸。乌鸦和狐狸两者中有一方没有到场。谁没有露面？【答案】乌鸦。【解析】「取り合わない」(不理睬,不搭理,不成为对手,不当作一回事)与「無視して取り合わない」(采取无视态度,不理睬)意义相似,字面意思也表示「鳥逢わない」(没有见到鸟)。

1096.〖とりにく〗肉屋さんに入った泥棒が盗んでいったものなーんだ？【答案】とりにく。【翻译】侵入肉铺的小偷偷走的东西是什么？【答案】禽肉。【解析】「盗り肉」(偷来的肉)与"禽肉"的日语发音相同。禽肉包括鸟肉、鸡肉,尤指鸡肉。

1097.〖とる〗①一年一回しか取らないものは何？【答案】とし。【翻译】一年只得到一次的是什么？【答案】年龄。【解析】「としをとる」表示岁数增加。②とればとるほど、増えるものなーんだ？【答案】テストの点数、写真、年齢。【翻译】越得到越多的东西是什么？【答案】考试分数、照片、年龄。【解析】越做题分数越高,照片越照越多,年龄越来越大。③何でもとるひとってだーれだ？【答案】カメラマン。【翻译】任何东西都要得到的人是什么人？【答案】摄影师。【解析】任何东西都要拍照的人。④入学式で、パパやママがいっぱいとったのに、おこられなかったものってなーんだ？【答案】写真。【翻译】入学仪式上,父亲、母亲拿了很多,别人却不生他们的气,为什么？【答案】父母拍了很多照片。⑤自分の物なのに手に入れる前にとられちゃうものなーんだ？【答案】写真。【翻译】明明是自己的东西,在得到之前还要被别人拿走,是什么？【答案】照片。⑥とるのが得意だけど、盗むのは苦手な一つ目小僧ってなーんだ？【答案】カメラ。【翻译】有一个一只眼睛的僧人,很擅长拿别人东西,不擅长偷,是什么？【答案】照相机。⑦必ず帽子を取るお店ってどーこだ？【答案】床屋、美容院。【翻译】进这家店,必定摘去帽子,是什么店？【答案】理发店和美容院。【解析】谜面也可以理解为:进这家店,必定得到帽子。⑧点を取ったら大きくなるものなーんだ？【答案】犬、太。【翻译】失去了点之后,就变大的东西是什么？【答案】犬、太。【解析】另一意思是:得到了点之后,就变大的东西是什么？⑨蛇の頭を取ったらどうなる？【答案】死んでしまう。【翻译】得

到蛇头,会发生什么?【答案】蛇会死掉。【解析】另一个意思是:斩掉蛇头,会发生什么? ⑩まるを2個とると男から女になるのだーれ?【答案】パパ。【翻译】加上两个圆圈,由男性变成女性,是谁?【答案】父亲。【解析】谜面的另一个意思是:去掉两个圆圈,由男性变成女性,是谁?【答案】父亲。「パパ」变为「ハハ」,父亲变成母亲。⑪みどりの歯磨きってなーに?【答案】はがき。【翻译】绿色的牙膏,是什么?【答案】明信片。【解析】「みどり」表示去除「み」,牙膏、牙粉、刷牙「歯磨き」去掉「み」,剩下了「葉書」。⑫葉を取ると臭くなる野菜ってなーんだ?【答案】白菜。【翻译】去掉叶子,就很难闻的蔬菜是什么?【答案】白菜。【解析】「白菜」去掉「葉」,成为「臭い」。⑬やせたフクロウと太ったフクロウ、幸せなのはどっち?【答案】やせたフクロウ。【翻译】瘦的猫头鹰和胖的猫头鹰中,幸福的猫头鹰是哪一个?【答案】瘦的猫头鹰。【解析】「太ったフクロウ」(胖的猫头鹰)与没有「フ」的「フクロウ」发音相同,而没有「フ」的「ふくろう」是「苦労」(痛苦),因此瘦的猫头鹰很幸福。⑭ふとった布団ってどんな動物?【答案】豚。【翻译】肥大的被子是什么动物?【答案】猪。【解析】「蒲団」去掉「ふ」,就是「豚」(猪)。⑮刺身の髭剃りのしみとひげを取ったらなんになる?【答案】蠍座。【翻译】去除了刮生鱼片儿的刀片上的污点和胡须,成了什么?【答案】天蝎座。【解析】髭剃り:剃胡子,刮脸。生鱼片儿和刮脸为「刺身」和「鬚剃り」,去除了「しみ」和「ひげ」,就成为「蠍」。⑯取れば取るほど増えるものなーんだ?【答案】カルタ、百人一首。【翻译】越拿走,剩下的越多,是什么?【答案】和歌纸牌、百人一首。【解析】另一意思是:玩纸牌,手中的牌越来越多,理解领会的内容越来越多。⑰のぞいたり、とったりしても警察につかまらない仕事なーに?【答案】カメラマン。【翻译】即使偷偷看,然后不经允许将东西拿走,警察也不抓。这种工作是什么?【答案】摄影师。【解析】除了上面的意思,「覗く」的另一个意思是"摄影师用取景器取景";「とる」的另一个意思是"照相"。⑱とればとるほど増えていくものなーんだ?【答案】歳。【翻译】越拿越多的东西是什么?【答案】年纪。【解析】"拿走"的日语还表示"增加"。

1098. 〔ドル〕 ①針ってアメリカのお金でいくら?【答案】ニードル(needle)。【翻译】针值多少美元?【答案】2美元。【解析】"针"的日语与"两美元"(2 dollars)的日语发音相同。②アメリカのタクシー、運

転するのは何ドル?【答案】ハンドル(handle)。【翻译】美国的出租车要多少钱?【答案】半美元。【解析】"半美元"的日语与"方向盘"的日语发音相同。③アメリカで買ってきたろうそくは何ドル?【答案】キャンドル(candle)。【翻译】美国买的蜡烛多少美元?【答案】蜡烛。【解析】"蜡烛"的日语中有"美元"的日语字样。

1090. 〖トレーナー〗教えてくれる洋服ってなーんだ?【答案】トレーナー(trainer)。【翻译】什么西服能教给人知识?【答案】运动衫。【解析】「トレーナー」是英语,既表示"运动衫",也表示"教练员"。

1100. 〖ドロップ〗落っことしたお菓子ってなーんだ?【答案】ドロップ(drops)。【翻译】落在地上的点心是什么?【答案】水果糖。【解析】水果糖是糖果的一种,指白糖加入香料后再加色素等制成各种形状的糖。「ドロップ」也表示"落在地上"。

1101. 〖どろぼう〗①どろだらけの帽子をかぶってるのってだーれだ?【答案】どろぼう。【翻译】戴着满是泥的帽子的人是什么人?【答案】小偷。【解析】"小偷"的日语字面意思是"泥帽子"。②銅の中に、ロボを入れたらどうなった?【答案】泥棒になった。【翻译】铜的中间加入天子行幸的队伍,是什么?【答案】小偷。【解析】「泥棒」(小偷)中含有「卤簿」,后者指天子出行、行幸的队列。

1102. 〖トン〗①豚が3匹います。この3匹の豚の重さはいくらでしょう?【答案】3トン(ton)。【翻译】有三头猪。这三头猪的重量是多少呢?【答案】三吨。【解析】"三吨"的日语与「三豚」(三头猪)读音相同。②羊の肉の重さはどれくらい?【答案】マトン(mutton)。【翻译】羊肉重多少吨?【答案】羊肉。③いつもきちんと片付けている豚ってなーんだ?【答案】整理整頓。【翻译】总是整理得很整齐的猪是什么猪?【答案】井井有条。【解析】"井井有条"的日语中有"猪"的日语的字样。

1103. 〖とんがる〗雨の日、家に帰ってきたらとんがるものなーんだ?【答案】傘。【翻译】下雨天回到家就闷闷不乐的东西是什么?【答案】雨伞。【解析】とんがる:闷闷不乐,不愉快,不高兴;前端尖锐。一回来就收起来,收起来后是「とんがる」。

1104. 〖とんこつ〗1000キロの骨ってなーんだ?【答案】とんこつ。【翻译】1000千克的骨头是什么?【答案】猪肉炖汤。【解析】日本鹿儿岛地方菜肴。将当地特产黑猪的排骨肉切成块,加萝卜、薯类、蒟蒻(即魔芋)等,添入烧酒、酱汁和赤砂糖熬煮而成。

1105. 〖トンネル〗①豚の寝ている場所はどこ?【答案】トンネル。【翻译】

猪睡在什么地方呢?【答案】隧道。【解析】"隧道"的日语与「豚」(とん)(猪)+「寝る」(ねる)(睡觉)读音相同。②1000キロはありそうな穴ってなーんだ?【答案】トンネル。【翻译】好像长1000公里的洞穴是什么?【答案】隧道。

1106. 〖トンビ〗豚の尻尾が大好きな鳥は?【答案】トンビ。【翻译】喜欢猪屁股的鸟是什么鸟?【答案】鸢。【解析】「豚尾」(トンビ)(猪屁股)与"鸢"的日语发音相同。

1107. 〖トンボ〗豚のお母さんが好きな虫ってなーんだ?【答案】トンボ。【翻译】喜欢猪妈妈的昆虫是什么昆虫?【答案】蜻蜓。【解析】「豚母」(トンボ)(猪妈妈)与「蜻蛉」(とんぼ)(蜻蜓)发音相同。

な

1108. 〖ないかく〗インコースは四角い?丸い?【答案】「無い」「角」なので丸い。【翻译】近身球是四方形,还是圆形?【答案】圆形。【解析】「インコース」为「内角球」,指棒球击球手投出通向本垒内角的球。「内角球」字面意思是"没有角",与「無い角」发音相同。

1109. 〖ないかくぜめ〗自民党と民主党が野球をやって、デッドボールが多いのはどっち?【答案】自民。【翻译】自民党和民主党进行棒球赛,哪一方死球较多?【答案】自民党。【解析】デッドボール(dead ball):死球又称"暂停比赛",指橄榄球、美式足球等比赛中因为球出界等原因而中断的状态。日语中,「攻め」(进攻)与「責め」(责罚,责备)发音相同,但送假名不同,「内角」(内角)和「内閣」(内阁)一个发音。因此谜语可以解读为民主党对自民党本垒内角进攻较多,也可以解读为对自民党内阁的指责比较多,语带讽刺。

1110. 〖ないかくそうり〗謝ってばかりいる大臣ってだーれだ?【答案】ないかく総理大臣「ソーリー大臣」(sorry)。【翻译】不停地道歉的大臣是什么大臣?【答案】总理。

1111. 〖ないかくだいじん〗①将棋を指すときは、角落ちで指す大臣ってだーれだ?【答案】総理大臣「無い角総理大臣」。【翻译】象棋中,让子的大臣是什么人?【答案】总理。【解析】「角落ち」指象棋对局时水平高的棋手让子(不用棋子角)与对手下棋。②政治家野球大会で、インコー

スばかり投げるのはだーれだ?【答案】内閣総理大臣。【翻译】政治家举行棒球赛,只投近身球的人是什么人?【答案】总理。【解析】"总理"的日语全称是「内閣総理大臣」,与「内角」(本垒)发音相同。

1112.〖ないしょばなし〗聞かれないよう聞かせる話は?【答案】内緒話。【翻译】为了不让人听到而说的话是什么?【答案】悄悄话。【解析】「内緒話」也可以用「ひそひそ話」、「こそこそ話」、「オフレコ」(off record)表达。

1113.〖ナイター〗見ていて思わず泣いちゃうスポーツは?【答案】ナイター。【翻译】看了之后忍不住想哭的比赛是什么?【答案】(棒球等的)夜场比赛。【解析】"夜场"的日语与「泣いたー」(哭了)发音相似。

1114.〖ナイフ〗あたまがない刃物ってなーんだ?【答案】ナイフ。【翻译】没有头的刀具是什么?【答案】小刀。【解析】开首的两个字是「無い」(没有)。

1115.〖ナイル〗名前が欲しい川ってなーんだ?【答案】ナイル川。【翻译】想知道名字的河流是什么河流?【答案】尼罗河。【解析】"尼罗河"的日语与「名が要る」(有名字吗?)发音相近。

1116.〖なかい〗仲良しのおしごとなーんだ?【答案】仲居。【翻译】相互之间关系比较好的工作是什么?【答案】内宅使女。【解析】"女佣或(饭馆、妓院等的)女招待"的日语与「仲いい」(关系好)发音相同。

1117.〖ながいす〗ずーっと座ってるものなーんだ?【答案】ながいす。【翻译】一直坐着的东西是什么?【答案】长椅。【解析】"长沙发,长凳"的日语中有「長居」,表示"久坐"。

1118.〖ながさき〗①距離を測るのに、木の棒使う都道府県ってどーこだ?【答案】長崎県。【翻译】用木棒测量距离的都道府县是什么?【答案】长崎。【解析】「長崎県」与「長さ木検」(长长的棍子)发音相同。②山田太郎さんのことをタロウ・ヤマダと呼ぶのはどこの街?【答案】長崎。【翻译】将山田太郎称为"太郎山田"的地方是什么?【答案】长崎。【解析】「長崎」的字面意思是「名が先」(先念名字,后念姓)。

1119.〖ながの〗いやだっていってる名前の都道府県ってどーこだ?【答案】長野。【翻译】不愿意但是还在喊的都道府县是什么?【答案】长野。【解析】「長野県」与「名がNO県」(名字是"不")发音相同。

1120.〖ナガスクジラ〗洗っちゃった鯨ってなーんだ?【答案】ナガスクジ

ラ。【翻译】洗浴之后的鲸鱼是什么鲸鱼?【答案】长须鲸。【解析】"长须鲸"的日语中的「流す」表示"清洗污秽,消除隔阂"。

1121.〖ながめ〗そんなに見なくてもいいと思うくらいズーッと長目に見て楽しむものは何ですか。【答案】眺めです。【翻译】某种东西不必看很长时间,人们却愿意长时间注视,乐此不疲,这种东西是什么?【答案】风景。【解析】「長目」(长时间看)与「眺め」(景色)使用一个表达方法。

1122.〖ながや〗「や」って名前のおうちってなーんだ?【答案】ながや。【翻译】名字为「や」的家是什么?【答案】大杂院。【解析】字面意思是"名字是「や」",实际意思是大杂院,指将一栋房子分隔,租借给数户人家合住的住宅;长屋,狭长形房屋。

1123.〖ながれぼし〗水でもない、空を流れるものなーんだ?【答案】流れぼし。【翻译】不是水,却在空中流淌的东西是什么?【答案】流星。

1124.〖なきむし〗いっつもないてる虫ってなーんだ?【答案】なきむし。【翻译】总是在哭的虫子是什么?【答案】爱哭鬼。【解析】"爱哭鬼"指动不动就哭的人,它是讽刺爱哭的人的词语。

1125.〖なく〗生きてるときなかないで、死んでからなくものなーんだ?【答案】ほら貝。【翻译】活的时候不在里面,死的时候没有的东西是什么?【答案】海螺。【解析】真实意思是:活的时候海螺吹不响,死后海螺壳能吹响。「無い」(没有)和「鳴く」(鸣叫)同音。

1126.〖なくす〗会社で昨日どうでもいい書類をなくしたが、今日は大事な書類を無くしました。次に無くすのは何?【答案】信用。【翻译】昨天在公司弄丢了不重要的文件,今天弄丢了重要文件。接下来会弄丢什么?【答案】信用。

1127.〖なし〗①いっぱいあるのに、ないなんと言われる果物は何でしょう?【答案】なし。【翻译】明明很多,却说"没有",是什么水果?【答案】梨子。②なしはなしでも、おしゃべりななしってなーんだ?【答案】おはなし。【翻译】虽说是梨,但话很多的梨是什么?【答案】说话。③はが上につくとおしゃべりになる野菜ってなーんだ?【答案】なし。【翻译】一种东西前面加上牙齿,就喋喋不休地说话。是什么?【答案】梨。④朝は赤くて、昼は緑、夜は黄色になる食べ物ってなーんだ?【答案】なしそんなたべもの「なし」。【翻译】早上红色,中午绿色,夜里黄色。这种食品是什么?【答案】梨子。【解析】"梨子"的日语也表示

"没有这种食品"。

1128. 〖なす〗①看護婦さんが好きな野菜は何？【答案】茄子。【翻译】护士喜欢的蔬菜是什么？【答案】「茄子」(茄子)与护士的外来语说法「ナース」(nurse)读音相近。②なすには一本多い人ってどんな人？【答案】ナース。【翻译】比茄子多一个的人是什么人？【答案】护士。【解析】「ナース」比「茄子」多了一个横杠。③紫の樹に紫の花咲く、紫の花に紫の瓜が結ぶ、紫の瓜の中には胡麻がたっぷり。【答案】茄子。【翻译】紫色树,开紫花,开过紫花结紫瓜,紫瓜里面装芝麻。【答案】茄子。④砂を掘っていたら出てきた野菜ってなーんだ？【答案】なす。【翻译】挖沙地时挖出来的蔬菜是什么？【答案】茄子。【解析】「砂」(沙地)翻转成为「茄子」(茄子)。

1129. 〖なつ〗①マグロが逆立ちしている季節ってなーんだ？【答案】夏。【翻译】金枪鱼倒立的季节是什么季节？【答案】夏天。【解析】金枪鱼为「ツナ」,倒过来是「ナツ」(夏天)。②夏に食べるお豆ってなーんだ？【答案】ナッツ(nuts)。【翻译】夏天吃的豆子是什么？【答案】坚果。【解析】坚果是核桃、杏仁、花生等具有坚硬外壳,可食用果实的总称。其日语与"夏天"的日语发音相似。③食べているところを夏にしてしまう食べ物なーんだ？【答案】ココナッツ(coconut)。【翻译】会使吃的地点成为夏天的食物是什么？【答案】椰子。【解析】"椰子"的日语与「ここ夏」(这里是夏天)发音类似。④夏の音楽ってなーんだ？【答案】ナツメロ。【翻译】夏天的音乐是什么？【答案】怀旧流行歌曲。【解析】「ナツメロ」为令人怀旧的当初那个年代流行的歌曲「懐かしのメロディー」的省略,中有「夏」(夏天)的字样。⑤夏の果物なーんだ？【答案】なつみかん。【翻译】夏天的水果是什么？【答案】酸橙,柚子。

1130. 〖ナット〗①ネバネバしそうなねじってなーんだ？【答案】ナット(nut)。【翻译】好像黏糊糊的螺丝是什么？【答案】螺丝帽(螺母)。【解析】ネバネバ:发黏,黏黏糊糊;「ねじ」既表示"螺丝",也表示"在煮好的大豆中放进纳豆菌,使之发酵拉出粘丝的食品"。②北大西洋条約機構公式フードってなーんだ？【答案】納豆。【翻译】北大西洋公约组织官方指定的食品是什么？【答案】NATO。【解析】「納豆」与 North Atlantic Treaty Organization 的缩写 NATO(北大西洋公约组织)发音相似。

1131. 〖なのはな〗①いつも名前を聞かれる花ってなんだ？【答案】菜の花。

【翻译】有一种花,总是被别人问"是什么花"。这种花是什么?【答案】油菜花。【解析】「菜の花」(油菜花)与「何の花」(什么花)读音相近。②みんなの花の下のほうに咲く花はなーんだ?【答案】菜の花。【翻译】大家的花下面的花是什么花?【答案】油菜花。

1132.〖なべつかみ〗おなべを持つのが得意な神様ってだーれだ?【答案】なべつかみ。【翻译】比较擅长抓锅的神仙是什么神仙?【答案】锅抓手。

1133.〖ナベブタ〗なべの中で料理されないで、なべの上にいる豚ってなーんだ?【答案】ナベブタ。【翻译】不放在锅里蒸煮,而卧在锅上面的猪是什么猪?【答案】锅盖。【解析】"锅盖上"的日语有「豚」(猪)的字样。

1134.〖なまける〗野菜を安く売ってばかりいるのってどんな人?【答案】なまけもの。【翻译】天天贱卖蔬菜的人是什么人?【答案】懒汉。【解析】"懒汉"的日语与「な、まけるから」(给你便宜点)发音相同。

1135.〖なまり〗地方でたくさん取れる金属は?【答案】鉛。【翻译】在农村富产什么金属?【答案】铅。【解析】金属名称「鉛」(铅)与「訛り」(乡音、地方口音)读音相同。

1136.〖なみ〗①春になると、おしよせるなみは何?【答案】花見。【翻译】一到春天,就会蜂拥而至的波浪是什么?【答案】赏花。②海で食べる牛丼のサイズってなーんだ?【答案】並。【翻译】海中吃的牛肉盖浇饭大小如何?【答案】不大不小。【解析】「ぎゅうめし」为牛肉盖浇饭:用葱等煮牛肉,连汁一起浇到大碗饭上。大海有波浪,"波浪"的日语与「並み」(正常大小)发音相同。

1137.〖なみだ〗①海を見てたら出てくるものなーんだ?【答案】涙。【翻译】看到大海,会流出什么?【答案】眼泪。【解析】「波だ」(是波浪)与「涙」(眼泪)发音相同。②普通に流れてくるものなーんだ?【答案】涙「波だ」。【翻译】经常流过来的东西是什么?【答案】眼泪。

1138.〖なみのり〗海草の「のり」は海の中にはえるけど、海の上にいてこそはえる「のり」ってなーんだ?【答案】波乗り。【翻译】紫菜在海面下生长,只在海面上生长的紫菜是什么?【答案】冲浪。【解析】なみのり:冲浪运动。使用木板等乘着波浪起伏滑行的游戏。这个单词中包含「海苔」(紫菜);「はえる」除了表示"生长",也可以表示"繁盛"。

1139.【なめくじ】くじはくじでもねばねばするくじなーんだ?【答案】蛞蝓。【翻译】说彩票也是彩票,但黏糊糊的彩票是什么?【答案】蛞蝓。【解析】「なめくじ」除了指代蛞蝓,又指代蚰蜒、鼻涕虫。该词包含彩票「籤」的字样。

1140.【なめる】①塩がからいのはなーんでだ?【答案】舐めたから。【翻译】盐为什么是辣的?【答案】因为用舌头舔了一下。【解析】日语中「塩辛い」(咸)与「塩、辛い」(盐是辣的)发音相同。「舐めた」(舌头舔了)的另一个意思是:因为备尝艰辛,有痛苦的体验。②切手と葉書、馬鹿にされているのはどっち?【答案】切手。【翻译】邮票和明信片两者之中,被人小瞧的东西是什么?【答案】邮票。【解析】邮票背面有胶水,用口舔了之后可以粘贴到信封上作为邮资。"舔"的日语又有「なめられているから」(被人小看,欺负)的意思。

1141.【なや】お花屋さんの真ん中にあるものなーんだ?【答案】納屋。【翻译】花店老板的正中间是什么?【答案】仓库。【解析】「納屋」指存放农具的堆房、仓库、小屋,该词包含在「お花屋さん」中。

1142.【なら】①アランが逆立ちした都道府県ってどーこだ?【答案】奈良県。【翻译】阿兰倒立是什么都道府县?【答案】奈良。【解析】ARAN(阿兰)倒过来阅读,就是NARA「奈良」(奈良)。②丁寧に言うとなんだかにおってきそうなのは何県?【答案】奈良県「おならけん」。【翻译】如果用礼貌的方式讲,好像有点臭的县是什么县?【答案】奈良县。【解析】「奈良」用礼貌的方式讲就是「お奈良」,「おなら」表示"屁"。③2つの柔らかな丘の間から聞こえるカミナリなーに?【答案】おなら。【翻译】从两个柔软的山丘之间传出的雷声是什么?【答案】屁。④今日のおならは、おかしい都はどーこだ?【答案】平城京。【翻译】今日奈良,比较奇怪的地方是什么?【答案】平城京。【解析】平城京是日本奈良时代的京城,位于今奈良市西郊。710年元明天皇迁都至此,至784年恒武天皇迁都长冈京为止,共经历8代天皇。京城建设模仿中国唐代都城长安。「平城京」中有「異常」(异常),有「常況」(正常),因此很奇怪。⑤一つの穴からでて2つの穴に入っていくものなーんだ?【答案】おなら。【翻译】从一个孔里出来,进入两个孔里,是什么?【答案】屁。⑥おならをすると怪我をするのはだーれだ?【答案】へいたいさん。【翻译】如果放屁,受伤的是什么人?【答案】军队士兵。【解

析】「兵隊さん」(兵队士兵)与「屁痛いさん」(放屁痛苦)谐音。

1143. 〖なん〗南の字は、ミナミ以外の読み方なんでしょう?【答案】そうです。【翻译】"南"这个字,除了「ミナミ」的读法外,还有什么读法吗?【答案】是的。【解析】「なん」本来是个代名词,表示"什么",但它还可以表示"南"。因此,谜语还可以理解为"'南'这个字除了「ミナミ」的读法外,还有'南'这个读音吗? 是的。"

1144. 〖なんかい〗路線図がなかなか覚えられない鉄道会社はどこ?【答案】南海鉄道。【翻译】路线图很难记住的铁路公司是哪一家?【答案】南海铁路。【解析】铁路公司名「南海鉄道」与「難解鉄道」(难解,难懂)读音相同。

1145. 〖なんちゅう〗「何中学校だ。生徒の行儀がめっちゃ悪い!」と見学者に怒られた中学校の名前はなんですか。【答案】南中です。【翻译】参观者批评:"这是什么中学?! 学生没有教养!"这个中学的名字是什么?【答案】南中。【解析】「何中学校」(什么中学)与「南中学校」(南中中学)同音。

1146. 〖なんつう〗「ありゃなんつう手紙だ!」と驚かれた手紙は中国のどの市から来たものですか。【答案】南通市から来た手紙です。【翻译】有一封信令人吃惊:"这算什么信?"请问这封信来自中国哪个城市?【答案】南通。【解析】「なんつう」(什么信?)与「南通」(南通)发音相同。

1147. 〖なんにん〗カナダ人の姉妹がいます。何人でしょうか?【答案】カナダ人。【翻译】某地有加拿大人的姐妹,有几个人?【答案】加拿大人。【解析】「何人」有两个意思:「何人」(有几个人);「何人」(什么人)。

1148. 〖なんまいだ〗お坊さんの、お札の数え方ってなーんだ?【答案】なんまいだ。【翻译】僧人用什么方法数钱?【答案】几张?【解析】「何枚だ」(几张)与「南無阿弥陀仏」(南无阿弥陀佛)发音相似,表示皈依阿弥陀佛的佛教口诀,净土宗称念诵此口诀即可前往生极乐世界,也称「六字の名号」。

に

1149. 〖に〗配達の人が運んでる数字ってなーんだ?【答案】2「に」。【翻译】配送的人搬运的数字是多少?【答案】2。【解析】"2"的日语与「荷」(货物)发音相同。

1150. 【にあわん】猫と犬の絵が描いてある洋服って似合う?【答案】似合わん「にゃーわん」。【翻译】画着猫和狗的图案的西服是否合适?【答案】不合适。【解析】猫叫「ニャー」和狗叫「ワン」与「似合わん」(不搭配,不合适)发音相似。

1151. 【ニー】体で2番目の部分ってどーこだ?【答案】膝。【翻译】身体内第二部分是什么部位?【答案】膝盖。【解析】「にー」(knee)。

1152. 【にいがた】同率二位がいっぱいいる都道府県ってどーこだ?【答案】新潟県。【翻译】有很多并列第二的都道府县是什么?【答案】新泻县。【解析】「新潟県」与「二位が多県」(两位数较多)发音相同。

1153. 【にーさん】2番目と3番目の兄弟ってだーれだ?【答案】兄さん「23」。【翻译】第二位和第三位的兄弟是什么人?【答案】哥哥。

1154. 【にえん】全然煮えない鍋の値段はいくら?【答案】二円。【翻译】不能煮菜的锅要多少钱?【答案】两日元。【解析】「二円」(两日元)与「煮えない」(不能煮)的口语说法「煮えん」读音相同。

1155. 【にがわらい】数字の2がわらったよ。どんな笑い方かな?【答案】苦笑い。【翻译】数字2笑了。它怎么笑?【答案】苦笑。【解析】「苦笑い」(苦笑)字面意思与「2が笑い」(2笑了)发音相同。

1156. 【にぎる】①握手をするのが上手な職業は?【答案】寿司屋。【翻译】很擅长握手的职业是什么?【答案】制作寿司的人。【解析】握るのが上手い。握手和制作寿司使用同一个动词。②握って食べるのはお寿司かおにぎり。では、握ってはいるものなーんだ?【答案】ドアノブ(doorknob)。【翻译】握着吃的是寿司和饭团;那么,握着进入的是什么?【答案】门把手。③普通持つときは片手で、握るときは両手を使うものってなーんだ?【答案】すし、おにぎり。【翻译】平时拿用一只手,握时用两只手,为什么?【答案】握寿司。④握ったり結んだりするものなーんだ?【答案】手、お米、飯団。【翻译】又握又捆的东西是什么?【答案】手、米、饭团。【解析】「握ったり」表示"攥饭团",「結んだり」表示"扎紧"。

1157. 【にくたらしい】お肉とタラが4つも入っているお土産もらったひとはなんていった?【答案】にくたらしい。【翻译】礼物是肉和四条鳕鱼,收到这样礼物的人说了什么?【答案】讨厌。【解析】タラ:鳕鱼,大头鱼。答语的意义是「憎たらしい」(极其可憎,实在可恶)。

1158. 【にくまん】①人を恨まない食べ物ってなーんだ?【答案】肉饅頭。

【翻译】不恨别人的食物是什么？【答案】肉包子。【解析】「肉饅頭」中有「憎まん」(不憎恨)的字样。②許してる料理ってなーんだ？【答案】肉まん。【翻译】宽宏大度的饭菜是什么？【答案】肉包子。③悪く思わない食べ物なーんだ？【答案】肉まん。【翻译】不把人往坏处想的东西是什么？【答案】肉包子。【解析】猪肉馅调味后，包在面粉皮里面蒸熟的中国风味儿的包子。④29万個もある食べ物なーんだ？【答案】肉まん。【翻译】有29万个的食物是什么？【答案】肉包子。【解析】「肉まん」(肉包子)与「二九万」(29万)发音类似。

1159. 〖にくらしい〗肉かもしれない料理ってどう思う？【答案】憎らしい。【翻译】对于可能是肉的饭菜，该怎么想？【答案】可恨。【解析】可恨的「憎らしい」与「肉らしい」(像肉)的发音相同。

1160. 〖にこにこ〗プレゼントを二つもらった人はどう笑った？【答案】ニコニコ。【翻译】得到两个礼物的人如何笑？【答案】笑嘻嘻。【解析】「にこにこ」(高兴地微笑)与「二個」(两个)发音相同。

1161. 〖にし〗3のまわりにある方角ってなーんだ？【答案】にし「24」。【翻译】3的周围的方位是什么？【答案】西边。

1162. 〖にじ〗①空に描く虫の絵ってなーんだ？【答案】虹。【翻译】画在天上的虫的画是什么？【答案】虹。【解析】拆解汉字得出结果。「工」可以表示"画作"，与"虫"字结合是"虹"。②おなかがすいてくるにじってなーんだ？【答案】12時「じゅうにじ」。【翻译】肚子饿的彩虹是什么彩虹？【答案】12点。【解析】12点的时候，肚子就饿了，正好"12点"的日语里也有「にじ」。

1163. 〖ニシキヘビ〗①栗のそばにいる蛇ってどんな蛇？【答案】ニシキヘビ。【翻译】栗子旁边的蛇是什么蛇？【答案】蟒蛇。【解析】「ニシキ」可以解析为"西边的树"，与"栗"的上下结构"西木"对应。②2色じゃないのに、2色みたいな蛇ってなーんだ？【答案】ニシキヘビ。【翻译】不是两样颜色，但看起来像两样颜色，是什么？【答案】蟒蛇。【解析】"蟒蛇"的日语字面意思是「二色蛇」(两色蛇)。

1164. 〖ニジマス〗①なないろの魚ってなーんだ？【答案】ニジマス。【翻译】七色鱼是什么鱼？【答案】虹鳟。【解析】虹鳟又称为"硬头鳟"，其日语中有「虹」(彩虹)的字样，彩虹呈现七色。②2時になると増える魚ってなーんだ？【答案】ニジマス。【翻译】每到两点就开始增多的鱼是什

么鱼?【答案】虹鳟。【解析】"虹鳟"的日语与「二時増す」(二点时增加)发音相同。③子供が2人も増えるのはどんな魚?【答案】ニジマス。【翻译】多了两个孩子的鱼是什么鱼?【答案】虹鳟。【解析】"虹鳟"的日语与「二児増す」(多了两个孩子)发音相同。

1165. 〖ニシン〗①あたまが西にある魚ってなーんだ?【答案】ニシン。【翻译】头在西边的鱼是什么鱼?【答案】鲱鱼。【解析】谜面的另一个意思是:西部作为头的鱼是什么鱼? ②ニシンの5人家族、どこに住んでいる?【答案】都心。【翻译】鲱鱼一家五口住在哪里?【答案】鲱鱼。【解析】鲱鱼本身带有二,二乘以五得十。"都"的日语与"十"的日语发音相近。③ミシンにひとつ足りない魚ってなーんだ?【答案】ニシン。【翻译】差一点就是缝纫机,这种鱼是什么鱼?【答案】鲱鱼。【解析】「ニシン」(鲱鱼)中的第一个假名表示数字"二",「ミシン」(缝纫机)(sewing machine)中的第一个假名与数字「三」(三)有关。二加上一就成为三。

1166. 〖につけ〗+2ってどんな料理?【答案】煮付け。【翻译】+2是什么饭菜?【答案】炖(熬)菜。【解析】炖菜指用鱼、蔬菜煮成的菜肴。「につけ」字面意思是「二付け」(加上二)。

1167. 〖にだい〗①トラックは一台なのに、数えたら三台あったってなーんでだ?【答案】トラック一台に、荷台「二台」がついて計三台。【翻译】明明只有一辆卡车,数一下却有三辆,为什么?【答案】卡车一辆,卡车有「荷台」(装货台面),"装货台面"的日语发音与「二台」(两辆车)相同,加起来三辆。【解析】"卡车装货台面"的日语读音和"两台车"的日语读音相同。②問い:「1台のトラックについていても荷台(2台)とはこれいかに」。答え:「2台のトラックがぶつかっても重大(10台)事故と呼ぶが如し」。【翻译】问题:装在一台卡车上为什么叫作两台「荷台」?【答案】正如两台车相撞发生重大事故,也说是十台车发生事故一样。【解析】「重大」(重大)事故与「十台」(十台)车的事故发音相同。

1168. 〖にぶい〗にぶいアルファベットってなーんだ?【答案】W。【翻译】比较迟钝的字母是什么?【答案】W。【解析】V为「ぶい」,W为两个「ぶい」构成,日语中,「鈍い」表示"迟钝"。

1169. 〖にほん〗①世界中の人が集まっている会議の席で突然起きた停電騒ぎ!その中で「火事だ」と最初に叫んだのはどこの国でしょう。

【答案】日本。【翻译】正在开一个国际大会，突然停电。最先大喊："失火了"的人是哪国人？【答案】日本人。【解析】说的是日语，因此是日本人。②辞書や辞典より大きい、一番大きい本ってなーんだ？【答案】日本。【翻译】比辞书和词典更大的书或者说最大的书是什么？【答案】日本。【解析】日语中，「本」表示"书"。③本より多くて3本より少ない国は？【答案】日本。【翻译】比一本书多而比三本书少的国家是什么国家？【答案】日本。【解析】"日本"的日语发音与「2本」（两本书）相同。④イカータコ＝どんな国？【答案】日本。【翻译】乌贼减去章鱼，是什么？【答案】10本－8本＝2本。【解析】乌贼有十只脚，章鱼有八只脚。前者减去后者是两只。日语中，"二"与"日"发音相同，"只"用"本"表示，"两只"即"日本"。

1170. 〖にもつ〗1つしか持っていないのに2つ持っているようなものなーんだ？【答案】荷物。【翻译】虽然只拿了一个，却好像拿了两个一样，这种东西是什么？【答案】行李。【解析】「荷物」和「2 持つ」发音相同。

1171. 〖ニャーゴ〗アメリカの猫は何語で話す？【答案】ニャーゴ。【翻译】美国的猫说的是什么语言？【答案】猫语。【解析】"喵喵"为拟声词，模拟猫叫，最后一个假名表示「語」（语言）。

1172. 〖ニュージーランド〗①赤ん坊ばっかりいる国は？【答案】ニュージーランド。【翻译】只有新生儿的国家是什么国家？【答案】新西兰。【解析】新西兰「ニュージーランド」的前半部分与「乳児」（婴儿）读音相近。②初孫が生まれた男性ばかり住んでいる国は？【答案】ニュージーランド。【翻译】全是刚抱上孙子的男性居住的国家是哪个国家？【答案】新西兰。【解析】"新西兰"的日语与「ニュー爺ランド」（新祖父的地方）发音相近。

1173. 〖にゅうせいひん〗「キャベツ、チーズ、生ハム」この中で、いつまでたっても古くならない物ってどれ？【答案】チーズ。【翻译】甘蓝、奶酪和生火腿当中，不会变老的食品是哪一个？【答案】奶酪。【解析】「チーズ」（奶酪）属于「乳製品」（乳制品），而刚好又与「ニュー製品」（new）同音，即新产品，所以不会变老变旧。「キャベツ」（cabbage）表示"甘蓝，洋白菜，卷心菜，圆白菜，椰菜"。叶质厚而大，密实重叠结球。生ハム：生火腿，熏烟后使成熟的火腿。

1174. 〖にゅうもん〗「謝り方入門」を売ってるのは誰？【答案】セールスマン。【翻译】销售《道歉入门》的人是什么人？【答案】销售员。【解析】谜面的另一意义是：边赔礼道歉，边进门的人是谁？

1175.〖にゅうよく〗お風呂に入るのが好きな人がいるところは？【翻译】喜欢洗澡的人住在哪里？【答案】纽约。【答案】ニューヨーク。【解析】「ニューヨーク」（纽约）与「入浴」（洗澡）读音相近。

1176.〖にらめっこ〗負けたのに笑っている人ってだーれだ？【答案】睨めっこしてる人。【翻译】虽然输了，却还笑，为什么？【答案】面对面做鬼脸游戏。【解析】面对面做鬼脸，先笑者为输。

1177.〖ニワトリ〗①コンビの鳥ってなーんだ？【答案】ニワトリ。【翻译】总是两只一组行动的鸟是什么？【答案】鸡。【解析】「コンビ」为「コンビネーション」（combination）的省略，表示"搭档，配合，做某事时的两人组合"。「にわとり」（鸡）与「二羽鳥」（两只鸟）同音。②1羽でも3羽でもない鳥ってなーんだ？【答案】ニワトリ。【翻译】既不是一只也不是三只的鸟是什么？【答案】鸡。

1178.〖にんぎょひめ〗おやゆび姫、人魚姫、かぐや姫。人気があるのは誰？【答案】人魚姫。【翻译】拇指姑娘、美人鱼、赫夜姬三者中最受人欢迎的人物是哪一位？【答案】美人鱼。【解析】「人魚姫」（美人鱼）中有「人気」（人气）这样的字眼。

1179.〖にんじゃ〗心に刃を持っているのは何者？【答案】忍者。【翻译】心上放了一把刀，是什么？【答案】忍者。【解析】日本战国时代各大家族豢养的使用忍术从事秘密侦查、施计、扰乱后方、暗杀等活动的人。

1180.〖にんじん〗①子供が出来たみたいな野菜ってなーんだ？【答案】人参。【翻译】好像有了孩子的蔬菜是什么？【答案】胡萝卜。【解析】「人参」既可以指"胡萝卜"，也指代"朝鲜参"。「人参」与「妊娠」（妊娠怀孕）发音相似。②三人で反対から食べる野菜ってなーんだ？【答案】人参。【翻译】三个人倒着吃的蔬菜是什么？【答案】胡萝卜。【解析】人参中，"三"和"人"两个字处于相对的位置。③三人が、逆立ちしたらなんになる？【答案】人参。【翻译】三个人倒立，成为什么？【答案】胡萝卜。【解析】"参"字中有"三"，也有"人"，"人"在"三"上面。书写"参"字时，先写"人"，后写"三"，所以说是"三人"的颠倒。④ンを抜くと7色に光る野菜はなーんだ？（ヒント：オレンジ色の野菜）。【答案】にんじん。【翻译】去掉「ん」，成为七种颜色，是什么？【答案】胡萝卜。【解析】「にんじん」去掉「ん」，成为彩虹「にじ」。

1181.〖にんにく〗①肉屋ではなく、八百屋で売ってるお肉ってなーんだ？

【答案】大蒜。【翻译】不在肉铺出售，而在蔬菜水果店卖的肉是什么？【答案】大蒜。【解析】"大蒜"的日文中有"肉"的日文字。②人の肉みたいなやさいってなーんだ？【答案】にんにく。【翻译】好像人肉一样的蔬菜是什么？【答案】大蒜。【解析】"大蒜"的日语发音如同"人肉"的日语。

ぬ

1182. 〖ぬき〗野菜がかけっこをしました。ゴール直前、ある野菜が逆転勝ちしました。その野菜は何？【答案】ごぼう。【翻译】野菜赛跑。在最后关头，某种蔬菜逆转了局面，取得了胜利，这种蔬菜是什么？【答案】牛蒡。【解析】「ごぼう抜き」(拔牛蒡)比喻不费力地拔掉，从许多人中任意拉出、调出。「ぬき」接在表示人数的词后，表示"战胜……人"，如「5人抜き」(战胜五人)。

1183. 〖ぬりぐすり〗飲んでもきかない薬ってなーんだ？【答案】塗り薬、貼り薬。【翻译】喝了之后，不起作用的药物是什么？【答案】涂于患部皮肤上的液体涂敷药、软膏药剂或膏药。

1184. 〖ぬりえ〗色がついていないのに、ちゃんとお金を払う絵ってなーんだ？【答案】塗り絵。【翻译】没有颜色而要一分不少花钱购买的绘画是什么？【答案】儿童着色用的线条画。

ね

1185. 〖ね〗「まるいね」って言われるものなーんだ？【答案】球根。【翻译】有种东西被其他人说"很圆啊！"，是什么？【答案】球茎。【解析】"很圆啊！"的日语又表示"很圆的根"。

1186. 〖ねぎ〗①安く買う野菜ってなーんだ？【答案】ねぎ。【翻译】比较便宜的蔬菜是什么？【答案】葱。【解析】"葱"的日语字面意思是「値宜」(价格适宜)。②横になった木の野菜ってなーんだ？【答案】ネギ。【翻译】成为横躺的树的蔬菜是什么？【答案】大葱。【解析】"大葱"的日语字面意思是「寝木」(横躺的树)。

1187. 〖ねぐせ〗お坊さんには無い癖ってなーんだ？【答案】ねぐせ。【翻译】僧人没有的坏习惯是什么？【答案】弄乱头发。【解析】睡乱头发，头

发因睡觉而压乱；睡眠中弄乱被褥的习性；幼儿睡觉时的坏习惯（别人不伴睡身旁或不给唱歌就睡不着）；贪睡的毛病。此处指第一个坏习惯。和尚「お坊さん」是对僧人亲近而尊敬的称呼，他们没有头发，因此不会弄乱头发。

1188.〖ネクタイ〗スーツの真ん中のお魚ってなーんだ？【答案】ネクタイ。【翻译】西装中间的鱼是什么鱼？【答案】鲷鱼。

1189.〖ねこ〗①寝てる子供はどんな動物？【答案】ネコ。【翻译】正在睡觉的孩子是什么动物？【答案】猫。【解析】字面意思是"睡觉的孩子"。②犬の仲間なのに、猫って呼ばれているものなーんだ？【答案】名前が猫の犬。【翻译】和狗是好朋友，却叫猫，为什么？【答案】名字为猫的一条狗。③こねこねしたら出てくる動物なーんだ？【答案】ねこ、こねこ。【翻译】搅拌一下会出现的动物是什么？【答案】小猫和猫。【解析】「こねこね」这四个平假名中包含了「ねこ」（猫）和「こねこ」（小猫）。

1190.〖ねごと〗自分で話しているのに、覚えていないことってなーんだ？【答案】寝言。【翻译】明明是自己说的话，却不记得，为什么？【答案】说梦话。【解析】说梦话。答案也包括胡话、梦呓、发高烧等时无意识说的话。

1191.〖ねこばば〗おばあちゃん猫がやった悪いことってなーんだ？【答案】ネコババ。【翻译】老母猫做得不好的事情是什么事情？【答案】盖土埋屎。【解析】"猫盖土埋屎"表示"拾得东西后据为己有"。ねこばばを極め込む：把拾得的东西昧起来。此外，「ネコババ」与「猫婆」发音相似。

1192.〖ネズミ〗夜寝ないでテレビばかり見ている動物はだーれだ？【答案】ネズミ。【翻译】晚上不睡觉，一直看电视的动物是什么？【答案】老鼠。【解析】「ず」为「ない」或「ぬ」的文语形式。

1193.〖ねったいや〗眠りたくても眠れない夜ってどんな夜？【答案】熱帯夜。【翻译】想睡又睡不着，这是在哪里度过的晚上？【答案】热带夜。【解析】热带夜指最低温度在25摄氏度以上难以入睡的夜晚。「いや」表示"不愿意"。

1194.〖ねつびょう〗高ければ高いほど重くてつらいものなーに？【答案】熱病。【翻译】越高就越重的病是什么病？【答案】热病。

1195.〖ねむのき〗睡眠不足の木は何？【答案】合歓の木。【翻译】睡眠不足的树是什么树？【答案】合欢树。【解析】日语中，"合欢树"为「合歓の木」，而"犯困"是「眠い」，两者共有一个「ねむ」，所以合欢树就被戏称为

"睡眠不足的树"。此处利用了形容词「ねむい」的双关。

1196. 〖ネパール〗真珠が眠っている国は?【答案】ネパール。【翻译】珍珠酣睡的国家是什么国家?【答案】尼泊尔。【解析】「寝パール」(珍珠酣睡)与「ネパール」(尼泊尔)发音相同。

1197. 〖ねぶくろ〗①下が黒い布団ってなーんだ?【答案】ねぶくろ。【翻译】下面是黑色的被子,是什么被子?【答案】睡袋。【解析】「ぶく」为"铺盖",「くろ」为"黑"。②根っこのはえた袋ってなーんだ?【答案】寝袋。【翻译】生有残根的袋子是什么袋子?【答案】睡袋。【解析】根っこ:残根。睡袋的第一个假名是「根」。

1198. 〖ねる〗ねると踊りだしたくなる食べ物なーんだ?【答案】のり。【翻译】一躺下就想翩翩起舞的食品是什么?【答案】紫菜。【解析】ねる:熬制,捏揉搅拌使有粘性。のる:起劲儿,来劲儿,飘飘然;提起兴致,引起兴趣,提起干劲。谜面的另一个意思是:熬制之后想翩翩起舞的食品是什么?

1199. 〖ねんど〗毎年4月に新しくなる、遊び道具ってな～んだ?【答案】ねんど。【翻译】每年4月就焕然一新的游乐玩具是什么?【答案】粘土玩具。【解析】「粘土」(粘土)与「年度」(年度)发音相同,日本学年年度以4月为分界线。

の

1200. 〖のう〗①反対の芸能ってなーんだ?【答案】能。【翻译】「芸能」的反义词是什么?【答案】能。【解析】"能"的日语与no(不)发音相近。②芸があるのに無いのはだーれだ?【答案】芸能人。【翻译】虽然有表演能力,却自称没有,为什么?【答案】艺人。③いつも断られちゃう、体の一部ってどーこだ?【答案】脳。【翻译】身体的一部分总是被拒绝。是哪一部分?【答案】大脑。【解析】"脑"的日语与"不"的日语发音相同。④今日はいけない「だめな」団体ってなーんだ?【答案】農協。【翻译】说今天不行的团体是什么?【答案】农协。【解析】「農協」与"今天不行"的日语发音相同。⑤嫌だといえる文房具ってなーんだ?【答案】ノート(note)。【翻译】说"讨厌"的文具是什么文具?【答案】笔记本。【解析】"笔记本"的英文中有no(不)这个组成部分。

1201. 〖のこぎり〗女の子をのこぎりで切ったらどうなる?【答案】女。【翻译】用锯锯女孩,结果怎么样?【答案】女孩。【解析】「女の子をのこぎ

り」又表示"将「女の子」的「の子」去掉",会剩下什么?结果是「女」字。

1202. 〖のびる〗チャーハンとラーメンが戦った。どちらが勝った?【答案】チャーハン。【翻译】炒面和拉面战斗,哪一方赢了?【答案】炒面。【解析】双关语是「のびた」。「ラーメンがのびたから」既有"拉面拉长"的意思,又有"拉面精疲力竭"的意思。拉面累坏了,炒饭也就赢了。

1203. 〖のみ〗①それだけの生き物なーんだ?【答案】ノミ。【翻译】仅仅这些而已的生物是什么?【答案】跳蚤。【解析】「のみ」是副助词,接在各种词后,表示限定的"只,光"。それのみならず:不仅如此。②酒場が好きな虫は何?【答案】蚤。【翻译】喜欢酿酒厂的是什么虫?【答案】跳蚤。【解析】「蚤」(跳蚤)与「飲み」(喝)读音相同。

1204. 〖のり〗二つ並べると、なんだか楽しい文房具ってなーんだ?【答案】のり。【翻译】两个在一起,就很高兴的文具是什么?【答案】糨糊,胶水。

1205. 〖のりのり〗2枚で機嫌よくなる食べ物なーんだ?【答案】のり。【翻译】两个在一起,心情就变好的食品是什么?【答案】紫菜;海苔。【解析】のりのり:兴致勃勃,很有兴趣,很在兴头上的样子。

1206. 〖のる〗毎日新聞に載っているのに、ちっとも有名にならない人だれだ?【答案】毎日新聞を踏んづけている人。【翻译】每天都刊登在报纸上,但没有任何名气的人是谁?【答案】此人每天踩着报纸。【解析】「載る」有两个意思,即新聞に載る:刊登在报上;資料が机に載っている:资料放在桌子上。因此,"刊登在报上"也可以理解为"放置在报上,脚踩在报纸上"。

1207. 〖ノルウェー〗人が重なると吐いてしまう国は?【答案】ノルウェー。【翻译】人数过多就要呕吐的国家是什么国家?【答案】挪威。【解析】「ノルウェー」(挪威)与「乗るウェー」(乘车呕吐)发音相近。车上一般人多。

は

1208. 〖は〗歯の間に挟まっちゃった食べ物ってなーんだ?【答案】米。【翻译】牙齿间夹的东西是什么?【答案】米。【解析】"歯"字中有"米",同时指代人吃了饭之后,牙中剩有米的残渣。

1209. 〖ハァ〗顔の中で聞き返しているのはなんでしょう?【答案】歯。【翻译】脸上能反问的部分是什么?【答案】牙。【解析】因为没有听清或不理解而再问「ハァ」与牙齿「は」的发音相似。

1210. 〖バー〗①おばあさんがいそうな飲み屋さんってなーんだ？【答案】バー(bar)。【翻译】好像有老太太在的饮品店在哪里？【答案】酒吧。②寒いときに着るおばあちゃんってなーんだ？【答案】ジャンバー。【翻译】寒冷时穿在身上的老奶奶是什么？【答案】宽松夹克服。【解析】"夹克"的日语也表示"运动与作业时穿的宽松长袖上衣"，中有「ジャン婆」(老奶奶)的字样。③頭に波をのせている女の人ってだーれだ？【答案】お婆さん。【翻译】头枕着波涛的女子是谁？【答案】老太太。【解析】「女」字上面有「波」字。

1211. 〖ばちゃと〗おじいさんとおばあさん、川に落っこちたのはどっち？【答案】おばあさん。【翻译】老爷爷和老奶奶，掉到河里的是谁？【答案】老奶奶。【解析】"老奶奶"的日语与拟声词跌入水中「ばちゃと」发音相近。

1212. 〖パーカ〗悪口言われているみたいな洋服ってなーんだ？【答案】パーカ(parka)。【翻译】好像被别人骂了的衣服是什么衣服？【答案】派克大衣。【解析】派克大衣指有帽子的防风防寒登山衣或有帽子的上衣或外套，与日语「ばか」(混蛋)发音相似。

1213. 〖パート〗まるいハートを持ってる人の仕事ってなーんだ？【答案】パート(part)。【翻译】有圆形心脏的人干的是什么工作？【答案】钟点工。【解析】「ハート」加一个圆圈，成为「パート」，是"兼职工作"日语的省略。

1214. 〖パーマ〗スーパーマーケットの中にいる人に多い髪型ってなーんだ？【答案】パーマ。【翻译】超市里面的人最多的发型是什么？【答案】烫发。【解析】「パーマ」来自英语permanent wave(烫发)，「パーマ」也包含在日语单词「スーパーマーケット」(超市)里。

1215. 〖バームクーヘン〗①真ん中を食べられないお菓子ってなーんだ？ドーナツじゃないよ。【答案】バームクーヘン（Baumkuchen）。【翻译】中间不能吃的点心是什么？（答案不是炸面圈）【答案】年轮蛋糕。【解析】了解这个谜语需要熟悉制作年轮蛋糕的工艺和流程。它的特殊的烘烤装置是搁置在火上并不断旋转的一根铁棒。蛋糕原胚调制好以后，把它慢慢地浇在铁棒上，使其成为一层薄薄的皮。等薄皮烤熟之后，再浇第二层蛋糕胚料。这样一层接着一层地浇，最后在蛋糕的外层涂上巧克力酱。冷却后，成品蛋糕看上去像一小段树桩。横着切开时，里面有一圈一圈年轮般的花纹，十分美丽独特，年轮蛋糕名字由此而来。中间的铁棒不能食用。另外，该蛋糕名字中有"不可食用"的字样。②下のほうが変なお菓子ってなーんだ？【答案】バームクーヘン。【翻译】最后很奇怪的点心是什么？【答案】年轮蛋糕。【解析】年轮蛋糕

最后的假名「ヘン」表示"奇怪"。

1216.〖ハーモニカ〗ハからモを引くとなんになる?【答案】ハーモニカ(harmonica)。【翻译】从「ハ」里减去「モ」,得到什么?【答案】口琴。【解析】口琴的片假名「ハーモニカ」与数学减法等式「ハ」－「モ」＝「カ」情况吻合。

1217.〖はい〗①返事をする内蔵は?【答案】肺。【翻译】会回话的内脏是什么?【答案】肺。【解析】「肺」(肺)与回应「はい」(是)读音相同。②YESのガスってなーんだ?【答案】排気ガス。【翻译】yes 的气体是什么?【答案】废气。【解析】yes 对应日语「はい」(废)。③返事をするお皿ってなーんだ?【答案】灰皿。【翻译】有回应的盘子是什么?【答案】烟灰缸。【解析】烟灰缸中有表示"是"的回应。④這い回り始めた赤ちゃんのお返事ってなーんだ?【答案】ハイハイ。【翻译】刚刚会地上转圈爬的婴儿怎么回答?【答案】是,是。【解析】「這い這い」(爬)与"是,是"的日语发音相同。

1218.〖ばいう〗倍降る雨ってなーんだ?【答案】梅雨。【翻译】降雨是以前的两倍,是什么?【答案】梅雨。【解析】「梅雨」指6月中旬到7月中旬的日本和东亚特有的雨季,相当于从春天到夏天的季节变化交替期,字面意为"两倍的雨",梅雨又称为「さみだれ」和「つゆ」。

1219.〖バイオリン〗①おりんさんが2人で奏でる楽器ってなーんだ?【答案】バイオリン(violin)。【翻译】林先生两个人演奏的乐器是什么?【答案】小提琴。②あたまが倍になってる楽器ってなーんだ?【答案】バイオリン。【翻译】头部加倍的乐器是什么?【答案】小提琴。③2ヶ国語しゃべれそうな楽器ってなーんだ?【答案】バイオリン。【翻译】能讲两种语言的乐器是什么?【答案】小提琴。【解析】"小提琴"的英语与 bilingual(会说两种语言的人)发音类似。

1220.〖ばいきん〗汚いお金ってなーんだ?【答案】ばい菌。【翻译】肮脏的钱是什么?【答案】细菌。【解析】钱上有细菌,细菌常常是致病原因。另外,「金」(金)与「菌」(细菌)发音相同。

1221.〖ハイキング〗ハイキングでよむものなーんだ?【答案】俳句。【翻译】远足时读什么内容?【答案】俳句。【解析】「ハイキング」(徒步旅行)(hiking)有「俳句」。

1222.〖はいしゃ〗①車がすぐ壊れてしまう職業は何?【答案】歯医者。【翻

译】车子很快就会坏掉的职业是什么？【答案】牙医。【解析】「歯医者」(牙医)与「廃車」(报废车辆)读音相同。②他人の歯で食べてる人ってだーれだ？【答案】歯医者。【翻译】靠别人的牙齿吃东西的人是什么人？【答案】牙科医生。【解析】牙科医生靠为别人治疗牙病谋生。③喋るわけでもないのに、口を開かないと何もしてくれないお医者さんってだーれだ？【答案】歯医者。【翻译】并不是要你说话，但如果不开口就，什么都不给你做的医生是什么？【答案】牙科医生。④病院でいろいろな科の先生がじゃんけんをしました。いつも負けてしまうのは誰？【答案】歯医者。【翻译】医院里，许多科室的医生在玩石头、剪刀、布的游戏。总是输的医生是什么医生？【答案】牙科医生。【解析】"牙医"的日语与「敗者」(败者)发音相似。

1223.〖バイト〗頭は倍働く仕事ってなーんだ？【答案】バイト(德语 arbeit)。【翻译】大脑需要加倍工作的职业是什么？【答案】兼职。【解析】"兼职"日语的开头有"倍"的日语字样。同时，"兼职"意味着"加倍工作"。

1224.〖ばいばい〗人と売り買いをした後、別れる時に何をいいますか。【答案】バイバイ(byebye)。【翻译】人们进行买卖，结束告别时说什么？【答案】拜拜。买卖。【解析】「売り買い」意义上等于「売買」，「売買」发音上等于「バイバイ」。

1225.〖ハウスみかん〗おうちのみかんってなーんだ？【答案】ハウスみかん。【翻译】家里的柑橘是什么？【答案】温室柑橘。【解析】"温室"的英语与"家"的英语同用一个单词 house。

1226.〖ハエ〗①スピードなら誰にも負けない虫ってなーんだ？【答案】蝿。【翻译】论速度，不逊色于任何对手的虫子是什么？【答案】苍蝇。【解析】「ハエ」除了表示"蝇"，还表示「南風」(南风)。南风是日本对夏季由南方吹来的季风的地区性称法。日本的九州、四国等地区使用这个词语。此外，「ハエ」还可以表示"吃惊"。②空に必ずいる虫は？【答案】ハエ。【翻译】空中必然有的昆虫是什么？【答案】苍蝇，蝇子。【解析】「空」字可以分为上中下结构，中和下分别是为「ハ」和「エ」，所以说「空」字里必然会有苍蝇。

1227.〖ハガキ〗①黄色い葉で書くお手紙なーんだ？【答案】ハガキ。【翻译】用黄色的叶子写成的信件是什么？【答案】明信片。【解析】「葉書」(明信片)由「葉」(叶子)和「書き」(书写)构成。②判子が金庫になって

しまう紙ってなーんだ?【答案】はがき。【翻译】让印章变为金库的纸是什么?【答案】明信片。【解析】将「は」变为「き」,于是「判子」变成「金庫」。③口の中に木がいっぱいありそうな紙ってなーんだ?【答案】はがき。【翻译】嘴里满是树的东西是什么?【答案】明信片。【解析】明信片字面意思是"所有牙齿都是树"。

1228.〖はかた〗口の中が固そうな街ってどーこだ?【答案】博多。【翻译】街道上好像是含在口中的坚固的东西,这条街道在哪里?【答案】博多。【解析】博多是福冈市五区之一,属商业区。市名「博多」与「歯固」(牙齿坚固)发音相同。

1229.〖ハカマ〗肝試しにはどんな服装で行く?【答案】袴。【翻译】如果想参加试胆大会的话,穿什么衣服去?【答案】袴。【解析】袴为和服的裙子,男女都能穿。「袴で行く」(穿和服裙子去)与「墓まで行く」(到坟场)发音相同。

1230.〖はく〗はかりじゃないのにはかれるものなーんだ?【答案】履物。【翻译】不是秤但能称量物品的东西是什么?【答案】鞋子。【解析】「はかれる」既表示「量れる」(能称量东西),也表示"穿鞋子"的被动式「履かれる」。

1231.〖はくさい〗①草の周りに灰を撒いたらなんになる?【答案】ハクサイ。【翻译】草的周围撒上灰,成了什么?【答案】白菜。②新鮮な白菜をふたたまくっつけるとにおいが出ます。それはどんなにおいでしょうか。【答案】臭くさいにおいです。【翻译】把两棵新鲜的白菜摆在一起就会有气味,请问是什么气味?【答案】臭味。【解析】连续说两次「白菜」(白菜)就成了「白菜白菜」。如果把第二个「は」看作提示性副助词的话,就可以读作「白菜は臭い」,意思是"白菜很臭",故为谜底。③89歳の野菜ってなーんだ?【答案】白菜。【翻译】89岁的蔬菜是什么?【答案】白菜。

1232.〖はくしゅ〗77歳、88歳、99歳になる3人の人がいました。手をたたいているのは誰?【答案】88歳「パチパチだから」99歳「白寿……拍手」だから。【翻译】有77岁、88岁、99岁三个人。拍手的是谁?【答案】88岁和99岁的人。【解析】「パチパチ」为拍手声,与88发音相似;「拍手」(拍手)与「白寿」(白寿)发音相似。"白"为"百"减一,等于"九十九"。

1233.〖はくしょく〗裸の王様が洋服を100着持っていましたが、1着盗まれ

ました。何色でしょう?【答案】白色。【翻译】裸体的国王有 100 件衣服,一件衣服被盗。是什么颜色的衣服被盗?【答案】白色。【解析】剩下 99 件衣服,"百"减一成"白"。

1234. 〖はくせい〗歯磨きしない置物なーんだ?【答案】剥製(はくせい)。【翻译】不刷牙的摆设是什么?【答案】动物剥制的标本。【解析】「剥製(はくせい)」(动物剥制的标本)与「歯臭い(はくさい)」(牙齿很臭)发音相近。

1235. 〖はくちょう〗①飲みすぎて、戻しちゃったのはなんて鳥?【答案】白鳥(はくちょう)。【翻译】过量饮酒,又吐了出来的鸟是什么鸟?【答案】天鹅。【解析】「白鳥(はくちょう)」(天鹅)与「吐く鳥(はくちょう)」(要吐的鸟)发音相同。②思いやりの無い鳥は?【答案】白鳥。【翻译】不为他人考虑的鸟是什么鸟?【答案】天鹅。【解析】"天鹅"的日语与「薄情(はくじょう)」发音相近。⑨99 歳の鳥ってなーんだ?【答案】白鳥。【翻译】99 岁的鸟是什么鸟?【答案】天鹅。【解析】"白"是"百"减掉了一的"九十九"。

1236. 〖はげ〗毛のない毛ってなーんだ?【答案】はげ。【翻译】没有毛的毛是什么?【答案】秃头。

1237. 〖はげたか〗①はげたかが真ん中にぶら下げているものなーんだ?【答案】下駄(げた)。【翻译】秃鹰身体中间挂着什么?【答案】木屐。②頭を気にしている鳥は何?【答案】はげたか。【翻译】对头部很在意的鸟是什么鸟?【答案】秃鹫。【解析】按照字面意思,秃鹫也可以理解为问句"秃头了吗?"所以秃鹫是在意头部的鸟。

1238. 〖ばけねこ〗ウマの毛が生えた猫ってなーんだ?【答案】化け猫(ばけねこ)。【翻译】长了马毛的猫是什么猫?【答案】化过妆的猫。【解析】「馬(うま)」为马,「馬(ば)」也可以表达马的概念。化过妆的猫也可以理解为发生了巨大改变的猫,中有马字。

1239. 〖バケツ〗馬のお尻にあるものなーんだ?【答案】バケツ(bucket)。【翻译】什么东西在马的尾部?【答案】桶。【解析】桶可以字面解读为「馬穴(ばけつ)」(马的尾部)。

1240. 〖はさみ〗はさみなのに、全然きれないはさみはなに?【答案】洗濯(せんたく)ばさみ。【翻译】虽是剪刀,却无法剪东西的剪子是什么?【答案】晾衣夹。衣服夹子。【解析】"晾衣夹"的日语有「鋏(はさみ)」(剪子)的字样。

1241. 〖はし〗①手に持って口に運んだり、車が走ったりする物なーんだ?

【答案】はし。【翻译】用手拿着往嘴里送，又能行驶车辆的东西是什么？【答案】はし。【解析】「はし」有两个意义：「箸」(筷子)和「橋」(桥梁)。②1本だと食べられないのに、2本だと食べられるものなーんだ？【答案】箸。【翻译】一根不能吃，两根能吃，是什么？【答案】筷子。【解析】两根筷子能吃食物。③はしにあるはしってなーんだ？【答案】橋の端、箸の端。【翻译】桥中之桥是什么意思？【答案】桥的一端，筷子的一头。

1242. 〖はしご〗端っこが五つもあるものなーんだ？【答案】はしご。【翻译】有五个边儿的东西是什么？【答案】梯子。【解析】"梯子"的日语与「端五」(五个边儿或角落)发音相同。

1243. 〖ばしゃ〗水に落ちてしまった乗り物ってなーんだ？【答案】馬車。【翻译】落到水里的交通工具是什么？【答案】马车。【解析】「馬車」模拟了落水声。

1244. 〖パジャマ〗パンの上がいらない洋服ってなーんだ？【答案】パジャマ(pajamas)。【翻译】不需要面包表皮的衣服是什么衣服？【答案】睡衣。【解析】上衣和裤子配套的睡衣的日语中有「邪魔」这个单词。「パジャマ」中省略了「パン」的上部「ン」。

1245. 〖バス〗①ブスな乗り物なーんだ？【答案】BUS。【翻译】很丑的交通工具是什么？【答案】公共汽车。【解析】「ブス」表示丑陋的女子，与bus(公交车)发音相似。②家ではお湯が入っていて、外では走っているものなーんだ？【答案】バス。【翻译】家中装热水，街道上不停飞奔，这东西是什么？【答案】バス。【解析】「バス」除了有"公共汽车"的意思，还有"带淋浴的西式浴室"(bath)的意思。③お絵かきするバスってなーんだ？【答案】キャンバス(compass)。【翻译】绘图的公交车是什么？【答案】圆规。④氷河を走っているバスってなーんだ？【答案】クレバス(crevasse)。【翻译】在冰河上奔驰的公交车是什么车？【答案】破口、雪、冰河的裂隙。⑤こっちに渡して！っていってる料理はなーんだ？【答案】パスタ(pasta)。【翻译】好像说"递给我！"的饭菜是什么？【答案】意大利面。【解析】"意大利面"的日语与"传递"的日语发音相同。⑥頭は人をいっぱい乗せる乗り物で、真ん中から下は体を拭くものなーんだ？【答案】バスタオル(bath towel)。【翻译】某种纺织品头部是载满人的交通工具，从中间起到最后，可以擦拭身体，这个东西是什么？【答案】浴巾。【解析】从浴巾中推导出公交车与毛巾(bus towel)。

1246. 〖バスケット〗御婆さんが助けにくるスポーツはなんだ？【答案】バ

スケット。【翻译】老奶奶来帮忙的体育比赛是什么?【答案】篮球。【解析】「バ」是「婆」,「スケット」是「助っ人」(帮忙的人)。

1247. 〖パセリ〗周りにはパリがある野菜ってなーんだ?【答案】パセリ(parsley)。【翻译】周围是巴黎的野菜是什么?【答案】荷兰芹。【解析】「パセリ」(荷兰芹)第一和第三个假名构成「パリ」(巴黎)。

1248. 〖パズル〗①パパが半分ずるしちゃうものなーんだ?【答案】パズル。【翻译】父亲的一半儿脱离原来的位置,变成了什么?【答案】拼图。②隣の家のお嬢さんは病気でもないのに毎日寝てばかり。なぜ?【答案】まだ赤ちゃんだから。【翻译】隔壁的女孩没有病,却天天躺着,为什么?【答案】她还是婴儿。③治安の悪い町で、夜中に窓を開けっ放しにしてると必ずやってくるものはなーんだ?【答案】朝。【翻译】治安不好的城镇,如果夜里不关窗,必定什么会到来?【答案】早晨。

1249. 〖はたけ〗家に火をつけたら火事になる。では田んぼに火を付けると出来るものは何?【答案】畑。【翻译】在家里点火,会发生火灾;那么,在水田里点火,会变出什么?【答案】旱田。【解析】「田」与「火」加在一起,成为「畑」(旱田)。

1250. 〖はたはた〗祝日に二つ掲げる魚ってなーんだ?【答案】ハタハタ。【翻译】节庆日挂起的两只飘扬的鱼是什么?【答案】雷鱼,日本叉牙鱼、红鮨。【解析】两个红鮨连在一起,成为「はたはた」,表示啪嗒啪嗒响。旗がはたはたと風になびく:旗啪嗒啪嗒地随风飘动。

1251. 〖バタバタ〗バタバタする食べ物なーんだ?【答案】バター(butter)。【翻译】发出啪嗒啪嗒声的食物是什么?【答案】黄油。

1252. 〖はち〗①ベランダにおいてある、植木の下にいる虫ってなーんだ?【答案】ハチ。【翻译】阳台上,盆栽下面的虫是什么?【答案】蜜蜂。【解析】「植木鉢」(盆景)中包含"蜜蜂"的日语。②潜水艦の出入り口にいつもいる虫は?【答案】蜜蜂。【翻译】总是在潜水艇出入口的虫子是什么?【答案】蜜蜂。【解析】「ハッチ」(潜水艇出入口)(hatch)与「蜂」(蜜蜂)发音相近。③金の本は何冊ある?【答案】8冊。【翻译】金子制成的书有多少册?【答案】8冊。【解析】金书为「鉢」,「はち」是八,因此有八册。④タオルを頭に巻きつけると出てくる数字ってなーんだ?【答案】8。【翻译】手巾缠头得出的数字是什么?【答案】8。【解析】日语中有「鉢巻」,表示用手巾扎头、缠头。缠头布,扎头带。日本镰仓时代以后的叫法,古时称「抹額」。原是武士装的一部分。⑤縦に割ったら3なのに、横に割ったら0になるものなーんだ?【答案】8。【翻译】竖着

切,成为3,横着切,成为0,是什么数字?【答案】8。

1253. 〖バチ〗膝枕をしてもらうと、バチが当たるものなーんだ?【答案】三味線。【翻译】放在膝盖上,会遭报应,是什么?【答案】三弦琴。【解析】谜面另一意义是:放在膝盖上,用琴弓拨动的东西是什么?「撥」是拨动三味线、琵琶等琴弦的道具,也表示「罰」(报应)。

1254. 〖ぱちぱち〗みんなでパチパチしてる教室ってなーんだ?【答案】そろばん。【翻译】教室里所有人发出啪啪的响声,为什么?【答案】在打算盘。【解析】枪声、爆炸声与打算盘声都用「パチパチ」。

1255. 〖はちみつ〗①したの方が緻密な食べ物なーんだ?【答案】蜂蜜。【翻译】某种食物下面的部分很谨严细密,是什么?【答案】蜂蜜。【解析】"蜂蜜中的蜜"的日语「蜜」与「密」(细密)发音相同。②ハチが三匹でなめるものなーんだ?【答案】ハチミツ。【翻译】三只蜂舔的东西是什么?【答案】蜜。③英語では82、日本語では83ってなーんだ?【答案】はちみつ。【翻译】用英语说是82,用日语说是83,是什么东西?【答案】蜂蜜。【解析】英语honey的日语对应单词「はに」表示82,日语「蜂蜜」又表示83。

1256. 〖はつうり〗心臓を売るのってなんという?【答案】はつうり。【翻译】卖心脏,是什么东西?【答案】新年后的第一笔生意。【解析】「初売り」(第一笔生意)表示新年后第一次卖东西,与「ハート売り」(卖心脏)发音相近,其反义词为「初買い」。

1257. 〖はつこい〗思い出すとなんだか甘酸っぱいお魚ってなーんだ?【答案】初恋。【翻译】一想起,就让人觉得又酸又甜,是什么?【答案】鲤鱼。【解析】初恋,第一次恋爱,中有「鯉」(鲤鱼)的字样。

1258. 〖バッジ〗つけたら汚くなるアクセサリーってなーんだ?【答案】バッジ(badge)。【翻译】一戴上就变脏的装饰品是什么?【答案】首饰。【解析】アクセサリー(accessory)表示"首饰,饰品,服饰用品,戴在身上的装饰品",如胸针、项链、耳环等,也表示附件、配件、机器等的附属品。「バッジ」与「ばばっちい」发音相似,后者是幼儿语,表示"脏"。同时,「バッジ」既与「恥」(耻辱)发音相似,也与「ぱっち」(补丁)(patch)类似。

1259. 〖バッタ〗野球の好きな虫ってなーんだ?【答案】飛蝗。【翻译】爱好棒球的虫是什么虫?【答案】蝗虫。【解析】「飛蝗」表示"蝗虫",也与棒球

击球员「バッター」(batter)发音相似。

1260. 〖ばっちり〗ウマの血は綺麗?【答案】ばっちり。【翻译】马的血好看吗?【答案】好看。【解析】「ばっちり」是俗语,表示"漂亮地,成功地",字面意思为"马血"。

1261. 〖バッテリー〗駄目なテリーが持ってるものなーんだ?【答案】バッテリー(battery)。【翻译】愚蠢的刑侦拿的东西是什么?【答案】电池。【解析】「ばあ」是俗语,意为"白痴,傻瓜"。ばあじゃないのか:不是白痴吗?「バッテリー」(电池)与「バーテリ」(愚蠢的刑侦)发音相似。

1262. 〖ハット〗①かぶっちゃいけない帽子ってなーんだ?【答案】法度。【翻译】必须戴的帽子是什么?【答案】法律。【解析】「法度」表示"法度,法律,规章,禁令",也表示"帽子"(hat)。②頭の上でびっくりしているものなーんだ?【答案】帽子。【翻译】头上很吃惊的东西是什么?【答案】帽子。【解析】「はっと」既表示"猛然,猛地,冷不防,突然想起或吃惊貌",如「はっと息をのむ」(猛然倒吸一口冷气),又是英语单词 hat(帽子),与"戴在头上"吻合协调。

1263. 〖ハッピ〗着ると幸せになる服はなーんだ?【答案】ハッピ。【翻译】穿上之后很幸福的衣服是什么?【答案】法被,半被。【解析】法被、半被指代套在长和服外面、长度到腰间或膝盖的衣服,广袖,始于江户时代从武家中间(仆役)到富豪的仆役、工匠等都身穿印有主人家家徽和屋号的衣服,现在工匠等仍穿这类衣服。"法被"的日语与「ハッピー」(快乐)(happy)发音相同。

1264. 〖はっぷん〗やる気を出すのにかかる時間ってなんふん?【答案】はっぷん。【翻译】鼓起干劲需要多长时间?【答案】八分钟。【解析】「八分」(八分)与「発奮」(发奋)发音相同。

1265. 〖はっぽう〗ピストルをうつお酒ってなーんだ?【答案】発泡酒。【翻译】开枪射击的酒是什么酒?【答案】发泡酒。【解析】「発砲」(发炮)与「発泡」(发泡)发音相同。发泡酒一般指泡沫葡萄酒,也就是在葡萄酒中加入二氧化碳使之具有泡沫性,最具代表性的发泡酒是香槟。

1266. 〖ハト〗①ハートの周りにいる鳥ってなーんだ?【答案】ハト。【翻译】在心脏周围的鸟是什么?【答案】鸽子。【解析】「鳩」(鸽子)与「ハート」(心脏)(heart)发音相近。②九羽の鳥ってなーんだ?【答案】鳩。【翻译】九只鸟是什么?【答案】鸽子。③ポーっとしてる鳥ってなーんだ?【答案】鳩。【翻译】不知所措的鸟是什么?【答案】鸽子。【解析】

「ポーっと」表示"模糊貌，出神貌"。鸽子也称「ぽっぽ」,与「ポーっと」发音相近。

1267. 【ハトバス】後ろの方が猛スピードの観光バスってなーんだ?【答案】ハトバス。【翻译】在后面高速行驶的观光大巴是什么?【答案】鸽子巴士。【解析】日本鸽子客车株式会社经营的大客车的通称。该公司从事定期游览客车、出租客车等业务,所以一般将"鸽子巴士"作为东京都内定期游览客车的代名词,是亲切的称呼。「ハトバス」里有「飛ばす」(疾驶,高速行驶)。

1268. 【はなし】①葉っぱの無い花は何をしている?【答案】はなし。【翻译】没有叶子的花在干什么?【答案】说话。【解析】「葉なし」(没有树叶)与「話し」(说话)一个发音。②総入れ歯の人が得意なことってなーんだ?【答案】話。【翻译】满口假牙的人擅长什么?【答案】说话。【解析】「歯なし」(没有牙)和「話し」(说话)一个发音。

1269. 【はなしか】おしゃべりで面白いシカってなーんだ?【答案】噺家。【翻译】口若悬河的梅花鹿是什么?【答案】说书艺人。【解析】「噺家」表示"说书、说评词的艺人,说单口相声的艺人"。该词与说话的「話鹿」(梅花鹿)发音相同。

1270. 【はなす】はなす時に近づけて、はなした後にはなすものなーんだ?【答案】でんわ。【翻译】说话时靠近,话说完之后放开的东西是什么?【答案】电话。【解析】谜面的另一个意思是:离开时近,离开后离开的东西是什么?

1271. 【バナナ】八本あっても七本しかない果物ってなーんだ? 或:一本でも7本ある果物ってなーんだ?【答案】バナナ。【翻译】即使有八个,也说是七个,是什么? 或:即使只有一个,也说是七个,是什么?【答案】香蕉。

1272. 【はなび】①夜空に燃えて咲く花ってなーんだ?【答案】花火。【翻译】夜空中燃烧后盛开的花是什么花?【答案】烟花。②夏の晴れた日に使うナビってどんなナビ?【答案】花火。【翻译】夏天晴朗日子使用的导航是什么?【答案】烟花。【解析】"烟花"的日语包含「ナビ」,「ナビ」表示导航仪(navigation)。

1273. 【はにわ】庭に八個置いてあるものなーんだ?【答案】埴輪。【翻译】院子里放了八个的东西是什么?【答案】日本古代坟墓中的明器,土俑,陶俑。

1274.〖はは〗子供を「つよし」と名づけたのはパパママどっち？【答案】ママ。【翻译】给孩子起了强志名字的家长是父亲，还是母亲？【答案】母亲。【解析】日本有谚语「女は弱し然れど母は強し」（柔弱的女人作了母亲就变得坚强），指保护子女的母亲的力量大。

1275.〖ははー〗家族の中でいつもかしこまっているのはだれ？【答案】母。【翻译】家中总是接受命令或吩咐的人是什么人？【答案】母亲。【解析】「ははー」（母亲）这个单词也表示肯定。

1276.〖パパイヤ〗①お父さんが好きじゃない果物は？【答案】パパイヤ。【解析】爸爸讨厌的食物是什么？【答案】番木瓜。【解析】「パパイヤ」（番木瓜）也叫万寿果，其读音相当于「パパ嫌」（爸爸讨厌）。②お父さんのみみって意味の食べ物なーんだ？【答案】ぱぱいや。【翻译】意思是父亲的耳朵的水果是什么？【答案】番木瓜。【解析】「いや」与ear（耳朵）发音相近。

1277.〖はぶ〗歯磨きに使う蛇ってなーんだ？【答案】波布。【翻译】用于刷牙的蛇是什么蛇？【答案】饭匙倩。响尾蛇科毒蛇。【解析】「波布」可视为「歯ぶらし」（牙刷）（brush）的省略。

1278.〖ハブラシ〗口の中に入れるブラってなーんだ？【答案】歯ブラシ。【翻译】进入嘴里面的文胸是什么？【答案】牙刷。【解析】「ブラ」为「ブラジャー」（brassiere）之略，表示"胸罩，乳罩"。「歯ブラシ」（牙刷）中含有「ブラ」（胸罩）一词。

1279.〖はまや〗浜にあるお店で売ってるものなーんだ？【答案】破魔矢。【翻译】海滨商店卖什么东西？【答案】避邪箭。【解析】「破魔矢」表示搭在破魔弓上使用的箭。日本民俗中的驱妖祛邪之器，在新年用作吉祥物。这个单词与「浜屋」（海边或湖边的房屋）发音相同。

1280.〖はみがき〗毛のはえた棒を口に入れてゴシゴシする事ってなーんだ？【答案】歯磨き。【翻译】长毛的棒子塞到口中，咯哧咯哧地响，是干什么？【答案】刷牙。

1281.〖ハム〗①母はハハハと食べるものなーんだ？【答案】ハム（ham）。【翻译】母亲哈哈笑着吃的东西是什么？【答案】火腿。【解析】「母はハハハ」中一共有6个「は」，因此是「は6」，即火腿。②はむはむ食べるものなーんだ？【答案】ハム。【翻译】津津有味地吃的东西是什么？【答案】火腿。【解析】火腿连在一起，成为「はむはむ」。③アマチュアラジ

オ愛好者が好きな食べ物なんだ?【答案】ハム。【翻译】业余无线电爱好者喜欢的食物是什么?【答案】火腿。【解析】业余无线电爱好者经常听到收音机杂音,其英文 hum 与 ham(火腿)发音相似。

1282. 〖ハムスター〗ハムはハムでも有名なハムってなーんだ?【答案】ハムスター(hamster)。【翻译】虽说是火腿,但有名的火腿是什么?【答案】仓鼠。【解析】仓鼠字面意思是火腿 star(明星)。

1283. 〖はやいものがち〗「早い者勝ち」と叫びながら吸血鬼が百メートル走をしました。さて、優勝者の賞品は何ですか。【答案】血です。【翻译】大叫"先下手为强"的吸血鬼参加百米赛跑。优胜者的奖品是什么?【答案】血液。【解析】「早い者勝ち」(先下手为强)与「早い者が血」(优胜者得鲜血为奖品)发音相同。

1284. 〖ハヤシライス〗林の中で食べるご飯は?【答案】ハヤシライス(hash rice)。【翻译】森林中吃的饭是什么饭?【答案】牛肉葱头盖浇饭。【解析】"牛肉葱头盖浇饭"的日语读音如同「林ライス」(森林中的饭)。

1285. 〖バラ〗一本ずつじゃないと売ってくれない花は何?【答案】バラ。【翻译】有一种花只一朵一朵地卖,不成束出售,是什么花?【答案】玫瑰。【解析】「ばら売り」(卖玫瑰)字面意思为"分散、散装地卖"。

1286. 〖パラグアイ〗おなかの調子を気にしている国は?【答案】パラグアイ。【翻译】很在意自己的肚子的国家是什么国家?【答案】巴拉圭。【解析】「パラグアイ」(巴拉圭)与「腹具合」(腹部的状态)发音类似。

1287. 〖はらどけい〗グーグーなく時計ってなーんだ?【答案】腹時計。【翻译】咕咕作响的时钟是什么?【答案】腹钟。【解析】「腹時計」表示根据肚子的饥饱程度可以推算出大致时间。

1288. 〖はり〗①とっても小さいものなのに、洋服を作れるものなーんだ?【答案】針。【翻译】虽然很小,却能做衣服,是什么?【答案】針。②算数です。はち—八一=?【答案】針。【翻译】现在做算数。「八减去八一等于」什么?【答案】針。【解析】「はち」除了"八"还可以写作"鉢"。从字形看,「鉢」减去字中间的「八」和「一」,就是「針」。③金を10g使って作るものなーんだ?【答案】針。【翻译】用 10 克金子做成的东西是什么?【答案】針。

1289. 〖ぱりっと〗フランスでお煎餅を食べるとどんな音がする?【答案】パリっ。【翻译】在法国吃脆饼干,会发出什么声音?【答案】巴黎。【解析】パリっ:较薄的布的撕裂声,与法国首都巴黎发音相似。煎餅:日本

脆饼干。

1290. 〖はれ〗①大きいバイクってどんな天気?【答案】晴れ。【翻译】很大的摩托车是什么天气?【答案】晴朗。【解析】美国哈雷·戴维森公司制造的大型哈雷·戴维森摩托车「ハーレーダビッドソン」,缩略为「ハーレー」,与「晴れ」(天晴)发音相似。②珍しい彗星が来たときの天気ってなーんだ?【答案】晴れ。【翻译】罕见的哈雷彗星回归时,天气如何?【答案】晴朗。【解析】「ハレー彗星」(哈雷彗星)与"晴朗"的日语发音相近。③はれても、ちっとも痛くないものはなに?【答案】天気。【翻译】身体有肿块也不痛,为什么?【答案】天晴。【解析】日语中,「はれる」既表示「腫れる」(肿块),又有「晴れる」(天晴)的意思。④今日の天気は80。でも、降水確率80%じゃないんだって。どんな天気?【答案】晴れ。【翻译】今天天气是80。不是下雨概率80%。是什么天气?【答案】晴天。【解析】「晴れ」(晴天)与「八零」(80)发音相近。

1291. 〖ハワイ〗歯がいい人が多い地域はどこ?【答案】ハワイ。【翻译】某个地方人的牙齿都很好,这个地方在哪里?【答案】夏威夷。【解析】地名「ハワイ」(夏威夷)与「歯はいい」(牙齿很好)读音相近。

1292. 〖ばん〗①鉄砲撃ったのいーつだ?【答案】晩。【翻译】放炮是什么时候?【答案】晚上。【解析】"放炮的声音"的日语与"晚上"的日语发音相似。②鉄砲で撃たれた車ってなーんだ?【答案】バン(van)。【翻译】被炮弹击中的车是什么车?【答案】箱型有盖载货卡车。【解析】箱型有盖载货卡车与炮声发音相似。

1293. 〖パン〗①パンの中で食べられないパン本当はいくら?【答案】パンはイクラではありません。【翻译】面包中不能吃的部分多少钱?【答案】面包不是盐渍鲑鱼子。【解析】"多少钱"的日语与"盐渍鲑鱼子"的日语发音相同。谜面的另一个意思是:面包中不能吃的东西确实是盐渍鲑鱼子吗?②アンパン食パンカレーパン、パンにもいろいろあるけれど、空を飛べるパンってなーんだ?【答案】ピーターパン(Peter Pan)。【翻译】面包有加馅面包、白面包和咖喱面包,种类繁多,能在空中飞的面包是什么面包?【答案】《彼得·潘》。③高いところで食べるパンってなーんだ?【答案】揚げパン。【翻译】在高处吃的面包是什么面包?【答案】油条。【解析】油炸类面食"油条"的日语字面意思是"高处的面包"。④残したパンってどんなパン?【答案】残飯。【翻译】剩下的面包是什么?【答案】剩饭。【解析】吃剩的饭最后两个假名表示面包。⑤そのままでは勿論、揚げても食べられないパンってなーんだ?

【答案】フライパン。【翻译】如果是本来的样子,根本就不能吃;即使油炸之后也不能吃的面包是什么?【答案】平底锅。煎盘,一种长柄的圆形平底煎锅。⑥食べると車が走れなくなるものなーんだ?【答案】パンク。【翻译】吃了后,车辆就无法行驶,是什么?【答案】面包。【解析】「パンクする」(车爆胎)(puncture)与「パン食う」(吃面包)发音相似。⑦売らないパンってなーんだ?【答案】かしぱん。【翻译】不卖的面包是什么?【答案】果子面包,甜面包。【解析】果子面包、甜面包字面意思是「貸し」(只借出,不出卖)。⑧パンはパンでも白と黒の食べられないパンはなーんだ?【答案】パンダ(尼泊尔语panda)。【翻译】虽说是面包,但黑白相间不能吃的面包是什么?【答案】熊猫。⑨好きな食べ物をきいたら、必ずパンって答えるのだーれだ?【答案】パンダ。【翻译】某种动物,问它喜欢吃什么,答案肯定是面包,这种动物是什么?【答案】熊猫。⑩パンはパンでもお好み焼きの下にあるパンってなーんだ?【答案】鉄板。【翻译】虽说是面包,但杂样煎饼下面是什么面包?【答案】铁板。⑪お好み焼きの下にあるのは鉄板、では、鉄板の下にあるパンってなーんだ?【答案】日本(Japan)。【翻译】杂样煎饼的下面是铁板,那么铁板下面是什么?【答案】日本。⑫船の上で食べるパンってなーんだ?【答案】甲板。【翻译】船上吃的是什么面包?【答案】甲板。⑬誰からも、相手にされないパンってなーんだ?【答案】蒸しパン。【翻译】谁也不当回事的面包是什么面包?【答案】蒸的点心。【解析】蒸的点心包括发糕之类,其日语与"无视"的日语同音。⑭パンを見つめてるお花ってなーんだ?【答案】パンジー(pansy)。【翻译】凝视着面包的花是什么花?【答案】三色堇。【解析】"三色堇"的日语中有"面包"的日语这个单词,字形好像是「パンをじっと見る」一直看面包。⑮アンパン、食パン、カレーパン、読んだら返事をしたのはだーれだ?【答案】食パン。【翻译】加馅面包、白面包和咖喱面包中,喊了之后有回音的是什么面包?【答案】白面包。【解析】アンパン:日本特有的一种加馅面包,1872年由东京银座的木村安兵卫推出的食品;食パン:白面包,可用以制作吐司和三明治的面包,分美式角形和英式山形两种;カレーパン:咖喱面包。白面包为长方形,而长方形面包的面包边儿叫"耳"。同时,从字形看,「食パン」也像"耳"。⑯アンパン食パンカレーパン、パンにもいろいろあるけれど、日本一大きなパンってなーんだ?【答案】日本「ジャパン」。【翻译】面包种类繁多,有加馅面包和咖喱面包。日本最大的面包是什么面包?【答案】日本。【解析】"日本"的

日语结尾的假名发音类似"面包"的日语。⑰撃たれたお店ってどーこだ?【答案】パン屋。【翻译】被击中的商店是什么店?【答案】面包店。【解析】"面包店"的日语与炮击声发音相似。⑱射撃の選手の本職なーんだ?【答案】パン屋さん。【翻译】射手原来是什么职业?【答案】卖面包。【解析】パン、うってます:用枪射击。

1294. 〖はんか〗50%割引の店はどこにある?【答案】繁華街。【翻译】以半价出售的商店是什么商店?【答案】繁华街。【解析】"繁华"的日语与「半価」发音相同。

1295. 〖ハンガー〗①きるとぬがされて、ぬがされるときるものなーんだ?【答案】ハンガー（hanger）。【翻译】穿时脱去,脱去时穿上,是什么?【答案】衣架。②ハンガー1本100円。9本でいくら?【答案】450円。【翻译】衣服撑子一个100日元,9个多少钱?【答案】450日元。【解析】「ハンガー」中的「半」还有"总价减半"的意义。

1296. 〖ハンカチ〗①ハンカチの端にいる虫はなーんだ?【答案】蜂。【翻译】手帕一端的昆虫是什么?【答案】蜜蜂。②どんなときも半分だけしか勝てないものってなんだ?【答案】ハンカチ。【翻译】只能取得一半胜利的东西是什么?【答案】手帕。

1297. 〖バンクーバー〗太郎は夜食を取りつつ、「バーテンさん、この港町は何という名前かね」と聞きました。バーテンダーは何と答えましたか。【答案】「バンクーバー」と答えました。【翻译】太郎一边吃夜宵,一边问:"调酒师,这个港口城市叫什么名字?"调酒师怎么回答?【答案】温哥华。【解析】「バンクーバー」既表示"晚上吃饭的酒吧",也表示"温哥华"。

1298. 〖はんごう〗キャンプに使う2.5ってなーんだ?【答案】飯盒。【翻译】野营时使用的2.5是什么东西?【答案】野外烧饭用的铝制饭盒。【解析】「飯盒」(铝制饭盒)与「半5」发音相近。

1299. 〖パンジー〗①珍しいパンジーみたいなサルってなーんだ?【答案】チンパンジー（chimpanzee）。【翻译】如同珍贵的三色堇的猿猴是什么?【答案】大猩猩。【解析】"大猩猩"的日语发音如同"珍贵的三色堇"的日语。②たたくお花ってなーんだ?【答案】パンジー（punch）。【翻译】会攻击的花是什么花?【答案】三色堇。【解析】"重击"的日语与"三色堇"的日语发音相似。

1300. 〖はんじゅく〗9.5玉子ってなーんだ?【答案】半熟玉子。【翻译】9.5个鸡蛋是什么意思?【答案】半熟的鸡蛋。【解析】「半19」。

1301. 〖パンチ〗パンチの次にやってくるものなーんだ？【答案】ピンチ。【翻译】拳击之后是什么？【答案】危机。【解析】「ぱ」之后是「ぴ」。同时，从另一个意义上讲，「ぱんち」（打击）（punch）之后是「ぴんち」（危机）（pinch）。

1302. 〖パンチパーマ〗殴られたときにかけるパーマは？【答案】パンチパーマ。【翻译】被揍的时候烫的是什么卷发？【答案】短而带小波浪的男士发型。「パンチパーマ」（短而带小波浪的男士发型）包含了「パンチ」（击打对方）的发音。

1303. 〖ばんちゃ〗朝飲んでも、夜飲んだみたいなお茶ってなーんだ？【答案】番茶。【翻译】虽然是早上喝但看起来好像晚上也喝的茶是什么茶？【答案】粗茶。【解析】日语谚语有「番茶も出花」（粗茶适时而饮也有点香味），比喻不美的少女也总有可爱之处，十七、十八无丑女。「番」与「晩」（晚上）同音。

1304. 〖パンツ〗ズボンの下にあるパンっていくつある？【答案】2つ。【翻译】裤子的下方有几个面包？【答案】两个。【解析】英语pants（裤子）的发音与"两个面包"的日语发音相同。

1305. 〖はんてん〗50点しか取れない服ってなーんだ？【答案】半纏。【翻译】只得了50分的服装是什么服装？【答案】和服外衣。【解析】100分得了一半的点数，即50分；和服外衣，用作工作服和防寒服；号坎，有印记的短上衣工作服。

1306. 〖ハンド〗《第11个前锋》阿笠博士在儿童足球教室里出了谜语：据说足球选手开汽车时，车门都关得很紧。这和一个足球术语有关。与哪个足球术语有关？（1）越位（Offside）；（2）手球（Hand）；（3）角球（Corner Kick）；（4）黄牌警告（Yellowcard）。【答案】2手球。【解析】"车门关得紧"的日语就表示「半ドア無い」（没有半关）状态，"没有半关"的日语与「ハンドは無い」（禁止手球）谐音。

1307. 〖パンダ〗①ごはんじゃない動物なーんだ？【答案】パンダ。【翻译】不是饭的动物是什么？【答案】熊猫。【解析】「ご飯」是「飯」和「食事」的礼貌用语。"熊猫"的日语的另一个意思是"是面包"。②パンを見つけた動物ってなーんだ？【答案】パンダ。【翻译】见到面包的动物是什么动物？【答案】熊猫。【解析】③小麦粉をこねて発酵させて焼く動物ってだれだ？【答案】パンダ。【翻译】揉面粉，使之发酵，做出的动物是什么？【答案】熊猫。

1308. 〖バンダナ〗バンダナはいつ使うのが良い?【答案】夜。【翻译】头巾何时使用较好?【答案】晚上。【解析】「バンダナ」(用大块印染花绸制成的漂亮头巾)与「晩だな」(是晚上呢)读音相同,所以应该选「晩」(晚上)。

1309. 〖パンパン〗①「食べ過ぎてお腹パンパンだよ」と苦しんでいる五郎は、何を食べたのですか。【答案】パンを食べたのです。【翻译】五郎痛苦地说:"吃得太多,肚子胀得难受!"请问他吃了什么?【答案】面包。【解析】「パンパン」(肚子饱胀)中包含了「パン」(面包)。②二つ食べるとおなかいっぱいになる食べ物ってなーんだ?【答案】パン。【翻译】两个一起吃,就把肚子塞得满当当的,是什么食品?【答案】面包。

1310. 〖はんぺん〗書くものを半分にすると、おでんに入っている食べ物になるよ。それなーんだ?【答案】半片。【翻译】将书写工具一分为二,加入关东煮里,成了什么?【答案】鱼肉山芋饼。【解析】鱼肉山芋饼。在鲨鱼片中拌入薯类、蛋清,经烫煮而成的食品,含有大量气泡,比较清淡。食品名字面意思是"一半儿钢笔"。

1311. 〖ハンマー〗部屋半分の工具ってなーんだ?【答案】ハンマー(hammer)。【翻译】一种工具是半边房子,这种工具是什么?【答案】锤子。【解析】「ハンマー」(锤子)字面意思是「半間」(一半房间)。

1312. 〖ハンマーなげ〗全部そろってないものを、投げるのはなーんだ?【答案】ハンマー投げ(hammer throw)。【翻译】所有的东西还没有完备,就扔了出去的东西是什么?【答案】链球。【解析】链球为田径赛投掷项目之一,将链球从限定的圈内投掷出去,以其投出的距离决定胜负。「ハン」表示「半間投げ」(不完整,不齐全,不配套)。

1313. 〖はんライス〗柯南剧场版五《通往天国的倒计时》(天国へのカウントダウン)中,阿笠博士给少年侦探团出了下面谜语:四十四岁又叫什么?【答案】小碗米饭。【解析】日语中,米可以被分解为八十八。四十四是其一半,"米"的英语是 rice,因此"四十四"是「はんライス」,指"套餐中随餐搭配的小碗米饭"。

ひ

1314. 〖ひ〗①画くと円くて、書くと四角、寒いとき短く、暑いときは長い。【答案】日。【翻译】画时圆,写时方,冬天短,夏天长。【答案】日。②お日さまが左にあるのはいつ?【答案】晩。【翻译】何时太阳在左边?

【答案】晚上。【解析】"晚"字左边为日字旁。

1315. 〖ピアノ〗右へ行けば行くほど高くなるのなーに?【答案】ピアノ。【翻译】越向右,越高,是什么?【答案】钢琴。【解析】钢琴越往右,音越高昂。

1316. 〖ビーナス〗①ビーナスが好きな食べ物は?【答案】茄子。【翻译】维纳斯喜欢什么食品?【答案】茄子。【解析】「ビーナス」(维纳斯)(Venus)与「美茄子」的读音相似。②ビーナスが食べたら、美しくなるものなーんだ?【答案】なす。【翻译】维纳斯吃了之后,变美的东西是什么?【答案】茄子。【解析】从词形上讲,"茄子"的日语加上"美"的日语等于"维纳斯"。

1317. 〖ヒーリング〗癒しの輪ってなーんだ?【答案】ヒーリング(healing)。【翻译】治愈的轮子是什么?【答案】康复。【解析】"康复"的英语与"车轮转动"的英语 wheeling 发音相似。

1318. 〖ひがいしゃ〗国産の車と外国産の車がぶつかった。ぶつけられた方はどっちですか。【答案】国産車。【翻译】国产车和进口车发生碰撞,损失惨重的是哪一方?【答案】国产车。【解析】「被害者」(被害者)与「非外車」同音。根据这个线索,推断国产车损失大。

1319. 〖ひかり〗①山彦やこだまよりも早いのに、望みどおり走れない物なーんだ?【答案】光り。【翻译】比回声快,但不能如愿奔跑,是什么?【答案】光。【解析】光号列车是一种东海道新干线和山阳新干线运行的特别急行列车班次的名称。曾经是全线最快的列车,今已被希望号所取代。因此,后半句也可以翻译为光号列车没有希望号列车速度快。②薄毛の列車ってなーんだ?【答案】ひかり。【翻译】头发稀疏的列车是什么列车?【答案】光号。【解析】「光り」表示"发光"。大概因为头发稀少,因此头顶皮肤锃亮发光。

1320. 〖ひく〗①力を入れないでひくものなーんだ?【答案】風邪。【翻译】不需要使劲就能拉动的东西是什么?【答案】感冒。②ひけばひくほど、重くなるものなーんだ?【答案】風邪。【翻译】越拽越沉重的东西是什么?【答案】感冒。【解析】「ひく」有两个意思:"感染"和"拉"。③かぜをひいたんじゃないのに、みんなでひくものなーんだ?【答案】つなひき。【翻译】虽然没有感冒,但都在患病,是什么?【答案】拔河。【解析】"患"的日语与"拔河"的"拔"的日语发音一样。④読むとひくものなーんだ?【答案】辞書。【翻译】一读就要拉动的东西是什么?【答案】字典。【解析】句子的另一个意思是:要阅读,就要查阅的东西是字

典。⑤横綱がする算数ってなーんだ?【答案】綱引き。【翻译】横纲力士要做的算数是什么?【答案】拔河。【解析】"减法"的日语与"拔"的日语都是「ひく」。

1321.【ヒグラシ】いつも日が当たる所で生活している昆虫は何?【答案】「蜩」。【翻译】总是在太阳照耀的地方生活的昆虫是什么?【答案】日本夜蝉。【解析】「蜩」(日本夜蝉)与「日暮らし」读音相同。

1322.【ひげ】①はえてくると、自分を貶めそうなものなーんだ?【答案】髭。【翻译】长出来之后,就贬损了自己,是什么?【答案】「髭」(胡须)与「卑下」(低三下四)发音相同。②毎日ひげをそる女の人ってだーれだ?【答案】理容師さん。【翻译】每天刮胡子的女子是谁?【答案】理发师。

1323.【ひこうき】①不良の好きな乗り物は?【答案】飛行機。【翻译】不良青年们喜欢的交通工具是什么?【答案】飞机。【解析】「飛行機」(飞机)与「非行機」(不良的机器)读音相同。②空を飛ぶものなのに飛びたくなーいと言っている乗り物はなーんだ?【答案】飛行船。【翻译】明明在空中飞,却说不想飞,这种交通工具是什么?【答案】飞艇。【解析】「飛行船」(飞机)与「飛行せん」(不飞行)发音相似。③柯南剧场版十四《天空的遇难船》「天空の難破船」阿笠博士给少年侦探团出了下面谜语:步美、元太和光彦都是好孩子。三个人中,与飞船没有关系的是哪一位?【解析】由「とてもいい子」(好孩子)推断出「非行為はしない」(没有不端行为)。去掉无关紧要的「為は」,剩下「非行しない」。用另一种否定替换,成为「非行せぬ」。用现代日语否定法再次替换,成为「ひこうせん」,即「飛行船」。结论是:三个人都与飞船有联系。

1324.【びじ】肘よりも膝に近い食べ物ものなーんだ?【答案】ピザ。【翻译】比肘部更接近膝盖的食物是什么?【答案】比萨饼。【解析】「ひじ」和「ひざ」两者之间,与「ピザ」更相似或词形更接近的是「ひざ」。另外,比萨饼经常放在膝盖上吃,而不是放在肘部吃。这是又一层意义的接近。

1325.【びじん】尻尾が生えている女の人と羽根が生えている女の人、きれいなのはどっち?【答案】尻尾が生えている女の人。【翻译】长出尾巴的女子和长出翅膀的女子相比,谁更漂亮?【答案】长尾巴的女子。【解析】「尾人」(长尾巴的人)与「美人」(美人)发音相同。

1326.【ひすい】火曜日と水曜日に買った宝石は?【答案】翡翠。【翻译】周二和周三买的宝石是什么宝石?【答案】翡翠。【解析】「火曜日」和「水曜日」分别是周二和周三,「火水」(水火)与「翡翠」(翡翠)发音相同。

1327.【ひだ】折り目正しいところってどーこだ?【答案】飛騨。【翻译】折痕正确的地方是什么地方?【答案】飞驒。【解析】「襞」(襞)表示"折皱,褶皱",与"飞弹"的日语发音相同。飞弹为旧国名,在今天岐阜县北部。

1328.【ひっくりカエル】転んじゃったカエルってなーんだ?【答案】ひっくりカエル。【翻译】翻转的青蛙是什么?【答案】颠倒过来。【解析】「ひっくりカエル」为动词,表示"倒,翻转",已经确定的序列和顺序倒过来,后边有「蛙」(青蛙)字样。

1329.【ひと】火の中に隠れている動物ってなーんだ?【答案】人。【翻译】火中隐藏的动物是什么?【答案】人。

1330.【ひとごみ】①人がいっぱいいると出てくるゴミってなーんだ?【答案】「人込み」。【翻译】只要有很多人,就会出现的垃圾是什么?【答案】人山人海。【解析】「人込み」(人群)最后有「塵」(垃圾)字样。②絶対に掃除機で吸えないゴミってなんだ?【答案】人ごみ。【翻译】用吸尘器无法吸收的垃圾是什么?【答案】人群。

1331.【ひとさしゆび】一番長い指ってどの指?【答案】ひとさしゆび。【翻译】最长的手指是什么手指?【答案】食指。【解析】食指从字面意思看是"指他人的手指"。从日语假名看,它有6个字,其他手指假名3到5个字不等。

1332.【ひとつ】答えは一つです。世界中の女性共通の願いってなーんだ?【答案】一つ。【翻译】答案只有一个,世界上女性的共同心愿是什么?【答案】一个。【解析】「答えは一つです。」有两种解释:一种是"答案只有一个",还有一种是"答案是一个"。

1333.【ひとめこぞう】妖怪のパーティーでみんなケーキを3つも4つもたべているのに、ひとりだけおそいやつがいるぞ。だれだ?【答案】ひとつめこぞう。【翻译】妖精聚会,大家都吃了3到4个蛋糕,只有一个动作比较迟缓,是哪位?【答案】独眼妖精。【解析】独眼妖精是传说中只长一只眼睛的小僧形象妖怪。他的名字「一目」(独眼)有「まだ一つ目」(还剩一个蛋糕)的意义。

1334.【ひなまつり】3月3日にやるつりってなーんだ?【答案】ひな祭り。【翻译】在3月3日举行的钓鱼是什么?【答案】女儿节。【解析】「雛祭

り」(女儿节)词尾包含了「つり」(钓鱼)一词。

1335. 〖ひねる〗①頭を捻って答えを出すのはなぜ。では、頭をひねると水が出るものなーんだ?【答案】蛇口。【翻译】搜肠刮肚考虑答案,是要解出谜题;那么,旋转头部就出水的是什么?【答案】水龙头。【解析】頭をひねる:绞尽脑汁,搜肠刮肚,拼命思考以想出好办法。首をひねる:左思右想,苦苦思考,因不能解决问题而思索考虑,亦指提出的问题难以接受而考虑怎样处置。②入る前に首をひねるものなーんだ?【答案】ドアノブ(doorknob)。【翻译】进入之前先扭转脖子,是什么?【答案】门把手。

1336. 〖ひのき〗触ると火傷する木は何?【答案】檜。【翻译】一碰就会烫伤的树是什么?【答案】日本扁柏。【解析】「檜」(日本扁柏)与「火の木」读音相同。

1337. 〖ひび〗グラスに入れたら、取ることが出来ないものなーんだ?【答案】ヒビ。【翻译】一旦放入玻璃杯里,就再也取不出来的东西是什么?【答案】裂隙,缝隙。

1338. 〖ひまわり〗①いつもお日様ばかり見てるお花ってなーんだ?【答案】ひまわり。【翻译】总是看着太阳的花是什么花?【答案】向日葵。【解析】向日葵总是围着太阳转。②わりと暇なお花ってなーんだ?退屈な花ってなーんだ?【答案】ひまわり(向日葵)。【翻译】比较有时间的花是什么?或:有点无聊的花是什么?【答案】向日葵。【解析】字面意思是「暇わり」(比较有闲暇)。「わりと」等于「わりに」,表示"比较地",如「割に大きな家」(比较大的房子)。

1339. 〖ひめじ〗お姫様が男になって年をとる街どーこだ?【答案】姫路。【翻译】有一条街,能使女孩变男孩,同时也上了年纪。这条街在什么地方?【答案】姫路。【解析】姫路为兵库县南部面朝播磨滩的一个市。"姫"为女孩,「姫路」转写为英语是 himeji。其中,him 表示男性,「じ」表示"成年男子"。

1340. 〖ひゃくじゅう〗その国の国王はライオン、では国民は何人いる?【答案】110人。【翻译】一个王国国王是狮子。王国国民有多少人?【答案】110人。【解析】「百獣の王」(百兽之王)与「百十の王」(110个国民的国王)发音相同。

1341. 〖ひゃくにんいっしゅ〗100人いるのに、首が一個ってなーんだ?【答案】百人一首。【翻译】100个人,却只有一个脖子,是什么?【答案】百人一首。【解析】百人一首指由一百名诗人作品中每人选出一首组成的

百人一首和歌选；用百人一首和歌选制作的纸牌。

1342. 〖ひゃくようばこ〗葉っぱがいっぱい入ってそうなのに、入っていないはこってなーんだ？【答案】百葉箱。【翻译】盒子里好像装满了叶子，但其实没有装，这是什么？【答案】百叶箱。【解析】观测湿度、温度及气压的箱子，设在室外，为防晒及保持通风良好，周围装有白色百叶窗，计量仪器安装在高出地面 1.5 米的位置。

1343. 〖ひゃっかてん〗100または10のお店ってなーんだ？【答案】百货店。【翻译】可以说是 100 也可以说是 10 的商店是什么？【答案】百货店。【解析】百货店这个字中既有 100，也有 10（店英语写作 ten）。

1344. 〖ひょう〗寒い時に雪が空から降りますが、寒い時に空から降りてくる動物は何ですか？【答案】豹。【翻译】天气寒冷时会下雪。请问寒冷时从天而降的动物是什么？【答案】豹。【解析】日语中，冰雹的「雹」与「豹」同音。

1345. 〖ひょうご〗①氷が5粒降ってきた都道府県ってどーこだ？【答案】兵库县。【翻译】降下五颗冰雹的都道府县是什么？【答案】兵库县。【解析】「兵庫」(兵库)与「雹五」(五颗冰雹)发音相同。②選挙をしても五票しか票が入らない県は？【答案】兵库县。【翻译】即使参加选举，也只能得到五票，是哪个县？【答案】兵库县。【解析】「兵庫」与「票五」的读音相同。

1346. 〖ひよこ〗ニワトリの子ってどんな子？【答案】雛。【翻译】鸡的小孩是什么？【答案】鸡雏。【解析】「雛」最后一个假名表示孩子。

1347. 〖ひる〗①正午に出る吸血鬼ってなーんだ？【答案】ヒル。【翻译】正午出来的吸血鬼是什么？【答案】蚂蟥。【解析】「昼」(昼)与「蛭」(水蛭，蛭，蚂蟥)同音。②お日さまが真ん中にあるのはいつ？【答案】昼。【翻译】何时太阳在中间？【答案】白天。【解析】正午太阳在中天。另一方面，"昼"字正中心包含着日字。

1348. 〖ビル〗①いつも怖がっている飲み物は？【答案】ビンビール。【翻译】总是感到很害怕的饮料是什么？【答案】瓶装啤酒。【解析】ビビル：倒退，后退，畏缩不前，系「しりごみする」的俗语。しりごみ：踌躇不前，因为胆怯而磨磨蹭蹭地迟疑不决，向后方退下。②ビルとビルの合間にある国は？【答案】ビルマ。【翻译】某个国家在一瓶啤酒与另一瓶啤酒之间。这是什么国家？【答案】缅甸。【解析】"缅甸"的日语与"啤

酒与啤酒之间的地方"「ビル間」发音相同。③ビールみたいな宝石ってなーんだ？【答案】ルビー（ruby）。【翻译】看起来如同啤酒的宝石是什么？【答案】红宝石。【解析】日语「ビール」（啤酒）经过重新组合，成为英语"红宝石"。

1349. 〖ひろ〗狭いところにいない人だーれだ？【答案】ヒーロー。【翻译】狭窄的地方不会有什么人？【答案】英雄。【解析】「ヒーロー」（英雄）与「広」（广阔）的发音相似，如「広島」（广岛）。

1350. 〖ひろう〗①英雄は何で疲れているの？【答案】疲労している。【翻译】英雄为什么会累？【答案】太疲劳。【解析】「ヒーロー」（英雄）与「疲労」（疲劳）发音相近。②結婚式後の、とっても疲れる行事ってなーんだ？【答案】披露宴。【翻译】结婚仪式后特别累人的仪式是什么？【答案】招待宴会。【解析】"疲劳"的日语与"披露宴"发音相似。③手をあげてひろうものは何ですか？【答案】タクシー。【翻译】举起手从地上捡起，怎么解释？【答案】拦计程车。【解析】日语中，「タクシーを拾う」（打车，拦出租车）所用动词与"拾起地上的东西"的日语所用动词一样。

1351. 〖ひろしま〗暇してたら虫が飛び込んできた都道府県ってどーこだ？【答案】広島県。【翻译】如果空闲，就有虫子飞进来的都道府县是什么地方？【答案】广岛县。【解析】「広島」字面意思是「暇」（空闲）中夹杂着「ろし」，与「64」同音，「64」也可读「むし」，与「虫」发音相同。

1352. 〖びわ〗ビワはビワでも果物じゃなくて、宝石がついているビワはなーんだ？【答案】指輪。【翻译】虽说是枇杷，但不是水果，而是镶嵌有宝石的枇杷是什么？【答案】戒指。【解析】「指輪」（戒指）中包含了「枇杷」（枇杷）的字样。

1353. 〖びん〗ビンはビンでも、全国にお届けできるビンってなーんだ？【答案】郵便。【翻译】虽然是瓶子，却能够到达全国各地，是什么？【答案】邮政。

ふ

1354. 〖ふ〗富士山のてっぺんにいつもあるものなーんだ？【答案】ふの字。【翻译】富士山最高处是什么？【答案】ふ。

1355.〖ぷ〗①魚屋さんのおならの音ってなーんだ?【答案】ぶりっ。【翻译】鱼贩子放屁是什么声音?【答案】噗。【解析】「ぶりっ」(噗)模拟"扑通"掉水里的声音。②息をはきかけたり、オナラをしたりする草ってなーんだ?【答案】ハーブ(herb)。【翻译】一边吐气一边放屁的草是什么?【答案】药草。【解析】药草的日语中有"屁"的日语字样。③車がおならする道ってどんな道?【答案】カーブ(curve)。【翻译】汽车放屁的道路是什么路?【答案】弯道。④朝からオナラしそうなやさいってなーんだ?【答案】アスパラガス(asparagus)。【翻译】从一大早就开始放屁的蔬菜是什么?【答案】石刁柏,芦笋,龙须菜。【解析】「アス」与早晨类似;「ガス」(gas)表示"气体"。⑤頭にのせるオナラってなーんだ?【答案】キャップ(cap)。【翻译】骑在头上的屁是什么?【答案】帽子。⑥犬が鳴いたりおならをしたりするのはいーつだ?【答案】キャンプ。【翻译】狗有时狂吠,有时放屁,是什么?【答案】野营。【解析】狗叫声为「キャン」。⑦ボールがオナラしたらなんになる?【答案】キューブ(cube)になる。【翻译】球放屁,成了什么?【答案】小方块。【解析】「球」除了「ボール」也可写作「球(きゅう)」。⑧栗がおならしたみたいな文房具ってなーんだ?【答案】クリップ(clip)。【翻译】好像栗子放屁一样的文具是什么?【答案】夹子。【解析】弹簧夹子,夹物的器具、装置,如文件夹、自来水笔夹、妇女的发夹等。「クリ」为栗子。⑨灰色のおならをするくだものなーんだ?【答案】グレープ(grape)。【翻译】放灰色的屁的水果是什么?【答案】葡萄。⑩きょう狐が食べるとオナラしちゃうものなーんだ?【答案】コンブ。【翻译】今天狐狸吃了,就放了屁,是什么?【答案】海带。【解析】コン:「今(こん)」(今天);狐狸。⑪おならを4回もしちゃった動物ってなーんだ?【答案】シープ(sheep)。【翻译】放四个屁的动物是什么?【答案】绵羊。⑫頭を洗うオナラってなーんだ?【答案】シャンプー(shampoo)。【翻译】洗头时的屁是什么?【答案】洗发香波。⑬跳びはねるオナラってなーんだ?【答案】ジャンプ(jump)。【翻译】跳起来放的屁是什么?【答案】跳跃。⑭オナラで一番の人だーれだ?【答案】チャンプ(champion)。【翻译】最能放屁的人是什么人?【答案】冠军。⑮一番のおならってなーんだ?【答案】トップ(top)。【翻译】最能放屁的人是什么?【答案】第一。⑯画鋲(がびょう)がオナラしそうな飾りってなーんだ?【答案】屏風(びょうぶ)。【翻译】好像图钉放屁的装饰品是什么?【答案】屏风。【解析】「鋲(びょう)」表示"图钉,大头钉"。

1356.〖ファントム〗トムが好きなおばけってなーんだ?【答案】ファントム

(phantom)。【翻译】喜欢汤姆的妖怪是什么妖怪？【答案】幻影。【解析】"幻影"字面意思是"着迷汤姆"（fan Tom）。

1357. 〖ブータン〗豚が舌を出している国は？【答案】ブータン。【翻译】哪个国家的猪伸出舌头？【答案】不丹。【解析】"不丹"的日语与"猪舌头"的日语发音类似「豚」(tongue)。

1358. 〖ふうとう〗豆腐がさかさまに入っていそうな袋ってなーんだ？【答案】封筒。【翻译】好像将豆腐头朝下装进去的口袋是什么？【答案】信封。

1359. 〖ブーブー〗二匹の豚が叱られたら、何ていう？【答案】ブーブー。【翻译】两只猪被批评了，会说什么？【答案】发牢骚。【解析】「ブーブー」表示"猪粗而低的响声"，又表示"发牢骚，埋怨"。

1360. 〖フォーク〗落っこちそうな食器ってなーんだ？【答案】フォーク(fork)。【翻译】好像要掉下去的餐具是什么？【答案】叉子,餐叉,肉叉。【解析】「フォーク」与英语 fall（下降,掉落）发音相似。

1361. 〖ぶかぶか〗会社でだぼだぼの服を着てるのだーれだ？【答案】部下。【翻译】公司穿着肥大不合身的衣服人是什么人？【答案】下级。【解析】「だぼだぼ」与「ブカブカ」同义。「ブカブカ」表示帽子、衣裤等肥大不合身貌,发音如同「部下部下」。

1362. 〖ふかのう〗柯南剧场版八《银翼魔术师》「銀翼の奇術師」中,工藤新一给在场的人出了如下谜题：据说有两个人在拿破仑的土地上建造了房子。是以下哪两个人呢？一、冬野；二、古野；三、深野。【解析】拿破仑有一句名言：「我が辞書に不可能の文字はない。」（在我的字典上,没有不可能。）「地所」(土地)与「辞書」(辞書)发音相同,「不可能」(不可能)和「深野」(深野)发音相近,既然排出了深野的可能性,因此答案是一和二。

1363. 〖ふく〗①ふいたらふいただけ、きれいにならないで、大きくなるものなーんだ？【答案】風船。【翻译】怎么擦都不会变干净,而是越来越大,是什么？【答案】气球。【解析】「ふく」既表示「拭く」(擦拭),也表示「吹く」(送气)。②縦笛をふいても音がなりませんでした。なーんでだ？【答案】綺麗に拭いたから。【翻译】使劲吹竖笛,却没有一点声音。为什么？【答案】认真地擦拭竖笛而已。

1364. 〖ふくい〗「にくい」と間違われる都道府県ってどーこだ？【答案】福井県。【翻译】被错认为是"很难"的都道府县是什么？【答案】福井县。

【解析】「福井県」与「291県」谐音,「291」与"不容易"的日语谐音。

1365. 〖ふくしま〗①福祉日本一の都道府県ってどーこだ?【答案】福島県。【翻译】福利属于日本首位的都道府县是什么?【答案】福岛县。【解析】「福島県」与「福祉負けん」(福利不逊色于任何其他县)发音相同。②住民が着ているものはみんな縞々の都道府県ってどーこだ?【答案】福島県。【翻译】居民都穿着横条带的衣服,是什么都道府县?【答案】福岛县。【解析】「福島県」与「服縞県」(衣服是横条带)发音相同。

1366. 〖ふくそうじゅうし〗飛行機に乗っているひとで、とってもおしゃれなのはだーれだ?【答案】副操縦士。【翻译】在乘飞机的人中间非常时尚的人是什么人?【答案】副驾驶。【解析】「副操縦士」与「服装重視」发音相同。

1367. 〖ぶくぶく〗①本を2冊池に落っことしたら、その本は浮いた?沈んだ?【答案】ブックブク沈んだ。【翻译】两本书掉进池子里,是浮起来还是沉下去?【答案】咕嘟咕嘟沉下去。【解析】在水中下沉的声音或冒泡貌「ぶくぶく」又表示"书"(book,book)。②泡が一杯あるお店ってどーこだ?【答案】本屋。【翻译】有很多泡泡的商店是什么店?【答案】书店。【解析】「ブックブック」指在水中下沉貌,又表示有很多书(book book)。③英語の本を2冊読んだらどうなった?【答案】ブックブック太った。【翻译】读两本英语书,会怎么样?【答案】变胖。【解析】「ぶくぶく」又表示肥胖貌。「ぶくぶくと太った人」指胖得溜圆的人。

1368. 〖ふくろ〗①きるもの入って売ってそうな袋ってなーんだ?【答案】福袋。【翻译】好像把衣服装进去卖掉的袋子是什么?【答案】福袋。【解析】福袋,幸运袋,内装各种物品加封,在举行活动时作为余兴供人选取。日本在新年等节日里廉价出售。福袋包含了"服袋"的发音。②腹黒い人が正月楽しみにしているものなーんだ?【答案】福袋。【翻译】阴险的人正月里期待什么?【答案】福袋。【解析】「福袋」(福袋)与「腹部黒」(腹部黒)发音相同。③ママの入った袋ってなーんだ?【答案】お袋。【翻译】里面有妈妈的袋子是什么袋子?【答案】妈妈。【解析】「お袋」是成年人对母亲的亲密称呼。④まーまーな袋ってなーんだ?【答案】お袋。【翻译】一般的袋子是什么袋子?【答案】母亲。【解析】一般的「まーまー」也表示"母亲"。⑤警官が持ってる袋ってなーんだ?【答案】ポリ袋(polyethylene bag)。【翻译】警官拿着什么袋

子?【答案】塑料袋。【解析】「ポリ」既表示"聚乙烯袋,塑料袋",又为"警察"(police)的省略。⑥行く時に使わない入れ物なーんだ?【答案】袋。【翻译】去的时候不使用的容器是什么?【答案】袋子。【解析】"袋"的日语与「復路」(回来,归途)发音相同。⑦木の下にありそうな袋ってなーんだ?【答案】寝袋。【翻译】好像在树下面的袋子是什么?【答案】睡袋。【解析】「寝袋」平假名有木字旁。同时,「ね」有"根"的意义。⑧手を入れたら食べられちゃいそうな袋ってなーんだ?【答案】紙袋。【翻译】如果把手伸进去,好像要被吃掉的袋子是什么袋子?【答案】纸袋子。【解析】日语中,「紙」(纸张)与「咬み」(吃)发音相同。⑨とっても偉そうな袋ってなーんだ?【答案】紙袋。【翻译】很了不起的袋子是什么袋子?【答案】纸袋子。【解析】「紙袋」(纸袋子)中有「神」(神)字。

1369. 【ふくろう】①お誕生日ケーキの火を消してる鳥ってだーれだ?【答案】ふくろう。【翻译】生日聚会上吹灭蜡烛的鸟是什么鸟?【答案】猫头鹰。【解析】ふく:吹。○ろうそくを吹く/吹蜡烛。②お誕生日の鳥ってなーんだ?【答案】ふくろう。【翻译】生日之鸟是什么?【答案】猫头鹰。【解析】"猫头鹰"的日语与"福老"的日语发音相似。另外,"猫头鹰"的日语字面意思也表示「不苦労」(没有苦劳)。③物を入れることの出来る鳥ってなーんだ?【答案】梟。【翻译】可以装东西的鸟是什么?【答案】猫头鹰。【解析】「梟」(猫头鹰)与「袋」(袋子)发音相似。④木の上に止まっている鳥はなんの鳥?【答案】梟。【翻译】站在树上不动的鸟是什么?【答案】鸱鸮。

1370. 【ふくわらい】着物が笑い出すゲームってなーんだ?【答案】福笑い。【翻译】和服笑出了声的游戏是什么?【答案】蒙眼拼像。【解析】蒙眼拼像为日本新年游戏之一。游戏时,人们蒙住眼睛,在画有丑女假面轮廓的纸上把眉、眼、鼻、嘴等形状的纸片拼成一张脸。江户中期以后开始流行。

1371. 【ぶし】①武士がやってくる体の部分ってどーこだ?【答案】くるぶし。【翻译】武士到来的身体部位是什么部分?【答案】脚踝。【解析】「踝」(脚踝,踝)与「来る武士」(到来的武士)发音相同。②海にいると魚で、干されたら侍になるものなーんだ?【答案】かつお。【翻译】海中的鱼干了之后成了武士,是什么鱼?【答案】鲣鱼。【解析】鲣鱼煮

后经火烤、晒干、霉化等程序加工成为「鰹節（かつおぶし）」(干制鲣鱼)，主要用于制作汤汁。「節」(鲣鱼干)与「武士」(武士)发音相同。③暇じゃなくなる侍ってなーんだ？【答案】暇つぶし。【翻译】变得没有空闲的武士是什么人？【答案】消遣，消磨时间，恰当地利用空闲时间，浪费时间。

1372.〖ふじさん〗富士山麓鸚鵡鳴くっなに？【答案】5の平方根。【翻译】富士山脚下鹦鹉鸣叫，什么意思？【答案】2.2360679。【解析】5 的平方根「2.2360679（ふじさんろくおうむなく）」与"富士山麓鸚鵡发声"的日语谐音。

1373.〖ふしみ〗死ななさそうな場所どーこだ？【答案】伏見（ふしみ）。【翻译】好像没有死亡的地方是什么地方？【答案】伏见。【解析】「伏見（ふしみ）」(伏见)为京都市南部地区，与「不死身」(不死之身)发音相同。

1374.〖ふせん〗戦わない文房具ってなーんだ？【答案】ふせん。【翻译】不会战斗的文具是什么？【答案】签注，付签，飞签，浮签。【解析】「付箋（ふせん）」(飞签)与「不戦」(不战)发音相同。

1375.〖ふた〗上にあるのに足元にありそうなものなーんだ？【答案】蓋（ふた）。【翻译】明明在上面，看起来好像在脚下，是什么？【答案】盖子。【解析】ふた:盖子一般在上面。它与英语 foot(脚)发音相似。

1376.〖ぶた〗①ふたがちょっと汚れた動物ってなーんだ？【答案】ぶた。【翻译】盖子有点脏了的动物是什么？【答案】猪。【解析】盖子多了两个点，像是污点。另一意义:猪比较脏。②擦り傷を作るとやってくる動物は何？【答案】豚。【翻译】一有擦伤，就会出现的动物是什么？【答案】猪。【解析】「瘡蓋（かさぶた）」(痂)中包含了「豚」(猪)的读音。③離れないと、見えない豚ってなーんだ？【答案】まぶた。【翻译】不分开就看不到的猪是什么？【答案】眼皮。【解析】「目蓋（まぶた）」(眼皮)中有「豚」(猪)字，睁开眼，眼皮分开。

1377.〖ぶつかる〗買い物に行く途中で車に当てられました。買ったもの2つってなーんだ？【答案】「物」かった、「板」かった。【翻译】买东西回家途中被车撞了。买的两样东西是什么？【答案】买了东西和板。【解析】「物かった、板かった」除了表示买了"东西"和"板"，还表示"撞到了,很痛"，如「電柱にぶつかる」(撞上电线杆)。把「ぶつかる」里的「ぶつ」写成「物」有助于理解。

1378.〖ぶつくさ〗文句ばかり言ってる草って何だ？【答案】ぶつくさ。【翻译】天天埋怨的草是什么草？【答案】不满。【解析】「ぶつくさ」实际上

并不是植物的名称,而是"发牢骚,唠叨",只是读音中包含了「草」的发音。ぶつくさ文句をいう:不停地发牢骚。

1379. 〖ふっと〗突然思い立ったようにやりたくなる球技ってなーんだ?【答案】フットボール(football)。【翻译】突然想起要玩的球是什么球?【答案】足球。【解析】「ふっと」(忽然)或「ふと」与「フットボール」(足球)发音相关。

1380. 〖フットサル〗ボールを蹴ってるサルってなーんだ?【答案】フットサル(futsal)。【翻译】踢球的猿猴是什么?【答案】室内五人足球。【解析】室内五人足球包含了「フット」(脚)和「サル」(猴子)。

1381. 〖ぶつぶつ〗①豚の靴ってなーんだ?【答案】ブーツ。【翻译】猪脚上穿什么?【答案】靴子。【解析】猪的哼哼声是「ぶつぶつ」,与英语 boots(靴子)发音相似。「ぶつぶつ」也表示"嘟哝,发牢骚,埋怨,唠叨"。②仏さんの履物なーんだ?【答案】ブーツ。【翻译】大佛的脚上穿的是什么?【答案】靴子。【解析】英语 boots(靴子)与日语「仏」(佛祖)发音相似,如「仏像」。

1382. 〖ぶどう〗空手や柔道が得意な食べ物は?【答案】葡萄。【翻译】空手道和柔道比较擅长的食品是什么?【答案】葡萄。【解析】"葡萄"的日语与「武道」(武道)发音相同。

1383. 〖ふふふふ〗たくさん並べたら思わず笑っちゃった食べ物ってなーんだ?【答案】ふ。【翻译】多个排列,会不由自主发笑的食品是什么食品?【答案】面筋。【解析】「麩」(面筋或烤麸)多个排列「ふふふふふふ」表示笑声。

1384. 〖ふまん〗不満でできている生き物なーんだ?【答案】人。【翻译】充满了不满的生物是什么?【答案】人。【解析】英语 human(人)与日语「不満」发音类似。

1385. 〖ふみきり〗通るときは閉まって、通らないときは開いてるものってなーんだ?【答案】踏切。【翻译】通过时关闭,不通过时打开,是什么?【答案】道口,岔口,公路与铁路交叉点。【解析】列车通过时,行人不能通过;没有列车通过时,行人方能通过。

1386. 〖ふゆ〗①お湯じゃない季節ってなーんだ?【答案】冬。【翻译】不是热水的季节是什么季节?【答案】冬天。【解析】"冬"的日语字面意思是「不湯」(非热水)。②聞かれると怒り出す季節っていーつだ?【答案】冬。【翻译】一问它而它就发怒的季节是什么?【答案】冬天。【解析】

"冬天吗?"的日语听起来好像「不愉快?」(不愉快吗?)「かい」为终助词,接句末各种词后,第一表示亲昵地询问(如もういいかい:好了吗？行了吗?),第二表示反问(如雨なんか降るかい:哪里会下雨!)。

1387. 〖フライ〗①「今日のおかずはエビフライでー」とお祖母さんが教えてくれた日は、何曜日ですか。【答案】金曜日。【翻译】奶奶告诉我："今天吃油炸龙虾。"这天星期几?【答案】星期五。【解析】「フライでー」与英语 Friday(周五)发音相同。②いかリングとえびフライ,飛びあがるほど美味しいのはどっち?【答案】えびフライ。【翻译】乌贼面圈和油炸龙虾,美味得要飞起来了的食品是什么食品?【答案】油炸龙虾。【解析】"油炸"(fry)日语发音与"飞"的日语(fly)相同,与谜面中的「飛びあがる」(美味飞上天)一词契合。

1388. 〖ブラウン〗「これ女物の下着?」「そう」「じゃ、それ何色?」【答案】ブラウン(Brown)。【翻译】这是女性内衣吗？是的。那么,它是什么颜色?【答案】褐色。【解析】「ブラ？うん」(这是女性内衣吗？是的。)与「ブラウン」(褐色)发音类似。

1389. 〖フランス〗槍じゃないものが国ってなーんだ?【答案】フランス。【翻译】不是标枪的国家是什么?【答案】法国。【解析】"法国"的日语与「不ランス」(不是标枪)(lance)发音类似。

1390. 〖ぶり〗①ブリはブリでも、ご飯の下にあるブリってなーんだ?【答案】どんぶり。【翻译】说五条鲫也是五条鲫,但饭下面的五条鲫是什么?【答案】海碗。【解析】五条鲫冬季味道特别鲜美。海碗,大碗中包含了五条鲫。②魚の師匠ってだーれだ?【答案】ぶり。【翻译】鱼类中的师父是什么?【答案】五条鲫。【解析】「鰤」字面有师父的"师"字。③裸のぶりってかわいい?【答案】はい。【翻译】赤裸的五条鲫可爱吗?【答案】可爱。【解析】「裸のぶり」可以缩略为「裸ブリー」,读音就是"可爱"(lovely)的日语发音。④口に入れるのに、食べないぶりってなーんだ?【答案】おしゃぶり。【翻译】虽然在嘴里,却不能食用的五条鲫是什么?【答案】吮吸。【解析】しゃぶり:吮吸,含。

1391. 〖ブリーフ〗下に葉っぱがついてる下着ってなーんだ?【答案】ブリーフ(briefs)。【翻译】下面有叶子做的短裤,是什么?【答案】三角裤。【解析】三角裤也指紧身短裤,主要指男裤,中间有"叶子"(leaf)的日语读音。

1392. 〖プリン〗①王子と王女が共に好きな食べ物は何?【答案】プリン。【翻译】王子和公主都很喜欢的食物是什么?【答案】布丁。【解析】王子

的外来语「プリンス」(Prince)与公主的外来语「プリンセス」中都包含了「プリン」(布丁)的读音。②プリンの入りの季節ってなーんだ?【答案】スプリング(spring)。【翻译】有布丁的季节是什么季节?【答案】春天。【解析】「スプリング」(春天)这个单词包含「プリン」(布丁)(pudding)。

1393. 〖プリンス〗王子様の食べてるプリンってどんな味?【答案】すっぱい。【翻译】王子吃的布丁是什么味道?【答案】酸味。【解析】王子是「プリン」加上「醋」。

1394. 〖プリンター〗①プリンと、インクが入っているものなーんだ?【答案】プリンター(printer)。【翻译】既有布丁又有油墨的东西是什么?【答案】打印机。【解析】「プリン」既是"布丁"又是"打印"的意思。③プリンを見つけた人の職業ってなーんだ?【答案】プリンター。【翻译】发现布丁的人的职业是什么?【答案】印刷商。【解析】printer 与发现喊叫时的声音「プリンダ」相似。④プリンが10個印刷されているものなーんだ?【答案】プリント。【翻译】印刷了 10 个布丁的是什么东西?【答案】印刷品。

1395. 〖ブル〗見たら思わず震えてしまう色は?【答案】ブルー。【翻译】见到之后不由自主地颤抖的颜色是什么颜色?【答案】蓝色。

1396. 〖ブルースリー〗青青青。さて、なんてよむ?【答案】ブルースリー。【翻译】青青青念什么?【解析】「ブル」是英文 blue(蓝色)的意思,「スリー」是"三"(three)。所以答案为「ブルースリー」。李小龙的日文名为「ブルースリー」。【答案】李小龙(Bruce Lee)。谜语的另一个答案是日本三人少女歌唱组合。该组合选择名字时,故意省略了 blue 的最后一个字母 e。

1397. 〖ブルドッグ〗寒くて震えている犬ってなーんだ?【答案】ブルドッグ(bulldog)。【翻译】冷得发抖的狗是什么狗?【答案】斗牛狗。【解析】「ブルドッグ」(斗牛狗)中有「振る」(颤抖)的字样。

1398. 〖プルプル〗①2回入ると震えちゃうものなーんだ?【答案】プール(pool)。【翻译】进两次,就让人发抖,是什么地方?【答案】游泳池。【解析】「プルプル」表示"哆嗦,发抖"。手がぶるぶるとふるえる:手直哆嗦。②喫茶店にある、プルプルプルっとしたものなーんだ?【答案】サンプル(sample)。【翻译】咖啡馆里打哆嗦的东西是什么?【答案】样品。

1399. 〖ふるほん〗空から落ちてきた本ってどんな本?【答案】古本。【翻

译】从空中落下的书是什么书?【答案】旧书。【解析】「古本」(旧书)也表示「降る本」(降下的书)。

1400.〖フレ〗雨乞いしてるみたいな部活ってなんだ?【答案】応援団「フレーフレー」。【翻译】什么人的声音听起来如同祈雨活动?【答案】拉拉队。【解析】「フレー」(hurrah 或 hurray)表示"加油",是比赛时给运动员助威的呐喊声。感叹词"加油"形成双关语。「フレー」又表示命令句「降れ、降れ」(降雨吧！降雨吧！)。

1401.〖ブレイクダンス〗失礼なダンスってなーんだ?【答案】ブレイクダンス。【翻译】粗鲁的橱柜是什么橱柜?【答案】黑橱柜。【解析】black ダンス(黑色橱柜)与「無礼くだんす」发音相同。

1402.〖プレゼント〗自分で買ったのに、必ず人にあげてしまうものなーんだ?【答案】プレゼント、切手、はがき、お歳暮、お中元、名刺、お土産。【翻译】明明自己买的而一定会给别人的东西是什么?【答案】礼物、邮票、明信片、年末礼品、中元节礼品、名片、特产。

1403.〖ふろ〗家にある26番ってなーんだ?【答案】ふろ。【翻译】家中的第26名是什么?【答案】浴缸。【解析】「26」与「風呂」(浴缸)同音。

1404.〖フログ〗お風呂に9匹もいる生き物なーんだ?【答案】かえる。【翻译】澡堂里有生物,是什么?【答案】青蛙。【解析】青蛙英语 frog 的日语对应词是「フログ」,分开就是「フロ」(澡堂)和「グ」(九)。

1405.〖ブログ〗付録みたいな日記ってなーんだ?【答案】ブログ。【翻译】像是附录的日记是什么?【答案】博客。【解析】"博客"(blog)的日语与「付録」(附录)发音类似。

1406.〖ふろのせん〗2600の答えは?【答案】風呂の栓。【翻译】2600是什么意思?【答案】浴缸塞子。【解析】浴缸底部的塞子。「栓」(塞子)与「千」(一千)同音。

1407.〖ぶんこ〗本屋にあるもので、さかさまにしたら食べ物になるものなーんだ?【答案】文庫。【翻译】某样东西在书店可以找到,颠倒之后成为食品,是什么?【答案】文库。【解析】日语「文庫」颠倒之后成了「昆布」(海带)。

1408.〖プンプン〗①待ち合わせは10時30分、では、30分遅刻したら何分?【答案】プンプン。【翻译】相约10点半见面。如果迟到30分钟,怎么描述这30分钟?【答案】火冒三丈。【解析】「プンプン」为激怒貌,中有表示时间的"分钟"。②あけると怒るのは誰?【答案】王様。【翻译】一

打开,就生气,是谁?【答案】国王。【解析】「オープン」(打开)与「王がぷんぷん怒ってる」(国王生气)发音相似。

へ

1409. 【へいわ】隣の国が攻めてきたので、お城を丸く囲ったらどうなった?【答案】へいわになった。【翻译】邻国来犯,绕着城筑一圈墙,会怎么样?【答案】带来和平。【解析】「平和」中,「塀」为"围墙",「輪」为"圆形",城防牢固,一定时间内可以获得和平。

1410. 【ベスト】一番いい服ってなーんだ?【答案】ベスト(vest)。【翻译】最好的背心是什么?【答案】马甲背心。【解析】"马甲背心"的英语和 best(最好)发音相似。

1411. 【ペット】①車の中に住んでそうなのに、部屋に住んでるペットってなーんだ?【答案】カーペット(carpet)。【翻译】好像在车里住,但实际是在家里住,这样的宠物是什么?【答案】地毯。【解析】地毯中有"车的宠物"字样。②犬や猫がいっぱいのってる車ってなーんだ?【答案】カーペット(carpet)。【翻译】满是狗和猫的车是什么车?【答案】地毯。②指先にいるペットってなーんだ?【答案】パペット(puppet)。【翻译】指头尖上的宠物是什么?【答案】指上木偶。③リサイクルできるペットってなーんだ?【答案】ペットボトル(pet bottle)。【翻译】能回收利用的宠物是什么?【答案】PET 瓶。【解析】此 PET 瓶指盛放清凉饮料的塑料瓶,是一个重量轻且不容易破碎的容器。

1412. 【ベニス】赤い酢を売ってる都市ってどーこだ?【答案】ベニス(Venice)。【翻译】贩卖红醋的都市是什么地方?【答案】威尼斯。【解析】「ベニス」(威尼斯)与「紅酢」(红醋)发音相同。

1413. 【ベビー】赤ちゃんが、点をとれるボクサーの階級ってなーんだ?【答案】ヘビー級。【翻译】婴儿可以得分的拳击手的级别是什么?【答案】重量级。

1414. 【ベビーシーター】赤ちゃんの上に乗ってる人の職業なーんだ?【答案】ベビーシーター(baby sitter)。【翻译】坐在婴儿身上的职业是什么?【答案】保姆。【解析】「ベビーシッタ」发音如同「ベビー下」,表示"孩子在下面"。

1415. 【へや】カラダの中で人が寝起きするのは何でしょう。【答案】へや。【翻译】在人体上,人起居的地方在哪里?【答案】头发。【解析】日语「部

屋」(房间)与英语 hair(头发)发音类似。

1416. 〖ベランダ〗家の中にあるのに外にあるものなーんだ?【答案】ベランダ(veranda)、庭。【翻译】是家中的一部分,却在室外。这是什么?【答案】阳台、庭院。

1417. 〖へる〗①減っても減ってもなくならないものは何?【答案】お腹。【翻译】怎么减少也不会消失的东西是什么?【答案】肚子。「腹が減る」意为"肚子空了,肚子饿"。②へると鳴るものなーんだ?【答案】腹。【翻译】少了就叫的东西是什么?【答案】肚子。【解析】谜面的另一个意思是:饿了就叫唤的东西是什么?③頭にかぶると減りそうなものなーんだ?【答案】ヘルメット(helmet)。【翻译】什么东西戴到头上就好像要减少?【答案】安全帽。【解析】「ヘルメット」(安全帽)中包含了「減る」(减少)这个词的发音,也意为"戴上了危险就减少"。

1418. 〖ベルギー〗鈴木さんの国ってどーこだ?【答案】ベルギー(Belgium)。【翻译】铃木先生是哪国人?【答案】比利时。【解析】「ベルギ」(比利时)有「木」(铃木)(bell)的意思。

1419. 〖ベルト〗ベルの乗ってる衣類ってなーんだ?【答案】ベルト(belt)。【翻译】系有铃铛的服饰是什么?【答案】皮带。【解析】「ベルト」(皮带,腰带,饰带)中有「ベル」(铃)的字样。

1420. 〖ペンキ〗壁に色を塗るペンってなーんだ?【答案】ペンキ。【翻译】在墙上涂色的笔是什么笔?【答案】油漆。【解析】「ペンキ」(油漆)中含有"笔"(pen)。

1421. 〖ペンギン〗銀を書く動物ってなーんだ?【答案】ペンギン(penguin)。【翻译】写银色的字的动物是什么?【答案】企鹅。【解析】「ペンギン」中含有「銀」(银)字。

1422. 〖べんごし〗トイレから出てきたら死んじゃった人の職業は?【答案】弁護士。【翻译】出了厕所就去世的人是什么人?【答案】律师。【解析】「便後死」(便后死)与「弁護士」(律师)发音相同。

1423. 〖へんとうせんえん〗「喉が腫れて声が出ないため、呼ばれても返答せんよ」と言った人は、どんな炎症にかかっていますか。【答案】扁桃腺炎にかかっています。【翻译】"咽喉肿得说不出话来,你就是叫我,我也不会回答。"说这句话的人得了什么病?【答案】扁桃体炎。【解析】「扁桃腺炎」包含「返答せん」(不予返答)。

1424. 〖べんとうばこ〗お腹が膨らむと、空っぽになるものなーんだ?【答

案〗弁当箱。【翻译】肚子鼓起来,空下去的东西是什么?【答案】盛便当的盒子。【解析】人的肚子饱了,便当盒的肚子空了。主语的省略在制造悬念方面至关重要。

1425. 〖ぺんぺん〗書くもので刺されちゃうものなーんだ?【答案】ぺんぺん草。【翻译】被书写工具刺了的东西是什么东西?【答案】荠菜。【解析】「ぺんぺん」中有两只钢笔。荠菜因其果实形似三味线的拨子,故以三味线的弹拨音「ぺんぺん」作名,为「薺(なずな)」的异称。ペンペン草が生(は)える:原意为由于无人管理屋顶上长满荠菜,比喻杂草丛生、家园荒芜。

1426. 〖へんしん〗総理大臣と仮面ライダー、手紙を書いたら返事をくれるのはどっち?【答案】仮面ライダー。【翻译】如果给总理大臣与假面骑士写信,哪一个会给予答复?【答案】假面骑士,因为他变身了。【解析】「変身(へんしん)」(变身)与「返信(へんしん)」(回信)发音相同。

ほ

1427. 〖ほう〗①みんなが感心する石ってなーんだ?【答案】宝石(ほうせき)。【翻译】大家都很震撼的石头是什么?【答案】宝石。【解析】宝石中有惊叹声「ほぅ」。②納得した帯ってなーんだ?【答案】包帯(ほうたい)。【翻译】表示理解的带子是什么?【答案】绷带。【解析】「ほう」为拟声词,表示"明白"。③感心している鳥はなんの鳥?【答案】ふくろう。【翻译】心里很感动的鸟是什么?【答案】猫头鹰。【解析】猫头鹰发出「ホホー」的声音,与感动声一致。④顔の中で感心しているのはなんでしょう?【答案】頬(ほお)。【翻译】脸上比较感动的东西是什么?【答案】脸颊。【解析】"脸颊"的日语与感叹声「ほぉ」相仿。

1428. 〖ぼう〗①明るい未来が見える棒ってなーんだ?【答案】希望(きぼう)。【翻译】能看到光明的、未来的「ぼう」是什么?【答案】希望。②ボウはボウでも、食べられるボウってなーんだ?【答案】ごぼう、うまいぼう。【翻译】虽说是「ぼう」,但能吃的「ぼう」是什么?【答案】牛蒡、美味棒。【解析】美味棒是日本一种零食,即膨化食品。③ぼうはぼうでも、あったかくなるぼうってなーんだ?【答案】暖房(だんぼう)。【翻译】虽说是「ぼう」,但温暖的「ぼう」是什么?【答案】暖气,取暖设施。④冷たい棒ってなーんだ?【答案】冷房(れいぼう)。【翻译】冰冷的「ぼう」是什么?【答案】空调,制冷设施。⑤とってもかっこいい棒ってなーんだ?【答案】ステッキ

(stick)。【翻译】非常时髦的棒子是什么？【答案】干脆利落,风度翩翩。【解析】「ステッキ」又表示"棍子",也属于棒。⑥ぼうはぼうでも悪いぼうは何？【答案】どろぼう。【翻译】虽说是「ぼう」,但邪恶品性不良的「ぼう」是什么？【答案】强盗。⑦ぼうはぼうでも、寝すぎたぼうってなーんだ？いつまでも横になってる棒ってなーんだ？【答案】寝坊。【翻译】虽说是「ぼう」,但睡觉时间太长的「ぼう」是什么？【答案】懒觉。⑧苛めっ子が持ってる棒ってなーんだ？【答案】乱暴。【翻译】小霸王手里拿着的「ぼう」是什么？【答案】粗鲁。【解析】苛めっ子：好欺负人的孩子,喜欢欺负弱小儿童的霸王。⑨棒は棒でも、頭の上に乗せる棒ってなーんだ？【答案】ぼうし。【翻译】虽说是「ぼう」,但覆盖在头上的「ぼう」是什么？【答案】帽子。⑩一生を棒に振っている商売は？【答案】指揮者。【翻译】一生被白白糟蹋的人是谁？【答案】乐队指挥。【解析】「一生を棒に振っている」既表示"葬送一生",也表示"一生挥舞指挥棒"。⑪歩きすぎると棒になっちゃうものなーんだ？【答案】足。【翻译】走得时间太长,什么变成了棒子？【答案】脚。【解析】日语中,「足が棒になる」(脚成了棒)表示"很疲倦"。⑫棒と剣を持って出かけるものってなーんだ？【答案】冒険。【翻译】带着棍棒和宝剑外出,这是什么？【答案】冒险。【解析】「冒険」中有"棒"的日语和"宝剑"的日语。⑬雨の日に水をすべる坊やってだーれだ？【答案】アメンボ。【翻译】雨天在水上滑行的小男孩是谁？【答案】龟蝽,水黾。【解析】龟蝽、水黾名字源自饴糖的气味,为水生昆虫,黑色,长约1.5厘米,足细长,在湖沼水面上滑行。⑭公園でつぼの入った遊具ってなーんだ？【答案】鉄棒。【翻译】公园里面包含壶罐的玩具是什么？【答案】铁棒。【解析】「鉄棒」中有「壺」这字。公园有双杠等运动器械。

1429. 〖ほうき〗逃げ出したくなる道具ってなんだ？【答案】箒。【翻译】想逃走的工具是什么？【答案】扫帚。【解析】「箒」(扫帚)与「放棄」(放弃)同音。

1430. 〖ほうけんしつ〗本に毛が挟まっている部屋ってどーこだ？【答案】保健室。【翻译】书中间夹着毛的房间是什么房间？【答案】保健室。【解析】「保健室」是「本」(书)中夹了「毛」(毛)。

1431. 〖ぼうし〗①頭にかぶりそうな手帳ってなーんだ【答案】母子手帳。【翻译】好像覆盖在头上的笔记本是什么笔记本？【答案】母子健康手

册。【解析】母子健康手册是地方自治体发给妊娠申报者的笔记本，记录母子健康、保健指导等信息。母子健康手册字面中有"帽子"。②みんながかぶることが出来るのに、ほんとは誰もかぶれない帽子ってなーんだ？【答案】影法師(かげぼうし)。【翻译】所有人都可以戴，但其实所有人都戴不上的帽子是什么？【答案】人的影子。【解析】「影法師」既可以是"人影子"，也可以是"剪影画"。③真ん中を見ると、いつも笑顔の帽子なーんだ？【答案】麦藁帽子(むぎわらぼうし)。【翻译】往中间看总是能看到笑脸的帽子是什么帽子？【答案】草帽。【解析】麦秆草帽中的「藁(わら)」也表示「笑(わらい)」（笑）。④根拠は無いけど出来ないような帽子ってなーんだ？【答案】かんむり。【翻译】虽没有根据，但好像根本不可能的帽子是什么？【答案】冠。【解析】「かん」表示"冠,皇冠,桂冠"；「むり」表示"没有道理"。两者合起来表示"没有道理"。⑤家の上にあるものなーんだ？【答案】うかんむり。【翻译】家的上方是什么？【答案】宝盖头儿。【解析】"家"字的上方是宝盖头儿。⑥うしはうしでも、頭の上にのせる牛ってなーんだ？【答案】ぼうし。【翻译】虽说是牛，但卧在头上的牛是什么？【答案】帽子。

1432.〖ホース〗蛇口を食べちゃう動物ってなーんだ？【答案】ホース。【翻译】吃了水龙头的动物是什么？【答案】消防水管，水袋。【解析】橡皮、帆布等制作的「ホース」（软管，水龙带）套在水龙头上，故曰"吃"。「ホース」为英语hose，与horse（马）发音相似。

1433.〖ほうせき〗宝石箱(ほうせきばこ)の中にある物なーんだ？【答案】石。【翻译】百宝箱的中间是什么？【答案】石。

1434.〖ぼうそう〗止まれない半島ってどーこだ？【答案】房総半島。【翻译】停不下来的半岛是什么半岛？【答案】房总半岛。【解析】房总半岛位于关东地区的东南部向太平洋突出的半岛，占千叶县的大部分。以洲崎为界，东京湾一侧称为内房，太平洋一侧称为外房。「房総(ぼうそう)」（房总）与「暴走(ぼうそう)」（暴走）同音。暴走指飞车、飙车，无视规则狂乱地奔跑、行驶。

1435.〖ぼっちゃん〗男の子と女の子、川に落っこちたのはどっち？【答案】おとこのこ。【翻译】男孩和女孩中掉进河里的是谁？【答案】男孩。【解析】「坊(ぼっ)ちゃん」（男孩）与「ぼちゃんと落ちたから」（"噗通"一声落下）发音相似。

1436.〖ぼうちょう〗どんどん膨らむ席ってどーこだ？【答案】傍聴席。【翻译】慢慢膨胀的座位是什么？【答案】旁听席。【解析】「傍聴席(ぼうちょうせき)」中有

「膨張」的发音。

1437.【ぼうはん】棒が半分しか写らないカメラってなーんだ?【答案】防犯カメラ。【翻译】只拍摄了一半儿棍子的摄影机是什么?【答案】监控摄像头。【解析】「防犯カメラ」(监控)与「棒半」(棒半)发音相同。

1438.【ぼうぼう】かまどの中に、木を2本いれて火をつけたらどうなる?【答案】ぼうぼうと燃える。【翻译】向炉灶里扔两根木头点上火,会发生什么事情?【答案】熊熊燃烧。【解析】「ぼうぼう」(熊熊燃烧)中有两根棍子。「釜所」意为"安放饭锅的地方",指用砖石砌成的灶。

1439.【ボールペン】ボールはボールでも机の上にあるボールはなーんだ?【答案】ボールペン(ball pen)。【翻译】虽说是球,但桌子上的球是什么?【答案】圆珠笔。

1440.【ほうれんそう】①野菜の野球チームで、代打とDH専門なのはだーれだ?【答案】ほうれん草。【翻译】野菜组成的棒球队中,担任代击手和指定击球手的蔬菜是什么蔬菜?【答案】菠菜。【解析】「代打」:代击手。在棒球比赛中,关键时刻上场代替其他选手在击球手区就位的代击手,启用以前尚未出过场的人。DH(designated hitter):棒球比赛中指定击球手。"菠菜"字面义是善于连续击球。②食べたらボールを投げられなくなる野菜ってなーんだ?【答案】ほうれん草。【翻译】吃了之后,不能投球的蔬菜是什么?【答案】菠菜。

1441.【ボーロ】決して立派ではないお菓子ってなーんだ?【答案】ボーロ。【翻译】绝对不会很气派的点心是什么?【答案】圆松饼。【解析】「ボーロ」发音与「襤褸」(衣衫褴褛)类似。ぼろでくつをみがく:用破布擦鞋;ぼろをまとう:衣衫褴褛;したぎがぼろになる:内衣破烂了。ぼろをだす:暴露缺点。

1442.【ホエール】動物を見たら犬が鳴く。何の動物を見た?【答案】ホエール(whale)。【翻译】见到某种动物,狗在狂吠。见到了什么动物?【答案】鲸鱼。【解析】"鲸鱼"的日语与「ホエル」(犬吠)发音相仿。

1443.【ぼくし】格闘家でもないのに殴り殺されてしまう人の職業は?【答案】牧師。【翻译】也不是专业练习格斗,却被别人殴打致死,他是做什么的?【答案】牧师。【解析】"牧师"的日语与「撲死」(被别人拳打脚踢致死)发音相同。

1444.【ぼくじゅう】私が10番の液体なーんだ?【答案】墨汁。【翻译】液体中,我排名第十。我是什么?【答案】墨汁。【解析】「墨汁」可以拆分成

「僕」(我)和「十」(十)。

1445. 【ぼくとう】10人の僕が持ってる武器ってなーんだ？【答案】木刀。【翻译】10个我持有的武器是什么？【答案】木刀。【解析】剑道使用的木刀,多用血榉木削成,又称为「木太刀」。

1446. 【ほけん】いざというとき助けてくれる犬ってなーんだ？【答案】保険。【翻译】万一有事能提供帮助的狗是什么狗？【答案】保险。【解析】いざというとき：一旦有事,紧要关头。「保険」中有「犬」(犬)的发音。

1447. 【ほし】①トーっても長いこと続く星ってなーんだ？【答案】衛星。【翻译】一直持续的星星是什么？【答案】卫星。【解析】"卫星"的日语与「永世」(永世)发音相同。②食べていると種が出てくる酸っぱい星ってなーんだ？【答案】うめぼし。【翻译】吃了后吐出种子,酸酸的星星是什么？【答案】梅干。③天気のよい日に大活躍するほしってなーんだ？【答案】物干し。【翻译】天气好的时候很活跃的星星是什么？【答案】晾晒设备,晾晒衣服。【解析】「物干し」表示"晒干,晾干,晒衣场,晾晒洗好的衣服",亦指作此用的场所。④とればとるほど星が増えるものなーんだ？【答案】相撲。【翻译】得分越多,星星数越多的运动,是什么？【答案】相扑。【解析】星为相扑中表示胜负的标志。白星代表胜利,黑星代表失败。星取り表：相扑得分表。⑤お日さまから生まれたものなーんだ？【答案】星。【翻译】太阳生出来的东西是什么？【答案】星。【解析】"星"汉字拆解成为"日"和"生"。⑥お空にある葡萄ってなーんだ？【答案】ほしぶどう。【翻译】天空中的葡萄是什么？【答案】葡萄干。【解析】「干し」与"星星"的日语发音相同。⑦星は星でも紙の星ってなーんだ？【答案】ポスター(poster)。【翻译】说星星也是星星,但纸制的星星是什么？【答案】海报。⑧グラスを乗せる星ってなーんだ？【答案】コースター(coaster)。【翻译】盛放茶杯的星星是什么？【答案】茶盘,茶托；茶杯、水壶等的垫盘。

1448. 【ボタン】押したりかけたりするお花ってなーんだ？【答案】ボタン(button)。【翻译】又按又系的花是什么？【答案】牡丹。【解析】「ボタン」既可以表示"按钮,电钮",也表示西服"纽扣"。「ボタン」源自葡萄牙语 botao,有"花蕾"之意,用来表示"牡丹"。

1449. 【ほっかいどう】「余所へ動かせ」が口癖の人の出身地は？【答案】北

海道。【翻译】有个人口头禅是"到其他地方去!"这个人是什么地方的人?【答案】北海道。【解析】「北海道(ほっかいどう)」与「他移動(ほかいどう)」(到其他地方)发音相似。

1450. 〖ホッチキス〗紙と紙をキスさせるものな～に?【答案】ホッチキス。【翻译】让纸亲吻的东西是什么?【答案】订书机。【解析】「ホチキス」根据发明者霍契凯斯(B. Hotchkiss)的名字命名。

1451. 〖ぼっと〗①やる気の無いスポーツってなーんだ?【答案】スケボー(skate board)。【翻译】没有从事这项运动的兴致,这项运动是什么?【答案】滑板。【解析】「スケボー」为「スケボー・ボード」之略。「ぼーっと」也可以写为「ぼっと」,表示"心不在焉,出神貌,模糊貌"。ぼっとしていて人にぶつかる:一不留神撞上了人。②何にも考えてなさそうな乗り物なーんだ?【答案】ボート。【翻译】脑子中一片空白的交通工具是什么?【答案】船只。【解析】「ぼっと」(出神貌,模糊貌)与 boat(船)发音相似。ぼっと立っている:呆立着。

1452. 〖ほっとけい〗この時計邪魔だけどどうする?【答案】ほっとけい。【翻译】这个表有点碍事,怎么办?【答案】扔在那里暂且不管。【解析】ほうる:扔;ほっとく:置之不理;「時計(とけい)」表示"时钟"。

1453. 〖ポットで〗①田舎のほうからさいきん上京したばかりの人がお湯(ゆ)沸かしたのは何で?【答案】ポットで。【翻译】新近从乡下到城里的人烧开水用什么?【答案】瓶子(pot)。【解析】俗语中,「ポットで」表示"初次进城";第一次从乡下到大城市来的人又叫「おのぼりさん」。②突然のお湯は何で出てきた?【答案】ポットで。【翻译】为什么开水突然出现了?【答案】瓶子。【解析】「ポット」表示"突然",又表示"瓶,烧水壶,烧开水的器具"。谜语另一个意思是:"突然出现的开水怎么样出来了?"答案是:"突然出来了"。

1454. 〖ポッポ〗鳩でもないのにポッポと言いながら走るものなーんだ?【答案】汽車。【翻译】不是鸽子,却咕咕叫着前进的东西是什么?【答案】火车。【解释】"火车"也被称为「ポッポッ」。

1455. 〖ホテル〗①空(あ)き地に穴を掘っています、さて何が建つでしょう?【答案】ホテル(hotel)。【翻译】空地里在挖坑,请问:准备建造什么?【答案】宾馆。【解析】「ホテル」与「掘(ほ)ってる」(挖坑)发音近似。②お泊まりしたら熱くなったんだって。どこに泊まったの?【答案】ホテル。【翻译】据说只要住进去就会觉得热。那么是住在哪儿呢?【答案】宾馆。【解析】「ホテル」(宾馆)与「火(ほ)照る」(炙热)发音相同。

1456. 〖ほぼさん〗2.9999999999……3に限りなく近い職業は？【答案】保母さん。【翻译】2.999 循环无限接近 3 的职业是什么？【答案】女保育员。【解析】「保母さん」(保姆，女保育员) 与「略3」(大约是 3) 发音相近。女保育员指在保育所、养护设施等儿童福利设施中从事儿童保育工作的女职员。

1457. 〖ほら〗①うそつきの貝ってなーんだ？【答案】ほら貝。【翻译】撒谎的贝壳是什么？【答案】海螺。【解析】「法螺貝」中，「法螺」表示"说大话，吹牛"。螺号，用海螺的贝壳加工成的吹奏器。"吹牛皮，说大话，撒谎"的意义源自从小小的海螺号孔中可发出响亮的声音。法螺を吹く：吹螺号，说大话。②うそっぽい映画ってなーんだ？【答案】ホラー(horror)映画。【翻译】像是谎言的电影是什么？【答案】恐怖电影。【解析】恐怖电影中，「ホラー」与「法螺」发音相似。③うそっぽい穴ってなーんだ？【答案】洞穴。【翻译】像是谎言的洞是什么？【答案】吹嘘。④太郎が「でっかいサザエだろう。俺が捕ってきたんだよ」と鼻にかけたら、花子は「ほらね」と答えました。花子は太郎を信用していますか。【答案】信用していません。【翻译】太郎对花子炫耀说："这么大的海螺是我从海中捕获的。"花子回答："好一个海螺！"花子相信太郎的话吗？【答案】不信。【解析】花子的回答「ほらね」除表示"好一个海螺！"之外，还表示"骗人的吧"。

1458. 〖ポルトガル〗ポル&ガルの国は？【答案】ポルトガル。【翻译】波尔和加尔是哪个国家的人？【答案】葡萄牙。【解析】"葡萄牙"的日语与「ポルとガル」(波尔和加尔) 同音。

1459. 〖ぼれい〗お花がささってそうな貝ってなーんだ？【答案】牡蠣。【翻译】好像扎着花的贝类是什么？【答案】牡蛎。【解析】「牡蠣」与「豊麗」发音相似，后者表示"丰满艳丽，丰润美丽"。

1460. 〖ほん〗①読まないで、おすホンってなーんだ？【答案】インターホン(interphone)。【翻译】不是用来读，而是用来按的书是什么？【答案】内部电话。【解析】内部电话也指内线电话，表示可在同一设施内使用的有线通话设施。おす：拨打电话。"电话"的日语和"书"的日语发音类似。②耳で聞く本ってどんな本？【答案】ヘッドホン(headphone)、イヤホン(earphone)。【翻译】用耳朵听的书是什么？【答案】耳机。③バーで飲む本ってなーんだ？【答案】バーボン。【翻译】在酒吧喝的书是什么？【答案】波旁酒。【解析】"波旁"的日语带有法语特色，「ボン」

是「本」的变形。

1461. 〖ボン〗お皿を分けたような土地ってどーこだ?【答案】盆地。【翻译】好像分开了盘子的土地是什么?【答案】盆地。【解析】"盆地"汉字解析为「分ける」的「分」和「お皿」的「皿」。

1462. 〖ホンコン〗①ネット通販で本を頼んでも届かないのはどこですか?【答案】ホンコン。【翻译】网上邮购了一本书,但总是不到,这是哪里发生的事情?【答案】香港。【解析】通販：通信贩卖,邮购。②かおるみなとってどーこだ?【答案】香港。【翻译】发出香味的港口是什么?【答案】香港。

1463. 〖ぼんさい〗天才が、出来ない趣味ってなーんだ?【答案】盆栽。【翻译】天才不会有什么兴趣爱好?【答案】盆栽。【解析】「盆栽」(ぼんさい)(盆栽)与「凡才」(ぼんさい)(庸才)发音相同。

ま

1464. 〖まいぞう〗地中に埋まった金を掘り出そうとしたら、不思議なことにわたしの雑巾が出てきました。それを何と言いますか。【答案】「埋蔵金」(まいぞうきん)と言います。【翻译】正想挖出埋在地下的金子,却出人意料地挖出了我的抹布。怎么描述这种情况?【答案】藏在地下的金子。【解析】英语 mine(我的)与"埋"的日语发音相似,"我的抹布"的日语即是"藏在地下的金子"的日语。

1465. 〖まいたけ〗くるくるしそうなきのこってなーんだ?【答案】まいたけ。【翻译】好像一圈一圈在跳舞的蕈菇是什么?【答案】灰树花菇。【解析】まい：舞蹈；灰树花菌又名舞茸,极美味可口,人们发现后欢欣雀跃,故名。

1466. 〖まいる〗醤油とお酢がこれから微笑みながら神社に行くと言っています。さて、実際に行ったのはどちらでしょうか。お酢です。【翻译】酱油和醋都微笑着说,马上去神社,但是实际上去神社的是哪一位?【答案】醋。【解析】"微笑"的英语 smile 发音与「酢が参る」(すがまいる)(醋参拜了神社)发音相似。

1467. 〖マウンテン〗下のほうは運転できそうな地形ってなーんだ?【答案】マウンテン(mountain)。【翻译】某种地貌特征下面的部分好像能驾驶。这种地貌特征是什么?【答案】山脉。【解析】「マウンテン」(山脉)的日语对应词最后部分「ウンテン」与「運転」(うんてん)(驾驶)发音相同。

第一章 谜语

1468. 〖むかむか〗ムカムカ、ムカムカするのはいつ？【答案】むかし。【翻译】恶心是在什么时候？【答案】很早。【解析】「ムカムカ」表示"恶心，火冒三丈，或恶心，呕吐，作呕"。四个「ムカ」构成「昔」(むかし)（往昔）。

1469. 〖まくら〗頭を置いたら暗くなるものなーんだ？【答案】まくら。【翻译】头枕在上面，就会变暗，是什么？【答案】枕头。【解析】「枕」(まくら)（枕头）与「真っ暗」(まっくら)（漆黑，乌黑，暗淡）读音相似。

1470. 〖まける〗まければまけるほど喜ぶのは誰？【答案】客。【翻译】越输越高兴的是谁？【答案】买东西的顾客。【解析】「まける」除了表示「負ける」（输，失败）之外，还有"降低价钱，减价"的意思。作为顾客，价钱降得越多越开心。

1471. 〖マグロ〗すごく黒そうなお魚ってなーんだ？【答案】鮪(まぐろ)。【翻译】好像很黑的鱼是什么？【答案】金枪鱼。【解析】"金枪鱼"的日语发音与「真っ黒」(まっくろ)（漆黑）相似。

1472. 〖まご〗①ひをつけたら、子供になるものなーんだ？【答案】孫(まご)。【翻译】加上「ひ」，就成为孩子，是什么？【答案】孙子或孙女。【解析】「ひ」加在「まご」前成为「曾孫」(ひまご)，表示"曾孙"或"曾孙女"。谜面的另一个意思是：放火后，孩子成了什么？②まごの職業ってなーんだ？【答案】馬子(まご)。【翻译】孙子的职业是什么？【答案】马夫。【解析】「馬子」(まご)（马夫）与「孫」(まご)（孙子）同音。

1473. 〖まざまざ〗まざまざとそのありがたさを見せつけられる日は、父の日ですか、それとも、母の日ですか。【答案】母の日です。【翻译】让你清楚地看到其可取之处的日子，是父亲节，还是母亲节？【答案】母亲节。【解析】「まざまざ」（清清楚楚）与英语 mother（母亲）发音近似。

1474. 〖マジック〗油性のペンが突然姿を消しました。それはなぜですか。【答案】マジックですから。【翻译】油性笔突然消失了。为什么？【答案】魔术。【解析】「マジック」既表示"油性笔"，也表示"魔术"。

1475. 〖まじない〗真剣じゃないものなーんだ？【答案】呪(まじな)い。【翻译】不是很认真的东西是什么？【答案】巫术。【解析】「呪い」(まじない)为"巫术，魔法，符咒，咒文，护身符"，与「真面目ない」(まじめない)（不认真）发音近似。

1476. 〖まじまじ〗真剣に見ることをなんていう？【答案】マジマジと見る。【翻译】认真看，怎么描述？【答案】目不转睛地看。【解析】「マジマジ

と」表示"目不转睛地看"。

1477. 〖まじめ〗豆の中に字を書いている人の性格は?【答案】まじめ。【翻译】在豆子中写字的人是什么性格?【答案】认真。

1478. 〖マシュマロ〗ましなマロが入っているお菓子ってなーんだ?【答案】マシュマロ(marshmallow)。【翻译】什么点心中添加了好的锦葵?【答案】棉花糖。【解析】「マシュマロ」又写作「マシマロ」(好的锦葵),是一种西洋糖果,用蛋白、白糖、食用胶等做成,松软有弹性。

1479. 〖ます〗増えていく魚ってなーんだ?【答案】鱒。【翻译】增加的鱼是什么?【答案】大麻哈鱼。【解析】「鱒」(大麻哈鱼)又表示「増す」(增加)。

1480. 〖マスクメロン〗風邪をひいたメロンってなーんだ?【答案】マスクメロン(muskmelon)。【翻译】好像是患了感冒的瓜是什么瓜?【答案】香瓜。【解析】mask(面具,口罩)与musk(麝香)发音相似。戴了口罩,因此好像患了感冒。

1481. 〖またたび〗もう一回旅行に行く植物なーんだ?【答案】またたび。【翻译】再去旅行一次的植物是什么?【答案】木天蓼。【解析】猫科动物喜食木天蓼,食后辄成醉态。「またたび」与「又旅」(再一次旅行)发音相同。

1482. 〖まち〗①交差点の周りに広がるまちってなーんだ?【答案】信号待ち。【翻译】交叉路口向周围延伸的街道是什么街道?【答案】等待信号灯。【解析】「待ち」(等待)和「町」(街道)发音相同。②田舎のほうでまちぼうけしてそうな車やさんってなーんだ?【答案】まつだ。【翻译】好像在田间干等着的车是什么车?【答案】马自达。

1483. 〖まつ〗半分ハムで出来た木ってなーんだ? ハムの木ってどんな木?【答案】松。【翻译】一半儿火腿产生出的树是什么树?【答案】松树。【解析】「ハ」、「ム」、「木」三者组合得到「松」字。「松」的右边一半儿由火腿分解而成。

1484. 〖まっちゃ〗①待ち合わせでは先に来るお茶ってなーんだ?【答案】抹茶。【翻译】约见时最先端上来的茶是什么茶?【答案】抹茶。【解析】抹茶指用于茶道的粉茶,将优质茶叶蒸后干燥,磨成细粉末,又称为"碾茶"。「待ち合わせ」前三个假名「待ち合」与「抹茶」(抹茶)发音相似。②緑なのに茶色って名前のものなーんだ?【答案】抹茶。【翻译】明明是绿色,名字却是茶色,是什么?【答案】抹茶。

1485.【まと】的は的でも矢がささったらつぶれてしまうのはなーんだ？【答案】トマト。【翻译】明明是靶子，箭飞来后却会把它搞坏，是什么？【答案】西红柿。

1486.【まど】窓は窓でも、締めると向こうがまったく見えない窓ってなーんだ？【答案】雨戸。【翻译】虽说是窗户，但关住后看不到另一侧的窗户是什么？【答案】木板套窗。【解析】木板套窗，装在房屋玻璃门窗的外层，用于防风、防雨、防盗，保持室内温度。

1487.【まぬけ】間抜けなたぬきが持っているたまごは何個ある？【答案】ごこ。【翻译】糊涂的貉拿了多少个鸡蛋？【答案】五个。【解析】「間抜け」表示去除「ま」，「たぬき」表示去除「た」，「たまご」去除了「た」和「ま」，剩下的只有「五」，因此是五个鸡蛋。

1488.【まね】①成功者のやった通りに真似をすると儲けられました。それは、諺でなんというのでしょうか。【答案】「みようみまね」と言います。【翻译】模仿成功人士去做，得到一大笔钱。用谚语该怎么形容？【答案】依葫芦画瓢。【解析】「みようみまね」为"依葫芦画瓢"，其中「まね」发音同 money（钱）。②模写ばっかりしていたような名前の画家は？【答案】マネ。【翻译】好像只会模仿其他人的画家名字是什么？【答案】莫奈。【解析】法国画家莫奈（Claude Monet，1840－1926）是印象派创始人和代表人物，常在户外作画，探索光色与空气的表现效果，代表作品有《睡莲》《鲁昂大教堂》《帆船》。

1489.【まや】逆立ちして山登りした女性の名前ってなーんだ？【答案】真野。【翻译】倒立着爬山的女性叫什么名字？【答案】真野。【解析】「真野」是「山」的逆写形式。

1490.【まゆげ】眼の上にある湯気ってどんな湯気？【答案】眉毛。【翻译】脸上的水蒸气是什么？【答案】眼睫毛。【解析】「眉毛」（眼睫毛）中有「湯気」（蒸汽）一词。

1491.【マラカス】いつも貸してる楽器ってなーんだ？【答案】マラカス（maracas）。【翻译】总是出借的乐器是什么？【答案】响葫芦。【解析】响葫芦，节奏乐器，拉丁美洲音乐的主要乐器之一，由葫芦果制成，摇动留在里面的种子发出响声，通常使用两个，故西班牙语中用复数。「貸す」表示"借"。

1492.【マルガリーター】坊主頭の人が飲むお酒の種類は？【答案】マルガリーター（margarita）。【翻译】光头的人喝什么酒？【答案】西班牙玛格

丽塔葡萄酒。【解析】「マルガリーター」中包含「丸刈り」(全剪,推光)。

1493. 【まるで】「話゜」「話」なんて読む?【答案】てんではなしにならない。まるではなしにならない。【翻译】怎么解释「話゜」和「話」?【答案】根本不值一提;完全不值一提。【解析】副词「てんで」表示"根本,完全,压根儿",副词「まるで」表示"简直,完全,全然"。谜底还表示:有了点,有了圈,就不是"话"字。

1494. 【まわりさん】三周まわっている人ってだーれだ?【答案】お巡りさん。【翻译】转了三圈的人是什么人?【答案】警察,巡警。

1495. 【マン】毎日会社で働くのはサラリーマン。では、毎日醤油を売っているのは?【答案】キッコーマン。【翻译】每天在公司工作的是工薪人员。那么,每天卖酱油的人是什么人?【答案】KIKKOMAN。【解析】「キッコーマン」是日本销售酱油的大公司,与「サラリーマン」一样,都以 man(人)结尾。

1496. 【まんが】①10000 個も絵を描いてるものなーんだ?【答案】漫画。【翻译】绘制了 10000 幅画,是什么画?【答案】漫画。②一万人で描いたのは、どんな絵?【答案】漫画。【翻译】一万人绘画,是什么绘画?【答案】漫画。

1497. 【マンガン】子供は8000円、大人は12000円もする電池ってなーんだ?【答案】マンガン電池(德语 mangan)。【翻译】孩子花 8000 日元、家长花 12000 日元买的电池是什么电池?【答案】锰电池。

1498. 【マンゴー】10005 個の果物ってなーんだ?【答案】マンゴー。【翻译】有 10005 个的水果是什么?【答案】杧果。

1499. 【まんざい】聞いたら10000 年生きられそうなお笑いってなーんだ?【答案】漫才。【翻译】一听,好像能活 10000 年,让人发笑。这种东西是什么?【答案】漫才。【解析】「漫才」由「万歳」转变而来,是日本的传统艺术之一,由两个人以滑稽的问答为主表演的曲艺场节目。「万歳」是指新年时头戴乌纱帽、身穿素袍、打着腰鼓、载歌载舞并作滑稽表演沿门乞讨的人。

1500. 【まんじゅう】どんなに強い力を出しても、いくら押しても、あんこが出てこない饅頭はなんという饅頭ですか?【答案】押しくら饅頭です。【翻译】不管费多大力气,不管怎么挤,也挤不出馅的包子是什么?【解析】「押しくら饅頭」是一种儿童游戏,几个小孩使出浑身力气互相拥挤,以达到取暖效果。

1501. 【マンション】①千より大きくて10万よりも小さいおうちってなー

んだ?【答案】マンション(mansion)。【翻译】比1000大,比10万小的家是什么房子?【答案】大厦。②男の家ってなーんだ?【答案】マンション。【翻译】男人的家是什么?【答案】大厦。

1502. 〖まんねんどこ〗敷きっぱなしの布団に寝ている動物ってなーんだ?【答案】カメ。【翻译】在铺着一直不叠起的被子里睡的动物是什么?【答案】乌龟。【解析】「カメは万年床」表示铺着总也不叠起的被褥。「鶴は千年、亀は万年」意为"千年仙鹤万年龟",比喻长命百岁。

1503. 〖まんねんひつ〗帽子をおしりにかぶってお仕事するものなーんだ?【答案】万年筆。【翻译】帽子盖到屁股上干活的东西是什么?【答案】钢笔。

1504. 〖まんぷく〗おまんじゅうをたくさん食べた人は、どうなったでしょうか?【答案】「まん」ぷくになった。【翻译】吃了很多馒头,会怎样?【答案】满腹。【解析】"满腹的人,吃饱的人"又表示"肚里装满馒头的人"。

1505. 〖マンボウ〗①マンボウを1000個に分けたものってなーんだ?【答案】ボート。【翻译】将翻车鱼分为1000个的东西是什么?【答案】船。【解析】翻车鱼有万字,10艘船,每船1000个,boat有「とう」(十)这个数字。②一万回もボーっとしているものなーんだ?【答案】マンボウ。【翻译】10000次出神的东西是什么?【答案】翻车鱼。

1506. 〖マンホール〗地面にある男の穴ってなーんだ?【答案】マンホール(manhole)。【翻译】地面上男人的孔是什么?【答案】窨井。【解析】人孔、升降口、进入口为检查清扫地下管道等的出入洞口。

1507. 〖まんぽけい〗歩くと数を数えるものなーんだ?【答案】万歩計。【翻译】一走路就开始计算的东西是什么?【答案】计步器。【解析】计步器,步程计,指带在腰上计数步数的计数器,本为商标名。

み

1508. 〖み〗梅の木に「まむめも」。どういう状況?【答案】実が無い。【翻译】梅花树上有「まむめも」,什么意思?【答案】没有结果实。【解析】「まむめも」没有「み」,「み」和「実」发音相同。

1509. 〖みえ〗①いいカッコをしたがる都道府県ってどーこだ?【答案】三重県。【翻译】注重形象的都道府县是什么?【答案】三重县。【解析】「三重」(三重県)与「見栄」(形象好)发音相同。②三重県の人は何を張る?

【答案】見栄。【翻译】三重县的人张贴什么?【答案】虚荣。【解析】「見栄」(炫耀、夸耀)与县名「三重」的读音相同。「見栄を張る」是固定搭配,表示"追求虚荣"。

1510. 〖みえない〗カモメの目が見えなくなったら何になる?【答案】カモ。【翻译】海鸥眼睛如果看不见了,就成了什么?【答案】野鸭。【解析】看不到「メ」,意味着去除「メ」。「カモメ」去除了「メ」,剩下的是「カモ」。

1511. 〖みえん〗レンズの入っていないめがねっていくら?【答案】みえん。【翻译】没有装镜片的眼镜多少钱?【答案】三日元。【解析】「みえん」(三日元)与「見えん」(看不到)发音相似。

1512. 〖みかん〗①アルミ缶の中に入っている果物ってなーんだ?【答案】みかん。【翻译】铝罐头盒里的水果是什么?【答案】橘子。【解析】「アルミ缶」(铝罐头)包含了「蜜柑」(橘子)这个单词。②身が、缶の上にのっている缶詰ってなーんだ?【答案】みかんの缶詰。【翻译】身子在罐头的上方的罐头是什么?【答案】罐装柑橘。【解析】「蜜柑」中的「み」也表示「身」(身体)。③終わらない果物ってなーんだ?【答案】みかん。【翻译】无法完成的水果是什么?【答案】柑橘。【解析】「蜜柑」和「未完」发音相同。④三つの缶入り果物なーんだ?【答案】みかん。【翻译】装进三个罐头的水果是什么?【答案】蜜桔。

1513. 〖みぎ〗右と左、おしゃべりなのはどっち?【答案】右。【翻译】左和右,哪一个爱闲聊?【答案】右边。【解析】右边有一个口字。

1514. 〖みこし〗お祭りのときに、354個も出るものなーんだ?【答案】神輿。【翻译】祭祀的时候,有354个的东西是什么?【答案】神轿。

1515. 〖みこん〗鋤でまだ開墾していない土地を耕しながら、「つまんらないなあ」とぼやいている農夫は、奥さんがいますか。【答案】いません。【翻译】农民一边用锄头整理未开垦的荒地,一边抱怨说:"真没意思!"请问:他结婚了没有?【答案】未婚。【解析】「未墾」(未开垦)即「開墾していない」,与「未婚」(未婚)同音;「詰らないなあ」(没意思)包含了「妻が無い」(没有妻子)。

1516. 〖ミサイル〗①ミサイルのまわりを調べるにはどうしたらいい?【答案】みる。【翻译】想看导弹的周围,怎么办?【答案】观察。【解析】「ミサイル」(missile)第一和第四个假名是「見る」。②ミサイルの中に入っている動物ってなーんだ?【答案】サイ。【翻译】导弹的中间是什么

动物?【答案】犀牛。

1517.〖みじんぎり〗にんじんを1.5倍に切る切り方ってなーんだ?【答案】微塵切り。【翻译】胡萝卜怎么切能变成1.5倍?【答案】切碎。【解析】「微塵切り」表示"把蔬菜等切得细碎"。葱の微塵切り:葱末。谜面的另一个意思是:两人怎么变成其1.5倍?切碎。「みじん」(切碎的)可以表示"三个人"。

1518.〖みず〗①目をそらしてのむものなーんだ?【答案】水。【翻译】需要把眼睛转向一边饮用的液体是什么?【答案】水。【解析】みず。"水"的日语与"不看"的日语发音类似。②目をつぶって着る服なーんだ?着ると見えなくなるものなーんだ?【答案】水着。【翻译】闭着眼睛穿的衣服是什么?穿上就看不见了的衣服是什么?【答案】游泳衣。【解析】「水着」和「見ず着」发音相似。③見ないで撃つ鉄砲ってなーんだ?【答案】水鉄砲。【翻译】不看就开炮,是什么?【答案】玩具水枪。④思わず目をそらしてしまう色は何色?【答案】水色。【翻译】不由自主地将眼睛转向一边,这是什么颜色?【答案】蔚蓝色。【解析】「水色」(淡蓝色,蔚蓝色)与「見ず色」发音相似。

1519.〖みずかき〗河童が持ってるカキってなーに?【答案】水搔き。【翻译】河童拿的钥匙是什么?【答案】蹼。

1520.〖ミスター〗間違えたのは、男の人、女の人?【答案】男(Mister)。【翻译】弄错的人是男子还是女子?【答案】男子。【解析】英语中的Mister(先生)与日语中的「ミスだ!」(错误)发音相似。

1521.〖ミステリー〗テリーが間違えたのはどんな本?【答案】ミステリー。【翻译】侦探搞错的书是什么书?【答案】神秘悬念侦探类书籍。【解析】mystery(神秘)与「ミス」(过错)发音相似。

1522.〖みそ〗①ミソの中に必ず入っているものなーんだ?【答案】ファ。【翻译】豆酱中间必定有什么?【答案】发。【解析】按七音阶「ドレミファソラシド」顺序,「み」「そ」中有「ファ」。②音符の入っている食べ物ってなーんだ?【答案】味噌汁。【翻译】中间有音符的食物是什么?【答案】酱汤。

1523.〖みっともない〗野球でグローブを忘れたらどうなる?【答案】みっともない。【翻译】打棒球时忘了手套,会怎么样?【答案】不像样。【解析】「グローブ」(glove)为手套,棒球运动中接球手和一垒手接球用的「ミット」(合指皮手套)是手套的一种。打棒球时忘了戴手套可以说成

「ミットもない」,与「みっともない」(不像样)同音。「みっともない」为「見とうもない」的转音,意思是"不像样的,不体面的,难看的"。打棒球没有戴手套,当然不好。みっともない服装:不像样的衣服;みっともないふるまい:丢人的举止。

1524. 【みつばち】3 蜂が三匹飛んでます。なんて蜂?【答案】みつばち。【翻译】三只蜂飞过来,是什么蜂?【答案】蜜蜂。

1525. 【みとく】「中華料理をよく味わって理解し、その作り方を自分のものにすること。うん、そりゃ味得、ということかなあ」と言う人は、中華料理をよく理解していますか、それともまだですか。【答案】まだです。【翻译】"好好品尝并理解中国菜,把炒菜的方法学到手。也就是领会其精华。"说这话的人已经理解了中国菜,还是没有理解?【答案】没有。【解析】「味得」还可以理解为「未得」(尚未掌握)和「みておく」(先看看)。

1526. 【みどり】①鳥さんの色って何色?【答案】みどり色。【翻译】鸟先生是什么色彩?【答案】绿色。【解析】「緑色」为绿色,和「見鳥色」(看见鸟的颜色)发音相同。②三羽の鳥は何色?【答案】緑。【翻译】3只鸟是什么颜色?【答案】绿色。【解析】「緑」与「3鳥」发音相同。

1527. 【みなみ】①何もかもすべてが「3」だという方角はどこですか。【答案】南です。【翻译】不管什么情况,都说是 3 的方位在哪里?【答案】南。【解析】「南」(南)与「皆3」(都是 3)意义相同。②"南"の反対は何?【答案】みなみ。【翻译】"南"的反义词是什么?【答案】南。【解析】南的反面是北,但也可以理解为「みなみ」的倒读形式。

1528. 【みにくい】①小さなものばかり食べてる人の視力はどうなった?【答案】悪くなった「ミニ食い」。【翻译】只吃小东西的人的视力如何?【答案】不好。【解析】吃小的东西。「ミニ食い」(吃得少)与「見にくい」(难以看见)发音相同。②保護色のアヒルのお話ってなーんだ?【答案】みにくいアヒルの子。【翻译】保护色涂得很好的鸭子的故事是什么?【答案】丑小鸭。【解析】「醜い」(样子长得很难看的小鸭子)发音等同于「見難い」(保护色涂抹得很好,因而很难被人发现的小鸭子),就是《丑小鸭》。

1529. 【ミノムシ】俺の虫ってなーんだ?【答案】ミノムシ。【翻译】我自己的虫子是什么?【答案】结草虫。【解析】ミノムシ:结草虫,蓑蛾,多属农林害虫,分布于世界各地。「ミ」表示"自己,自身"。身から出た錆:

咎由自取。

1530. 【ミミズ】①ミズはミズでも魚が食べるミズってなーんだ?【答案】ミミズ。【翻译】虽说是水,但鱼吃的水是什么?【答案】蚯蚓。【解析】"蚯蚓"的日语中包含"水"字,蚯蚓同时可以作为鱼饵。②蛇とミミズ。長いのはどっち?【答案】ミミズ。【翻译】蛇与蚯蚓中,长的是什么?【答案】蚯蚓。【解析】日语中,"蛇"两个字,"蚯蚓"三个字。③名前にはみみがついているのに、目もみみも無いものなーんだ?【答案】みみず。【翻译】名字中有耳朵,但既没有眼睛又没有耳朵的东西是什么?【答案】蚯蚓。

1531. 【みやぎ】①右に矢が刺さった都道府県ってどーこだ?【答案】宮城県。【翻译】右边有箭扎入的都道府县是什么?【答案】宫城县。【解析】「宮城県」字面意思是「右」(右)中间有「矢」(箭)。②眉間の間に山羊がいる都道府県ってどーこだ?【答案】宮城県。【翻译】眉宇之间有山羊的都道府县是什么?【答案】宫城县。【解析】「宮城県」字面意思是「眉間」(眉间)之间有「山羊」(山羊)。③ヤギが三匹いる県はどこ?【答案】宮城県。【翻译】有三只山羊的县是什么县?【答案】宫城县。【解析】「宮城県」与「三山羊」(三只山羊)读音相同。④竜のいない竜宮城ってどこにある?【答案】宮城県。【翻译】没有龙的龙宫城是什么地方?【答案】宫城县。【解析】龙宫城少了龙,就是宫城。

1532. 【みやしま】3人の矢島さんの出身地は?【答案】宫岛。【翻译】三个叫矢岛的人出生在什么地方?【答案】宫岛县。【解析】「宮島」(宫岛)位于日本广岛市西南部,县名与「3矢島」发音相似。

1533. 【みりん】1センチに10個入っている調味料ってなーんだ?【答案】味醂。【翻译】一厘米放入10个,这种调料是什么?【答案】料酒。【解析】「味醂」为甜料酒,在烧酒和糯米里掺入曲子做成的既甜又浓的酒,含酒精13%,含糖40%,用作调料。与millimeter(毫米)发音相似,1厘米等于10毫米。

1534. 【ミルク】見るのが苦痛な飲み物なーんだ?【答案】ミルク。【翻译】看着都痛苦的饮料是什么?【答案】牛奶。【解析】「ミルク」(牛奶)与「見る苦」(见了苦)发音相同。

1535. 【ミンミンゼミ】見たくないってないてる虫はなーんだ?【答案】ミンミンゼミ。【翻译】"不想见到!"发出这样叫声的虫子是什么?【答案】昼鸣蝉。

む

1536.【むかしばなし】①聞いている時におやつを食べられないお話ってなーんだ?【答案】童话。【翻译】听的时候不能吃点心的故事是什么?【答案】童话。【解析】「昔話」与「無菓子話」(没有点心的故事)发音相同。②始まったばかりなのに、とっても古いものなーんだ?【答案】昔話。【翻译】刚刚开始,却说是很古老,这是什么?【答案】童话。③お菓子を六個食べて聞く話は何?【答案】昔話。【翻译】吃六个点心后听的故事是什么故事?【答案】童话。【解析】「昔話」(童话)的假名由「六つ」(六个)、「お菓子」(点心)和「話」(话)合成。

1537.【むかで】てがつくのに足が百本で手がないものなーんだ?【答案】むかで。【翻译】名字中有手,但有100只脚而没有1只手,是什么?【答案】蜈蚣。

1538.【むこうずね】柯南剧场版七「迷宫の十字路」(《迷宫的十字路口》)阿笠博士给少年侦探团出了下面谜语:源义经的家臣弁庆有一个叫作「渦奈」(涡奈)的初恋情人。涡奈后来与其他人结婚了。弁庆得知此事后,一,很生气;二,很高兴;三,哭了。【答案】哭泣。【解析】日语有「弁慶の泣き所」(强者的唯一弱点)的说法,字面意思是"碰到弁庆这样强大的人的要害,也会让他流眼泪。"这个熟语的另一个解释是"胫骨,胫骨的前面,迎面骨",正是弁庆的致命弱点。胫骨日语为「向こう脛」,「婿」(新郎)和「渦奈」(涡奈)合在一起是「向こう脛」,因此答案是"第三:哭泣"。

1539.【むし】①赤ちゃんってなに虫?【答案】泣き虫。【翻译】小孩子是什么虫?【答案】哭鼻虫。【解析】爱哭的人,哭鼻虫。一点小事就哭的性格或人。泣き虫毛虫挟んで捨てろ:(嘲笑爱哭小孩的俏皮话)把哭鼻虫和毛毛虫一起扔掉。②知らんぶりするかごってどんなかご?【答案】虫籠。【翻译】装作不知道的笼子是什么?【答案】虫笼。【解析】かご:筐,篮,罩。「虫籠」为饲养蟋蟀等的虫笼,其中「むし」既表示「虫」(虫子),也表示「無視」(不知)。③信号を守らない虫ってなーんだ? 横断歩道でルールを守らない悪い虫ってなーんだ?【答案】信号無視。【翻译】不遵守信号灯的虫子是什么? 在人行横道上不遵守交通规则的

坏虫子是什么?【答案】闯红灯。④お化け屋敷に入れない虫ってなーんだ?【答案】弱虫。【翻译】不敢进幽灵鬼屋的虫子是什么虫子?【答案】胆小鬼。【解析】"胆小鬼"的日语中有"虫子"的日语。⑤歯の中にいる悪い虫ってなーんだ?【答案】虫歯。【翻译】牙齿里的害虫是什么?【答案】虫牙。⑥知らんぶりしてるメガネってなーんだ?【答案】むしめがね。【翻译】装作不知道的眼镜是什么眼镜?【答案】凸透镜,放大镜。【解析】むし「虫」表示「無視」(不理不问)。⑦ほっておくお風呂ってなーんだ?【答案】蒸し風呂。【翻译】不闻不问的澡堂是什么?【答案】蒸浴澡堂。【解析】蒸浴澡堂包括桑拿浴,与"无视,置之不理,任其放任自流"相关。⑧茶碗にあってお碗になく、カブトにあって鎧になく、米にあってパンにないものなーんだ?【答案】むし。【翻译】茶碗里有而碗里没有,头盔里有而盔甲里没有,米里有而面包里没有,这样的东西是什么?【答案】虫。【解析】茶碗むし:日式鸡蛋羹;かぶとむし:独角仙。⑨兎、飛蝗、蛙。「おおい!」と呼びかけても振り向かないのは?【答案】バッタ。【翻译】兔子、蝗虫和青蛙在一起。即使呼喊他们,其中某一个也不会回应。是哪一个?【答案】蝗虫。【解析】蝗虫是虫,其日语与"无视"的日语同音。此外,「おおい」(喂)也有"多"的意思,蝗虫量大。

1540. 〖むせん〗①お金のかからないネット接続ってなーんだ?【答案】無線。【翻译】不需要花钱的因特网连接是什么?【答案】无线。【解析】「無線」与「無銭」发音相同。無銭旅行:不花钱的旅行;無銭飲食:吃饭不用付钱。②ただで買えるお米は?【答案】無洗米。【翻译】不用钱买的米是什么米?【答案】免洗米。【解析】「無洗米」(不用洗就能煮饭的米)与「無銭米」(免费米)读音相似。

1541. 〖むてっぽう〗撃てない無茶な鉄砲ってなーんだ?【答案】無鉄砲。【翻译】无法发射的鲁莽的铁炮是什么?【答案】莽撞,鲁莽,冒失。【解析】無茶:毫无道理,莽撞,荒唐。

1542. 〖むとう〗武藤さんの飲むコーヒーは何?【答案】ブラックコーヒー(black coffee)。【翻译】武藤先生喝的咖啡是什么咖啡?【答案】黑咖啡。【解析】「ブラックコーヒー」意为"黑咖啡"(不加牛奶和糖的咖啡),姓氏「武藤」与「無糖」(无糖)读音相同。

1543. 〖むらさき〗村の向こうに建っている家は何色?【答案】紫。【翻译】村子对面兴起的建筑是什么颜色?【答案】紫色。【解析】"紫"的日

语与「村芫(むらさき)」(村头,村边)发音相同。

1544.【むり】お布団の中でも出来るムリってどんなムリ?【答案】居眠(いねむ)り。【翻译】被子中出现的无礼是什么?【答案】瞌睡,打盹儿。【解析】「居眠(いねむ)り」(瞌睡)与「い寝無理」(睡觉时的无礼)同音。

め

1545.【め】①めはめでも、傾いているめってなーんだ?【答案】斜(なな)め。【翻译】虽说是眼睛,但斜眼是什么?【答案】倾斜。②人間なのに、うろこが落ちることがあるのはどーこだ?【答案】目。【翻译】虽然是人,但身上鳞片掉落是在什么地方?【答案】眼睛。【解析】鱗(うろこ)が落ちる:恍然大悟。③目が震えるものなーんだ?【答案】メープル(maple)。【翻译】眼睛在颤动,是什么?【答案】枫树。④かめの下にあるものなーんだ?【答案】め。【翻译】乌龟的下面是什么?【答案】眼睛。

1546.【メイ】①5月をお知らせする動物ってなーんだ?【答案】羊「メエー」。【翻译】通知5月到来的动物是什么?【答案】羊。【解析】英语的May(五月)与羊"咩咩叫"发音相同。②ヤギが携帯電話で使っているのはどんな機能?【答案】メール。【翻译】山羊使用手机的什么功能?【答案】邮件(Mail)。③羊がおくったものなーんだ?【答案】メール「めぇる」。【翻译】山羊寄送的是什么东西?【答案】邮件。④ヤギが配っている紙ってなーんだ?【答案】名刺。【翻译】山羊分发的纸是什么?【答案】名片。⑤やぎはご飯を食べる時みんなと一緒に食べるのかな?【答案】バラバラに食べる。【翻译】山羊进食是所有动物一起进食吗?【答案】不是。【解析】山羊"咩咩叫"与「銘銘(めいめい)」(各自)发音相同。

1547.【めいし】①スーツの中の重そうなものなーんだ?【答案】名刺(めい)。【翻译】西服里面看起来很重的东西是什么?【答案】名片。【解析】「名刺(めい)」(名片)这一单词包含了「石(いし)」(石头)这一单词。

1548.【めいわく】5月に働くとどうなる?【答案】迷惑(めい)をかける。【翻译】五月工作,会发生什么事情?【答案】给人添麻烦。【解析】"给人添麻烦"的日语与「メイワーク」(五月的工作)(May work)发音相似。

1549.【めか】逆立ちするとぜんまい仕掛けになる動物なーんだ?【答案】カメ。【翻译】某种动物颠倒之后,成为有发条装置的东西,是什么动物?【答案】乌龟。【解析】谜面中,「発条(ぜんまい)」为"发条,弹簧",「メカ」

(mechanism)表示"机械装置"。日语「かめ」(乌龟)颠倒之后成了「めか」(机械装置)。

1550. 【めがね】①木の下に、目があるものなーんだ?【答案】眼鏡。【翻译】在树的下面长有眼睛的东西是什么?【答案】眼镜。【解析】"眼镜"的日语字面意思是「目が根」(眼睛在树根处)。②かけると、目がなくなっちゃうものなーんだ?【答案】眼鏡。【翻译】戴上就没有眼睛了。这是什么?【答案】眼镜。【解析】"眼镜"的日语与「目が寝」(眼睛睡觉)发音类似。

1551. 【めがみ】目が三つある神様ってなーんだ?【答案】「女神」。【翻译】有三只眼睛的神仙是什么神?【答案】女神。

1552. 【めぐすり】叱られているような薬ってなーんだ?【答案】目薬。【翻译】好像受到批评的药品是什么?【答案】眼药。【解析】「メ」为接尾词,接在体言后,表示"轻蔑"。バカ者め:混账东西。「目薬」听起来如同在呵斥:「メッ!薬」(喂!药!)。

1553. 【めざまし】朝おきるときましになっているのはなーんだ?【答案】めざまし。【翻译】早上起来就增加的东西是什么?【答案】闹钟。【解析】「目覚まし」(闹钟)包含了「目覚まし」(醒来)和「増す」(增加)两个单词。

1554. 【メジャー】炊飯器に芽が生えたら、何になる?【答案】メジャー(major)。【翻译】电饭煲生了芽,变成了什么?【答案】巨大,加大,著名。【解析】「メ」表示"芽",「ジャー」(jar)表示"广口保温瓶",多存放固体食品。日语中有「炊飯ジャー」这样的表达,意为"电饭煲"。

1555. 【メトロ】目が溶けちゃう乗り物ってなーんだ?【答案】メトロ(metro)。【翻译】眼睛融化了的交通工具是什么?【答案】地铁。【解析】「メトロ」表示"地铁",「どろどろ」表示"黏糊,稠糊",与之发音相近的「メトロ」暗示"眼睛融化"。

1556. 【メニュー】①食べ物やさんで食べる前に出てくる新しいものなーんだ?【答案】メニュー(menu)。【翻译】在饭馆里吃东西前拿出来的崭新的东西是什么?【答案】菜单。【解析】"菜单"的日语中有"眼睛"的日语和"崭新"的日语。②喫茶店で値段がついてるのに飲めないものってなーんだ?【答案】メニュー、サンプル。【翻译】咖啡馆里标有价格却不能饮用的东西是什么?【答案】菜单,样品。③店に入ると、目がニュッと飛び出るほど高い値段の書かれたものを渡されます。それはどんな店ですか。【答案】レストラン。【翻译】有一种商店,进去之

后,就会被突然递上写着令人大吃一惊的价格的东西。这是什么商店?【答案】饭店。【解析】「め」与「ニュット」(突然看到)连在一起,与menu(菜单)发音相近,让客人看菜单的店为饭店。④レストランにある、めが伸びてくるものなーんだ?【答案】メニュー。【翻译】餐厅里眼睛伸长的东西是什么?【答案】菜单。【解析】「メニュー」后面是长音,好像眼睛伸长。

1557. 〖メロン〗メロンがバラバラになった電車ってなーんだ?【答案】路面電車。【翻译】甜瓜破碎之后变成电车,是什么电车?【答案】市内有轨电车。【解析】「メロン」(甜瓜、白兰瓜)重新组合后,成为「路面」(路面)。

1558. 〖めんたいこ〗めんじゃないのにめんが入ってて、たたいたら音がしそうな食べ物ってなーんだ?【答案】明太子。【翻译】也不是面,但中间有面;叩一下之后,好像发出响声的食物是什么?【答案】明太子。【解析】明太子也称为鳕鱼子,特指用辣椒加工的鳕鱼子。单词由"面"的日语和"大鼓"的日语组成。

も

1559. 〖もう〗毛が生えるようにお祈りに行く事ってなーんだ?【答案】初詣。【翻译】祈祷拜佛希望长头发的仪式是什么?【答案】正月里到神社、寺院进行新年后的首次参拜。【解析】「初詣」(首次参拜)中有「毛」(毛)的字样,可以解读为「毛出」。

1560. 〖もー〗①牛がないたのは朝晩どっち?【答案】朝。【翻译】牛叫的时候是早晨,还是晚上?【答案】早晨。【解析】牛"哞哞叫"与「モーニング」(朝)发音相似。②モーって鳴く牛はおとなしい?【答案】おとなしくないん「猛牛です」。【翻译】哞哞叫的牛温顺吗?【答案】不温顺。【解析】"哞哞叫的牛"的日语与「猛牛」(凶猛的公牛)发音类似。③牛が大好きな果物ってなーんだ?【答案】桃子。【翻译】牛最喜欢的水果是什么?【答案】桃。

1561. 〖もうかる〗牛が商売するとどうなる?【答案】もーかった。【解析】如果牛做买卖,会怎样?【答案】赚钱。【解析】牛的叫声「もーもー」与「毛毛」发音一样,「毛毛」又可以读「もうけ」,就是"赚钱"。

1562. 〖モーターボート〗牛が先頭に乗ってるボートってなーんだ?【答案】

モーターボート（motorboat）。【翻译】牛坐在最前边的船是什么船?【答案】机动船。

1563. 【もくぎょ】①金曜日の前にいる、泳げない魚ってなーんだ?【答案】木魚。【翻译】位于星期五之前,并且不会游泳的鱼是什么?【答案】木鱼。【解析】「木魚」(木鱼)与「木曜日」(周四)发音相近。②お寺に住んでいて、いつも叩かれる魚ってなーんだ?【答案】木魚。【翻译】住在寺庙里,总是被敲打的鱼是什么?【答案】木鱼。

1564. 【もくようび】①思い出したのは何曜日?【答案】木曜日。【翻译】突然想起来的日子是哪一天?【答案】周四。【解析】「思いつき」意义上等同于「思い出した」,有两个意思：一个是突然想起；另一个表示带有「き」。「き」表示"树木"。②牛が死んで供養をしなければならない日は何曜日ですか。【答案】木曜日です。【翻译】在星期几祭祀死去的牛?【答案】星期四。【解析】牛的叫声为「モー」,加上句子中的「供養」,就是木曜日。

1565. 【もじもじ】①恥ずかしがり屋さんとの待ち合わせはなんじ?【答案】もじもじ。【翻译】与害羞的人约会,是什么时间?【答案】害羞。②二つ書くと恥ずかしいものなーんだ?【答案】もじ。【翻译】写上两个,就很不好意思,是什么?【答案】文字。【解析】「もじもじ」表示"扭扭捏捏,忸忸怩怩,手足无措"。

1566. 【もち】①お化粧するときに使いそうなお餅ってなーんだ?【答案】鏡餅。【翻译】好像化妆时用的年糕是什么年糕?【答案】日本供神用的圆形年糕。【解析】化妆时需要镜子,「鏡餅」(圆形年糕)中有"镜子"。②白い木のおもちってなーんだ?【答案】柏餅。【翻译】白颜色的树的年糕是什么?【答案】槲树叶年糕。【解析】「かしわ」既是「槲」(槲树),也是「柏」(柏树),因此谜面说白色的树。槲树叶年糕指用槲树叶包的带馅年糕,转义为"一床被子连铺带盖"。③しわがないのにしわがついてるおもちってなーんだ?【答案】柏餅。【翻译】没有皱纹,名字里却有皱纹的东西是什么?【答案】槲树叶年糕。【解析】「しわ」为"皱纹"。④鳥のお肉みたいなおもちはなーんだ?【答案】柏餅。【翻译】像是优质鸡肉的年糕是什么?【答案】槲树叶年糕。【解析】かしわ：(俗语)茶褐色的鸡,肉味鲜美,转义为上等的鸡肉。日语中的"鸟"也包括"鸡"。⑤お餅が売っていそうな、遊び道具を売っているお店ってなーんだ?【答案】おもちゃ屋。【翻译】看似卖年糕,实际上不卖年糕,而

是卖玩具的商店是什么商店?【答案】玩具店。【解析】「おもちゃ屋」(玩具店)这个单词中包含了「餅」(年糕)的字样。

1567.【もちろん】お餅を月賦で買ったってほんと?【答案】勿論。【翻译】你真的按月分期付款买了年糕吗?【答案】当然。【解析】日语中的「勿論」(当然)与「餅ローン」(用按揭方式买年糕)发音相同。

1568.【もっきん】①木曜日と、金曜日だけたたく楽器は?【答案】木琴。【翻译】只在周四、周五弹奏的乐器是什么?【答案】木琴。【解析】乐器名「木琴」与「木」+「金」读音相似。②一週間にある楽器ってなーんだ?【答案】木琴。【翻译】一周之内的乐器是什么?【答案】木琴。

1569.【モデル】出発直前の職業ってなーんだ?【答案】モデル(model)。【翻译】正准备出发的职业是什么?【答案】模特。【解析】"模特"的英语 model 与「も一出る」(马上出去)发音相近。

1570.【もなか】①カモメの真ん中を取ったらなんになる?【答案】かめ。【翻译】将海鸥的内部取出,得到什么?【答案】乌龟。【解析】「鴎」(海鸥)去掉中间的「モ」,得到「亀」(乌龟)。②カメがモナカを食べるとりになる。さて、どんな鳥?【答案】カモメ。【翻译】乌龟吃了最中豆沙馅儿点心,变成了鸟。是什么鸟?【答案】海鸥。【解析】「最中」(最中豆沙馅儿点心)字面意思为「もなか」(「も」在中间),「亀」(乌龟)中间加上「も」,成为「鴎」(海鸥)。③「まみもむめ」ってなに?【答案】もなか。【翻译】「まみもむめ」是什么?【答案】最中豆沙馅儿点心。【解析】「も」变成了中间,即「もなか」。

1571.【ものぐさ】不精な人の家に生える草は何?【答案】ものぐさ。【翻译】懒人家的草是什么草?【答案】懒,嫌麻烦。【解析】「物臭」(懒,嫌麻烦)中包含了「草」的读音。

1572.【モノレール】待たないですぐ乗れる乗り物ってなーんだ?【答案】モノレール(monorail)。【翻译】不用等待,马上可以坐车的东西是什么?【答案】单轨铁路。【解析】「モノレール」(单轨铁路)与「もう乗れーる」(马上就可以乘坐了)发音相似。

1573.【もみくちゃ】満員電車で飲むお茶は何?【答案】もみくちゃ。【翻译】坐在挤得满当当的电车里时喝什么茶?【答案】乱七八糟。【解析】「揉みくちゃ」意为"揉得乱七八糟;(挤得)一塌糊涂",包含了「茶」的读音。

1574. 〖もめ〗逆さにするともめるものなーんだ?【答案】メモ。【翻译】颠倒一下,就会起纠纷,是什么?【答案】笔记,记录,备忘录,便条(Memo)。【解析】「揉め」表示"发生争执,推拿按摩"。

1575. 〖もも〗①膝と股の間にある果物ってなーんだ?【答案】桃。【翻译】膝盖和股胯间的水果是什么?【答案】桃子。【解析】「もも」既表示「桃」(桃子),也表示「股」(大腿)。②気に兆の実がなる果物なーんだ?【答案】もも。【翻译】"气"上结了"兆"果。这种树的水果是什么?【答案】桃子。【解析】"桃"由"木"和"兆"组成。③きちょうなたべものなーんだ?【答案】桃。【翻译】贵重的水果是什么?【答案】桃子。【解析】"桃"汉字拆解为"木"和"兆",读音与"貴重"(贵重)相同。④足についてる果物ってなーんだ?【答案】モモ。【翻译】长在腿上的水果是什么?【答案】桃子。【解析】"桃子"的日语和"大腿"的日语的读音一样。从字形看,「モモ」也有腿。

1576. 〖もやし〗①焼かれる野菜は何?【答案】モヤシ。【翻译】被烧的蔬菜是什么?【答案】豆芽。【解析】「モヤシ」与「燃やす」(燃烧)的名词形式读音相同。②うえのほうが、もやっとしている野菜ってなーんだ?【答案】モヤシ。【翻译】上方比较模糊的蔬菜是什么?【答案】豆芽。【解析】「靄」。

1577. 〖ももたろう〗①柯南剧场版一「時計じかけの摩天楼」(《引爆摩天楼》)中,森谷帝二给毛利小五郎及在场嘉宾出了一道推理猜谜题:小山田力、空飞佐助、此掘二共同经营了一家公司。下面是三人简历:(1)小山田力:血型:A;生日:昭和31年10月;爱好:温泉旅行;(2)空飞佐助:血型:B;生日:昭和32年6月;爱好:驾驶滑翔机;(3)此掘二:血型:O;生日:昭和33年1月;爱好:慢跑。三人共用一台公司电脑,电脑开启密码是由五个平假名组成的单词,请猜出密码。【解析】昭和31、32、33年分别是1956、1957、1958年,分别是猴年、鸡年和狗年。这三者是《桃太郎》的随从。从桃子里生出的桃太郎率领猴子、狗、野鸡打败鬼岛的鬼,得到财宝。桃太郎日文假名「桃太郎」正是电脑密码。②牛の鳴き声を教えてくれる昔話ってなーんだ?【答案】桃太郎。【翻译】教人学牛"哞哞叫"的古代传说是什么?【答案】桃太郎。

1578. 〖もる〗もってももってても重くならないものなーんだ?【答案】雨漏

り。【翻译】盛啊盛,盛啊盛,总是不能增加重量,是什么?【答案】漏雨。

【解析】「もる」有两个意思:「盛る」(拿,取,盛)和「漏る」(漏)。漏雨指房顶破损,下雨时雨水漏入屋内。谜面的另一个意思是:漏啊漏,漏啊漏,总是不能增加重量的东西是什么?

1579. 〖もん〗①もんはもんでも指先にあるもんってなーんだ?指にあるもんなーんだ?【答案】指紋。【翻译】虽说是门,但安装在指尖上的门是什么门?手指上的门是什么门?【答案】指纹。②来て欲しい門ってなーんだ?【答案】カモン(come on)。【翻译】希望来一下的门是什么?【答案】来。③門の中に木がある動物なーんだ?【答案】モンキー(monkey)。【翻译】门中间有一棵树,是什么?【答案】猴子。④門を開けるカギを握っているのは、なんて動物?【答案】猿「モンキー」。【翻译】握着开门的钥匙的动物是什么?【答案】猴子。【解析】「キー」也表示"钥匙"(key)。⑤白い門にいるむしってなーんだ?【答案】紋白蝶。【翻译】白门里的虫子是什么?【答案】菜粉蝶。【解析】"菜粉蝶"的日语单词中兼有"门"的日语和"白"的日语。⑥すっぱいもんってどんなもん?【答案】レモン(lemon)。【翻译】比较酸的门是什么门?【答案】柠檬。

や

1580. 〖や〗①お断りする武器ってなーんだ?【答案】矢。【翻译】拒绝的武器是什么?【答案】箭。【解析】「矢」(矢)的日语发音与「いや」(不行)相近。②森のまん中には木がいっぱい。では林のまん中には何がある?【答案】や。【翻译】森林里满是树,那么林子里有什么?【答案】箭。

1581. 〖やおや〗800円均一「きんいつ」のお店ってなーんだ?【答案】八百屋「やおや」。【翻译】所有东西都是800日元的商店是什么商店?【答案】蔬菜店。

1582. 〖やかん〗①夜に使う料理道具ってなーんだ?【答案】薬缶。【翻译】晚上使用的炊具是什么?【答案】水壶。【解析】「薬缶」的意思是"金属水壶,烧水壶",与「夜間」(夜晚)读音相同。②薬が入ってる調理道具ってなーんだ?【答案】ヤカン。【翻译】放了药的炊具是什么?【答案】水壶。【解析】「薬缶」中含有"药"的日语文字。

1583. 〖やきにく〗焼くのが難しい料理ってなーんだ？【答案】焼き肉。【翻译】很难烤制的饭菜是什么？【答案】烤肉。【解析】「焼き肉」指用铁丝网或浅底平锅等烤制的肉,通常指朝鲜菜的烤肉,与「やきにくっ!」(很难烤制)发音相近。

1584. 〖やきゅう〗「矢矢矢矢矢矢矢矢矢」というスポーツは何でしょう？【答案】野球。【翻译】9支箭是什么？【答案】棒球。

1585. 〖やく〗①燃やして治すものなーんだ？【答案】薬。【翻译】点燃之后会治愈,是什么？【答案】药物。【解析】「やく」除了表示"药","薬"还表示"燃烧"。ポリープを焼く:烧灼息肉。②困ったときに焼いてしまうところってどーこだ？【答案】手。【翻译】为难的时候烧烫到了什么？【答案】尝到苦头。【解析】手を焼く:无法对付,感到棘手。

1586. 〖やくざいし〗やくざでも医者でもない職業ってなーんだ？【答案】薬剤師。【翻译】不是无赖,也不是医生,这样的职业是什么？【答案】药剂师。【解析】やくざ:赌徒,流氓,无赖,恶棍,阿飞。「薬剤師」(药剂师)这个单词中含有近似"赌徒"和"医生"的日语读音。

1587. 〖やける〗①3時のおやつを食べた後にやけてくるものなーんだ？【答案】空。【翻译】下午三点吃点心,然后烧起来的是什么？【答案】火烧云。【解析】「やける」既表示"烧热,烤热",也表示"日出日落时天空变红"。餅がやける:年糕烤热了;西の空が焼ける:西边的天空烧得通红;西边出现晚霞。②焼肉を大量に食べた後にまだまだ食べると、やけてくるものなーんだ？【答案】胸。【翻译】烧肉吃了又吃,接下来烧伤的是什么？【答案】烧心。【解析】「胸焼ける」表示"烧心,吃下的食物不消化"。③火の中に入れてやけるのはあたりまえ。水の中に入れて焼けるなんてことある？【答案】ふやけることがある。【翻译】放到火中,烧伤司空见惯;放进水中也能烧伤,为什么？【答案】手在水中泡涨。【解析】「ふやける」(手在水中泡涨)含有「焼ける」(烧伤)这个单词。

1588. 〖やけん〗夜に見た犬って誰かの飼い犬？【答案】飼い犬ではない。【翻译】晚上见到的狗是哪个人养的？【答案】是野狗。【解析】「夜犬」(夜间的狗)与「野犬」(野狗)发音相同。

1589. 〖やすい〗値切るのが上手な人の名前は？【答案】安井。【翻译】善于

讨价还价的人叫什么名字?【答案】安井。【解析】姓氏「安井」与「安い」(便宜)读音相同。总说「安い」就是「値切る」(擅长压价)。

1590. 〖やすもう〗お相撲の取り組み中に矢が降ってきたらどうなる?【答案】矢相撲。【翻译】相扑选手较量中,突然箭如雨下,怎么办?【答案】休息。【解析】表示意志的「休もう」(休息吧!)字面义表示"有箭的相扑比赛"。

1591. 〖やどかり〗海にいるのに家にいるものは何?【答案】ヤドカリ。【翻译】在海里,却也在房子里,这种东西是什么?【答案】寄居蟹。【解析】「ヤドカリ」有两个意思:一是同住者,居住在房子里;二是寄居蟹、寄居虫,生活在海里。

1592. 〖やべ〗いつもあせっている人の名前は?【答案】矢部。【翻译】总是很焦急的人的名字叫什么?【答案】矢部。【解析】日本人姓氏「矢部」与「やばい」(糟糕了,不妙)的口语化说法「やべー」发音相似。

1593. 〖やまがた〗山中に田んぼがある都道府県ってどーこだ?【答案】山形県。【翻译】山中有田是什么都道府县?【答案】山形县。【解析】「山形県」字面意思是"山是田"。

1594. 〖やまびこ〗勉強しなくても、世界中の言葉をしゃべれるものなーんだ?【答案】やまびこ,テープ。【翻译】即使不学习,也能说世界各种语言,是什么?【答案】山的回声,录音磁带。

1595. 〖やり〗思わずやったと叫ぶ武器ってなーんだ?【答案】槍。【翻译】不由自主叫了一声"真棒!"的武器是什么?【答案】长枪、矛、梭镖。【解析】「やった」(真棒啊)与「矢だ」(长枪)音近。

ゆ

1596. 〖ゆうかん〗①勇気がある人が配る新聞は?【答案】夕刊。【翻译】有勇气的人分发的报纸是什么?【答案】晚报。【解析】「夕刊」(晚报)与「勇敢」(勇敢)读音相同。②勇気のあるおばちゃんってだーれだ?【答案】有閑マダム。【翻译】有勇气的阿姨是谁?【答案】有闲富太太。【解析】「有閑」(闲散,无所事事)与「勇敢」(勇敢)发音相同。

1597. 〖ゆうし〗貧乏なNPOに自ら資金を融通して貸し出す勇気のある人々を何と言いますか。【答案】「有志、あるいは勇士」と言います。

【翻译】主动为缺乏资金的非营利组织融资的人叫什么?【答案】有志气的人,有勇气的人。【解析】"融资""有志"和"勇士"的日语发音相同,都是「ゆうし」。

1598. 〖ゆうだち〗雷が鳴ると、立ち上がるものは何ですか。【答案】夕立です。【翻译】打雷后,站起来的东西是什么?【答案】骤雨。【解析】「夕立ち」指夏日午后或傍晚下的骤雨。立ち上がる:起立。

1599. 〖ゆうほどう〗あなたの歩く道はどこ?【答案】遊歩道。【翻译】你走的路在哪里?【答案】步行街。【解析】「遊歩道」指城市中步行者专用道路和只准行人行走、严禁车辆通行的步行街道,发音近似于"YOU 步道"(你走的路)。

1600. 〖ゆうらんせん〗①ウラン(Uranium)が入っている舟ってなーんだ?【答案】遊覧船。【翻译】加入了铀的船是什么?【答案】旅游船。【解析】「遊覧船」中包含重要的「ウラン」(核燃料铀)。②お湯を売ってくれない船は何?【答案】遊覧船。【翻译】不卖热水的船是什么船?【答案】游船。【解析】「遊覧船」(游船)发音可拆分为「湯」和「売らん」。而「売らん」是「売らない」的另一种说法。

1601. 〖ゆうれい〗ありがとうの得意なお化けってなーんだ?【答案】幽霊。【翻译】爱说谢谢的妖怪是谁?【答案】幽灵。【解析】「幽霊」(幽霊)与「有礼」(有礼)发音相同。

1602. 〖ゆかた〗①お昼より後、夜より前に着る服ってなーんだ?【答案】浴衣。【翻译】中午之后、夜晚之前穿的衣服是什么?【答案】入浴后或夏季穿的浴衣、单和服。【解析】浴衣与表示"傍晚,黄昏"的「夕方」发音相似。「夕方」的反义词是表示"清早,早晨"的「朝方」。②水が温まると硬くなるものなーんだ?【答案】ゆかた。【翻译】水热了之后变硬的东西是什么?【答案】浴衣。【解析】「浴衣」中有「硬」(坚硬)。

1603. 〖ゆき〗①雨よといってるのに、雨じゃないものなーんだ?【答案】雪。【翻译】名字叫雨,但不是雨,是什么?【答案】雪。【解析】"雪"中有"雨"字和假名「よ」。②出発の日の天気ってなーんだ?【答案】雪。【翻译】出发时的天气是什么样子?【答案】下雪。【解析】「行き」(离开)和「雪」(雪)发音相同。

1604. 〖ゆきだるま〗春になるといなくなるダルマってなーんだ?【答案】

雪だるま。【翻译】一到春天就不见的达摩是什么？【答案】雪人。【解析】ダルマ：达摩，即指佛教的达摩祖师，又指模仿达摩大师姿态的不倒翁摆件，其被视为象征买卖兴隆、时来运转的吉祥物。

1605.〖ゆでる〗ゆで卵をゆでたのだーれだ？【答案】まご。【翻译】煮熟鸡蛋的人是谁？【答案】孙子。【解析】「ゆで卵」（煮鸡蛋）可以拆分为「ゆでた」（煮熟）和「まご」（孙子），所以将鸡蛋煮熟的人是孙子。

1606.〖ユニコーン〗とうもろこしを茹でると誕生する、伝説の生き物とは？【答案】ユニコーン（unicorn）。【翻译】煮玉米之后诞生的传说中的动物是什么？【答案】独角兽。【解析】「湯にコーン」（汤里的玉米）与「ユニコーン」（独角兽）发音相同。

1607.〖ゆぶね〗船は船でも、中に水を入れないと使えない船ってなーんだ？【答案】湯船。【翻译】名字也叫船，但里面不盛水就无法使用的船是什么？【答案】浴缸，浴漕。【解析】浴缸的日语中含有日语"船"字。

よ

1608.〖よい〗①酔っ払ってもいい？【答案】よい。【翻译】喝醉这种现象好吗？【答案】好。【解析】「酔い」（喝醉）和「好い」（好）发音相同。②昨日も今日も「よい」ものなーんだ？【答案】二日酔い。【翻译】昨天和今天都行的东西是什么？【答案】宿醉。【解析】ふつか：两天；每月的2号。③よいというのに悪くなるものなーんだ？【答案】車酔い、二日酔い。【翻译】虽说好却不好的东西是什么？【答案】晕车、宿醉。【解析】晕车指坐车时头晕甚至呕吐。④いい船に乗ったらどうなった？【答案】船酔いした。【翻译】乘上好船，会发生什么？【答案】晕船。【解析】"晕船"的日语与"好船"的日语发音相同。⑤いい時間帯ってどんな時間帯？【答案】宵。【翻译】比较好的时间段是什么时间段？【答案】初更。【解析】「宵」（初更）指傍晚天刚黑，入夜不久，夜还不太深的时候，与「好い」（好）发音相同。

1609.〖ヨーウシ〗牧場に居る牛が、やけに張り切りながら叫んで「鳴いて」います。何て叫んでるでしょう？【答案】ヨーウシ「好い牛」。【翻译】牧场的牛精神百倍，不住地叫。它们在叫什么？【答案】好。【解析】やけに：胡乱，随便；厉害，非常；张り切り：拉紧，绷紧；精神紧张，精神

百倍。精神百倍的牛自然是好牛。「好い牛」(好牛)和「ヨーウシ」(好)发音相似。

1610. 〖ようがし〗ヨーヨーが二つ入ってるお菓子ってなーだ?【答案】洋菓子。【翻译】有两个「ヨーヨー」的点心是什么点心?【答案】西式糕点。【解析】两个「ヨーヨー」为四个,「ようがし」字面意思为"「ヨ」有四个"。"西式糕点"反义词为「和菓子」。

1611. 〖ようかん〗①羊羹はどこで食べるとよい?【答案】洋館。【翻译】羊羹要在什么地方吃比较好?【答案】西洋风格建筑物。【解析】点心名称「羊羹」与「洋館」(西洋风格建筑物)读音相同。羊羹指将豆沙和琼脂糅和在一起,蒸或熬成固体棒状的日式糖果,有蒸羊羹、熬羊羹、水羊羹等,计数单位为「一切れ」、「一棹」、「一本」。②よく噛んで食べるものなーんだ?【答案】ようかん。【翻译】需要好好咀嚼的食物是什么?【答案】羊羹。【解析】「羊羹」与「よく噛んで」发音相似。

1612. 〖ようき〗この入れ物の性格は?【答案】陽気。【翻译】器皿的性格是什么?【答案】乐观。【解析】「容器」(容器)与「陽気」(乐观,愉快,性格开朗,快活)发音相同。

1613. 〖ようじ〗お口の中で働く小さい子供なーに?【答案】楊枝。【翻译】在嘴里面工作的小孩儿是什么?【答案】牙签。【解析】「楊枝」(牙签)与「幼児」发音相同。

1614. 〖ようせい〗病気だった架空の生き物ってなーんだ?【答案】妖精。【翻译】生病的虚构的生物是什么?【答案】妖精。【解析】「妖精」(妖精)与「夭逝」(早逝)发音相同。

1615. 〖ようつう〗ヨーヨーで遊ぶときに気をつけないといけない病気ってなーんだ?【答案】腰痛。【翻译】玩悠悠球时必须小心的疾病是什么?【答案】腰痛。【解析】"痛"的日语与「ツウ」(二)发音相同,「ヨーヨー」与「腰痛」发音相同。悠悠球是一种小玩具,代指能够突然上下起落的东西,原系商标名。

1616. 〖ヨーデル〗お通じが良くなる飲み物ってなーんだ?【答案】ヨーデル(yodel)。【翻译】让大小便通畅的饮料是什么?【答案】优代路。【解析】「ヨーデル」是日本一种促进消化的保健药,用来泡茶水喝,与"顺利

从体内排出"的日语发音近似。

1617. 【よえん】よっぱらわないお酒の金額はいくら？【答案】四円。【翻译】不会喝醉的酒金额是多少？【答案】四日元。【解析】「四円」(四日元)与「酔えない」(不会喝醉)口语说法「酔えん」读音相同。

1618. 【よきょう】「余興を行う」と言えるのはいつですか。【答案】今日です。【翻译】哪天可以说"来点娱乐节目"呢？【答案】今天。【解析】「余興」(余兴)有「今日」(今天)的发音。余興：娱乐节目。

1619. 【よくばり】いっぱい欲しくなる針ってどんな針？【答案】欲張り。【翻译】欲望没有止境的针是什么针？【答案】欲壑难填。【解析】「欲張り」中有「針」(针)字。

1620. 【よこ】王の横には何人居る？【答案】ふたり。【翻译】国王的旁边有几个人？【答案】二人。【解析】将王字横过来，就成为1+1，等于2人。「横」既表示"旁边"，又表示"横躺"。

1621. 【よせなべ】①食べるのをやめた方がいいって言われてるみたいなおなべってなーんだ？【答案】寄せ鍋。【翻译】好像被大家说"还是不吃好"的锅是什么？【答案】什锦火锅。【解析】什锦火锅指将许多食品材料(鱼贝、蔬菜、蘑菇、豆腐、魔芋粉丝等)放进一个锅里，用淡味清汤边煮边吃。「よせ」让人想起表示"终止"的「止す」。②落語をきいた帰りにたべるおなべってなーんだ？【答案】寄せ鍋。【翻译】听了落语之后想吃的火锅是什么？【答案】什锦火锅。【解析】「寄席」为「よせせき」的略语。曲艺场，日本传统小剧场，演出落语、讲谈、漫才、杂耍等大众曲艺节目。正规的曲艺场诞生于1798年的江户及大阪。「なべ」又称为「なべもの」，包括什锦火锅、清汤火锅和海鲜火锅。

1622. 【よだれ】赤ちゃんの口から出てくるのはだーれだ？【答案】涎。【翻译】从小孩嘴里出来的人是什么人？【答案】口水。【解析】「涎」(口水)中含有「誰」(谁)。

1623. 【ヨット】40もある乗り物なーんだ？【答案】ヨット(yacht)。【翻译】数量有40个的交通工具是什么？【答案】快艇。

1624. 【よむ】よんでも返事してくれないお店なーに？【答案】書店。【翻译】即使呼喊，也不会应答，这是什么商店？【答案】书店。【解析】「よんでも」既表示「読む」(读书)的「読んでも」，也表示「呼ぶ」(呼唤)的「呼

んでも」。读书时，不会有应答。

1625. 【よめ】①家にいる女の人ってだーれだ?【答案】お嫁さん。【翻译】在家里的女子是谁?【答案】新娘。【解析】汉字"嫁"解析得出"家"和"女"。②目が4つある人ってだーれだ?【答案】およめさん。【翻译】有四个眼睛的人是什么人?【答案】新娘。

1626. 【よろい】鎧の真ん中には何がある?【答案】ろ。【翻译】铠甲的中间是什么?【答案】ろ。

1627. 【よろける】46回もキックをしたらどうなる?【答案】よろける。【翻译】踢了46次后,会发生什么情况?【答案】打趔趄,跟跄,踉跄。

1628. 【よん】「4 夏」。さて、これなんてよむ?【答案】ヨン様。【翻译】4 夏读作什么?【答案】裴勇俊。【解析】"4"的日语发音为「よん」,"夏"的英文 summer 为「サマー」,答案为「ヨン様」。日本人称裴勇俊为「ヨン様」。

ら

1629. 【ラーメン】空の上の方にある麺類ってなーんだ?【答案】ラーメン（德语 Rahmen）。【翻译】空中的面类食品是什么?【答案】框架结构桥。【解析】「ラーメン」指耐震性强的框架结构桥。框架结构指为使建筑材料的结合部不发生转动而强力固定的结构。

1630. 【ライター】火をつけるのが得意な職業ってなーんだ?【答案】ライター（lighter）。【翻译】擅长放火的职业是什么职业?【答案】作家。【解析】"作家"的日语与"打火机"的日语读音相同。

1631. 【らいちょう】ライチのお酒ってどんな鳥?【答案】雷鳥。【翻译】荔枝酒是什么鸟?【答案】雷鸟。【解析】「雷鳥」(雷鸟)和「ライチ酔う」（因为荔枝酒而醉）发音类似。

1632. 【ライト】①野球で、ナイターのときに目立つポジションってどーこだ?【答案】ライト（light）。【翻译】棒球夜场比赛时最醒目的位置在哪里?【答案】右边。【解析】棒球夜场比赛需要灯光（light）。"灯光"的日语与"右边"的日语发音相同。②光ってる兄弟ってだーれだ?【答案】ライト兄弟（Wright）。【翻译】发着光的兄弟是谁?【答案】莱特兄弟。③右手と左手どっちが軽い?【答案】右手「ライト」。【翻译】左手和右手哪个轻?【答案】右手。【解析】"轻"的日语和"右"的日语发音相同。

1633. 【らくがきちょう】よく気がつくノートってなーんだ?【答案】にっき

帳、らくがき帳。【翻译】经常会注意到的笔记是什么?【答案】日记、涂鸦。【解析】涂鸦作品。其他的意思是：用心周密的笔记是什么？日记和涂鸦；总是有「き」附在上面的文字是什么？日记和涂鸦。（这两个单词上都有「き」这个假名。）

1634.〖らくさ〗逆立ちしている方が楽なお花ってなーんだ?【答案】桜。【翻译】倒立之后很快乐的花是什么花?【答案】樱花。【解析】日语「桜」(櫻花)颠倒过来是「楽さ」(快乐)。

1635.〖ラクダ〗①疲れたとき乗りたくなる動物ってなーんだ?【答案】ラクダ。【翻译】疲劳时想乘坐的动物是什么?【答案】骆驼。【解析】「駱駝」与「楽だ」(快乐)同音。②らくだに乗るのはなーぜだ?【答案】らくだから。【翻译】为什么坐骆驼?【答案】因为快乐。

1636.〖ラジオこと〗ラジオの性別ってなーんだ?【答案】男。【翻译】收音机的性别是什么?【答案】男性。【解析】「ラジオことだから」(是收音机)与「ラジ男だから」(男的)发音相同。

1637.〖らっかせい〗①星が落ちた時に食べる食べ物なーんだ?【答案】落花生。【翻译】星星落下时吃的食物是什么?【答案】花生。【解析】"落花生"的日语与「落下星」发音相同。②「落ちろ、落ちろ!」と言ってくる豆ってどんな豆?【答案】落花生。【翻译】说"下来,下来!"就落下的东西是什么豆子?【答案】花生豆。

1638.〖らっかん〗おきらくに押してあるハンコってなーんだ?【答案】落款。【翻译】很舒心地盖了章,是什么?【答案】落款。【解析】「楽観」(乐观)与"落款"的日语发音相同。

1639.〖らっぱ〗①原っぱに隠れている楽器ってなーんだ?【答案】喇叭。【翻译】隐藏在荒地的乐器是什么?【答案】喇叭。【解析】原っぱ：荒原,原野,野地,杂草丛生的空地,空场。②立派の前の楽器ってなーんだ?【答案】喇叭。【翻译】前边的漂亮乐器是什么?【答案】喇叭。【解析】"漂亮"是「りっぱ」,「リ」前面是「ら」,「らっぱ」就是"喇叭"。

1640.〖ラブゲーム〗愛があふれているスポーツってなーんだ?【答案】テニス。【翻译】充满爱的运动是什么?【答案】网球。【解析】「ラブゲーム」(love game)：网球等比赛中输的一方未得分的比赛。网球赛中输方未得分的情况很多。

1641.〖ラブラブ〗顔の中で、ラブラブなのはどーこだ?【答案】目。【翻译】

脸上十分亲昵的是哪里?【答案】眼睛。【解析】拟态词「ラブラブ」转写成英语,就是 love(爱),英语 eye(眼睛)发音同「アイ」(爱),因此答案为眼睛。

1642. 〖ラベル〗ビデオの背中についてるベルってなーんだ?【答案】ラベル(label)。【翻译】录像带后边的铃是什么?【答案】标签。【解析】"标签"的日语后面是「ベル」(铃)。

1643. 〖ラムネ〗羊が好きな飲み物は何?【答案】ラムネ。【翻译】羊喜欢什么饮料?【答案】柠檬汽水。【解析】「ラムネ」(柠檬汽水)(lemonade)中有「ラム」(羊羔)(lamb)。

1644. 〖ラン〗①走っている花は何?【答案】蘭。【翻译】奔跑着的花是什么花?【答案】兰花。【解析】「蘭」(兰花)与「ラン」(奔跑)(run)读音相同。②東門に咲く花ってなーんだ?【答案】蘭。【翻译】东门盛开的花是什么花?【答案】兰。【解析】汉字"蘭"结构中有"东"和"门"。③乱れる花ってなーんだ?【答案】蘭。【翻译】很凌乱的花是什么?【答案】兰花。【解析】「蘭」与「乱」(乱)发音相同。

り

1645. 〖リス〗①借りてきた動物ってなーんだ?【答案】リス。【翻译】借来的动物是什么?【答案】松鼠。【解析】「リス」听起来像是英语单词 lease(租借),转写成日语就是「リース」。②犬が取ってくると喜ぶリスってなーんだ?【答案】フリスビー(frisbee)。【翻译】一旦把它取过来狗就很高兴。这个「リス」是什么?【答案】飞盘。【解析】飞盘一般是塑料制的圆盘,也指互相投接飞盘的游戏及比赛,经常由经过训练的狗去拾起飞盘。「フリスビー」(飞盘)中含有「リス」(松鼠)两个假名。句子的另一个意思是:狗一旦将飞盘衔来,人就很高兴。③十匹のリスが並んでいるものなーんだ?【答案】リスト(list)。【翻译】10 只松鼠在一起,是什么?【答案】名单。

1646. 〖リスク〗さかさまに飲むと、危ないかもしれないものってなーんだ?【答案】薬。【翻译】颠倒之后,就变得很危险,是什么?【答案】药品。【解析】日语「薬」(药品)颠倒之后成了英语 risk(危险)。

1647. 〖リバー〗変身できるバーってなーんだ?【答案】川「りばー」。【翻译】会变身的酒吧是什么?【答案】河流。【解析】river 读音为「りば

一」。「かわり」表示"改变"。所谓的变身,指河流有时充沛,有时干涸,河床有时宽阔,有时狭窄。

1648.〖りはつてん〗賢い人が行くお店ってなーんだ?【答案】理髪店。【翻译】聪明人喜欢去的商店是什么商店?【答案】理发店。【解析】「理髪」(理发)与「利発」(聪明)发音形同。利発な少年;聪明的年轻人。

1649.〖りゅうせい〗西郷が外へ出て、偶然何を見付けた?【翻译】西乡外出时偶然看到了什么?【答案】流星。【解析】西乡全名为西乡隆盛,「隆盛」(隆盛)与「流星」(流星)发音相同。

1650.〖りんご〗①「りん」が五個集まったらなんの食べ物になる?【答案】林檎。【翻译】五个轮子汇集起来,这个食物是什么?【答案】苹果。【解析】「林檎」(苹果)与「輪五」的读音相近。②オリンピックをつなげると出てくる果物なーんだ?【答案】りんご。【翻译】将奥林匹克连在一起,会产生什么水果?【答案】苹果。③オレンジは英語、ぶどうは日本語、ではアップルは何語?【答案】りんご。【翻译】橘子是英语,葡萄是日语,那么苹果是什么语?【答案】苹果。【解析】该语言游戏利用"语"与"苹果"最后一个假名相同的巧合。

1651.〖りんどう〗紫の花が咲いてそうなみちってどーこだ?【答案】りんどう。【翻译】盛开着像紫色花的道路是什么路?【答案】林中道路。【解析】林中道路指森林中为运送木材等目的而开辟的道路的总称。「林道」(林道)与植物「竜胆」(龙胆)发音相同,龙胆为多年生草本植物,秋季开花,花呈紫色。

る

1652.〖ルーマニア〗固形カレーの熱狂的なファンがいる国は?【答案】ルーマニア。【翻译】某个国家的人特别喜欢固体咖喱。是什么国家?【答案】罗马尼亚。【解析】"罗马尼亚"与"疯狂地喜欢固体咖喱"发音相同。「ルー」来自法语 roux,黄色面酱。黄色面酱用黄油等溶化后加面粉炒熟而成。做酱和汤时用来勾芡。视其炒制火候可分为白色、金黄色、褐色三种。里面有时有咖喱。「マニア」(mania)表示"狂热"。

1653.〖るすばん〗誰もいない家で一人でするものは何?【答案】留守番。【翻译】家中只有一个人,其他人外出。这个人做什么事情?【答案】看家。

れ

1654. 〖れい〗①2の前は1、1の前は0、では0の前は?【答案】起立。【翻译】2前面是1,1前面是0,0前面是什么呢?【答案】起立。【解析】「礼の前」与「0の前」同音。在日本,课堂刚开始时,老师进入教室,班干部先喊一声「起立」,全班同学站起来以后,班长再喊一声「礼」,然后同学们向老师鞠躬敬礼。②二つあわせると無限に増えるものなーんだ?【答案】0、鏡;【翻译】两个放在一起,就可以无限增加的东西是什么?【答案】镜子。零。

1655. 〖レースのカーテン〗走るのが得意なカーテンってなーんだ?【答案】レースのカーテン(lace curtain)。【翻译】什么窗帘善于奔跑?【答案】蕾丝花边窗帘。【解析】lace(蕾丝)与race(奔跑,赛跑)发音相近。

1656. 〖レインコート〗虎はタイガー、猫はキャット、それでは河童は?【答案】レインコート(raincoat)。【翻译】老虎是tiger,猫是cat,那么河童是什么?【答案】雨衣。【解析】河童是日本传说中的想象动物,水陆两栖,形如四五岁的儿童,面似虎,嘴尖,身上有鳞,头顶凹陷,存有水。「河童」与葡萄牙语capa(旧防雨斗篷,雨大衣;防雨用桐油纸)发音相同。同时,「河童」与cover(覆盖)发音相似。

1657. 〖レインボウ〗綺麗な7色の棒ってなーんだ?【答案】レインボウ(rainbow)。【翻译】美丽的七色棒是什么?【答案】彩虹。

1658. 〖レコーダー〗頭のよい楽器ってなーんだ?【答案】レコーダー(recorder)。【翻译】头脑很灵活的乐器是什么?【答案】竖笛。【解析】「利口だ」(聪明)与"竖笛,木制竖笛"的日语发音相似。竖笛音色弱而柔和,中世纪至巴洛克时代十分盛行,有各种音域的竖笛。

1659. 〖レストラン〗「とらん」と言っても、しっかりお金をとるところはどこですか?【答案】レストラン。【翻译】虽说不拿,却还是一块钱都不少收的是什么地方?【答案】餐厅。

1660. 〖レタス〗無いものを加える野菜ってなーんだ?【答案】レタス(lettuce)。【翻译】添加上虚无的蔬菜是什么?【答案】莴笋,莴苣。【解析】「レタス」可以分解为「レ」(零)和「足す」(加上)。

1661. 〖れんげ〗ラーメンの上に咲く花ってなーんだ?【答案】蓮華。【翻译】拉面上面盛开着什么花?【答案】荷花。【解析】「れんげ」表示"莲

花,荷花,紫云英";它又是「ちりれんげ」的省略,表示"莲花瓣形的小瓷调羹,羹匙,汤匙"。这儿是拉面上面放着瓷汤匙。

1662. 〖レンコン〗「ん」ばっかり何度も繰り返すものなーんだ?【答案】蓮根。【翻译】连续多次说「ん」是什么?【答案】藕。【解析】"蓮根"的日语与"连续说「ん」"的日语发音相同。

1663. 〖レンタル〗借りてきたたるってなーんだ?【答案】レンタル(rental)。【翻译】借来的桶,该怎么说?【答案】租赁,出租。【解析】「樽」为"桶"。

ろ

1664. 〖ろうか〗①廊下の端っこに立っている人は、何を考えているでしょう?【答案】走ろうかと考えている。【翻译】在走廊尽头站着的人在考虑什么呢?【答案】他在考虑"要不要跑呢?"【解析】「走ろうか」与「端」(末端)+「廊下」(走廊)读音相同。②家の中で一番古くなっているものなーんだ?【答案】廊下。【翻译】家中最古老的东西是什么?【答案】走廊。【解析】「廊下」(走廊)与「老化」(老化)发音相同。

1665. 〖ろうそく〗6の中に嘘をちりばめるとなんになる?【答案】蠟燭。【翻译】六中间掺杂上谎言,会成为什么?【答案】蜡烛。【解析】鏤める:镶嵌。

1666. 〖ろく〗①柯南剧场版四「瞳の中の暗殺者」(《瞳孔中的暗杀者》)中,侦探团成员给柯南出了一道谜语:有人问灰原:"你觉得柯南是什么样的人?"灰原望着月亮回答:"不是夏天。"灰原对柯南是什么态度?【解析】夏天通常为6月、7月、8月,分别用「六月」、「七月」、「八月」表示,每一个单词前面的假名连在一起是「ろくなやつ」。这句话常用于否定句「ろくなやつじゃない」,意思是"不是好鸟"。因此,灰原是在贬低柯南。②数字の「5」と「6」。悪いのはどっち?【答案】5。【翻译】数字5和6,哪一个更坏?【答案】5。【解析】日语中,「ろくでなし」(不是6)表示"没用者,草包,废物,没什么用的人"。因此,答案是5。③逆立ちすると、半分増えるものなーんだ?【答案】6。【翻译】倒立之后增加了一半的东西是什么?【答案】6。【解析】6变成9,增加了3。

1667. 〖ろくろ〗ろくろっくびの、首はいくつある?【答案】36本。【翻译】有一种怪物脖子可长可短。它的脖子有多少个?【答案】36。【解析】轆

轤:辘轳,滑车,滑轮。6乘以6等于36。

1668. 〖ロシア〗ア×64ってどこの国?【答案】ロシア。【翻译】某个国家是「ア」和64的乘积。是什么国家?【答案】俄罗斯。【解析】「ロシア」(俄罗斯)与「64」发音相同。

1669. 〖ロック〗①鍵がかかっていそうなおもちゃってなーんだ?【答案】ブロック(block)。【翻译】好像锁了门的玩具是什么?【答案】积木。【解析】"积木"的日语中有「ロック」(锁)这个单词。②鍵をかけてから聞く音楽なーんだ?【答案】ロック。【翻译】锁了门之后听到的音乐是什么?【答案】落锁(摇滚)。【解析】lock(锁)与rock(摇滚乐)发音相似。③鍵のかかった数字ってなーんだ?【答案】6。【翻译】钥匙的数字是多少?【答案】6。④カギをかけるのは何年生?【答案】六。【翻译】锁门的是几年级学生?【答案】六年级。⑤ロックさかさまにすると6回も叩かれる袋ってなーんだ?【答案】手袋。【翻译】将「ロック」颠倒,成为被敲击六次的袋子是什么?【答案】手套。【解析】「手袋」中的「ロック」颠倒,成为「六打て」。⑦この岩何個ある?【答案】6「ロック」。【翻译】岩石有几个?【答案】六个。【解析】"岩石"的日语与"六"的日语发音相近。⑧5より大きくて10より小さい音楽ってなーんだ?【答案】ロック。【翻译】比五大而比十小的音乐是什么?【答案】摇滚乐。⑨69番まである音楽ってなーんだ?【答案】ロック。【翻译】音乐编号编到69,这种音乐是什么?【答案】摇滚。

1670. 〖ろば〗①ロバはロバでも、みんな濡れちゃうロバってなーんだ?【答案】お風呂場。【翻译】虽说是驴,但全部都湿透的是什么?【答案】澡堂。【解析】字面上看,「お風呂場」(澡堂)有「驢馬」(驴)。②おばあちゃんみたいな動物なーんだ?【答案】ろば。【翻译】像是老奶奶的动物是什么动物?【答案】驴。【解析】「驢馬」(驴)与「老婆」(老奶奶)发音相近。

わ

1671. 〖わ〗お饅頭は和菓子。バームクーヘンは洋菓子。では、ドーナッツはなん菓子?【答案】輪菓子。【翻译】馒头是日式点心;年轮蛋糕是西洋点心,那么炸面圈是什么点心?【答案】日式点心。【解析】「輪」(圆圈)和「和」(日制)同音。

1672.【ワイド】井戸は井戸でもおっきい井戸ってなーんだ?【答案】ワイド（wide）。【翻译】虽说是井，但很宽的井是什么?【答案】宽广。【解析】"宽的"英语中有「井戸」(い ど)(井)字。

1673.【ワイパー】俺の頭がおかしい車の部品ってなーんだ?【答案】ワイパー（wiper）。【翻译】我的头脑不正常的车的部件是什么?【答案】车窗刮水器。【解析】「ワイパー」(刮水器)可以拆分为「ワイ」和「パー」，即为"我"和"傻"的意思。此外，刮水器中有表示"为什么"的 why。

1674.【ワイルド】ワイが頭にきた性格ってなーんだ?【答案】ワイルド（wild）。【翻译】Y 性格暴燥、易怒，怎么回事?【答案】性情比较野蛮。

1675.【ワイン】①サークルに入るときに飲むお酒ってなーんだ?【答案】ワイン（wine）。【翻译】进入圈里面喝的酒是什么酒?【答案】红酒。【解析】「ワイン」(红酒)与「吾イン」(我进)发音近似。②俺の酒ってなーんだ?【答案】ワイン。【翻译】我的酒是什么酒?【答案】红酒。【解析】「ワイン」可表示"我的"「私(おい)ん」。

1676.【わか】年寄りは歌わない歌ってなーんだ?【答案】和歌。【翻译】老年人不唱什么歌?【答案】和歌。【解析】「和歌(わか)」(和歌)和「若(わか)」(年轻)同音。

1677.【わがうち】外に出ても中にあるとこどーこだ?【答案】我(わ)が家(うち)。【翻译】即使外出，依然身在其中，在什么地方?【答案】在家里。【解析】"我家"的日语与"我在家"的日语发音相同。

1678.【わがまま】①次の英文を訳しなさい;my father is my mother。【答案】私の父はわがままです。【翻译】请翻译一下下面的英文;my father is my mother。【答案】我的爸爸很任性。【解析】答案的另一个意思是"我的父亲是我的母亲"，这个意思与英文相符。②お父さんとお母さん、勝手なのはどっち? 私のお母さんはどんな性格?【答案】お母さん。【翻译】父亲和母亲，比较任性的是哪一位?【答案】母亲。【解析】我がママ:母亲。

1679.【わかめ】ワカメの下に隠れている動物ってなーんだ?【答案】カメ。【翻译】裙带菜下面隐藏着什么?【答案】乌龟。

1680.【わかやま】俳句や短歌を山で詠む都道府県ってどーこだ?【答案】和歌山県。【翻译】在山上唱俳句和短歌的都道府县是什么?【答案】和歌山县。【解析】「和歌(わか)山県(やまけん)」中有「和歌(わか)」。

1681.【わさび】食べられるさびってどんなさび?【答案】山葵(わさび)。【翻译】能

吃的铁锈是什么铁锈?【答案】山萮菜。【解析】さび:铁锈;わさび:山葵,山萮菜。辛辣味强烈,有香气。わさびが鼻をつく:山萮菜的辣味儿冲鼻子;わさびのきいた話:沁人心脾〔扣人心弦〕的话;わさびおろし:山萮菜泥;わさびしょうゆで食べる:蘸加山萮菜泥的酱油吃;わさびづけ:酒糟腌山萮菜;ワサビを食べ過ぎて涙がこぼれた:吃了太多山萮菜,辣得眼泪都出来了。

1682. 〖わし〗①お相撲さんが一緒に土俵入りする鳥ってなーんだ?【答案】鷲。【翻译】与相扑力士一起进入竞技场的鸟是什么鸟?【答案】鹫,雕。【解析】「廻し」也可以写作「褌」,表示相扑力士比赛时穿的兜裆布,一般为棉织品。在大相扑比赛中,"十两"以上的力士除训练外,均穿丝绸制品。「廻し」中有「鷲」,表示"鹫,雕"。鹰科大型猛禽的总称。②ワシはワシでも、羽根がなくて毛がツンツンのワシってなーんだ?【答案】タワシ。【翻译】虽说是雕,但没有羽,而且毛直挺挺露出来的雕是什么?【答案】刷帚,炊帚。【解析】"刷帚,炊帚"为刷洗器皿用具,用棕榈、稻秸扎成,今用黏胶海绵、尼龙、金属细片等制成的新型刷帚增多。羽根:羽毛,翅膀;ツンツン:直挺挺地。ツクシがつんつん顔を出す:笔头草直挺挺地长出来。③自分が鳥だって言うのはだーれだ?【答案】ワシ。【翻译】说自己是鸟,是什么人?【答案】老年男子。【解析】「ワシ」是老年男性称呼自己用语,该词也是"鹫,雕"的意思。④柯南剧场版三「世紀末の魔術師」(《世纪末的魔术师》)中,阿笠博士给少年侦探团成员出了一道谜语:わしには、多くの孫がいる。何歳かな?【答案】零歳。【翻译】我有许多孙子,他们多大了?【答案】零岁。【解析】「わし」(我)对应「わし」(雕);「多く」(多)对应「多」(多),"孙子"的日语对应「孫」,分化组合之后,新句子成为「鷲には卵がいる。」(雕有蛋。)。因为尚未孵化,所以是零岁。

1683. 〖わたくし〗輪をつけると自分になる乗り物なーんだ?【答案】タクシー。【翻译】装上轮子,就成了自己,是什么?【答案】出租车。【解析】「タクシー」最前面加上「輪」就成为「私」(我)。

1684. 〖わっかない〗この街の名前は?って聞いたら、みんな知らないって答える街はどこ?【答案】稚内。【翻译】"这条街的名字是什么?"一听到这个问题,大家都说不知道。这条街在哪里?【答案】稚内。【解析】「稚内」(稚内)位于日本北海道北端,濒临宗谷海峡,北洋渔业中心地,以水产加工为主。名字与不知道「分かんない」类似。

1685. 〖わっと〗100回もびっくりした電気の明るさは?【答案】100ワット。【翻译】吃惊了100次的灯泡亮度如何?【答案】100瓦。【解析】What?表示吃惊状态。

1686. 〖わっふる〗新しくても古そうなお菓子ってなーんだ?【答案】わっふる(waffle)。【翻译】崭新然而看起来却很古老的点心是什么?【答案】华夫饼干。【解析】华夫饼干是把面糊放在专用的饼铛上烘烤而将中间加入奶油、果酱等的西式点心。新做的华夫饼干因为单词上带有「古」,因此也有"陈旧"的意味。

1687. 〖ワッペン〗驚いたペンってどんなペン?【答案】ワッペン(德语wappen)。【翻译】很吃惊的笔是什么笔?【答案】徽志。【解析】「ワッペン」表示"纹章,徽章",主要指盾形的装饰商标。「ワッ」表示吃惊貌。

1688. 〖わに〗①おうちの横にあって、逆立ちすると危険なものなーんだ?【答案】庭。【翻译】在家的旁边,如果颠倒过来,就非常危险,是什么?【答案】庭院。【解析】「鰐」为"鳄鱼"的日语。②ワシを二つに分けたら何になる?【答案】ワニ。【翻译】将日本纸一分为二,成了什么?【答案】鳄鱼。【解析】4分为2个2。②わわの生き物なーんだ?【答案】ワニ。【翻译】哇哇叫的生物是什么?【答案】鳄鱼。【解析】「鰐」(鳄鱼)的字面意思是"两个哇"。

1689. 〖わる〗①割らないと料理できないのは卵。では、割ったら料理できないものなーんだ?【答案】お皿。【翻译】不打破,就无法做饭的东西是鸡蛋;那么,打破就无法做饭的东西是什么?【答案】盘子。【解析】打破蛋壳,用鸡蛋做饭,打碎盘子,无法做饭。②割っても割っても壊れないものなーんだ?【答案】水。【翻译】不管怎么撕扯也不会搞坏,是什么?【答案】水。【解析】水割り:掺水,兑水,在酒等液体中搀上水冲淡,亦指掺了水的液体。掺水不会破坏器皿。③泥棒とおまわりさん、ツボを割ってしまったのはどっち?【答案】泥棒。【翻译】小偷和警察,弄破了水罐的人是哪一个?【答案】小偷。【解析】「悪者」(坏人)和「割るもの」(打碎)共用一个「わる」。④かけるのはいいけど、わることはしていけないモノ、なーんだ?【答案】メガネ。【翻译】能乘但不能除的是什么?【答案】眼镜。【解析】「かける」和「わる」各有两个意思。「かける」既表示"乘法",又表示"戴上(眼镜)"。「わる」既表示"除法",又表示"打破,打碎"。谜语中的问题一个意思是"能乘但不能除的是什么?"它也可以理解为"能戴但不能打碎的是什么?"因此,答案为"眼镜"。

1690. 〖わん〗「い」を抜くと、1位になっちゃう飲み物はなに?【答案】ワイン(wine)。【翻译】去掉「い」就成为第一名的饮料是什么?【答案】红酒。【解析】英语 one 表示"一"。

1691. 〖わんさ〗坂道にたくさんいる動物ってなーんだ?【答案】犬「わんさかいるから」。【翻译】坡道上有很多动物。是什么动物?【答案】狗。【解析】わんさ:人很多,密集,到处都是。「わん」透露了狗的存在。「坂(さか)」表示"坡道"。

1692. 〖ワンダフル〗すばらしい犬をなんていう?【答案】ワンダフル。【翻译】怎么称呼出色的狗?【答案】好犬。【解析】「ワンダフル」为英语 wonderful,其中「ワン」模拟了狗叫。

1693. 〖ワンタン〗牛の舌は牛タン。では、犬の舌ってなーんだ?【答案】ワンタン(one down)。【翻译】牛的舌头叫牛舌,那么,狗的舌头叫什么?【答案】一人出局。【解析】棒球一人出局。英语中,tongue(舌头)与「タン」发音类似,也与"出局"的日语类似。

1694. 〖ワンパターン〗どの犬も同じように、ワンと鳴いた後、パタンと倒れることをなんと言いますか。【答案】ワンパターン。【翻译】任何狗都是一样:汪汪叫之后,"噗通"倒在地上。该怎么描述这种现象?【答案】单一模式。【解析】ワン+パタン=ワンパターン(one pattern):单一模式,一个样子。

1695. 〖ワンマンバス〗犬が一万匹も乗ってるバスってなーんだ?【答案】ワンマンバス(one man bus)。【翻译】有 10000 只狗乘坐的公交车是什么车?【答案】无人售票车。【解析】无人售票车为司机兼售票员的一人管理的公共汽车。

1696. 〖ワンワン〗①犬と猫、英語が得意なのはどっち?【答案】犬。ワンワンといっている。【翻译】狗和猫之中,英语好的是哪一个?【答案】狗。「ワンワン」既是拟声词,又是英语单词 one,说明狗会说英语。另外,它还说明狗在说英语方面是第一名。②ペットの一番なーんだ?【答案】犬「わん!」。【翻译】宠物中最了不起的东西是什么?【答案】狗。③いちいち吠える動物ってなーんだ?【答案】犬。【翻译】一直狂吠"一"的动物是什么动物?【答案】狗。

ん

1697. 〖ん〗①めがねのレンズには一つ、コンタクトレンズには二つあるものなーんだ?【答案】ん。【翻译】普通眼镜镜片有一个,隐形眼镜镜片

有两个,是什么?【答案】ん。【解析】计算单词中「ん」的个数。②新聞を読むと二つあるのに、週刊誌を読むと一つしかないものなーんだ?【答案】ん。【翻译】读报纸的话,有两个;读周刊的话,只有一个,是什么?【答案】ん。③人間には二つ、天狗には一つあるのにピノキオには一つも無いものなーんだ?【答案】ん。【翻译】人有两个,天狗有一个,匹诺曹一个也没有,是什么?【答案】ん。④キリンと象とライオン、しりとりで一番強いのだーれだ?【答案】象「んがつかないから」。【翻译】长颈鹿、大象和狮子进行接尾令比赛,最强的选手是谁?【答案】大象。【解析】接尾令中单词的最后一个假名不能是「ん」。长颈鹿和狮子都以「ん」结尾,无法下接。只有大象结尾不是「ん」。

第二章 其 他

戏仿

下面每项第一句为正统的说法,其次为戏仿说法。

1. 斜陽族:谑语,没落的上流阶层,没落贵族。出自太宰治的小说《斜阳》;
   社用族:假公济私挥霍揩油的人们。
2. パスカル:法国哲学家帕斯卡;パッ助かる:家用电器商标。
3. 有名人:名人;湯名人:喜爱泡澡的人。
4. 優等生:优秀学生;優凍生:冷冻产品。
5. 働き者:劳动者;はたら着物:工作服。
6. 舌切り雀:切舌雀;着た切り雀:只有身上穿的一件衣服的人。
7. 十人十色:人的思想、性格、爱好各不相同;住人怒色:搬进新房住的人对楼房质量极不满意,满面怒气。
8. 天然記念物:天然纪念物;天然危険物:天生危险的人或物体。
9. プロレタリア:无产阶级;フラレタリア:被人抛弃的人。
10. 綱紀粛正:严肃纪律;高利粛清:整顿高息乱局。
11. 七難八苦:种种灾难痛苦;七難学苦:学习过程中遇到的各种困难。
12. 因果応報:因果报应;飲果応報:酒后驾车遭遇交通事故。
13. 隔靴搔痒:隔靴搔痒;核禍騒搖:研制核武器造成局部地区动荡。
14. 一騎当千:以一当千;一期当選:仅仅当选过一次,此后再没有当选的记录。
15. 森羅万象:森罗万象;半裸万象:赤裸着上身的人。
16. 井の中の蛙大海を知らず:井中之蛙,没有见过世面;胃の中のおかず:体外は見えず:吃进肚里的菜肴,在身体外面很难看到。

17. 五徳が能てかき餅で：五德是能，可以作为食粮存身；男がよくて金持ちで：男子有志，应该当富翁。

18. 桃栗三年柿八年：桃栗三年柿八年结果；馬乗り三人徒士八人：三人骑马，八人步行。

19. 身体、髪膚、之を父母に受く、敢て毀傷せざるは孝の始なり：身体发肤，受之父母，不敢毁伤，孝之始也；寝台、白布、之を父母に受く、敢て起床せざるは孝の始なり：床单床铺，受之父母，不敢起床，孝之始也。

20. 「オイルショック」(oil shock)：世界石油危机造成的冲击；老いるショック：老年社会突然到来造成的心理难以适应状态。

21. 長居は恐れ：久坐无益；長湯が恐れ：入浴太久伤身。

22. 寝たきり老人：卧床不起的老人；出たきり老人：出门之后失联的老人。

23. 雨降って地固まる：不打不相识，不打不成交；雨降って地崩れる：雨后发生灾难。

24. 腐っても鯛：瘦死的骆驼比马大（源自：真鯛即使腐烂了也是头等鱼之意）；腐ったら生ゴミ：腐烂之后，成为生活垃圾；腐ってもったいない：腐烂之后，浪费了东西，好可惜。

25. 犬も歩けば棒に当たる：多嘴惹祸，树大招风。祸福皆因强出头；常在外边走，就会交好运。犬も歩けば猫も歩く：如果狗会走，那么猫也能走。

26. 親しき仲にも礼儀あり：亲戚也要有礼有节；親しき仲にも借用書：亲戚借钱也要立字据，写借款条。

27. 石橋を叩いて渡る：扣石渡桥，万分谨慎；石橋を叩いて壊す・石橋を叩いて割る・石橋を叩いて崩す：轻敲石桥，石桥破碎（建材质量低劣）。

28. 知らぬが仏：眼不见，心不烦；知らぬが馬鹿：不知情，是傻瓜。

29. 灯台下暗し：远明近暗，比喻当局者迷（源自搁放灯火的架子下方为阴影）；東大最も遠し：考上东京大学的机会微乎其微。

30. 泣きっ面に蜂：祸不单行，雪上加霜，屋漏偏逢连夜雨；泣きっ面にハンカチ：哭泣用手帕。

31. 花より団子：舍华求实。与其求虚名，不如重实利；不解风流，但求实惠。花より現金：舍华求利；花より男子：作品名《花样男子》。

32. 寄らば大樹の陰：大树底下好乘凉；寄らば大企業：择业首选大企业。
33. 苦節十年：苦守节操达十年之久；苦節十秒：不守节操。
34. 井の中の蛙：井底之蛙；井の中の井戸水：井中井水（用词重复，比喻说话啰嗦）。
35. 蛙の子は蛙：有其父必有其子；蛙の子はおたまじゃくし：青蛙的孩子是蝌蚪。
36. 瓜の蔓には茄子は生らぬ：瓜蔓生不出茄子，龙生龙，凤生凤；瓜のつるには瓜がなる：瓜蔓长瓜。
37. 鳶が鷹を産む：平凡的父母生出卓越的孩子；鷹が鳶を産む：卓越的父母生出平凡的孩子。
38. 塵も積もれば山と成る：聚尘成山，聚沙成塔，积少成多（出自《大智度论》）；ちりも積もればじゃまとなる：灰尘聚集，不打扫让人生厌。
39. 石の上にも三年：（在石头上坐上三年，石头也会暖和）功到自然成；中学にも3年：上中学也要三年；椅子の上にも怨念：即使坐着椅子，也心存怨恨。
40. 早起きは三文の徳：早起三分利；早起きは3分の損：早起三分损。
41. 備えあれば憂いなし：有备无患；備えあれば嬉しいな：有准备才有快乐。
42. 窮鼠猫を噛む：狗急反噬，困兽犹斗；急所ね？ココを噛む：想找要害（或缺点）？攻击这里！
43. 天災は忘れた頃にやってくる：祸常起于疏忽；天才は忘れた頃にやってくる：天才在被人遗忘时到来。
44. 海老で鯛を釣る：用虾米钓大鱼，一本万利；海老で海老を釣る：用虾米钓虾米。
45. 鬼の目にも涙：铁石心肠的人也会流泪；顽石也会点头；鬼の目にも目脂：鬼的眼里也会有眼屎。
46. 可愛い子には旅をさせよ：爱子要让他经风雨、见世面（比喻对子女不可娇生惯养）；可愛いのなら無理をさせるな：如果喜爱，就别为难他。
47. 触らぬ神に祟りなし：你不惹他，他不犯你/少管闲事，不落不是/明哲保身，敬而远之；触らぬ神に見捨てられ：平时不交往，关键时刻就会被遗弃。

48. 馬子にも衣裳:人是衣服马是鞍;孫にも衣裳:即使孩子也要注意衣着。

49. 急がば廻れ:欲速则不达;急がば2,3回廻れ:如果着急,就原地转上两三圈。

50. 貧乏暇なし:穷忙,越穷越忙;貧乏金なし:越穷越没钱。

51. 罪を憎んで人を憎まず:恨罪不恨人;人を憎んで罪を憎まず:恨人不恨罪。

52. 漁夫の利:鹬蚌相争,渔翁得利;呂布の利:三国吕布之利(比喻被人利用,获得小利,终将失去)。

53. 命有っての物種:生命最宝贵/三寸气在千般用/留得青山在,不怕没柴烧;命あってのもの:好死不如赖活着。

54. 損をして得を取れ:吃小亏占大便宜;損をして徳を取れ:吃亏可以养德。

55. 肉を切らせて骨を断つ:舍生忘死战胜敌人,拼死求生;肉を切らせて骨も断たれた:为了分一杯羹,付出巨大代价。

56. 嘘吐きは泥棒の始まり:撒谎是偷窃的开始(撒谎成习惯,对偷窃也不会感到可耻);嘘吐きは政治家の始まり:撒谎是政客的开始。

57. 渡る世間に鬼はなし:社会上到处都有好人;渡る世間は鬼ばかり:《世间都是坏人》(作品名)。

58. いずくも同じ秋の夕暮:无论何处都一样的秋天日暮景色;水汲む親父秋の夕暮:父亲在井上打水,秋天已日暮。

59. お前百迄わしや九十九迄:俗谣的一节,后接「共に白髪のはえるまで」你活100,我活99,夫妻和睦,白头偕老;お前掃くまでわしや屑熊手:屑:碎片,块,渣,废物,熊手:你打扫之前,我先用竹耙子将碎物搂一下。

60. しづ心無く花の散るらむ:心情不平静,花也零落四散;しづ心無く髪の散るらむ:心情不平静,披头散发;しづ心:平静或安静的心情。

61. 沖の暗いのに白帆が見える:海上虽暗,却能远远望见白帆;年が若いのに白髪が見える:虽然年轻,却能看到白头发。

62. 北条時政:北条时政(1138—1215)为日本镰仓幕府初期的执权(辅佐将军的执政官),其女嫁给源赖朝,曾助赖朝举兵讨伐平氏,赖朝死后,任执权,为北条执权政治奠定基础;包丁ときまさ:菜刀不时要磨淬一下。

63. 悪事千里を走る:恶事传千里,出自《北梦琐言》;あくび千里を走る:打一

个呵欠三千里,比喻困乏至极。

64. 芸(げい)は身を助く:艺能养身,艺不压身/虽是游乐中学到的技艺,也能在日常生活中发挥作用;競馬(けいば)身を助けず:赛马赌钱不好。

65. 神崎与五郎(かんざきよごろう):神崎与五郎;簪(かんざし)よかろう:簪子好吧? 簪子,梳子(日本式发型的一种饰物,插在发髻的左右两侧和前后)。

66. 姉のみやげを妹が占める:妹妹抢占姐姐的礼物;姉の見合いを妹が占める:妹妹抢占姐姐的相亲机会。

67. 午砲(ごほう)より正午(しょうご):炮声之后是正午;論(ろん)より証拠(しょうこ):日本明治时代至昭和时代初期,为了让人们知道时间,一般用鸣信号炮告诉人们中午到来。炮声用「どん」表达,与「論(ろん)」(论)发音类似;「正午(しょうご)」(正午)与「証拠(しょうこ)」(论据)发音相似。因此,「午砲(ごほう)より正午(しょうご)」(炮声之后是正午)演变为「論(ろん)より証拠(しょうこ)」(论据比言论更有力)。

68. ねえあなた人間はなぜ死ぬのでしょう:哎,像您这样的人为何会死? ねえあなた怨言はなぜ似るのでしょう:哎,你们的埋怨为何这么相似?

69. 婿をとるのはいやではないか:招女婿不是很麻烦吗?;むこう通るのはお七じゃないか:那边通行的不正是7路车吗?

70. 赤信号みんなでわたればこわくない:如果一起闯红灯过马路,就不害怕;ひとりで渡ればあぶなくない:一个人横穿马路,不危险。(后者为森毅1989年出版的书籍名,筑摩書房出版。)

71. 通勤族(つうきんぞく):上班族;痛勤族(つうきんぞく):痛苦地乘车上班的人。

72. 猫(ねこ)に小判(こばん):对牛弹琴;下戸(げこ)に御飯(ごはん):对不会喝酒的人,只能劝饭,不能劝酒。

73. 大(おお)きなお世話(せわ)、お茶(ちゃ)でも上がれ:您费心了,上杯茶吧! 指多管闲事、爱瞎操心;扇(おうぎ)に団扇(うちわ)、お茶(ちゃ)でも上がれ:折扇配团扇,再上杯茶吧!

古词新意

74. PTA:原意为 Parent,Teacher Association(教师家长协会);新意为「パチンコ、たばこ、アルコール」(弹子游戏、吸烟、喝酒)。

75. オーちゃん:酸素のように存在感のない男性(像氧元素一样没有存在感的男子)。

76. カセット：原意为「音いれ」(录音磁带)；新意为「おトイレ」(去厕所)。

77. 大東亜帝国：原意为"日本侵略政策的粉饰"。第二次世界大战期间，日本帝国主义企图建立受其控制的包括中国在内的东亚各国势力范围。新意为"大东文化大学、亚细亚大学、帝京大学、国士馆大学的缩略语"。

78. クリスマスケーキ：原意为"12月25日的圣诞蛋糕"；新意为"过了25岁还嫁不出去的女子"。

79. 有りがたい：值得庆贺；蟻が鯛なら、芋虫がクジラ：如果蚂蚁成了鲷鱼，小青虫就是鲸鱼了。

80. そうか：这样啊！；草加、越谷は千住のさき：草加、越谷在千住的那一面。

81. 日本有关于「三猿」(三不猴)的谚语。日语中，猴子的发音是「さる」，文言文的动词否定形的词尾「ざる」与「さる」相近，如「見えざる敵」(看不见的敌人)、「たゆまざる努力」(不屈不挠的努力)。中国有"少说为佳""祸从口出""不见不烦"等说法，日本也有劝人少惹是生非的「見ざる、聞かざる、言わざる」(不看、不听、不说)的说法。而"不看""不听""不说"的词尾发音都是「ざる」，听起来如同在说「さる」(猴子)。三只猴子呈半蹲姿势，模样憨态可掬：一只用手蒙着眼睛，一只用手捂着耳朵，另一只用手盖住嘴巴，煞是可爱。这些意象也有非礼勿视、非礼勿听、非礼勿言的意味。

82. 日语中，"白坐车，白坐船"可以用「薩摩の守」表达，这个用法来源于平安时代末期萨摩地方长官「平忠度」的名字，这个名字恰好与「ただ乗り」(白坐车，白坐船)同音。另一个"白坐车，白坐船"的语言游戏是「ロハ」，它属于把「ただ」(只)字当作片假名「ロハ」来读的俏皮话。

歇后语

83. 夏虫の怨み：「蚊辛」桂(夏天的抱怨：苦于蚊虫叮咬；假发)。

84. 羽織の紐：胸にある(外褂上的带子；某事久久萦绕于心)。

85. 師走の蛙：寒蛙「考える」(腊月的青蛙；考虑)。

86. 乞食のお粥：湯「言う」ばかり(乞丐的米汤；净是汤)。

87. 髪結いの正月：結うばかり(梳头的正月；只是梳头。只靠说，只耍嘴皮子)；髪結いの亭主(有了以梳头为业能挣钱的老婆，丈夫便可游手好闲地过日子。)。

88. 曲がった松の木で：柱にならぬ(弯曲的松树；比喻人难以做栋梁)。

89. 植木屋の大風：木が揉める「気が揉める」(苗木培养店刮大风：花木互相推挤，乱成一团；(比喻人)焦虑不安，焦躁)。

90. 按摩の理屈：あんまりだ、ひどい「あまりひどい」(按摩店的原则：按摩得再重一些；(比喻人说话或办事)太过分)。

91. 魚屋のゴミ箱：粗溜まっている「改まっている」(水产商店的垃圾箱：渣滓堆积如山；改弦更张)。

92. 牛のおいど：モーの尻。「おいど」为关西女子用语，表示臀部，与「尻」是近义词。牛的臀部：知识渊博，博闻强记。

93. 黒い犬の尻尾：尾も白くない「面白くない」(黑狗的尾巴也不白，另一意义：无聊)。

94. 自棄のやん八：强调「やけ」。模仿人名的词：自暴自弃。

95. 安物の稲荷さん：鳥居が無い(造价低廉的五谷神庙宇：连华表也没有。另一意义：「鳥居が無い」与「取り得が無い」发音相似。)

96. 五合徳利：一升詰らない。合是日本容积单位，约0.18夸脱，是1升的十分之一。只能盛5合的酒壶，装不下1升。另一意义：一生无价值，无意义，没意思。

97. 杓に触る：触碰勺子。另一意义：生气，发怒。

论文

98. 89式步枪发射状态切换时分为四个步骤：「安全装置」(安全状态)、「連射」(连射)、「3点射」(三点射)、「単射」(单射)。四个步骤第一个假名缩略为「ア」「レ」「3」「タ」。重新分化组合后，成为「当たれ3」(击中目标)。因此，89式步枪又有"每发必中"的美誉。

99. (一个名人在饭店就餐时，老板娘取出一张纸，请这位名人题字留念。)老板娘：麻烦您了，能不能为我们写几个字呢？名人：不善于写字，不好意思。「字を書くのは苦手だな、恥を掻くけど……」(文中，"不善于写字"的日语与"不好意思"的日语发音有相似之处。)

100. (中国苏州某青年致力于微雕。一根头发上刻下汉字"中日两国人民世世代代友好下去")在米粒上雕刻已属至难，如今在人的毛发上雕刻文字，确实是鬼斧神工。「神技」(鬼斧神工)与「髪技」(头发上的绝技)发音相同。

101. (车辆排成一队,朝着乡下行驶。路上不知何故,交通发生堵塞,很快排成长长的车龙。)司机:自然渋滞ですね。(很自然地交通堵塞。或:在大自然中堵车。)一列縦隊でしょう。(乘客:不对,应该是排成一列。)「渋滞」(堵车)与「縦隊」(纵列)谐音。

102. (几年来,物价上涨,黄金周外出费用猛增。如果手头紧,就选择闭门不出,度过假日。)针对这种情况,某漫画家戏言:黄金周什么地方都不去,这就是黄金周的关键。"黄金周的重点"(golden week point)「ゴールデンウイークポイント」第二个意思是"黄金周蹲在一个地点(家中)不动是缺点(weak point)"。第三个意思是"出门花钱多"。

103. 値上げ:メジロ押し;財布はシジュウカラです。月給とり。涨价:一个挨着一个;钱包:始终干瘪。工薪族。另一意义:涨价:绣眼鸟(或白眉鸟);钱包:白脸山雀。月薪鸟。

104. 某日,有一个人必须返回京都。会议延长了时间,打乱了预定的行程,赶不上列车了。友人安慰说:"不会的,「ひかり」(光明)赶不上,「のぞみ」(希望)还是有的。"此人回应:"的确,还有'希望'。""光明"和"希望"都是新干线列车名,"希望"还有,既说明这趟列车还赶得上,也说明自己心里有希望,一语双关。

105. 古代,有一个人没有吃过粽子。有一天,他买了一个粽子。因为不知道怎么吃,就向店里的老奶奶请教。老奶奶说:"剥了皮就可以吃了。"听了之后,此人出了店,对着店外流淌的河水开始吃粽子。「皮を剥いて食べます」(剥了皮吃)与「川を向いて食べます」(对着河吃)发音相同,才有出现这种滑稽场面。

106. 一次,蜜蜂和蚂蚁相伴而行。它们看到路上掉了「ニシン」(一只鲱鱼)。蜜蜂说:"「ニシがハチ」(二四得八),鲱鱼是我的。"说着独自将鲱鱼吃掉。蚂蚁不甘心,又没有办法,只好忍耐着,两个继续往前走,很快见到一只鲷鱼掉在地上。蚂蚁说:"人们习惯说:「ありがたい」(太好了!)这是我的。"于是独自将鲷鱼吃掉。

107. 一位老太太对负责财务的僧人说:"本来想捐1日元功德钱,不小心捐了10日元,请找回我9日元。"僧人回答:"阿姨,买前往极乐世界的门票不找零钱。另外,1日元连冥河岸边也到不了。""1日元到不了吗?""是的,至少「五円」(5日元),「御縁」(有缘分)在内。""涨价了吗?""「十円」(10日元)就是「重縁」(双重缘分),功德加倍,效果更好。「二十円」(20日元)是「二重の御縁」(4重缘分)。"

108. 往友人家打电话,友人的孩子接了电话。"你的父亲在家吗?""我不需要

父亲。"日语中,「いる」(在家)与「要る」(需要)发音相同。

109. 朋友参加一个公司的录用考试,他很紧张。对方问:「家業は何ですか」(你们家从事什么行业?)他回答说:「かきくけこ」。回家路上,他一直不明白考官为什么会问他这个问题。日语中,「家業」(家业)与「か」行「か行」发音相同。

110. 前几天,父亲去配眼镜,店员询问镜片颜色:"无色的吗?"父亲报出了自己的职业:"不是,我在银行工作。"日语中,「無色」(无色)与「無職」(无业)发音相同。

111. 「この帽子はどいつんだ。」「おらんだ。」"这顶帽子是谁的?""我的。"另一意义:"这顶帽子是德国产品吗?"「ドイツ」是荷兰产品「Orlanda」。

112. "很有修养。从什么时候开始这么有修养的?""今天。"「今日」(今天)与「教養」(教养)发音类似。

113. 「あなたはキリスト教ですか?」「イエス。」"你信基督吗?""是的,我是耶稣。"Jesus(耶稣)与 yes(是的)发音相似。

114. 男性讨厌 42,谐音「死に」(去死);女性讨厌 33,谐音「散散」。「塩」让人想起「死」,「櫛」有「苦死」之意,「一切れ」让人产生「人を切れ」的联想,「三切れ」让人想起「身切れ」,「豌豆」意味着「縁遠い」。

115. 「胃腸でブルーになる前に、サッとブルーの胃腸薬」:在胃肠痛苦不堪之前,请尽快服用蔚蓝药片。(三共株式会社新三共胃肠药广告)

116. ヒト・ナツ・コイ JALマリンリゾート沖縄(全日空冲绳航线广告)第一个意义:人・夏・恋。第二个意义:ひと・夏・来い(欢迎前来消夏)。第三个意义:人なつこい,喜欢亲近人,不认生。关于冲绳的广告还有「おぉきいなぁわッ」(好大呀!)

117. 日本は戦後生活が比較的に貧困であった。家庭主婦たちは「じゅん内地米」を配給することを聞いて、「純内地米」と思ってみんな嬉しい様子が出た。しかし、配給した「準内地米」を見ると、みんながっかりした。日本战后生活比较苦,一听说要发「じゅん内地米」,以为是「純内地米」(纯国产米),很高兴。后来发了「準内地米」(准国产米)(与日本国内产大米品质相似的进口大米),无一例外感到失望。

118. A:这只桶底部有个洞。B:我没有注意到那个情况。因为日语中「そこ」(那个)与「底」(底部)发音相同,因此答语又表示「底までは気が付かな

かった。」(我没有注意到底部。)。

119. 「君の血液型は?」「小型だけどオー型。」"你的血型是什么?""虽然我个子小,却是O型血。""个子大"的日语与"O型血"的日语发音相同。

120. 「台所はここにしましょう!」「勝手にしろ!」"这个地方做厨房使用吧!""就用这个地方作为厨房。"答语另一个意思是:随你的便,我不管这件事。

121. (出租车中)"先生,请问您初次到大阪吗?""如果包含游玩在内,到大阪的次数已经不计其数。可以说没有不知道的地方。""那您可以称得上本地人了。""听师傅您这么说,我很高兴。""请问您到哪里?""到「十三（じゅうさん）」。"司机微微笑了。"先生,那个地方叫作「十三（じゅうそう）」。"乘客从包中取出地图,确认了一下,上面标的是十三,没错。"师傅,我不是本地人。"大阪地名"十三"读作「十三（じゅうそう）」,而不是「十三（じゅうさん）」。

122. 《高元寺纯情商店街》中,主人公正一的父亲经常发高烧。每逢这个时候,家里的母亲和奶奶就说他的天狗热又犯了。下面是正一的父亲的抱怨:"我的病不是天狗热,是「デング熱」(登革热)。她们两个认为是「天狗熱（てんぐねつ）」(天狗热),就天狗热、天狗热地用起来了。"

123. 「貼（は）る場所（ばしょ）ある?」「春場所（はるばしょ）は大阪だよ!」"贴到什么地方?""春季赛会当然在大阪。""贴的地方"的日语与"春季赛会"(每年三月在大阪举行的大规模相扑比赛)的日语发音相同。

124. 「ジャカルタに着いたら何したい?」「じゃあ、カルタ。」"到了雅加达之后,想干什么?""打纸牌。"

125. 「あなたは東京でどんな仕事を……」「能楽という雑誌を発行していますが……」「へえ、農は日本の宝ですから……」「……まあ能楽師の方と協力してこの道を大いに発展させたいと思いまして……」「なるほど、あなたは農などなさったようなお方には見えない。しかし農学師と力を合わせてとはけっこうなことです。……」"请问您在东京从事什么工作?""发行一本名为《能乐》的杂志。""农是日本之宝啊。""想和能乐师合作,让这一领域大发展,开辟更好的前进道路。""确实。看不出您从事农业。不过,与农学家携手是一件好事。"对话中,「農（のう）」与「能（のう）」发音相同,造成了不大不小的误解。

126. 「町での話し」「新聞記者:ナトー空爆（くうばく）、知っている?」「年取ったじいさん:納豆食（なっとうく）う僕（ぼく）! そう、僕は時々納豆を食うんだ。」记者:知道北约轰炸吗? 老汉:我吃纳豆? 我经常吃纳豆。(三字双关。)

第二章 其他

127. （汽车内）大学生：「あいつ、聖徳太子の手足となった。」（那个人是圣德太子的手足。）医生：「そう、消毒、大事な手足となったね。」（是的，消毒重要的是手和脚。）。三字双关。

128. 春夏冬：营业中。"春""夏""冬"的日语三个字表示"没有秋天"，"无秋"即为「商い」（商）或者「無秋」（无休）。

129. 地下鉄の札：（地铁车厢内标识）；席を譲り合い（请为其他人让座）。

130. 眼镜店广告：「愛愁」（漂浮着哀愁的季节）。眼睛发愁的季节。

131. 愛車精神：爱车的精神；愛社精神：爱公司的精神。

132. 町のホットステーション：意义一：经营炙手可热的商品（hot station）。意义二：产品质量令人放心「ほっと」。

133. 日本记者到了中国尘土飞扬的建筑工地。记者说："这是建筑的自豪感。"「あ、これは建設の誇りだ。」第二个意思：「埃」（建筑的尘土）。

134. 1964年10月，东京奥运会发行了面值一千元的纪念币。在有纪念币制作者参加的宴会上，有艺妓抱怨「錆が出た」（纪念币生锈）。能随机应变的人辩解说：「オリンピックは参加することに意味があるです。」（奥运会重在参与！）另一意义：奥运会「酸化」（氧化）了。

135. 理想のものがありそう：好像有理想的东西。

136. スキーがすきです：喜欢滑雪。

137. 総統も相当ですな：总统也相当……

138. 塩がなくてしようがない：没有盐，也没有办法。

139. ロシアの殺しやは恐ろしや：俄罗斯的杀手很可怕。

140. 韓国に勧告：劝告韩国。

141. 朝鮮に挑戦：挑战朝鲜。

142. 「携帯に髪の毛が挟まって、痛いよ！」「だから、毛痛い電話っていうんだよ！」"头发夹到电话上了，好痛！""所以叫头发痛电话嘛。"

143. 雨天の日は、よく打てんな：虽说是雨天，球打得那么好。

144. 「僕の肉まんがない！」「僕が食べたんだ。ご免。」「君か。君なら憎まんよ。」"我的包子没了！""对不起，我吃了。""是你？是你的话，我不恨你。"

145. Uターン？Uターンなんかしてないよ。そんなこと誰が言うたん？ 调头？我没有调头。那种话是谁说的？

146. 「あの人、昨日一人で冷酒一升飲んじゃったよ。」「酒豪い！」"昨天那人喝了一升酒。""酒豪。"(「酒豪」与「凄い」发音相似。)

147. あの映画は絶対に見る。見るまでは死ねません：那个电影绝对要看。不看不能瞑目。「死ねません」(不能死)与电影的英语表达「シネマ」发音相似。

148. スーパー銭湯に行く人は数パーセントくらいだ：很少有人去超级浴池，去的人只占百分之几。

149. 布団がお山の方まで吹っ飛んだ。おや、まあ：被子被吹到山那边了。嗨，算了。

150. 猫がロンドンで寝ころんどん？：猫横卧在伦敦？

151. 悪戯は嫌ずら：讨厌恶作剧吧。

152. 汚職事件：渎职事件；お食事券：餐券。

153. ねえ、ちゃんと恋してる？：哎，是在认真谈恋爱吗？姉ちゃんと恋してる？：你是在和我姐姐谈恋爱吗？

154. 渡しといて下さい：请递给我。私と居て下さい：请和我在一起。

155. いい肉買った：买了好肉。言いにくかった：话不好说。

《日汉大辞典》

(下面的页码来自该书)

156. 辺が前なら近所は隣：接在「そんなことは当たり前だ」(那种事是当然的)之后，取笑对方。(45)

157. 磯の鮑の片思い：鲍鱼的贝壳为「片貝」，即只有一个，单相思，剃头挑子一头热。(84)

158. 石部金吉：用"石"和"金"组成，形如日本人名，表示非常规矩的人，死脑筋，铁石心肠，没有人情味的人，与「木石漢」类似。「石部金吉金兜」是「石部金吉」的强调说法。(116)

159. 難波の芦は伊勢の浜荻：南方称芦，北方叫苇。地易名异。(119)

160. 一六銀行：日语中，「七」和「質」同音。当铺。「質屋」(133)

161. 一銭を笑う者は一銭に泣く：一文钱也能难倒英雄汉。勤俭节约十分重

要,切不可因为东西不起眼而不知爱惜。这个日本谚语利用了反义词,给人难忘的印象。(137)

162. 入間言葉:反话,把意思反过来说。例如,把「行く」说成「行かず」,把「深い」说成「浅い」。(159)

163. 色気より食い気:(意为食欲比色欲更重要。)图好看不如图实惠,眼福不如口福。(161)

164. 鶯:为葬礼的隐语,因为黄莺「鳴きながら梅に行く」(鸣叫着向梅花飞去)谐音「泣きながら埋めに行く」(哭泣着去将死尸埋葬)。(186)

165. 嘘と坊主の髪はゆった事が無い:「結う」与「言う」发音相同,俏皮话,表示从未撒过谎。(192)

166. 当たり箱:(忌讳「する」的将买卖和财产耗光之意而借用「当たる」)「硯箱」(砚台盒)的忌讳语。同理,「当たり鉢」(忌讳「する」而借用「当たる」)为「摺り鉢」(研钵、擂钵、乳钵)的忌讳语。(193)

167. 歌は世に連れ、世は歌に連れ:歌谣随世变,世变借歌谣。(193)

168. 馬から落ちて落馬する:(源自训读汉语时产生的错误)措辞重复而不适当。(203)

169. 王手嬉や別れの辛さ:(「王手」和「逢うて」谐音,双关语)下棋中,将军时说的顺口词。(266)其中一个意思是"相逢喜悦,分手痛苦",另一个意思是"我心情愉快直接将你的军,你痛苦诀别你的王牌。"

170. 沖を超える:(古时将「海辺」的「辺」读作「へた」,故将其反义词「沖」看作「上手」)技艺出众。辺:旁边,附近;沖:离岸不太远的海上,洋面;湖心。(287)

171. 男鰥に蛆が湧く:鳏夫家,蛆虫爬;光棍汉,屋里乱。(306)

172. 驚き、桃の木、山椒の木:(与「おどろき」合辙押韵的俏皮话)这真令人吃惊。(308)

173. 御神輿:神轿,祭祀时神灵所乘坐的轿子。将「輿」与「腰」相联系,表示"腰"。(316)「御神輿をすえる」表示"坐下不动,悠闲"。「御神輿が重い」表示"总是不着手做";「御神輿を上げる」表示"好不容易站起来,好不容易才动手做"。

174. 女三人寄らば姦し:三个女人一台戏;三个女人成闹市。(331)

175. 替え着無しの晴れ着無し:居家在外一身衣,只有身上一件衣服。(359)

176. 重ね言葉:叠词或重言,修辞法之一,为强调语意而重复使用相同意思的词,如「ぬれにぞぬれし」等。叠词游戏,一种准确说出词头相同的重复句子的游戏,如「この長なぎなたは、誰が長なぎなたぞ」(这把长柄宽刃大刀是谁的长柄宽刃大刀?)。(384)

177. 火事と喧嘩は江戸の華:火灾与吵架为江户的两大景观。(386)

178. 頭を剃りても心を剃らず:身在佛门,心在尘世。(391)

179. 搗ち栗:指晒干后剥去皮的栗子。因其音谐「勝ち栗」,故常用于庆贺典礼。同义词为「おしぐり」、「あまぐり」。(404)

180. 合点承知の助:一种形式上像人名的说法,用于情绪高昂地表示理解或同意时。(409)

181. 髪を生やす:(因「切る」为忌语而用「生やす」)成人,剃掉童发,开始戴冠。(427)

182. 川の字:夫妇俩睡觉时把孩子夹在当中,三人的睡姿犹如"川"字。(449)

183. 川流れの芥で杭に掛ってる:字面意思是"河流中间的灰尘为了不至于被冲走,拼命依附到楔子上。"因为「杭」与「食い」谐音,引申义表示"拼命吃东西,连抬头的功夫也没有。"(453)

184. 木六竹八塀十郎:由酷似人名的日语读音组成的谚语,砍树六月好,伐竹八月妙,涂墙十月牢又牢。或:树砍六,竹筏八,墙涂十月永不塌。(487)

185. 戯訓:戏训。日本汉字游戏训读法。带有游戏性质的利用汉字字形、字义等的用字法。见于《万叶集》。著名的如根据「出」的字形将「山上復有山」读作「いづ」,将「十六」根据九九口诀读作「しし(獣)」。后世将「五月蠅」读作「うるさい」也属此类。(497)

186. 喜寿:源自「喜」字的草书体可读作七十七。七十七岁喜寿。(502)还历(60岁)、古稀(70岁)、喜寿(77岁)、伞寿(80岁)、米寿(88岁)、卒寿(90岁)、白寿(99岁)。统称「賀の祝い」(寿庆)。

187. 北山:(俗语)饿。开始感到饿,将「空いてきた」等的「きた」与「北」相联系的俏皮话。腹が北山:肚子饿了。(510)

188. 金欠病:俗语,模仿「貧血病」而造的词,表示"没有钱,缺钱"。(573)

189. くノ一「くのいち」:俗语,将汉字女分解为「く」、「ノ」、「一」三部分,也指

女忍者。(607)

190. 權兵衛:权兵卫,粗话,源自旧时农村人多取此名,乡下人,乡巴佬。(812)

191. 財布の紐を頸に懸けるよりは心に掛けよ:钱包绳子长,挂颈不如挂心上。告诫不要浪费钱财。(827—828)

192. 逆さ言葉:反语,反话,如将"可爱"说成"讨厌"。字序颠倒的词,如日本的寿司店将「たね」(做寿司的材料)说成「ねた」等。(833)

193. 三五の十八:(源自3和5的乘积为15,而此处为18。)估计错,希望落空。(873)

194. 三ちゃん農業:(俗语)三老农业,因为农家的主要劳动力长期在外工作而主要靠妇女、老人从事的农业。"三老"指「かあちゃん」(老妈妈)、「じいちゃん」(老爷爷)、「ばあちゃん」(老奶奶)。(881)

195. 残念、閔子騫:(源自孔子弟子"颜渊"的发音与「残念」的发音相近的诙谐语。后接孔子门下的"闵子骞"名。):遗憾,闵子骞。日本江户时代汉学书生们的常用语。(883)

196. 三ばん:(俗语)在选举中取胜必须具备的3个条件:三般,即「地盤」、「看板」、「鞄」,分别表示候选人在选区的势力、头衔、竞选资金。(883)

197. 地震の時は竹藪へ逃げろ:地震钻竹林,安全不伤人。竹林地面竹子的根布满地下,地震时不必担心会发生地裂和竹子倒下,很安全。(923)

198. 質八を置く:(「質」谐「七」音,与「八」相连,合辙押韵而成诙谐说法。)抵押,当。(934)

199. 四の五の:(连语)说三道四。陈说种种意见,发泄各种牢骚。四の五の言わずに仕事をせよ:不要说三道四,好好干活。(951)

200. 十三里:等于「九里四里」,是「栗より美味い」的俏皮话,即红薯的俗称,烤红薯。(993)

201. 上州名物嬶天下に空っ風:(源自上野国的主妇勤奋养蚕支撑家庭经济)上野的名产,一是老婆当家,二是刮旱风。上野国在今天的群马县,旱风指当年9月刮到翌年3月的赤城山落山风。该句使用了许多「か」。(1038)

202. 常常綺羅の晴れ着無し:天天绮罗衣不艳,日日山珍味不鲜。平素总穿漂亮衣服的人到了关键时刻反倒没有什么好衣服可穿。(1039)

203. 少年よ大志を抱け:日本札幌农业学校(今北海道大学)的美籍教师克

拉克离校时对学生们的赠言 Boys，be ambitious.（年轻人啊，要胸怀大志！）。(1046)

204. 除夜の鐘：各地寺院从除夕之夜到元旦，以午夜零时为中心敲响除夕钟声。为了去除人们的 108 种烦恼，迎接新年，故敲钟数为 108 声。(1067)

205. 白河夜船：白河夜船。源自笑话。一个人被问及京都白川地区。白川系日本京都北部鸭川以东、东山以西的地区。被问者不知其详，以为白川系河名，便回答："我坐夜船通过那里，一点也不知道。"白川夜船也指"睡得香甜，酣睡不知身边事"。(1069)

206. 尻餅を搗く：屁股墩儿。(1073)

207. 随徳寺：日语副词「ずいと」表示"径直，径自"，如「ずいと入る」表示"径直走入"。「随徳寺」是把「ずいと……する」谐音为寺名的诙谐语，表示"溜之大吉，三十六计，走为上策"。一目散随徳寺。(1117—1118)

208. 助平、助兵衛：表示"好色，色鬼，色迷"。(1130)

209. 生は寄也、死は帰也：出自《淮南子·精神训》生，寄也；死，归也。"寄"的日语和"归"的日语同音。(1157)

210. 雪隠の火事：厕所失火。「焼け糞」（自暴自弃）与"厕所失火，粪便着火"的日语发音相同。这是自暴自弃、破罐子破摔的俏皮说法。(1191)

211. 先生と言われる程の馬鹿でなし：（川柳）（我）还没有傻到被人花言巧语骗倒的地步。对那种一被称先生便忘乎所以的人的轻蔑说法。(1210)

212. 船頭多くして船山に上る：木匠多，盖歪房；老大多，航向错。比喻领头人多反而误事。(1214—1215)

213. 千三つ：(1)意思为只有千分之三可以谈妥，指不动产买卖的经纪人、中间商。(2)意思为一千句话中可能只有三句真话，吹牛者，撒谎的人。(1219)

214. 川柳：源自人名「柄井川柳」（柄井川柳）。日本杂俳的一种，由5、7、5共计17字构成，属江户庶民文艺。以洞察人世微妙为特征，多诙谐和讽刺。取材于世态人情，无需季语及切字，口语、俗语亦可使用。由俳谐的连句游戏"付句"发展而来，自成一体。也称"狂句"。(1221)

215. 然うは烏賊の金玉：「烏賊」与「いかない」双关。例句字面意思是"答应是乌贼的睾丸"，引申义为"不能轻易地使其如愿以偿"。(1225)

216. 粗忽の使者：《粗心大意的使者》日本落语作品名。讲述一个粗心大意的

近侍的滑稽故事:他忘了作为使者应传的口信,只请经常来往的木工用钳子拧了自己的屁股,便不吭一声地离开了。(1246)

217. 卒寿(そつじゅ):来自「卒(そつ)」的异体字「卆(卆)」可读作「九十」。虚岁90岁。90寿辰的祝寿。(1250)

218. 其の手は桑名の焼き蛤(その て は くわな の やき はまぐり):「焼き蛤」的产地桑名「桑名(くわな)」与「食(く)わぬ」为双关语。「其の手は食わない」(不上那个当,不受那个骗,不中那个圈套)的俏皮说法。(1252)

219. 空に三つ廊下:(「照ろうか」・「降ろうか」・「曇ろうか」的3个「ろうか」的诙谐语)天气无常,天有不测风云。(1256)

220. 大の字になる:源于呈"大"字形,表示伸开两手两脚仰面朝天躺着。(1265)

221. 太鼓も撥の当たり様(たいこ も ばち の あ たり さま):鼓声大小随着鼓槌的打法而改变。鼓声随轻重,处世看交情。(1272)

222. 破瓜(はか):将「瓜」字视为由两个「八」字组成,意为两个八,女子十六岁,进入思春期的年龄。破瓜又指八的八倍,男子六十四岁。(1703)

数　字

0:れい、れ、ぜろ、ない、わ(字形から)、まる(字形から)、おー(アルファベットのOから。)

1:いち、い、ひとつ、ひと、あい(字形から)、ぼう(字形から)

2:に、ふたつ、ふた、ふ、つ(two)、じ

3:さん、さ、みっつ、みつ、み

4:よん、よ、よっつ、よつ、し、ふぉ(four)、ほ

5:ご、こ、い、いつつ、いつ

6:ろく、ろ、むっつ、むつ、む、る(6を早くいうと)

7:しち、ななつ、なな、な

8:はち、は、ぱあ、やっつ、やつ、や、やあ

9:きゅう、きゅ、く、ここのつ、ここの、こ

23:日産(にっさん)

42:死(し)に、死人(しにん)

49:至急

80.5MHz:HELLO FIVE

084:おはよう

291:福井

315:最期(临终,死亡)、最後(最后)。

450:汚れ(污秽,肮脏)。

475:米子:米子市位于日本鸟取县西部,为大山隐岐国立公园的旅游胜地,有皆生温泉和米子机场。

758:名古屋

889:早く

893:やくざ

0906:遅れる

0930:奥様

931:臭い

946:釧路

1564:人殺し

2255:富士五湖

3476:さよなら

4580:横浜

4649:宜しく

14106:愛してる

18782「嫌な奴」+ 18782「嫌な奴」= 37564「皆殺し」

724106:何してる

下面的数字组合因为与某种特定行业相关,成为这些行业电话中的宠儿。

026:お風呂(与澡堂谐音,因而常被用作澡堂电话)

0348:お寿司屋(寿司店电话)

1424:医師不要(诊所电话)

2323:「フサフサ」与「2323」谐音,因而后者常被用作洗发香波促销电话号码。ふさふさ:成簇,簇生;(毛)密,厚。ふさふさとした髪:密厚的头发;わたしはつるっぱげだが、兄は黒髪がふさふさしています:我是秃子,可哥哥是满头黑发。

3770:皆治る(正骨院电话)

4141:「ヨイヨイ」与「4141」谐音,因而4141被用作防灾用品促销电话号码。「予」指"提前,事先"。常见搭配有「予見」、「予後」、「予報」。

4989:良く履く(鞋店电话)

5489:ご予約(预约电话)

6480:虫歯ゼロ(无虫牙、牙科诊所电话)

8733:鼻耳(耳鼻喉医院电话)

8783:花屋さん(花店电话)

41062:良いおむつ。「おむつ」等于「おしめ」,表示"尿布"。(尿不湿专卖店电话)

117881:好いな速い(办公用品公司电话)

324942:身によく付く(英语会话学校电话)

410386:良いゼミへろー(早稻田补习班电话)

469768:白くなるわ(化妆品公司电话)

840840:走れ走れ(汽车保险公司电话)

对数字的解读不是绝对的,同一数字可以有不同解读。42在日语中可以念作「しに」,与日语中的「死に」正好谐音;不过,42却大受运输行业的欢迎,因为它与「始終荷がある」合韵,指"始终都有货物运输"。「14兆2840億円」或「142840億」为1973年日本国家预算数字。政府将其解读为「いい世に走れ」(奔赴美好世界);媒体却将其解读为「いい世にはしない」(不是什么好的世界)。下面同样的数字,用于不同行业,呈现不同意义:

2020:振れ振れ、タクシー;庭庭、園芸屋、握れ握れ、寿司屋。

3792:診な急に、医師;みな靴、靴屋;皆牛乳、牛乳店。

4089:よく焼く、肉屋;良く弾く、算盤塾。

历史年份

历史重大事件发生的年月日很繁杂,但还必须记忆,这是个棘手的问题。幸运的是,有一些年份可以利用谐音,巧妙轻松记住。下面是其中的一些例子(按数字大小排列):

「538年552年」仏教の公伝。記憶方法：ご参拝「ごみ屋」は午後に：下午参拜（保洁员到来）。

「551」孔子誕生日。記憶方法：孔子は午後一時生まれ：孔子下午一点出生。

「593」聖徳太子が摂政になる。記憶方法：国民のため、と太子立つ：为国民设立太子。

「607」小野妹子が遣隋使となる。記憶方法：無礼な手紙、遣隋使：遣唐使无礼的信件。

「645」大化の改新。記憶方法：「蒸し米で祝おう大化の革新」、或「無事故で終わった大化の革新」：用蒸米饭庆祝大化革新或顺利完成的大化革新。

「710」平城京に遷都。記憶方法：南都綺麗な平城京「平安京遷都後は南都と呼ばれる」：美丽的南都（平城京被称为南都）。

「743」墾田永年私財法の制定。記憶方法：名より実（743）をとる墾田永年私財の法：重视实际超过重视名义的私財法。

「794」平安京と名づける。記憶方法：鳴くよウグイス平安京：黄莺鸣叫的平安京。

「894」菅原道真の建議に基づき遣唐使が廃止となる。記憶方法：白紙に戻そう遣唐使：恢复原状的遣唐使。

「1086」白河上皇が院政を始める。記憶方法：入れ歯六本白河さんは入院せい！：有六颗假牙的白河太上皇代天皇执政。

「1156」保元の乱が起こる。記憶方法：武士の政治もいい頃だ：武士统治也是好时代。

「1159」平治の乱が起こる。平時も人々極不安：平时人们也非常不安。

「1167」平清盛が太政大臣になる。記憶方法：いい胸毛だよ平清盛：平清盛胸毛好。

「1192」源頼朝が鎌倉に幕府を開く。記憶方法：いい国作ろう。鎌倉幕府：镰仓幕府建设美好国家。

「1221」承久の乱が起こる。記憶方法：人に不意で：猝不及防。

「1234」金（王朝）滅亡。記憶方法：1，2，3，4，GO！一，二，三，四，走！

「1333」鎌倉幕府が滅亡する。記憶方法：一味散々鎌倉滅亡：土崩瓦解的镰仓幕府

「1334」建武の新政が始まる。記憶方法：いざ見よ、建武の新政を：喂，看建武新政。

「1336」後醍醐天皇が吉野に逃れ、南北朝時代に突入する。記憶方法：吉野の山へいざ去ろう：紧急关头，逃往吉野。

「1338」室町幕府が成立する。記憶方法：いざ都に入らん室町幕府：急于进入首都的室町幕府。

「1392」南北朝が合一される。記憶方法：いざ国治めん合一で：国家统一。

「1404」日明貿易（勘合貿易）が始まる。記憶方法：勘合貿易、人寄れよ：人潮汹涌。

「1453」東ローマ帝国（ビザンツ帝国）滅亡。百年戦争終結。記憶方法：いーよ、降参：好了，我投降。

「1467」応仁の乱。記憶方法：人の世空しい応仁の乱：十室九空的応仁之乱。

「1492」コロンブスが大西洋を横断し、アメリカ大陸に到達した。記憶方法：意欲に燃えて、コロンブス新大陸発見！洋溢着希望，哥伦布发现新大陆。

「1498」ヴァスコ・ダ・ガマがインド航路を開拓。記憶方法：ガマの意欲はインドへの道：达伽马立志前往印度。

「1517」マルティン・ルターが免罪符を批判し「95ヶ条の論題」を掲げる。宗教改革の始まり。記憶方法：ルターは一語否と言う：路德一言以蔽之：不。

「1519」マゼランが世界周航に出発する。記憶方法：マゼランの以後行く世界一周：在麦哲伦之后环游世界。

「1543」ポルトガルから鉄砲伝来。記憶方法：以後予算が増えた鉄砲伝来：铁炮传来，之后预算增加。

「1549」キリスト教伝来。記憶方法：以後よく広まるキリスト教：此后

广泛传播的基督教；或：以後死ぬまで苦しむキリスト教。此后只要一息尚存，就艰难奋斗的基督教。

「1573」室町幕府が滅亡する。记忆方法：足利義昭、以後涙：足利义昭后来流下了眼泪。

「1582」本能寺の変で織田信長自害。记忆方法：以後は人間信じまい：以后无法相信。

「1588」豊臣秀吉が刀狩令を発布。记忆方法：以後刃は禁止：以后不许带刀。

「1590」豊臣秀吉が全国を統一。记忆方法：一国は遂に太閤の手に：整个国家进入秀吉之手。

「1600」関ヶ原の戦い。记忆方法：ヒーローワーワー入り乱れ関ヶ原の戦い：群雄逐鹿的关原之战。

「1603」徳川家康が江戸幕府を開く。记忆方法：ヒーローのオッさん徳川家康：英雄大叔德川家康；或：江戸に広まる三河の家康：影响扩大至江户的家康。注解：家康为古代三河国出身，在今爱知县东部。如上所示，0既可以用「お」表示，也可以用「○」表示。

「1642」クロムウェルによって清教徒革命が始まる。记忆方法：ヒーロー世に出る清教徒革命：进入英雄时代的清教革命。

「1688」名誉革命が起こる。记忆方法：色はやっぱり名誉革命：光荣革命只是颜色的变化。

「1771」酸素を発見。记忆方法：人名ない燃えよ：匿名燃烧。

「1840」アヘン戦争。记忆方法：アヘンは、嫌よお～：讨厌鸦片。

「1841」天保の改革。记忆方法：いや、良いテンポの改革だ：天宝改革还不错。

「1853」ペリー率いる黒船が来航。记忆方法：いやあゴミの無い良い国だ：没有讨厌垃圾的美好的国家；或：嫌でござんすぺりーさん；或：いやあ(18)ぺりーでござ(53)います：佩里到来。美国将领佩里帅舰队来日之年，迫使日本改变孤立政策而与西方建立贸易和外交关系。

「1867」大政奉還。记忆方法：人は胸騒ぎ大政奉還：让人忐忑不安的大政奉还。

第二章 其他

「1868」明治維新。记忆方法：一つやろうや明治維新：明治维新，一起努力吧。

「1869」ドミトリ・メンデレーエフによって、周期表が提案された。记忆方法：一夜無垢元素の陣列について、解かった：一夜之间，纯元素的排列问题解决了。

「1871」廃藩置県。记忆方法：もう言わないで、藩の名を：今后不说藩名。

「1873」地租改正。记忆方法：人は涙の地租改正：让人落泪的地租改正。

「1874」民選議院設立の建白書提出。记忆方法：自由が嫌いな人はなし：没有人讨厌自由。

「1877」西南戦争が起こる。记忆方法：いやな内乱、西南戦争：令人厌烦的内乱。

「1889」大日本帝国憲法発布。记忆方法：憲法発布、いち早く：尽早公布宪法。

「1890」第1回帝国議会が開かれる。记忆方法：議会、議会で日は暮れる：议会会议一直开到天黑。

「1894」日清戦争開戦。记忆方法：いや苦心した日清戦争：令人难受的日清战争。

「1902」イギリスと日英同盟を結ぶ。记忆方法：日暮れに握手、日英同盟：日本英国，傍晚握手。

「1904」日露戦争開戦。记忆方法：ひとくれよ日露戦争：日俄战争，再给我送一些士兵。或：一苦労した日露戦争：日俄战争，一场恶战；或：行くわよ！日露戦争。日俄战争，一起开赴战场。

「1910」韓国併合。记忆方法：幾十年：持续几十年。

「1911」日米通商航海条約で関税自主権を回復。记忆方法：低い位置高める条約改正：提高了地位。

「1914」第一次世界大戦開戦。记忆方法：行く人死ぬぞ世界大戦：有去无回。

「1915」二十一カ条の要求。记忆方法：得意のごり押し二十一カ条：单方面高压强加的二十一条。

「1917」ロシア革命が起こる。记忆方法：行く人涙のロシア革命：让人流泪的革命。

「1918」シベリア出兵。记忆方法：行くの嫌だシベリア出兵：不愿意出征。

「1919」第一次世界大戦の戦勝国が一堂に会したパリ講和会議を経て、ヴェルサイユ条約締結、ヴェルサイユ体制の確立。记忆方法：皆いくいくヴェルサイユ：大家都去凡尔赛。

「1923」関東大震災。记忆方法：震災でひどく塞ぎ込む：因为地震，人们不舒心。

「1929」世界恐慌に陥る。记忆方法：恐慌の嵐がひどく吹く、一苦二苦した世界恐慌：恐慌之风吹遍世界；苦难没有尽头的世界恐慌。

「1931」満州事変勃発。记忆方法：戦はじめに満州事変：东三省事变。

「1932」五・一五事件が起きる。记忆方法：戦にGO！行こう！一起战斗！

「1936」二・二六事件が起きる。记忆方法：ひどく寒い日の二・二六：天气严寒。

「1937」日中戦争勃発。戦長引く日中戦争。日中戦争の長期化を兼ねている。记忆方法：旷日持久的中日战争。

「1939」第二次世界大戦勃発。记忆方法：戦苦しい第二次大戦：战斗辛苦。

「1940」日独伊三国同盟締結。记忆方法：行くよ俺たち：我们一起前去。

「1941」太平洋戦争開戦。记忆方法：行くよ一途に真珠湾：共同前往珍珠港。

「1964」東京オリンピック。记忆方法：一苦労して五輪の花が咲く：大家一起努力，让五环之花盛开。

「2011」東日本大震災。记忆方法：地震・津波で辛え日々：因为地震和海啸，每天艰难度日。

月　份

巧妙利用月、日谐音的双关语有：

西向く士(2 4 6 9 11)は小の月(2月は28日または29日、他は30日)
にしむく さむらい(さむらい＝士は十一を縦に重ねたもの)

1月4日:石の日；1月5日:囲碁の日、イチゴの日；1月6日:色の日。

2月4日:西の日；2月9日:服の日、福の日、肉の日、河豚の日。

3月3日:耳の日；3月5日:珊瑚の日；3月8日:蜜蜂の日；3月9日:ありがとうの日(thank youの日」；3月10日:砂糖の日；3月12日:財布の日。

4月15日:よい子の日；4月18日:よい歯の日。

6月4日:虫の日。

7月4日:梨の日；7月10日:納豆の日。

8月2日:パンツの日；8月4日:箸の日、橋の日；8月7日:花の日、鼻の日、バナナの日；8月8日:ハハハの日「笑いの日」；8月19日:俳句の日、バイク(bike)の日；8月31日:野菜の日。

9月2日:靴の日；9月9日:救急の日。

10月2日:豆腐の日；10月3日:登山の日；10月4日:投資の日。

11月1日:ワンワンの日「犬の日」；11月12日:いい皮膚の日；11月22日:いい夫婦の日；11月23日:いい兄さんの日。

参考文献

鲍秀颖.中日双关语的对照研究[D].辽宁师范大学硕士论文,2014.
高宁.日汉翻译教程[M].上海:上海外语教育出版社,2012.
侯占彩.日本人姓名中的数字[J].日语知识,2005(1):18.
胡振平等译.日汉大辞典[M].上海:译文出版社,2002.
贾惠萱.从口译的笑话谈起[J].日语学习,1982(8):61—64.
揭侠.日语修辞研究[M].上海:上海外语教育出版社,2005.
兰立亮.日语谜语及其构成[J].日语知识,2004(4):23—24.
李玲,等.猜谜语,学日语[J].日语知识,2011(4):16—17.
李玲,等.猜谜语,学日语[J].日语知识,2011(7):16—17.
李玲.猜谜语,学日语[J].日语知识,2011(9):19—20.
李玲,等.猜谜语,学日语[J].日语知识,2011(12):12—13.
李庆祥.日语回文与文化[J].日语学习与研究.2005(4):51—55.
刘静静.试析日语中的双关语[D].山东师范大学硕士论文,2012.
刘胭脂,等.1995—2009.12 日本语能力测试真题详解 N1[M].北京:中国宇航出版社,2011.
裴宏.日语双关语的形态特征及其在实际语言生活中的应用[J].首都外语论坛论文.北京:中央编译出版社,2014:123—131.
松村明,等.新世纪日汉双解大辞典[M].北京:外语教学与研究出版社,2009.
宋文军,等.现代日汉大词典[M].北京:商务印书馆,日本小学馆,2006.
苏琦.关于现代日本语言游戏使用现状的研究——以「シャレ」为中心[D].辽宁师范大学硕士论文,2007.
孙海英,等.柯南带你看"真相" 《柯南》谜语解析(1)[J].日语知识,2012(1):19—20.
孙海英,等.柯南带你看"真相" 《柯南》谜语解析(2)[J].日语知识,2012(2):16—17.
孙海英,等.柯南带你看"真相" 《柯南》谜语解析(3)[J].日语知识,2012(3):16—17.
日本株式会社旺文社.日汉双解学习词典[M].王萍,等译.北京:外语教学与研究出版社,2001.

魏晓艳,等.日语数字读音趣谈[J].日语知识,2005(1):16—17.
吴琴,等.猜谜语,学日语[J].日语知识,2011(1):14—15.
吴琴,等.猜谜语,学日语[J].日语知识,2011(2):15—16.
吴琴,等.猜谜语,学日语[J].日语知识,2011(3):19—20.
吴琴,等.猜谜语,学日语[J].日语知识,2011(5):15—16.
吴琴,等.猜谜语,学日语[J].日语知识,2011(6):17—18.
吴琴,等.猜谜语,学日语[J].日语知识,2011(8):19—20.
吴琴,等.猜谜语,学日语[J].日语知识,2011(10):14—15.
吴琴,等.猜谜语,学日语[J].日语知识,2011(11):13—14.
新村出.广辞苑[M].上海:上海外语教育出版社,日本岩波书店,2005.
姚莉萍.日本人与数字[J].日语学习与研究,2003(3):56.
佚名.日语猜猜看[J].一番日本语,2015(9):80.
佚名.日语猜猜看[J].一番日本语,2015(10):80.
佚名.日语猜猜看[J].一番日本语,2016(2):80.
佚名.日语猜猜看[J].一番日本语,2016(3):80.
佚名.日语猜猜看[J].一番日本语,2016(5):80.
佚名.日语猜猜看[J].一番日本语,2016(9):80.
佚名.日语猜猜看[J].一番日本语,2016(10):80.
佚名.日语猜猜看[J].一番日本语,2016(11):80.
张秀华.流行日语趣文读译[M].天津:南开大学出版社,2005.

鸣　　谢

《日语语言游戏实例精华》得以出版,需要衷心感谢许多人和单位。

首先感谢教育部及教育部课题评审专家。2017年12月初,关于日语语言游戏的课题被教育部公示并立项。评审专家高度评价了这个课题,同时指出了研究中需要改善的地方,为进一步的研究指明了方向。这极大地鼓舞了课题负责人,也增加了继续努力高质量完成课题的信心。

其次,感谢湖南师范大学蒋洪新校长和外国语学院院长曾艳钰教授对课题负责人多方面的关心和支持。

同时,还要感谢湖南科技大学校领导及外国语学院领导,尤其是李伯超校长、张景华教授和周启强教授。他们一直重视学术研究,关心本课题的进展,在各方面大力支持,使得本课题进展顺利。

在成书过程中,有许多专家对课题负责人日语语言游戏研究中出现的问题解疑释惑,让人豁然开朗。这些专家包括:日本滋贺县彦根市圣泉大国际交流所所长唐乐宁教授,日本大学木内徹教授,中国湖南科技大学外国语学院朱棠教授、罗集广博士、龙潇博士、童江宁和其他日语教师,河南省洛阳师范学院外国语学院陈文静教授,还有湘潭大学外国语学院胡强院长。

许多同学在该书撰写过程中提供了帮助,她们是李颖、刘金和陈佳。本书许多难点的解决多亏她们的帮助。苏州大学出版社的编辑付出了辛勤的劳动,向他们表示诚挚的感谢。需要感谢的还有我的家人和亲朋好友。

最后,谨向该提名字而没有提名的所有人表示感谢。

本书出现的问题及存在的缺点由作者一人负责。作者联系邮箱2941403554@qq.com,微信号josephwordsworth。